RESPONSABILIDADE SOCIAL NAS RELAÇÕES LABORAIS

Homenagem ao Professor Amauri Mascaro Nascimento

MARA VIDIGAL DARCANCHY
Coordenadora

RESPONSABILIDADE SOCIAL NAS RELAÇÕES LABORAIS

Homenagem ao Professor Amauri Mascaro Nascimento

Dados Internacionais de Catalogação na Publicação (CIP)
(Câmara Brasileira do Livro, SP, Brasil)

Responsabilidade social nas relações laborais : homenagem ao professor Amauri Mascaro Nascimento / Mara Vidigal Darcanchy, coordenadora. — São Paulo : LTr, 2007. Vários autores.

Bibliografia.

ISBN 978-85-361-1001-1

1. Direito do trabalho — Brasil 2. Empresas — Responsabilidade social 3. Nascimento, Amauri Mascaro, 1932- 4. Relações industriais — Brasil I. Darcanchy, Mara Vidigal.

07-4308   CDU-34:331(81)

Índice para catálogo sistemático:

1. Brasil : Direito do trabalho   34:331(81)

Produção Gráfica e Editoração Eletrônica: **R. P. TIEZZI**
Capa: **FABIO GIGLIO**
Impressão: **CROMOSETE**

(Cód. 3475.8)

© Todos os direitos reservados

EDITORA LTDA.

Rua Apa, 165 — CEP 01201-904 — Fone (11) 3826-2788 — Fax (11) 3826-9180
São Paulo, SP — Brasil — www.ltr.com.br

Junho, 2007

Curriculum Vitae Resumido

DADOS PESSOAIS

- Nome: Amauri Mascaro Nascimento
- Nacionalidade: brasileira
- Data de nascimento: 04.09.1932

FORMAÇÃO ESCOLAR

- Faculdade de Direito da Pontifícia Universidade de São Paulo, curso de Bacharelado em Direito e Ciência Sociais, de 1953 a 1957.
- Curso de pós-graduação em Teoria do Estado pela Faculdade de Direito da Universidade de São Paulo, em 1960 a 1961.
- Curso de Especialização de "Collective Bargaining" em "Universith of Wisconsin-Madison", Estados Unidos da América do Norte, em 1984.

FORMAÇÃO PROFISSIONAL

- Promotor de Justiça do Ministério Público do Estado de São Paulo, de 1958 a junho de 1961.
- Juiz do Trabalho da Justiça do Trabalho de São Paulo de 1961 a 1983.
- Professor Titular de Direito do Trabalho das Faculdades Metropolitanas Unidas, de São Paulo, a partir de 1968.
- Professor da Faculdade de Direito da Universidade de São Paulo Assistente-Doutor de Filosofia do Direito de 9.9.74 a 23.3.75, Livre-Docente de Direito do Trabalho, de 24.3 de 1975 a 6.01.77, Adjunto de Direito do Trabalho de 7.1.77 a 21.2.79, Titular de Direito do Trabalho a partir de 22.2.79, aposentado em 1999.
- Advogado Inscrito na Ordem dos Advogados de São Paulo, inscrição n. 72.946, a partir de 1984.
- Consultor Jurídico do Ministério do Trabalho de junho de 1986 a 1988.

PRINCIPAIS LIVROS PUBLICADOS

♦ *O Salário*. São Paulo: LTr, 1968.

♦ *Teoria da norma jurídica Trabalhista*, tese de livre-docência. São Paulo: LTr, 1976.

♦ *Curso de Direito Processual do Trabalho*. 21ª ed. São Paulo: Saraiva, 2002.

♦ *Conflitos Coletivo de Trabalho*, tese de Concurso de Professor Titular da USP. São Paulo: Saraiva, 1978.

♦ *Manual do Salário*. São Paulo: LTr, 1984.

♦ *Curso de Direito do Trabalho*. 21ª ed. São Paulo: Saraiva, 2006.

♦ *Iniciação ao Direito do Trabalho*. 33ª ed. São Paulo: LTr, 2007.

♦ *Direito Sindical*. São Paulo: Saraiva, 1989.

♦ *Direito do Trabalho na Constituição de 1988*. São Paulo: Saraiva, 1989.

♦ *Principi per un Codice Tipo di Diritto del Lavoro Per L´America latina*. Roma: Cedam, 1993, coord. Gean Carlo Perone e Sandro Schipani, coautoria.

♦ *Teoria Jurídica do Salário*. São Paulo: LTr, 1994.

♦ *História do Trabalho, do Direito do Trabalho e da Justiça do Trabalho*, co-autoria com Ives Gandra Filho e Irany Ferrari. 2ª ed. São Paulo: LTr, 2002.

♦ *Teoria Geral do Direito do Trabalho*. São Paulo: LTr, 1998.

♦ *O fortalecimento sindical e a modernização da legislação trabalhista*. Mercado de Trabalho e Conjuntura e Análise, Instituto de Pesquisa Econômica Aplicada — IPEA e Ministério do Trabalho e Emprego — TEM. Brasília, 2000.

♦ *Instituições de Direito Público e Privado*. 24ª ed. em co-autoria com Ruy Rebello Pinho. São Paulo: Atlas, 2004.

♦ *Compêndio de Direito Sindical*. 4ª ed. São Paulo: LTr, 2005.

PRINCIPAIS ENTIDADES A QUE PERTENCE

♦ Ex-Presidente da Associação dos Magistrados Trabalhista de São Paulo (1980).

♦ Ex-Presidente da Academia Nacional de Direito do Trabalho (1982/86) e Presidente Honorário da mesma Academia a partir de 1990.

♦ Membro Fundador da Academia Paulista de Direito.

♦ Membro do Instituto Latino-americano de Direito do Trabalho e Previdência Social.

♦ Membro do Instituto de Direito Social.

♦ Membro do Centro Latino-americano de Direito Processual do Trabalho.

♦ Ex-Conselheiro da Ordem dos Advogados do Brasil — São Paulo, de 1991 a 1998.

♦ Membro da Academia Brasileira de Letras Jurídicas (desde 1994).

♦ Membro fundador do Instituto Ítalo-brasileiro de Direito do Trabalho (1998).

♦ Membro do Instituto de Direito do Trabalho do Mercosul.

♦ Membro da Academia Iberoamericana de *Derecho del Trabajo y de la Seguridad Social*.

MEMBRO DE 113 BANCAS EXAMINADORAS EM CONCURSOS

679 CONFERÊNCIAS E SEMINÁRIOS DENTRE OS QUAIS :

♦ Seminário sobre "O papel da Administração do Trabalho numa Sociedade Democrático", conferência sobre "Intervencionismo ou Autonomia na Determinação das Condições de Trabalho", OIT — Organização Internacional do Trabalho e CIAT — Centro Inter-americano de Administração do Trabalho, de Lima, Peru, 1985.

♦ Seminário sobre "Direito de Greve", conferência sobre "A Greve na sociedade democrática", OIT — Organização Internacional do Trabalho e IBRART — Instituto Brasileiro de Relações de Trabalho, 1988.

♦ V — Seminário de Normas Internacionais do Trabalho, conferência sobre "O conteúdo das Normas Internacionais do Trabalho: os Direitos sindicais", OIT — Organização Internacional do Trabalho, Salvador, 1986.

♦ Seminário de Direito de Trabalho Comemorativo dos 40 anos do Tribunal Superior do Trabalho, conferência sobre "Os novos princípios do Direito Coletivo do Trabalho", Tribunal Superior do Trabalho, Brasília, 1986.

♦ Seminário Subregional sobre Relações do Trabalho, representante do governo brasileiro, exposições sobre Negociação Coletiva, Relações do Trabalho na Administração Pública e Solução de Conflitos do Trabalho nos Serviços Essenciais, Montevidéu, 1987.

♦ Jornadas Internacionais de "Derecho Colectivo", conferência sobre "Conflitos Colectivos en el âmbito publico y privado", Associación Argentina de Derecho del Trabajo y de la Seguridad Social, Buenos Aires, 1987.

♦ Seminário sobre Relações Sindicais e Negociação Coletivas nas Empresas Estatais, conferência sobre "Organização Sindical", Secretaria de Planejamento da Presidência da República — SEPLAN, Ministério do Trabalho e Ministério de Minas e Energia, Itaipava, 1987.

♦ Seminário Trípartite sobre Liberdade Sindical, representante do governo brasileiro, exposição sobre Liberdade Sindical no Brasil, Organização Internacional do Trabalho, Buenos Aires, 1987.

♦ I Seminário Paulista da Inspeção do Trabalho, conferência sobre "Negociação Coletiva", Associação dos Agentes Federais da Inspeção do Trabalho no Estado de São Paulo, 1987.

♦ Encontro sobre a Administração Democrática do Trabalho diante da Crise, representante do Governo Brasileiro, Ministério do Trabalho, 1987.

♦ 3º Encontro Estadual de Defesa do Consumidor, debatedor do tema "Política Salarial e o Acesso ao Consumo", Governo do Estado de São Paulo, 1987.

♦ III Encontro Iberoamericano de Derecho Del Trabajo", México, Sindicalismo tradicional y contratación colectiva, 1989.

♦ Principi per un 'Codice Tipo' di Diritto del Lavoro in América Latina — Congresso Internazionale — Consiglio Nazionale delle Ricerche Progetto Italia-América Latina. II Universitá di Roma, Centro di Studi Latino-Americano, Roma, 1989.

♦ Tribunal Superior do Trabalho, Congresso Internacional Comemorativo do Centenário da Justiça do Trabalho, "Transformação no Mundo do Trabalho", Brasília, 1991.

♦ Conferência, "O Ministério do Trabalho e a reforma do modelo de relações de trabalho", I Congresso Nacional da Inspeção e Relações do Trabalho — CONIRT e III Seminário Paulista da Inspeção do Trabalho — SEPAIT, Associação dos Agentes Federais da Inspeção do Trabalho no Estado de São Paulo — AAFITESP, São Paulo, 1993.

♦ Conferência, "A Intervenção da Administração Pública do Trabalho nas relações coletivas e individuais de trabalho no limiar do Séc. XXI", II CONIRT — Congresso Nacional da Inspeção e Relações do Trabalho e IV SEPAIT — Seminário Paulista da Inspeção do Trabalho, AAFITESP — Associação dos Agentes Federais da Inspeção do Trabalho no Estado de São Paulo e SAFITESP — Sindicato dos Agentes Federais da Inspeção do Trabalho no Estado de São Paulo, São Paulo, 1994.

♦ "Direito do Trabalho no Brasil", Mesa Redonda, Faculdade de Direito de Montevidéu, Montevidéu, 1994.

♦ "A Autonomia Coletiva na América Latina", Relator do tema pela América Latina, Congresso sobre as fontes do Direito do Trabalho, Universidade de Roma, Itália, 1994.

♦ Mesa redonda, Flexibilização do Direito do Trabalho, Universidade de Bolonha, Itália, 1994.

♦ Conferência, "Tendências de flexibilização das Normas Reguladoras das Relações de Trabalho", Seminário Hispano-Brasileiro de Direito do Trabalho, Universidade Complutense de Madri, Madri, 1995.

♦ "Experiencia brasileña de flexibilización del Derecho del Trabajo, 21ª Jornadas Hispano-Brasileñas de Derecho Social", Universidad de Deusto, Bilbao, Espanha, 1995.

♦ "O papel do Estado nas transformações do Direito do Trabalho", XIII-ENAIT — Encontro Nacional dos Agentes da Inspeção do Trabalho, São Paulo, 1995.

♦ Mesa redonda, Seminário sobre "Unificazione del Diritto e Diritto Dell´Integrazione in America Latina", Università Degli Studi Di Roma Tor Vergata, dezembro, 1996.

♦ "Os projetos de reforma do direito processual do trabalho", V Ciclo de Estudos de Direito do Trabalho, Escola Nacional da Magistratura e Instituto dos Advogados de São Paulo, Angra dos Reis, 1998.

♦ "Acesso à Justiça e efetividade dos direitos sociais diante da globalização, do impacto tecnológico e do desemprego", II Congresso Internacional de Direito, Roma, 1998.

♦ Os princípios do Direito do Trabalho e o novo cenário das relações trabalhistas, IV Congresso Nacional dos Procuradores do Trabalho, Associação Nacional dos Procuradores do Trabalho, Brasília, 1999.

♦ Cooperativas de Trabalho, Seminário Internacional sobre Cooperativas de Trabalho, legislação trabalhista e garantias de patamares mínimos, Ministério do Trabalho e Emprego e Escola de Administração Fazendária, Brasília, 1999.

♦ Actualidad y futuro del derecho del trabajo em Brasil, 1º Congreso del Cono Sur sobre Derecho Laboral em la integranción regional, Sociedad Argentina de Derecho Laboral, Buenos Aires, 2000.

♦ Conferência, Modernização das formas de controle da jornada de trabalho. Superioridade dois controles eletrônicos sobre os métodos tradicionais. Horários de trabalho. inc. XIII ao art. 7º da CF. Multiplicidade de jornadas especiais, VII Ciclo de Estudos de Direito do Trabalho, Escola Nacional da Magistratura, Instituto dos Advogados de São Paulo, Sauípe, 2000.

♦ Conferência, "Relações de trabalho e a Internet", III Congresso Nacional de Direito do Trabalho e Processual do Trabalho do TRT da 15ª Região, Campinas, 2001.

♦ Conferência, "Direito do Trabalho", II Colóquio Brasileiro de Direito do Trabalho, Academia Nacional de Direito do Trabalho e Tribunal Superior do Trabalho, Brasília, 2002.

♦ Conferência, "Impactos do novo Código Civil no Direito do Trabalho", Abertura do Ano Judiciário Trabalhista, Tribunal Regional do Trabalho da 15ª Região e Tribunal Regional do Trabalho da 2ª Região, Acauam, Cabreúva, 2003.

♦ Conferência, "A flexibilização e as diferentes realidades sócio-econômicas", Fórum Internacional sobre Flexibilização no Direito do Trabalho, Tribunal Superior do Trabalho, Brasília, 2003.

♦ Conferência, "Aspectos da reforma sindical e trabalhista", II Congresso Internacional de Direito do Trabalho e IV Congresso de Direito do Trabalho e Processual do Trabalho, Tribunal Regional do Trabalho da 8ª Região, Belém, Pará, 2004.

♦ Conferência, "Competência da Justiça do Trabalho nas Relações Sindicais, Coletivas e Administrativas", Escola da Magistratura do Tribunal Regional do Trabalho da 2ª Região, São Paulo, 2005.

♦ Conferência, "Direito Coletivo e a Emenda Constitucional 45", I Seminário Nacional sobre a Ampliação da Competência da Justiça do Trabalho, ANAMATRA, São Paulo, 2005.

♦ Conferência, O impacto das normas internacionais do trabalho no Brasil, Tribunal Regional do Trabalho da 3ª Região, Escola Judicial do TRT — 3ª Região e Escola Superior do Ministério Público da União, Belo Horizonte, 2005.

♦ Conferência, A tensão dogmática do direito do trabalho, Fórum Internacional sobre Perspectivas do Direito e do Processo do Trabalho, Tribunal Superior do Trabalho e Academia Nacional de Direito do Trabalho, Brasília, 2006.

♦ Palestra, Ação civil pública, Associação dos Advogados Trabalhistas de São Paulo, 2007.

PRINCIPAIS COMISSÕES

♦ Comissão de Modernização da Legislação Trabalhista, Ministério do Trabalho, desde 1992.

♦ Representante do Brasil na Comissão Técnica de Assessoria BID — Mercosul para projeto sobre livre circulação de mão-de-obra, 1994.

♦ Comissão de Assessoria à Ordem dos Advogados do Brasil para elaboração do Regulamento do Estatuto da Ordem dos Advogados do Brasil, 1994.

♦ Comissão Permanente de Direito Social, Ministério do Trabalho, desde 1995.

♦ Membro da Comissão de Estudos da Reforma Sindical da FECOMÉRCIO — Federação do Comércio do Estado de São Paulo (2004).

♦ Membro do Conselho Superior de Assuntos Jurídicos e Legislativos da FIESP — Federação das Indústrias de São Paulo (2004).

PRINCIPAIS TÍTULOS HONORÍFICOS

♦ Comenda da Ordem Judiciária Trabalhista, no grau de Comendador, concedida pelo Egrégio Tribunal Superior do Trabalho.

♦ Comenda da Ordem do Mérito do Trabalho, no grau de Grande Oficial, concedida pelo Excelentíssimo Senhor Presidente da República José Sarney, na qualidade de Grão-Mestre da Ordem.

♦ Medalha Dr. Guillermo Cabanellas conferida pela "Asociación Centroamericana y del Caribe de Derecho del Trabajo y de la Seguridad Social", João Pessoa, 1993.

♦ Medalha Ouro do Mérito Judiciário da Justiça do Trabalho da 15ª Região conferida pelo Tribunal Regional do Trabalho da 15ª Região, Campinas, 2001.

♦ Grã-Cruz da Ordem do Mérito Judiciário do Tribunal Regional do Trabalho da 2ª Região (RA n. 03/02, de 13.5.2002), São Paulo.

♦ Comenda da Ordem Anhangüera do Mérito Judiciário do Trabalho, concedida pelo Tribunal Regional do Trabalho da 18ª Região, Goiânia, Goiás, 2003.

♦ Doutor *Honoris Causa* da Faculdade de Direito de Curitiba – Faculdades Integradas Curitiba, Curitiba, 2004.

♦ Comenda da Ordem do Mérito *Jus et Labor* no grau Grã-Cruz, concedida pelo Tribunal Regional do Trabalho da 8ª Região, Belém, Pará, 2004.

♦ Medalha Conselheiro João Alfredo Corrêa de Oliveira, na categoria de Mérito Judiciário, conferida pelo Tribunal Regional do Trabalho da 6ª Região.

HOMENAGENS

♦ Tribunal Regional do Trabalho da 15ª Região, Fórum Trabalhista Juiz Amauri Mascaro Nascimento, Araçatuba, 1994.

São Paulo, maio de 2007.

Amauri Mascaro Nascimento

ÍNDICE

Apresentação — *Mara Vidigal Darcanchy* 13

Justa causa: Interpretação societária para o instituto consolidado no âmbito trabalhista 15
Armando Luiz Rovai

Responsabilidade da empresa no aperfeiçoamento dos empregados 36
Carlos Aurélio Mota de Souza

As organizações não-governamentais no contexto brasileiro: implicações jurídicas 53
Edson Ricardo Saleme

Relato do regime profissional no âmbito médico 66
Felipe Chiarello de Souza Pinto

A ação civil pública e a reparação do dano coletivo no processo do trabalho 78
Florisbal de Souza Del'Olmo e Roberto Portela Mildner

A discriminação racial nas relações laborais brasileiras e a benéfica postura do poder judiciário as empresas empregadoras: uma aurora que não deu dia 98
Gisela Maria Bester

Meio ambiente do trabalho — Aspectos teóricos 142
Gisele Ferreira de Araújo

O nexo técnico epidemiológico e a responsabilidade pelo meio ambiente do trabalho ... 165
Juliana de Oliveira Xavier Ribeiro

Reflexões sobre a aplicabilidade dos direitos fundamentais negativos no contrato de trabalho 179
Luciano Benetti Timm e Gustavo Trierweiller

Para uma sociologia do Direito do Trabalho 191
Luisa Maria Nunes de Moura e Silva

Responsabilidade social nas relações laborais do deficiente 209
Mara Vidigal Darcanchy

Do regime da propriedade intelectual e o empregado inventor 227
Maria Lucia de Barros Rodrigues

Visão criminal da justa causa 237
Ricardo Alves Bento

O Direito Internacional do Trabalho e a Dignidade da Pessoa Humana: Breves Reflexões 252
Sidney Guerra

A ressocialização do encarcerado pelo trabalho: uma questão de responsabilidade social 268
Viviane Coêlho de Séllos Gondim

APRESENTAÇÃO

Existem pessoas que dispensam apresentação, pessoas cujo nome já diz tudo, e este é o caso do nosso "eterno professor" *Amauri Mascaro Nascimento*. Começamos a admirá-lo ainda nos primeiros anos de graduação em Curitiba e mais ainda quando, em meados de 80, ao vir morar em São Paulo, tivemos a grata satisfação de conhecê-lo pessoalmente no largo São Francisco e na Pontifícia Universidade Católica de São Paulo.

Em todo o ambiente acadêmico poucas vezes se tem a oportunidade de encontrar tamanha capacidade aliada a tanta simplicidade e finura no trato como a do homenageado, típica dos grandes sábios e, mais ainda, das grandes almas.

A idéia de produzir uma coletânea em homenagem a esse ícone do Direito do Trabalho foi acolhida com tanto entusiasmo que se tornou tarefa fácil. Houve espontânea adesão, em curto espaço de tempo de um ilustre grupo de juristas, de renome nacional e internacional, que exercem seus labores intelectuais em diversos estados da Federação, aceitando o convite e desenvolvendo estudos, versados com grande competência e autoridade, que realmente justificam a relevância que a obra certamente alcançará.

O privilegiado leitor da obra se sentirá, por certo, gratificado e feliz, com o conhecimento adquirido nas reflexões instigantes e objetivas colacionadas pelos autores, que, a par de se associarem a preito tão oportuno ao erudito e sábio Mestre *Mascaro*, empregaram o melhor de seu engenho e arte na construção dos artigos.

Dessa forma, com esta rica coletânea, repleta das mais variadas visões de temas jurídicos afins ao Direito do Trabalho, os autores têm a pretensão de alcançar um universo diferenciado de leitores, buscando atender às expectativas de pesquisadores, profissionais e estudiosos que tenham interesse pela responsabilidade social cada vez mais presente na sociedade contemporânea.

Mara Vidigal Darcanchy
Doutora em Direito

JUSTA CAUSA: INTERPRETAÇÃO SOCIETÁRIA PARA O INSTITUTO CONSOLIDADO NO ÂMBITO TRABALHISTA
Diferenças entre a justa causa trabalhista e a justa causa societária na exclusão de sócio

Armando Luiz Rovaí[*]

1. Da Exclusão de sócio

Ponto polêmico na antiga legislação é a possibilidade de exclusão de sócio. O Código Civil de 2002 estabeleceu, na seção referente à resolução da sociedade, que a maioria dos sócios, representativa de mais da metade do capital social, poderá deliberar a exclusão de um ou mais sócios que estejam colocando em risco a continuidade da empresa, em decorrência de ato de inquestionável gravidade. Basta haver previsão de exclusão por justa causa no contrato social para que a providência citada anteriormente possa ser tomada, conforme previsão do art. 1.085.[1]

O Código prevê a necessidade de realização de assembléia ou reunião específica para deliberar a exclusão do sócio. A convocação e o motivo da assembléia devem ser noticiados ao sócio passível de exclusão para possibilitar a elaboração de sua defesa, bem como o seu comparecimento em tempo hábil.[2]

Outro item que deve ser elaborado com mais detalhamento é relativamente ao que o legislador quis compreender com a "justa causa". Desde já, deixando de lado o conceito de justa causa da Justiça do Trabalho, convém trazer à baila uma construção do que seria "justa causa", segundo os preceitos do Código Civil de 2002.

Primeiro, todavia, cabe colacionar as seguintes decisões, que demonstram, por si só, o caminho que hoje é adotado pelos nossos Tribunais. Assim:

(*) Advogado; Doutor em Direito pela Pontifícia Universidade Católica/PUC; Mestre em Direito Político e Econômico pela Universidade Mackenzie; Ex-Presidente da Junta Comercial do Estado de São Paulo por 3 mandatos; Ex-Presidente do IPEM/SP; Ex-Chefe de Gabinete da Secretaria da Justiça e da Defesa da Cidadania; Professor de Direito Comercial e Economia Política do Complexo Damásio de Jesus e de Direito Comercial da Universidade Mackenzie; Professor convidado da PUC/SP — especialização e da GV-SP; palestrante em diversos outros cursos e entidades. E-mail: armandorovai@terra.com.br, armandorovai@yahoo.com.br.

(1) O Enunciado n. 67, aprovado na Jornada de Direito Civil, promovida pelo Centro de Estudos Judiciários do Conselho da Justiça Federal, dispõe que, em razão da exigência de justo motivo, a quebra de *affectio societatis* não é causa suficiente para exclusão do sócio.

(2) O Projeto de Lei n. 7.160/02 elimina a diferenciação entre exclusão judicial, por falta grave ou incapacidade, e extrajudicial, baseada em justa causa, possibilitando a exclusão extrajudicial, i.e., por simples decisão da maioria absoluta de votos, em qualquer hipótese.

Caso em que não há possibilidade de continuidade da sociedade, visto que a dissolução está sendo requerida pela existência de crise social intransponível e exteriorização de atos incompatíveis com a vontade do sócio remanescente em prosseguir com a vida da sociedade. (Ap. Cív. n. 598.373.728, 5ª Câm. Cív. do TJRS, Rel. Des. Carlos Alberto Bencke, j. 19.11.1998)

A jurisprudência se inclina pela legalidade da exclusão de sócio por motivo justificado, com ou sem cláusula de previsão. (ED MS 29.390-0/2-01, Ses. Plen. TJ-SP, Rel. Des. Viseu Júnior, j. 14.8.1996)

É iterativo o posicionamento doutrinário e jurisprudencial sobre a possibilidade de exclusão de sócio por deliberação da maioria, ainda que ausente previsão contratual a esse respeito, uma vez presente justa causa. (MS 231.990-2, 13ª Câm. Cív., TJ-SP, Rel. Des. Marrey Neto, in RJTJSP, n. 153/232)

Contudo, tratando-se este estudo de um trabalho acadêmico, é oportuno, antes de consignarmos nosso posicionamento sobre o tema, trazer o que a doutrina afirma a respeito. Segundo *José Xavier Carvalho de Mendonça:*

> 687. A exclusão do sócio pode dar-se nos casos seguintes:
>
> 1º Se o sócio não entra para o capital social com a quota ou contingente a que se obrigou nos prazos e pela forma estipulada ao contracto (Cód. Com., art. 289. Os sócios podem, em vez de excluir o sócio remisso, demandá-lo pela quota com perdas e danos).Vide n. 553 *supra*. O primeiro acto da sociedade deve ser o de constituir judicialmente em mora o sócio remisso.
>
> 2º Se o sócio de industria, sem auctorização expressa no contracto social, se emprega em operação comercial estranha a sociedade (Cód. Com., art. 317, 2ª alínea). Vide n. 597 *supra*.
>
> 3º Se for pactuado no contracto social que a maioria dos sócios pode destituir ou excluir qualquer delles em uma das circumstancias. Se se pode estipular no contracto de sociedade que, retirado um socio, a sociedade continue a subsistir entre os demais (clausula commum especial para o caso de morte), é tambem licito pactuar a exclusão de um socio pelo voto da maioria em casos especiaes cogitados no mesmo contracto. A sociedade regula-se pela convenção das partes sempre que esta não fôr contraria às leis commerciaes (n. 510 *supra*).
>
> Que a clausula é licita não há duvida; ella admitte-se na cooperativa, se se inclue no acto constitutivo (Lei n. 1.637, de 5 de janeiro de 1907, arts. 14 n. 6 e 18 § 3º. No direito francez, LYON, Caen et Renault. *Traité de droit commercial*, 4ª ed., vol. 2º, p. 1, n. 351, admittem a validade da clausula). O Cód. Com. refere-se, no art. 339, ao caso em que o sócio é despedido com causa justificada. O meio de direito que tem o sócio assim excluído é a acção ordinaria para annullar a deliberação da maioria dos socios, provando que esta não attendeu nem respeitou os termos do contracto social (Pareceres de RUY BARBOSA e de LAFAYETTE (no Jornal do Commercio de 9 de Fevereiro de 1900), e do VISCONDE DE OURO PRETO (no *Jornal do Commercio* de 22 de Fevereiro de 1900).[3]

Modesto Carvalhosa assevera que:

---

(3) CARVALHO DE MENDONÇA, José Xavier. *Tratado de direito commercial brazileiro*. São Paulo. 1914, v. III, p. 153-155.

Deve considerar-se como de inegável gravidade com relação à sociedade, em primeiro lugar, todo ato de sócio que viole a lei. Também será ato de natureza grave a violação ou o inadimplemento contratual que resultar na quebra da *affectio societatis,* porque põe em risco o desenvolvimento do escopo comum que é o desenvolvimento das atividades sociais. Além disso, representa ato de inegável gravidade a ação ou omissão de um sócio que, mesmo sem constituir violação da lei ou do contrato social, provoque grave dissídio no corpo social, implicando também a quebra da *affectio societatis.* Isso porque, rompido o elo subjetivo, que é essencial à vinculação dos sócios à sociedade, a presença de um deles, cujos interesses estão desagregados do escopo comum, põe em risco a harmonia do corpo social, podendo prejudicar o desempenho dos negócios e a continuidade da empresa. É, ainda, fundamental, verificar se ao sócio que se deseja excluir pode ser imputada a culpa pelo ato eventualmente ensejador da exclusão.[4]

Preceitua *Barros Leães* que:

O conceito de causa justificada está ligado ao direito do sócio de permanecer na sociedade, contraposto ao dever de colaboração a que está jungido. [...] A colaboração entre os sócios é uma obrigação fundamental do contrato de sociedade, de sorte que, uma vez descumprida, habilita a sociedade a excluir o sócio inadimplente, por prevalência do interesse social sobre o individual do sócio.[5]

Diante, pois, dos ensinamentos mencionados, cumpre-nos trazer à baila, também, uma construção jurídica baseada no que outro douto jurídico tratou. *Norberto Bobbio,* em seu último livro, *Elogio da serenidade e outros escritos morais,* escreveu sobre harmonia social. Obviamente, *Bobbio* trouxe seus pensamentos em um sentido macro, bem como estabeleceu-os e desenvolveu-os no âmbito da sociedade enquanto estrutura sociológica. Todavia, parece-nos oportuno colacionarmos tais pensamentos:

Como modo de ser em relação ao outro, serenidade resvala no território da tolerância e do respeito pelas idéias e pelos modos de viver dos outros. No entanto, se o indivíduo sereno é tolerante e respeitoso, não é apenas isto. A tolerância é recíproca: para que exista tolerância é preciso que se esteja ao menos em dois. Uma situação de tolerância existe quando um tolera o outro. Se eu o tolero e você não me tolera, não há um estado de tolerância, mas, ao contrário, prepotência. Passa-se o mesmo com o respeito. Cito *Kant:* "Todo homem tem o direito de exigir o respeito dos próprios semelhantes e reciprocamente estar obrigado ele próprio a respeitar os demais". O sereno não pede, não pretende qualquer reciprocidade: a serenidade é uma disposição em relação aos outros que não precisa ser correspondida para se revelar em toda a sua dimensão. Como de resto a benignidade, a benevolência, a generosida-

---

(4) CARVALHOSA, Modesto. *Comentários ao Código Civil.* São Paulo: Saraiva, 2003, v. 13, p. 313-314.
(5) LEÃES, Luiz Gastão Paes de Barros. "Exclusão extrajudicial de sócios em sociedade por quotas". *Revista de Direito Mercantil,* n. 100, p. 90-91.

de, a *bienfaisance*, que são todas virtudes sociais mas são ao mesmo tempo unilaterais.

Que não pareça uma contradição: unilaterais no sentido de que à direção de um em relação ao outro não corresponde uma igual direção, igual e contrária, do segundo em relação ao primeiro. "Eu tolero se você me tolera". Em vez disso: "Eu protejo e exalto minha serenidade — ou minha generosidade, ou minha benevolência — com relação a você independentemente do fato de que você também seja sereno — ou generoso, ou benevolente — comigo". A tolerância nasce de um acordo e dura enquanto dura o acordo. A serenidade é um dom sem limites preestabelecidos e obrigatórios.[6]

Destarte, coadunando o que os juristas pátrios consignaram e pautando-nos pela estrutura social harmônica de *Bobbio*, principalmente quando afirma que "A tolerância nasce de um acordo e dura enquanto dura o acordo. A serenidade é um dom sem limites preestabelecidos e obrigatórios, fica tranqüilo concluir que uma sociedade possui estado de harmonia quando todos os seus pares (sócios) possuem uma convivência regida pelo estado de tolerância."[7]

Assim, embasados no pensamento de *Bobbio* e trazendo-o para o sistema societário pátrio, temos que a "justa causa" do Direito Societário caracteriza-se pela falta de tolerância entre os sócios e o surgimento do estado de prepotência, conseqüentemente[8] — quando o estado de tolerância deixa de estar presente, surge entre os sócios o estado de prepotência, acarretando, por si só, o desajuste que gera o conflito. Está configurada, portanto, a JUSTA CAUSA.

Ainda segundo *Bobbio*: "A tolerância é um método que implica, como disse, o uso da persuasão perante aqueles que pensam diferentemente de nós, e não o método da imposição."[9]

É bem verdade que a intolerância vista sob o prisma pessoal nem sempre inviabiliza o negócio empresarial, pois, muitas vezes, os assuntos que causam as desavenças são secundários e o próprio tempo trata de resolver os problemas. Todavia, o que se pretende aqui abordar é o caráter híbrido — capital/pessoa — que a sociedade empresária do tipo limitada hoje possui.

Há até quem considere que a Sociedade Limitada, por conta deste aludido "hibridismo", esteja muito semelhante, na sua operacionalização, à sociedade anônima.

Ademais, pelo que já foi consignado por *Véronique Magnier*, tal fenômeno também ocorre na França:

"La société à responsabilitée est d´une nature juridique mixte. Par son caractère fermé, elle se presente plutôt comme une société de personnes et les

---

(6) BOBBIO, Norberto. *Elogio da serenidade e outros escritos morais*. Tradução de Marco Aurélio Nogueira. São Paulo: Unesp, 2002, p. 42-43.
(7) *Idem*, p. 42-43.
(8) *José Renato Nalini* cita trecho do livro de *Bobbio* relevante para o que aqui se aduz: "uma situação de tolerância existe quando um tolera o outro. Se eu o tolero e você não me tolera, não há um estado de tolerância, mas, ao contrário, prepotência." A herança de *Bobbio*. Jornal da Tarde, 12 jan. 2004. Caderno A, p. 2.
(9) BOBBIO, Norberto. *Elogio da serenidade e outros escritos morais*, p. 155.

règles qu'ils président à sa constituition et à sa dissolution en témoignet. En revanche, la loi de 1966 et les rapprochment avec la société anonyme, notamment pour ce qui est des régles d´organisation et fonctionnement de la société."[10]

Portanto, a Sociedade Limitada não é mais formada, apenas, por pessoas físicas que, por afeição mútua, resolvem associar-se para atingir seus objetivos comerciais. Hoje, de acordo com os princípios que norteiam o Direito de Empresa, o capital prepondera e as associações, mesmo entre pessoas naturais, são freqüentes, por conta das trocas que ocorrerão em decorrência da *expertise* e do *know-how* de cada um — trata-se da preponderância das relações econômicas, pautadas pelo fator capital, em detrimento das ligações afetivas entre pessoas que pactuam de interesses em comum.

Para se entender a intolerância em âmbito societário, há de se perquerir a natureza dos conflitos, muitas vezes ligada às estratégias empresariais e aos sistemas administrativos pretendidos, diferentemente, pelos sócios.

A compreensão de que a ausência da *affectio societatis* não é mais suficiente para operacionalizar-se uma exclusão administrativa de sócios já é cediça entre os operadores do Direito. Agora, a questão está muito mais relacionada aos interesses díspares e muitas vezes conflitantes (sempre do ponto de vista empresarial) e à forma de lidar com eles, considerando sempre as relações pessoais e o escopo fundamental da empresa — a sua continuidade, a fim de proporcionar os agregados sociais que surgem conseqüentemente.

Estão configuradas, portanto, as razões que podem levar à definição da JUSTA CAUSA societária, de modo a equacionar princípios atinentes à tecnologia da administração, da economia e, principalmente, da filosofia jurídica moderna aplicada ao Direito Societário, substancialmente modificado pelo Código Civil de 2002.

Neste diapasão, o Código Civil de 2002, aprovado pela Lei n. 10.406, de 10.1.2002, contempla no Livro II da Parte Especial, a partir do artigo 966 até o art. 1.195, o Direito Societário, estando insertas no Capítulo IV, especificamente, do art. 1.039 até o 1.092, os tipos societários que podem se constituir sob a forma de sociedades empresárias, efetivamente, aquelas passíveis de registro na Junta Comercial.

Tal legislação entrou em vigor em 11 de janeiro de 2003, revogou a Lei n. 3.071 de 1º de janeiro de 1916, que era o antigo Código Civil e a Parte Primeira do Código Comercial, Lei n. 556, de 25.7.1850. É interessante dizer sobre este aspecto que o Código Comercial continuará em vigor, apenas, em sua Parte Segunda, que trata do Comércio Marítimo.

---

(10) MAGNIER, Véronique. *Droit des sociétés*. Paris: Dalloz, 2002, p. 155: "A sociedade limitada é de uma natureza jurídica mista. Por seu caráter fechado, ela se apresenta quase sempre como uma sociedade de pessoas com regras que presidem a sua constituição e a sua dissolução. A Lei de 1966 trouxe uma aproximação com as regras da sociedade anônima, principalmente quanto às regras de organização e funcionamento dessa sociedade."

2. Do Código Civil de 2002

Contudo, não obstante os trabalhos que vêm sendo escritos a respeito do Código Civil de 2002 e seu impacto no mundo empresarial, uma questão ficou bem evidenciada, qual seja: enquanto para o operador do Direito em geral é possível lucubrar sobre o tema, tecendo conjecturas e meditações a respeito da melhor aplicação do diploma legal, para os órgãos incumbidos da execução do Registro Público Mercantil, a partir do dia 11 de janeiro de 2003, o novo Código passou a ser uma realidade e sua correta aplicação uma necessidade.

Do ponto de vista organizacional o Código Civil de 2002 apresentou os tipos societários com uma nova roupagem, diferente e inovadora, dividindo-os em sociedades não "personificadas" e sociedades "personificadas".

As sociedades não personificadas — Sociedades em Comum e as Sociedades em Conta de Participação — já eram contempladas nos arts. 301 a 305 do Código Comercial. Essas sociedades são aquelas em que a pessoa dos sócios ainda não se distingue da personalidade da sociedade, por ainda não terem seus atos constitutivos inscritos.

Sobre as Sociedades em Conta de Participação, o Código Civil de 2002 manteve o tipo societário, respectivamente nos arts. 991 a 996. Lembramos que a sociedade em Conta de Participação é aquela em que há um sócio ostensivo e um sócio oculto.

A novidade trazida pelo diploma legal de 2002 é a possibilidade de os sócios registrarem em Cartório de Registro Público o contrato entre eles celebrado. Vale dizer que já era assim na prática, mas não havia previsão legal expressa. Ressalte-se que o referido registro não confere personalidade jurídica à sociedade, continuando a figurar como entidade despersonificada.

Sobre as sociedades personificadas, primeiramente, o Código Civil de 2002 inovou ao criar uma espécie societária denominada "Simples". Este tipo societário se caracteriza pelo fato de tratar de todas as sociedades que não exerçam atividades empresárias (atividade econômica organizada profissionalmente para produção ou circulação de bens e serviços) ou cujo objeto consista no exercício de profissão intelectual, de natureza científica, literária ou artística.

Saliente-se que a espécie Sociedade Simples não corresponde exatamente ao gênero "Sociedade Civil". No âmbito do Código Civil de 2002, um prestador de serviços, organizado economicamente sob forma empresarial, teria de se estabelecer conforme as regras de um dos tipos societários aplicáveis às Sociedades Empresarias.

Esta espécie societária se assemelha à Sociedade em Nome Coletivo, mas guarda como diferença a responsabilidade dos sócios. Nas Sociedades Simples os sócios podem optar entre responder subsidiariamente, ou não, pelas obrigações sociais (art. 997, VIII). Outra diferença é que a razão social nas Sociedades Simples equipara-se ao nome empresarial para efeitos de proteção (art. 1.155, parágrafo único).

No mesmo sentido, o art. 997 do Código Civil de 2002 ainda prevê que as matérias ali contidas — a alteração da denominação social, endereço, capital, ou a indicação das pessoas naturais incumbidas da administração da sociedade ou dos poderes e atribuições a elas conferidos etc. — precisam de anuência de todos os sócios para que suas modificações no contrato social sejam permitidas.

Importantíssimo para este trabalho indicar que, enquanto a sociedade empresária vincula-se ao Registro Público de Empresas Mercantis, a cargo das Juntas Comerciais, a Sociedade Simples vincula-se ao Registro Civil de Pessoas Jurídicas.

Segundo o art. 1.150 do Código Civil de 2002: "O empresário e a sociedade empresária vinculam-se ao Registro Público de Empresas Mercantis a cargo das Juntas Comerciais, e a Sociedade Simples ao Registro Civil das Pessoas Jurídicas, o qual deverá obedecer às normas fixadas para aquele registro, se a Sociedade Simples adotar um dos tipos de sociedade empresária". O Enunciado n. 69 aprovado na Jornada de Direito Civil, promovida pelo Centro de Estudos Judiciários do Conselho da Justiça Federal, estabelece que as cooperativas são Sociedades Simples sujeitas a inscrição nas Juntas Comerciais.

No mesmo sentido, o projeto de Lei n. 7.160/02 altera o art. 1.150 para esclarecer que as cooperativas estão sujeitas a inscrição nas juntas comerciais.

A contribuição de serviços é permitida na Sociedade Simples, desde que, e salvo estipulação em contrário, o sócio prestador de serviços não se empregue em atividade estranha à sociedade, sob pena de ser privado de seus lucros e de ser excluído da sociedade.

A responsabilidade dos sócios na Sociedade Simples é matéria que não se pode deixar de analisar. O art. 1.023 do Código Civil de 2002 dispõe que, caso os bens da Sociedade Simples não sejam suficientes para cobrir as dívidas por ela contraídas, os sócios responderão pelo saldo na proporção em que participarem das perdas sociais, salvo estipulação expressa de solidariedade.

Para retirada do sócio na Sociedade Simples, o Código Civil de 2002 prevê que, para aquele que faz a cessão de suas quotas, em razão de suas antigas obrigações societárias, a responsabilidade é solidária com aquele que as adquire, durante o prazo de dois anos. Ressalte-se, porém, que para a entrada e saída de sócios, para a cessão total ou parcial de quotas, é preciso que haja a aprovação unânime em deliberação social.

Observe-se, ainda, que a retirada, exclusão ou morte do sócio não o exime, nem aos seus herdeiros, da responsabilidade pelas obrigações sociais anteriores. Essa responsabilidade perdura por até dois anos após averbada a eventual resolução da sociedade, sendo que nos casos de retirada ou exclusão de sócio, eles respondem também pelas obrigações posteriores até a averbação.

A sociedade deverá ser administrada por cada um dos sócios, sendo que cada administrador poderá impugnar decisão pretendida por outro. Havendo impugnação, a questão deverá ser decidida por maioria de sócios em deliberação social.

Ainda sobre a responsabilidade e mais especificamente sobre a responsabilidade do administrador podemos elencar três situações específicas. Em primeiro lugar, o administrador responderá por perdas e danos perante a sociedade, quando sabia, ou deveria saber, que a sua atuação estava em desacordo com a maioria dos sócios.

Em segundo lugar, quando o administrador possuir interesse contrário ao da sociedade e tomar parte na deliberação, será ele responsabilizado pelo seu ato.

Por último, os administradores são obrigados, sob pena de responsabilização, a prestar aos sócios contas justificadas de sua administração, bem como apresentar-lhes o inventário anualmente, junto com o balanço patrimonial e o balanço de resultado econômico.

3. Do Contrato Social

No tocante à modificação do contrato social, o art. 997 do Código Civil de 2002 prevê que algumas deliberações específicas do contrato social só poderão ser alteradas se houver unanimidade de votos. São elas: todas as deliberações relacionadas aos sócios, denominação, objeto, sede, prazo, capital, administração, participação dos sócios nos lucros e nas perdas e responsabilidade subsidiária dos sócios pelas obrigações sociais. Para os demais assuntos a deliberação pode ser feita por maioria absoluta de votos, se o contrato não determinar a necessidade de deliberação unânime.

Os votos serão contados segundo o valor das quotas de cada sócio. Em caso de empate, prevalece a decisão sufragada por maior número de sócios e, se persistir, a decisão deverá ser tomada por um juiz.

Último ponto de relevo no tocante à Sociedade Simples é que para efeitos de proteção, o Código Civil de 2002 equipara o nome empresarial à denominação da Sociedade Simples. No entanto, não foi mencionado o modo de formação da denominação da Sociedade Simples que a identifique no mercado.

As Sociedades Empresárias, conforme dispõe o art. 1.150 do Código Civil de 2002, engloba o gênero de sociedades que vinculam-se ao Registro Público de Empresas Mercantis a cargo das Juntas Comerciais.

As referidas sociedades — Empresárias — representam um gênero, sendo que suas espécies podem ser Sociedades em Nome Coletivo; Sociedades em Comandita Simples ou em Comandita Por Ações; Sociedades Limitadas; Sociedades Anônimas; as quais devem se organizar de acordo com as regras aplicáveis, segundo o Código Civil de 2002.

As Sociedades em Nome Coletivo — arts. 1.039 a 1.044 do Código Civil de 2002 — têm por característica a responsabilidade ilimitada de seus sócios, e operam via de regra sob uma firma social constituída do nome de um ou mais sócios seguido da expressão" & Companhia".

O Código Civil de 2002 não trouxe grandes inovações a este tipo societário, mas passou a prever expressamente que somente as pessoas físicas podem ser sócias (art. 1.039); que os sócios podem limitar, entre si, a responsabilidade de cada um (sem prejuízo da responsabilidade perante terceiros); que a administração da sociedade compete exclusivamente aos sócios (art. 1.042), e que o credor particular de um sócio não pode, antes de dissolver-se a sociedade, pretender a liquidação da quota do devedor (art. 1.043, *caput*).

Os arts. 1.045 a 1.051 do Código Civil de 2002, não trouxeram alterações profundas nas Sociedades em Comandita Simples, mas clarificaram as antigas disposições do Código Comercial (arts. 311 a 314).

Sendo assim, a Sociedade em Comandita Simples continua com o mesmo perfil, qual seja, a existência do comanditado (pessoas físicas) com responsabilidade solidária e ilimitada, e do comanditário (pessoa física ou jurídica) com responsabilidade limitada ao valor da respectiva quota.

As alterações relevantes feitas pelo Código Civil de 2002 sobre o assunto foram: em caso de morte do sócio comanditário, a sociedade continuará com seus sucessores, salvo disposição em contrário no contrato (art. 1.050), e aplicam-se para essas sociedades, de forma subsidiária, as normas da Sociedade em Nome Coletivo (art. 1.046).

As Sociedades em Comandita por Ações, dispostas nos arts. 1.090 a 1.092 do Código Civil de 2002, têm como base legal a lei das sociedades anônimas. De todo modo, diferencia-se pelo fato de que apenas os acionistas podem ser seus diretores ou gerentes.

O administrador para este tipo societário é muito importante, pois uma vez constituído, não será possível destituí-lo facilmente: dependerá de aprovação de acionistas representando dois terços do capital social. Por outro lado, o administrador possui responsabilidade ilimitada, subsidiária e solidária para com a sociedade.

É válido consignar que o Código Civil de 2002 extinguiu a denominação "sócio gerente", restringiu para dois anos o prazo de responsabilidade do diretor destituído ou exonerado (na LSA não há prazo) e retirou, das matérias sujeitas ao consentimento dos diretores, a aprovação para participação em grupos de sociedade.

Novidade também se instalou sobre as Sociedade Coligadas, que, antes da promulgação do Código Civil de 2002, estavam reguladas nos arts. 243 a 246 da Lei das Sociedades Anônimas. Todos os tipos societários existentes adaptavam-se aos conceitos previstos naquela lei.

O Código Civil de 2002 alterou essa prática, pois inseriu um capítulo destinado especificamente a disciplinar as "Sociedades Coligadas". Agora há a definição de sociedades controladas, coligadas e de simples participação, além das normas para a participação recíproca.

A LSA passou a regular apenas as sociedades coligadas que estejam constituídas como sociedades anônimas. As demais sociedades personificadas têm na sua regulação as previsões contidas no Código Civil de 2002.

O Código Civil de 2002 traz uma terminologia para sociedades coligadas que pode causar confusão num primeiro momento. Isso porque, há a previsão das sociedades coligadas consideradas gênero, e das sociedades coligadas, consideradas espécie. De fato, podemos vislumbrar a existência do gênero sociedade coligada que abrange as sociedades controladas, as de simples participação e as coligadas propriamente ditas. Estas últimas são a espécie, que também pode se chamar de sociedade filiada.

Quando uma sociedade detém maioria de votos nas deliberações dos quotistas de outra sociedade bem como o poder de eleger a maioria dos administradores, diz-se que esta última é uma sociedade controlada. Além disso, uma sociedade pode ter como sócia controladora uma sociedade que, na verdade, é controlada por uma terceira sociedade, verdadeiramente interessada em manter e exercer o controle.

Para esses casos o Código Civil de 2002 seguiu a regulação da LSA, uma vez que possibilitou tanto o controle direto (pela propriedade de participação societária com voto majoritário), como o controle indireto (pela propriedade de ações de sociedade controladora).

Enquanto a sociedade coligada propriamente dita permanece com a mesma roupagem da sociedade coligada da LSA, há, por sua vez, uma nova figura jurídica no Código Civil de 2002, não vislumbrada na LSA. Trata-se da "Sociedade de Simples Participação", que representa aquelas sociedades com participação em outra sociedade numa proporção de no máximo 10% do capital social com direito a voto.

Outra previsão do Código Civil é a possibilidade da participação recíproca entre sociedades, desde que se observe o limite das próprias reservas, verificadas em balanço. A observância do limite das próprias reservas é importante porque se a participação exceder esse limite, o direito de voto ficará obstado em relação à parte excedente, e a sociedade será ainda obrigada a alienar tal parte nos cento e oitenta dias seguintes ao da aprovação do balanço.

A liquidação das sociedades empresárias está expressamente prevista no ato constitutivo da sociedade. Não havendo esta previsão, o Código Civil de 2002 previu, a todas as sociedades personificadas, normas específicas para a sua dissolução e a liquidação.

Caso peculiar é a Sociedade Simples, que possui normas específicas relativas a sua dissolução, com aplicação subsidiária das normas gerais de liquidação previstas para as demais sociedades.

Uma vez determinada a dissolução da sociedade, há a nomeação de um liquidante para coordenar o procedimento de liquidação, realizar ativos da sociedade, pagar os seus passivos e partilhar o remanescente entre os sócios. Como se vê, não há muitas alterações no procedimento em relação ao antigo Código.

No que se refere à liquidação há, porém, algumas inovações trazidas pelo Código. Podemos citar a necessidade de publicar as atas de dissolução e as de liquidação da sociedade; o prazo de quinze dias para que o liquidante elabore balanço geral de ativos e passivos, e; a necessidade de convocação pelo liquidante, de assembléias dos quotistas, a cada seis meses, para prestação de contas.

Tanto o Código Civil de 1916, quanto o Código Comercial de 1850, deixaram de lado o tema das sociedades estrangeiras e não lhe deram guarida sobre a sua existência e regulação no território nacional. Apenas a Lei de Introdução ao Código Civil traz algumas questões sobre as sociedades estrangeiras, mas de forma muito tênue. Atualmente, os arts. 1.134 a 1.141 do Código Civil de 2002 regulam a constituição e atividade das sociedades estrangeiras no Brasil.

4. Da Sociedade Estrangeira

O Código Civil de 2002 não alterou a legislação que existia sobre as sociedades dependentes de autorização para funcionar e, com isso, causou algumas polêmicas. A repetição no art. 1.134, do Código Civil de 2002, da redação contida anteriormente no art. 64 do Decreto-Lei n. 2.627/40 (atualmente parcialmente vigente), trouxe dúvidas quanto à possibilidade da sociedade estrangeira investir em outros tipos societários.

Assim dispõe o art. 1.134: "a sociedade estrangeira, qualquer que seja o seu objeto, não pode, sem autorização do Poder Executivo, funcionar no País, ainda que por estabelecimentos subordinados, podendo, todavia, ressalvados os casos expressos em lei, ser acionista de Sociedade Anônima brasileira."

É opinião majoritária dos operadores do Direito que, na verdade, a redação do art. 1.134 não proíbe a sociedade estrangeira de investir em outros tipos societários, até porque isso inviabilizaria economicamente o País, haja vista grande quantidade de Sociedades Limitadas estrangeiras, figurando como sócias em sociedades nacionais. Afora isso, podemos afirmar que não houve alterações relevantes no tocante à outorga de aprovação pelo Poder Executivo para a sociedade funcionar no Brasil[11].

5. Da Sociedade Limitada

No tocante às sociedades do tipo limitada, com muito maior índice de registros na Junta Comercial, o Código Civil de 2002 trouxe regras específicas e mais complexas. Além disso, devemos destacar que o Decreto n. 3.708/19 cujo teor era muito amplo e vago, vigorou por muito tempo, permitindo que a doutrina e a jurisprudência consolidassem entendimentos sobre pontos específicos, pacificando determinadas questões originalmente controversas.

É importante dizer que certas disposições presentes no Código Civil de 2002 contrariam entendimentos da doutrina e da jurisprudência anteriormente existentes sobre a matéria, impedindo a aplicação de regras já consagradas.

Como dado preliminar, cabe afirmar que as Sociedades Limitadas são regidas pelas normas da Sociedade Simples nas situações em que for omisso o capítulo destinado às Sociedades Limitadas, podendo o contrato social prever a regência supletiva da Sociedade Limitada pelas normas das Sociedades Anônimas.

---

(11) Vide Anexo V.

Art. 1.057. Na omissão do contrato, o sócio pode ceder sua quota, total ou parcialmente, a quem seja sócio, independentemente de audiência dos outros, ou a estranho, se não houver oposição de titulares de mais de um quarto do capital social. Parágrafo único. A cessão terá eficácia quanto à sociedade e terceiros, inclusive para os fins do parágrafo único do art. 1.003, a partir da averbação do respectivo instrumento, subscrito pelos sócios anuentes.

Os arts. 1.055 a 1.059 do Código Civil de 2002 apresentam as regras sobre o capital social e as quotas das Sociedades Limitadas. Tradicionalmente, o capital social divide-se em quotas iguais ou desiguais. A contribuição dos sócios no capital social pode ser feita em dinheiro, bens ou créditos. Já a contribuição de capital dos sócios com prestação de serviços permanece vedada.

Já no que diz respeito a quotas e capital os arts. 1.055 a 1.059 do Código Civil de 2002 trouxeram algumas inovações às regras aplicáveis, sendo certo que podemos mencionar como as mais relevantes: os sócios respondem, solidariamente, pela exata estimação de bens conferidos ao capital social, até o prazo de cinco anos da data do registro da sociedade; é proibida a contribuição que consista em prestação de serviços; caso o contrato social seja omisso, o sócio poderá ceder a totalidade ou parte de sua quota, a outro sócio, independente de anuência dos demais sócios; e/ou a terceiros, se não houver oposição de sócios representando mais de um quarto do capital social; a cessão somente terá eficácia para a sociedade e para terceiros a partir da averbação da alteração do contrato social no órgão competente, respondendo o cedente solidariamente como cessionário, por dois anos, perante a sociedade e terceiros, pelas obrigações que tinha como sócio; caso não seja integralizada quota de sócio remisso, os demais sócios podem tomá-la para si ou transferi-la a terceiros, excluindo do primitivo titular e devolvendo-lhe o que houver pago.

No tocante ao aumento do capital social, os arts. 1.081 a 1.084 do Código Civil de 2002 prevêem que o capital social somente poderá ser aumentado no momento em que a totalidade das quotas subscritas tiverem sido integralizadas. Este dispositivo é ainda mais rigoroso do que a regra aplicável às sociedades por ações, cuja exigência para aumento de capital é de 3/4 do capital social integralizado. A modificação do contrato social para aumento de capital requer a aprovação de sócios representando ao menos 3/4 do capital social.

Ainda, os arts. 1.081 a 1.084 dispõem sobre aumento e redução do capital social das Sociedades Limitadas, assim vejamos: uma vez integralizadas as quotas, o capital social poderá ser aumentado com a respectiva modificação do contrato, tendo os sócios preferência para, até trinta dias após a deliberação, participar do aumento, na proporção de sua participação no capital social. Decorrido o prazo de preferência, e subscrita pelos sócios ou por terceiros a totalidade do aumento, deverá haver reunião ou assembléia para que seja aprovada a modificação do contrato.

A sociedade poderá reduzir seu capital, depois de integralizado, se houver perdas irreparáveis, ou se excessivo em relação ao objeto da sociedade. Nesta última hipótese, o credor quirografário terá noventa dias, a contar a data da publicação da ata da assembléia que aprovar a redução, para opor-se a tal deliberação. A redução somente tornar-se á eficaz se, no mencionado prazo de noventa dias, não for impugnada, ou se for provado o pagamento da dívida ou o depósito judicial de respectivo valor. Uma vez satisfeitas referidas condições, a ata que aprovar a redução será arquivada no órgão competente.

Na hipótese de aumento de capital, os demais sócios terão o direito de preferência, na proporção das quotas de que sejam titulares, a ser exercido em até 30 dias após a deliberação.

O Projeto de Lei n. 7.160/02 permite que o contrato social elimine o direito de preferência. O parágrafo primeiro do art. 1.081 passaria a ter a seguinte redação: "Salvo disposição diversa no contrato social, até trinta dias após a deliberação, terão os sócios preferência para participar do aumento, na proporção das quotas de que sejam titulares".

Sistematicamente o aumento de capital deve observar os seguintes procedimentos: deliberação do aumento em reunião ou assembléia de sócios; aguardar exercício pelos demais sócios do direito de preferência no prazo de 30 dias; reunião ou assembléia para aprovação da modificação do contrato social; e arquivamento da modificação do contrato social na Junta Comercial.

Salvo disposição em contrário no contrato social, o direito de preferência poderá ser cedido se não houver oposição de titulares de mais de 1/4 do capital social. Além disso, a reunião ou assembléia tornam-se dispensáveis quando todos os sócios decidirem por escrito sobre a matéria que seria objeto delas.

Também os arts. 1.081 a 1.084 prevêem como proceder em caso de redução do capital social. Como se viu a redução pode ocorrer em duas hipóteses: (I) depois de integralizado o capital, se houver perdas irreparáveis; e (II) se excessivo em relação ao objeto da sociedade.

O Código Civil de 2002 não define o conceito de perdas irreparáveis, que provavelmente será interpretado como prejuízos acumulados, em analogia a termo adotado na Lei das Sociedades por Ações. O Projeto de Lei n. 7.160/02 dá nova redação ao art. 1.082, dando exatamente tal redação: "Pode a sociedade ... I — depois de integralizado, se houver perdas e até o montante dos prejuízos acumulados".

Na primeira hipótese haverá diminuição proporcional do valor nominal das quotas, tornando-se efetiva a partir da averbação da ata de assembléia que a tenha aprovado, no Registro Público de Empresas Mercantis.

Já na segunda possibilidade, haverá restituição de parte do valor das quotas aos sócios, ou dispensar-se-á as prestações ainda devidas, com a diminuição proporcional, em ambos os casos, do valor nominal das quotas. A ata de assembléia que aprovar a redução deverá ser publicada.

O Projeto de Lei n. 7.160/02 permite a redução do número de quotas (arts. 1.083 e 1.084) em ambas as hipóteses de redução.

Tendo em vista a redação do artigo, pode existir alegação no sentido de que a necessidade de publicação se aplicaria apenas no caso de realização de assembléia para redução do capital, dispensando-se quando da realização por reunião de sócios.

Sobre a responsabilidade de cada sócio, na Sociedade Limitada, especificamente, ela é restrita ao valor de suas quotas, mas todos respondem solidariamente pela obrigação de integralizar o capital social. Este conceito é equivalente ao do Decreto n. 3.708/19, exceto pelo fato de o Código Civil de 2002 não exigir a menção no contrato social da limitação de responsabilidade, como estabelecia o art. 2º *in fine* do referido Decreto.

Além disso, todos os sócios respondem de forma solidária pelo valor estimado dos bens integralizados ao capital social da sociedade, pelo prazo de cinco anos contados da data do registro da sociedade.

O Projeto de Lei n. 7.160/02 reduz o prazo para 1 (um) ano e deixa claro que a regra se aplica a qualquer conferência de bens.

Havendo omissão no contrato, a cessão de quotas pode ocorrer de duas maneiras. Em primeiro lugar, o sócio poderá ceder, total ou parcialmente, sua quota para outro sócio da sociedade. Nesse caso a cessão pode ocorrer independente da anuência dos demais sócios. A falta de anuência se justifica porque não haverá qualquer modificação entre os membros da sociedade que acarrete prejuízos ou insatisfações entre os demais.

Em segundo lugar, a cessão pode ocorrer do sócio para um terceiro, estranho à sociedade. Essa cessão só ocorrerá se não houver oposição de sócios representando mais de 1/4 do capital social.

Realizada a cessão de quotas, a responsabilidade do cedente não deixará de existir. De fato, o cedente permanece responsável pelas suas obrigações como sócio, em regime solidário com o cessionário pelo prazo de dois anos, a contar da averbação da modificação do contrato.

> Art. 1.057 c/c parágrafo único do Código Civil de 2002. O Projeto de Lei n. 7.160/02 determina através da nova redação do parágrafo único do art. 1.003 que não haverá responsabilidade solidária se as obrigações como sócio forem expressa e inequivocadamente assumidas por cessionário outro que não a própria sociedade.

6. Das Deliberações

Sobre as Deliberações dos Sócios, nas sociedades limitadas, via de regra, há uma série de formalidades para realizar a convocação de assembléia. A assembléia de sócios deverá ser convocada pelos administradores nos casos previstos em lei ou no contrato.

A reunião ou assembléia poderá também ser convocada por sócio: quando os administradores retardarem a convocação, por mais de 60 dias, nos casos previstos em lei ou no contrato; ou por titulares de mais de 1/5 do capital, quando não atendido, no prazo de 8 dias, pedido de convocação fundamentado, com indicação das matérias a serem tratadas. Havendo Conselho Fiscal, poderá também convocar assembléia de sócios nos casos previstos em lei.

Se os administradores retardarem por mais de 30 dias a convocação da assembléia anual ou sempre que ocorrerem motivos graves e urgentes.

O anúncio de convocação da assembléia dos sócios deverá ser publicado por 3 vezes, pelo menos. A primeira publicação deve ocorrer com um intervalo mínimo de 8 dias contados da realização da assembléia e as posteriores com intervalo de 5 dias, no mínimo. Caso o contrato social preveja regras diversas para tais formalidades de convocação elas é que serão aplicáveis.

Em primeira convocação, a assembléia dos sócios instala-se com a presença de titulares de no mínimo 3/4 do capital social, e, em seguida, com qualquer número. O sócio poderá ser representado na assembléia por outro sócio ou por advogado, mediante outorga de mandato com especificação dos atos autorizados. Nenhum sócio, por si ou na condição de mandatário, poderá votar em matéria que lhe diga respeito diretamente, conforme se verá abaixo.

Quando todos os sócios comparecerem ou se declararem cientes por escrito, do local, data, hora e ordem do dia, ficam dispensadas as formalidades de convocação.

O Código Civil de 2002 prevê que a assembléia deverá ser presidida e secretariada por sócios escolhidos entre os presentes. Os trabalhos e as deliberações serão lavradas no livro de atas de assembléia, sendo que a ata será assinada pelos membros da mesa e pelos sócios participantes da reunião, quantos bastarem à validade das deliberações, sem prejuízo de outros sócios que queiram assiná-la.

Uma inovação trazida pelo Código Civil de 2002 é a necessidade de se realizar assembléia de sócios ao menos uma vez por ano, nos quatro primeiros meses seguintes ao término do exercício social, com o objetivo de tomar as contas dos administradores, deliberar sobre o balanço patrimonial e de resultado; designar administradores, quando for o caso, e; deliberar sobre outras matérias constantes na ordem do dia.

As regras das assembléias aplicam-se às reuniões caso a sociedade as adote como forma de deliberação e o contrato social não estabeleça regras próprias, tais como periodicidade, convocação e quorum de instalação.

Partindo para a matéria de fundo das deliberações assembleares, não podemos deixar de citar o art. 1.071 do Código Civil de 2002, que lista as matérias obrigatoriamente dependentes de deliberação dos sócios para que sejam adotadas. Isso sem contar as demais matérias indicadas em lei ou no contrato social.

Nesse sentido, o Código Civil de 2002 estabeleceu quorum específico para aprovação de certas matérias. A questão de maior relevo e polêmica é a atual exigência de aprovação de sócios representando ao menos 3/4 do capital para modificações do contrato social.

De fato, podemos perceber que a maioria do capital social não garante mais ao seu titular o poder de aprovar certas matérias que anteriormente lhe eram facultadas. Em outras palavras, a exigência de 3/4 do capital social para aprovação de modificações impede que o detentor da maioria simples do capital tome algumas decisões sozinho.

Assim, deve-se verificar atentamente quais direitos do sócio detentor da maioria do capital social não são mais amparados com o Código Civil de 2002.

No que diz respeito ao direito de retirada, ele foi mantido pelo Código Civil de 2002, no tocante ao sócio dissidente de alteração do contrato social, e foi introduzido expressamente nos casos de incorporação ou fusão. Embora não seja mencionada expressamente, entende-se que a cisão também enseja o direito de retirada, por prescindir de alteração contratual.

O Código dispõe, ainda, que o direito de retirada deverá ser exercido nos trinta dias subseqüentes à reunião e que, sendo o contrato social omisso, o valor da quota (considerada sempre pelo montante efetivamente integralizado) será liquidado com base na situação patrimonial da sociedade, verificada em balanço especialmente levantado.

Sobre a possibilidade de participação de sócios estrangeiros na sociedade, o Código restringiu antigo entendimento e previu que a sociedade estrangeira só pode ser acionista de sociedade anônima. A despeito dessa restrição deve-se entender que as sociedades estrangeiras também poderão participar como sócias das sociedades limitadas, uma vez que este era o entendimento a respeito da legislação em vigor que continha a mesma imperfeição redacional.

> Art. 1.134 do Código Civil de 2002. O Projeto de Lei n. 7.160/02 esclarece a dúvida redacional incluindo de forma expressa a possibilidade de participação de sociedade estrangeira como sócia, acionista ou quotista de sociedade brasileira, e não mais somente como acionista de sociedade anônima.

Sobre este aspecto, cumpre, ainda, indicar que a impossibilidade de manter sociedades estrangeiras no quadro societário de sociedades limitadas, certamente, inviabilizaria economicamente o Brasil, visto que a grande maioria de capital empresarial investido no País se dá por meio de sociedades estrangeiras — titulares de quotas nacionais. Ademais, seria inconstitucional tratar diferentemente a inserção de sócios estrangeiros acionistas ou quotistas.

7. Da Administração

A administração das Sociedades Limitadas, por sua vez, está disciplinada nos arts. 1.060 a 1.065, do Código Civil de 2002. As principais inovações são: possibilidade da administração das Sociedades Limitadas exercerem-se por sócios ou não sócios; a administração atribuída no contrato social a todos os sócios não se estende, automaticamente, aos que posteriormente ingressarem na sociedade; a nomeação de administradores não sócios requer a aprovação da unanimidade dos sócios enquanto o capital não estiver integralizado e de dois terços, no mínimo, após a integralização; o administrador nomeado em ato separado do contrato deverá assinar termo de posse no livro de atas da administração, para, então, ser considerado investido no cargo; a renúncia de administrador das limitadas torna-se eficaz em relação à sociedade desde o momento em que esta toma conhecimento da comunicação escrita do renunciante; e, em relação a terceiros, após a averbação da comunicação no registro competente.

A mudança mais relevante com relação à administração nas sociedades limitadas foi a instituição de *quorum* de deliberação específico para nomeação e destituição dos administradores.

Ressalte-se, o quorum de deliberação para designação ou destituição do administrador varia de acordo com a sua qualidade de sócio ou não da sociedade, bem como do instrumento de designação (contrato social ou ato em separado), conforme mencionado anteriormente.

A lei passou a designar o "gerente" de "administrador" ou "diretor". O gerente passou a ser definido na lei como o preposto permanente no exercício da empresa, na sede desta, sucursal, filial ou agência.

Questão interessante e que ficou em aberto no Código Civil de 2002 é a que diz respeito à impossibilidade de uma pessoa jurídica exercer a administração da Sociedade Limitada. É importante consignar que, há muito esta questão estava consolidada pelos institutos empresariais, tornando-se um expediente bastante comum e útil para os sistemas societários nacionais e de origem estrangeira.

O Projeto de Lei n. 6.960/02 propõe uma redação ao art. 1.060, o qual estabelece que apenas pessoas naturais poderão ser administradores: "Art. 1.060. A Sociedade Limitada é administrada por uma ou mais pessoas naturais designadas no contrato social ou em ato separado." O Enunciado n. 66 aprovado na Jornada de Direito Civil, promovida pelo Centro de Estudos Judiciários do Conselho da Justiça Federal. estabeleceu que o administrador deverá ser pessoa natural.

A responsabilidade dos administradores e dos conselheiros fiscais das Limitadas seguirá as regras contidas no Código Civil de 2002, no capítulo destinado às Sociedades Simples.

Cabe, ainda, salientar que os administradores poderão responder com o seu patrimônio pessoal, mediante a desconsideração da personalidade jurídica da empresa, se ocorrer abuso de forma, caracterizado pelo desvio de finalidade ou confusão patrimonial, conforme estabelece o art. 50 do Código Civil de 2002.

Os membros do Conselho Fiscal tomarão posse em livro próprio, em até 30 dias seguintes à eleição, ficando investidos na função até a assembléia anual do ano seguinte. A responsabilidade dos conselheiros é solidária com os administradores da sociedade.

Os membros do conselho fiscal farão jus a remuneração, a ser fixada anualmente pela assembléia dos sócios. Os requisitos e impedimentos relativos aos membros do conselho fiscal, bem como suas atribuições estão disciplinados de forma expressa no Código.

8. Da Dissolução de Sociedade

Passando para a questão de dissolução das Limitadas, a Sociedade poderá dissolver-se quando ocorrer as seguintes situações: o vencimento do prazo de duração, salvo se, vencido este prazo e sem oposição de sócio, não entrar a Sociedade em liquidação, caso em que se prorrogará o prazo da Sociedade para indeterminado; consenso unânime dos sócios; deliberação dos sócios por maioria absoluta, na Sociedade por prazo indeterminado; falta de pluralidade de sócios, não reconstituída no prazo de cento e oitenta dias; ou a extinção, na forma de lei, de autorização para funcionar.

Todavia, fazendo um retrospecto da situação existente antes do Código Civil de 2002, o Decreto n. 3.708/19 não regulava a dissolução nas Sociedades Limitadas e propiciou, portanto, o surgimento de vasta jurisprudência sobre o tema. A sistemática utilizada no âmbito do antigo diploma legal, previa a dissolução total ou parcial da Sociedade Limitada, bem como a dissolução extrajudicial ou judicial.

A dissolução seria judicial ou extrajudicial dependendo da maneira como se processava e seria parcial ou total em razão da extensão do rompimento do vínculo contratual dos sócios.

O conceito de dissolução parcial, em que se preserva a continuidade da Sociedade, passou a ser aplicado de forma intensa pelos tribunais, nos casos de dissolução por vicissitudes relativas aos sócios (i.e. falência, morte, recesso, exclusão de sócio etc.).

O Código Civil de 2002, contudo, estabeleceu seção específica sobre dissolução na Sociedade Limitada, a qual remete às causas de dissolução estabelecidas para as Sociedades Simples.

Essa nova sistemática não faz menção expressa ao conceito de dissolução parcial, mas pode-se verificar sua regulação em diversos dispositivos como, por exemplo, a liquidação de quotas em caso de morte ou falência ou simples retirada; a possibilidade de liquidação de quotas de um ou mais sócios sem que ocorra a dissolução total etc.

A dissolução deve ser aprovada por sócios representando pelo menos três quartos do capital social. Entretanto, no que se refere ao quorum de deliberação da dissolução de Sociedade por prazo indeterminado, o Código Civil de 2002 estabeleceu como *quorum* de aprovação a maioria absoluta de votos.

Expressiva, também, inovação no Direito brasileiro foi a previsão pelo Código Civil de 2002 de regras regulando o estabelecimento. Antes do Código não havia regulação específica sobre estabelecimento, havendo apenas construção doutrinária, jurisprudencial e algumas disposições inseridas em leis esparsas (arts. 51 a 57 da Lei n. 8.245/91 — direito de renovação do contrato de locação comercial, alguns dispositivos da Lei de Falências, art. 487, III, do Regulamento do IPI aprovado pelo Decreto n. 2.637/98 e art. 11, § 3º, da Lei Complementar n. 87/96 — ICMS).

9. Conclusão

Isto posto, considerando que foram expostos neste trabalho as principais inovações societárias trazidas pelo novo diploma legal, principalmente no que toca à "justa causa" do Direito Societário, caracterizada pela falta de tolerância entre os sócios e o surgimento do estado de prepotência, conclui-se que é essencial, para melhor implemento das relações societárias, uma correta e clara inserção de dados nos instrumentos societários, os quais devem respeitar os princípios da legalidade, impessoalidade, moralidade, publicidade e eficiência.

Bibliografia

ADAMS, John Clarcke. *El derecho administrativo norteamericano.* Buenos Aires: Eudeba, 1964.

ALESSI, Renato. *Instituciones de Derecho Administrativo.* Buenos Aires: Bosch, 1970.

ALMEIDA, Amador Paes de. *Manual das Sociedades Comerciais de Direito Administrativo.* 5ª ed. São Paulo: Saraiva, 1987.

BANDEIRA DE MELLO, Celso Antonio. *Curso de Direito Administrativo.* 14ª ed. São Paulo: Marelhiros, 2001.

BARBA, Ângelo. *La Disciplina Dei Diriti Dei Consumatori e Degli Utenti.* Napoli: Jovene, 2000.

BACELAR, Maria Ema Bacelar A. *Código de Registro Comercial Anotado.* 3ª ed. actualizada. Coimbra: Coimbra Editora, 2001.

BORGES, João Eunápio. *Curso de Direito Comercial Terrestre.* 5ª ed. São Paulo, (s.n.), 1971.

BUONOCORE, Vicenzo. *Manuale di Diritto Commerciale.* 5ª ed.Torino: G. Giappichelli.

CAETANO, Marcelo. *Princípios Fundamentais do Direito Administrativo.* 1ª ed. Rio de Janeiro: Forense, 1997.

CALERO, Fernando Sánchez. *Instituciones de Derecho Mercantil.* 8ª ed. Madrid: Derecho Reunidas, 2004.

CAVALCANTI, Themistocles Brandilo. *Revista Do Direito Administrativo.* "Parecer do Consultor Geral da Republica".

CARVALHO DE MENDONÇA, José Xavier. *Tratado de Direito Commercial brazileiro.* São Paulo, 1914.

CARVALHOSA, Modesto. *Comentários ao Código Civil.* v. 13. São Paulo: Saraiva, 2003.

CESÁRO, Ernesto. *Clausole Vessatore e Contratto del Consumatore.* Padova: Cedam, 1997.

COELHO, Fabio Ulhoa. *Curso de Direito Comercial,* v. I, II e III. São Paulo: Saraiva, 2007.

_____. *Livro Manual de Direito Comercial.* 7ª ed. São Paulo: Saraiva, 2005.

CRETELLA JUNIOR, José. "A administração pública". *In.* Vários Autores. *A Constituição brasileira de 1988.* 2ª ed. Rio de Janeiro: Forense.

DE PLÁCIDO E SILVA: *Vocabulário Jurídico.* Rio de Janeiro: Forense.

DIÁRIO OFICIAL. *Boletim Jucesp.* n. 115, 10 de mar. 1983.

DUGUIT, Leon. *Traité de Droit Constitucione.* Napoli: Deuxième, 1993.

_____. *Os elementos do Estado: Os Serviços Públicos.* Cadernos "Inquéritos" — Série E — Direito III. Lisboa.

FINKELSTEIN, Cláudio. *O Processo de Formação de Mercado de Blocos.* São Paulo: IOB/Thomson.

_____, e CARVALHO, Marina Amaral Egydio de. *Revista de Direito Constitucional e Internacional,* n. 50, jan./mar.2005.

FINKELSTEIN, Maria Eugenia. *Direito Empresarial.* V. 20 (série Leituras Jurídicas) São Paulo: Atlas.

FONSECA, Tito Prates. *Lições de Direito Administrativo.* São Paulo: Freitas Bastos, 1943.

FRANCO SOBRINHO, Manoel de Oliveira. *Curso de Direito Administrativo.* São Paulo: Saraiva, 1979.

GABRIELLI, Enrico; ORESTANO, Andréa. *Contrati Del Consumatore.* Torino: UTET, 2000.

GRATUIDADE DE CERTIDÃO — PARECER DO DNRC. *Diário Oficial do Estado de São Paulo,* 5 de fev. 2002.

GUERREIRO, J. A. Mouteira. *Noções de Direito Registral* (Predial e Comercial), Portugal: Coimbra Editora, 1994.

HARIOU, André. *Derecho Constitucional e Instituciones Políticas.* 6ª ed. Barcelona: Ariel, 1966.

HARIOU, Maurice. *Précis de Droit Administratif et de Droit Public — A l'usage des étudiants en licence — Et en doctorat dessciences politiques.* Paris, 1927.

IMPRENSA OFICIAL DO ESTADO DE SÃO PAULO. Assentamentos dos Usos e Costumes das Praças do Estado de São Paulo, 1943.

JÉZA, Gaston. *Los Princípios Generales del Derecho Administrativo, la técnica jurídica — La noción del servicio público — Los individuos adscritos al servicio publico.* Madrid: Reus, 1928.

MARTINS, José Pedro Fazenda. *Os efeitos do registro e das publicações obrigatórias.* Portugal: Lex — Edições Jurídicas, 1994.

MATOS, Albino. *Constituição de Sociedades, Teoria e Prática. Formulário.* 5ª ed. Coimbra: Almedina, 2001.

MASAGÃO, Mário. *Curso de Direito Administrativo.* 6ª ed. São Paulo: RT, 1997.

MARIANI, Frederico e PELERMO, Maria Tereza. *Camere di Commercio Organi, Personale, Contabilité, Controli, Funzioni e Relazioni Internazionali Delle Camere de Commercio.*

MARQUES, Tereza Cristina; GAK, Luiz Cleber; BELESSE, Julia. *Junta Comercial do Estado de São Paulo: História e Transformação do Comércio.* Rio de Janeiro: A. P., 1998.

MCLLWAIN, Howard Charles. *Constitucionalismo Antigo y Moderno.* Buenos Aires: Nova, 1958.

MEDAUAR, Odete. *Direito administrativo moderno.* 2ª ed. São Paulo: Malheiros, 2001.

MENDES, José MARIA. *Constituição de Sociedades por Quotas e Anônimas — Abertura de Representação de Sociedades Estrangeira —* GUIA PRÁTICO.

_____. *Constituição de Sociedades por Quotas e Anônimas.* 6ª ed. Coimbra: Coimbra Livraria, 2004.

MORAES, Alexandre de. *Direito Constitucional Administrativo.* São Paulo: Atlas, 2002.

_____. *Constituição do Brasil I Interpretada e Legislação Constitucional.* São Paulo: Atlas, 2002.

PREITE, Disiano (Associazione). *Il Diritto delle società. Il Mulino Strumenti.* Bologna, 2004.

REQUIÃO, Rubens. *Curso de Direito Comercial.* São Paulo: Saraiva, 1971.

RIVERO, Jean. *Direito Administrativo.* Coimbra: Almedina, 1981.

RUSSO, Francisco; OLIVEIRA, Nelson de. *Manual Prático de Constituição de Empresas.* 3ª ed. São Paulo: Saraiva, 1995.

SMANIO, Gianpaolo Poggio. *Interesses Difusos e Coletivos.* 4ª ed. São Paulo; Atlas, 2001.

TACITO, Caio. *Poder de polícia e seus limites.* ROA 27/1.

TAVARES, Josaé. *Administração Pública e Direito Administrativo.* Coimbra: Almedina, 1992.

VELLIGAS, Carlos Gilberto. *Derecho de las Sociedades Comerciales.* Buenos Aires: D. Abelido — Perrot, 2001.

VELLOSO, Carlos Mario da Silva. *Termos de Direito Público.* Belo Horizonte: Del Rey, 1994.

RESPONSABILIDADE DA EMPRESA NO APERFEIÇOAMENTO DOS EMPREGADOS

Carlos Aurélio Mota de Souza[*]

Introdução

É um compromisso da função social responsável: empregados não são um meio para a empresa atingir seus objetivos econômicos; são primariamente um fim em si mesmos, que, com seu trabalho, devem alcançar a plenitude de sua dignidade individual. Assim considerando os trabalhadores, as empresas cumprem os fundamentos constitucionais sobre pleno emprego, inclusão social, bem-estar, etc.

Duas doutrinas ou teorias defendem princípios opostos de organização empresarial: uma remonta às origens do capitalismo industrial (centrado hoje no modelo americano), enfatizando o lucro para os acionistas e investidores (*stakeholders*[1]); a outra privilegia o aperfeiçoamento dos funcionários, como meio de alcançar a eficiência econômica da empresa ou produtividade.

Em síntese, pela teoria do acionista a empresa dá primazia ao lucro, com sacrifício dos colaboradores (salários baixos ou congelados), ou a empresa privilegia o homem que produz a riqueza, mesmo à custa inicial da lucratividade.

No primeiro caso, verificam-se na prática os costumeiros processos de *turn over* (rotatividade de empregados e dirigentes da empresa), em que os funcionários, para manterem seus postos de trabalho já devem trazer consigo uma longa bagagem de experiências, acumuladas à sua própria custa (cursos básicos de especialização, treinamentos em outras empresas, auto-formação); ou seja, na guerra da competição nos lucros, não recebem armas da empresa, mas devem trazer consigo as adquiridas às suas expensas...

Na segunda visão empresarial, importa mais aos dirigentes investir no aperfeiçoamento dos funcionários que ingressam, mesmo possuindo um mínimo de co-

---

[*] Professor dos Cursos de Pós-Graduação em Direito da Universidade Ibirapuera (SP) e da UNESP — Universidade Estadual Paulista, Franca (SP). Mestre em Teoria Geral do Processo — USP; Doutor em Teoria Geral e Filosofia do Direito — USP; Pós-doutorado em Filosofia do Direito na Universidade Pontifícia Comillas, Madrid; Livre Docente em Teoria Geral e Filosofia do Direito pela UNESP; Membro do Tribunal de Ética Profissional da OAB-SP; Magistrado do Estado de São Paulo, aposentado; Licenciado em História e Geografia pela USP.
[1] A noção de *stakeholders* ("partes interessadas") inclui, de um lado, além dos investidores, os trabalhadores, os parceiros comerciais, os fornecedores, os clientes e os credores (denominados *stakeholders contratuais*), e por outro lado a comunidade local, as associações de cidadãos, as entidades reguladoras e o governo (chamados de *coletivos*). Cf. *Princípios de governança das empresas da OCDE*, em www.ocde.org.

nhecimentos e experiências. O custo/investimento é da empresa, que aposta no aperfeiçoamento natural, inerente a todo ser humano; devidamente motivado, este investe na empresa com sua competência profissional.

Naquele quadro laboral, os empregados não são motivados internamente, mas por meios externos de gratificações (sem caracterizar participação explícita nos lucros da empresa). Vão guardando em si, ao longo do tempo, resquícios de desconfianças, antagonismos por reivindicações não atendidas, más vontades insuspeitas...

Por isso predominam neste tipo de organização fortes reivindicações sindicais. Desde seus primórdios, os sindicatos apresentaram-se contestadores, fomentadores de greves prejudiciais à produtividade, quando não "boicotavam" os trabalhos, "sabotando"[2] a produção.

Nas organizações do segundo tipo, as tensões empregados-patrões resolvem-se de modo superior nas mesas de negociações, em que os sindicatos contribuem com idéias para reivindicar melhores condições de vida dos trabalhadores, e também para aumentar a produção e, portanto, a lucratividade do negócio. Empregados se tornam, neste modelo, "sócios ativos" do empregador, para quem o lucro não se reflete apenas no salário, mas na melhoria da qualidade de vida dos trabalhadores e suas famílias.

Neste texto procuraremos analisar estas teorias sob os contornos da ordem econômica, positivada na Constituição Federal, enfatizando a empresa como instituição social, agente da sociedade que deve atender a necessidades sociais, como gerar riquezas e empregos, pois empresas que criam riquezas e empregos justificam sua função social.[3]

1. Teorias gerenciais

O campo da Responsabilidade Social Empresarial (RSE) apresenta não apenas um leque de teorias, mas uma multiplicidade de visões controvertidas, complexas e até obscuras. *Elisabet Garriga* e *Domènec Melé*[4] propõem classificar as teorias sobre RSE em quatro tipos:

1) *teorias instrumentais*, nas quais a corporação é vista somente como um instrumento de louvável criatividade, e cujas atividades sociais são apenas meios para alcançar resultados econômicos;

2) *teorias políticas*, as quais dizem respeito ao poder das empresas na sociedade e o uso responsável deste poder na arena política;

---

(2) Da palavra francesa *sabot* (= tamanco), que os operários usavam nas fábricas e jogavam nas engrenagens para emperrarem as máquinas.
(3) FARAH, Flávio. "Dar lucro aos acionistas não é a missão da empresa". *In* WHITAKER, Maria do Carmo (org.). *Ética na vida das empresas*. São Paulo: D. VS Editora, 2007, p. 172-177.
(4) "Corporate Social Responsibility Theories: Mapping the Territory". *In Journal of Business Ethics*, Springer Netherlands, vol. 53, ns. 1-2/august, 2004, p. 51-71.

3) *teorias integrativas*, nas quais a empresa é focada na satisfação das demandas sociais; e

4) *teorias éticas*, baseadas nas responsabilidades éticas das empresas em relação à sociedade.

Na prática, cada teoria da RSE apresenta quatro dimensões relacionadas a *benefícios, resultado político, demandas sociais* e *valores éticos*. As autoras sugerem a necessidade de se desenvolver uma nova teoria sobre relacionamento entre negócios e sociedade, que possa integrar estas quatro dimensões.

Neste campo da RSE, *Ryuzaburo Kaku*, então presidente da Canon Inc., popularizou o termo *kyosei*, o qual traduziu como "vivendo e trabalhando para o bem comum"[5]. *Kaku* usou a teoria de *kyosei* para criticar os modelos *shareholder* e *stakeholder*, adotado pela teoria americana do acionista, declarando: "Baseado no conceito de *kyosei*, defino as empresas em quatro categorias. A primeira categoria é puramente uma empresa capitalista que tenta maximizar os lucros mesmo explorando seus trabalhadores. A segunda é quando a gerência e a mão-de-obra compartilham de um destino comum, e a terceira é quando a empresa vai além do trabalho para o seu próprio bem-estar e considera o mesmo quanto à comunidade. O quarto estágio é *kyosei*, o bem comum".[6]

Com estes conceitos Kaku critica a *teoria instrumental*, indicativa de empresas cujas atividades sociais são apenas meios para alcançar resultados econômicos, e apresenta uma *teoria integrativa e ética* para empresas focadas na satisfação das demandas sociais, fundadas em responsabilidades éticas em relação à sociedade.

Trata-se de relevante apreciação sobre a responsabilidade social das empresas: como integrantes da sociedade, estas devem contribuir para o bem comum e a melhoria da comunidade. Podem produzir riquezas, proporcionando bens e serviços de modo justo e eficiente, respeitando a dignidade das pessoas, promovendo o bem-estar individual e a harmonia social. A análise corresponde ao conceito de *kyosei:* viver e trabalhar conjuntamente em prol do bem comum, possibilitando que a cooperação e a prosperidade mútua coexistam com a concorrência saudável e justa.

Esta teoria interessa-nos especificamente por privilegiar as empresas geradoras de empregos e mantenedoras de políticas humanistas de aperfeiçoamento contínuo de seus funcionários, objeto deste estudo.

---

(5) KAKU, Ryuzaburo. *"Kyosei*— Um Conceito Que Liderará o Século 21". Departamento de Relações Públicas da Canon Inc, 1995, P5, Japão. *Apud* ALFORD, O. P., Helen; NAUGHTON, Michael J. *Managing as if faith mattered. Christian social principles in the modern organization.* Indiana, University of Notre Dame Press, 2001, p. 42, Nota 7 (p. 256).
(6) Entrev. SKELLY, Joe: "Ryuzaburo Kaku". *In Business Ethics (Ética de Negócios)* (mar./abr. 1995): 32. *Apud* ALFORD, Helen. *Op.cit.*

2. Função da empresa não é o lucro, apenas

O conceito de função social não implica em assistencialismo, filantropia ou atividade subsidiária das empresas. Objetivamente, é uma obrigação legal, decorrente da Constituição Federal, sobretudo dos princípios contidos no capítulo da ordem econômica e financeira.

Relatório da revista *Exame*,[7] sobre o papel das empresas na sociedade, apontou visões opostas da população e de dirigentes empresariais. Para 93% dos brasileiros, a missão de uma empresa é "gerar empregos". A última opção dos entrevistados foi "dar lucro aos acionistas", com apenas 10% das preferências. Em contraste, presidentes de empresas colocaram o lucro em primeiro lugar, com 82% de indicações.

Comentando tais conclusões, o professor *Flávio Farah* questiona se seria errado considerar a criação de empregos como missão das empresas, e se a opinião dos cidadãos significa efetivamente uma rejeição ao lucro e uma condenação do capitalismo. Explica que o princípio da função social da propriedade, que deu origem à doutrina da *função social da empresa*, "implica em que os bens de produção devem ter uma destinação compatível com os interesses da coletividade. A obrigação (social) do proprietário desses bens é pô-los em uso para realizar a produção e a distribuição de bens úteis à comunidade, gerando riquezas e empregos. Uma empresa geradora de riqueza e de emprego cumpre sua função social".[8]

Enfatiza que a empresa é uma instituição social, um agente da sociedade tendo como finalidade satisfazer necessidades sociais. A sociedade convive com empresas porque as considera benéficas ao corpo social, sendo esse o fundamento moral da existência de organizações econômicas.

Argumenta, ademais, que a razão de ser da empresa não é produzir lucros, enriquecer seus acionistas: "a missão da empresa é produzir e distribuir bens e serviços bem como criar empregos. Essa é a função social das companhias privadas". Quanto ao lucro, é considerado legítimo pela sociedade, entendido como a justa recompensa aos investidores que aceitam correr o risco de aplicar seu capital em um empreendimento produtivo.

3. A ordem econômica e social

Mais do que teorias a serem comprovadas, os preceitos até aqui expostos são regras estabelecidas pela sociedade brasileira, por meio de seus representantes, e inscritos na Constituição e nas leis. O direito à propriedade privada e o princípio da função social da propriedade estão prescritos nos incisos XXII e XXIII do art. 5º da Constituição Federal, e no § 1º do art. 1.228 do Código Civil.

Entretanto, o principal dispositivo a prescrever a moderna visão do papel das empresas é o art. 170 da Constituição: de fato, este artigo vincula a ordem econômi-

---
(7) GUROVITZ, Hélio e BLECHER, Nelson. "O estigma do lucro". *Revista Exame*, 30 de março de 2005, pp. 20-25.
(8) *Op. cit.*, p. 174.

ca a um fim social. A liberdade de iniciativa (empresarial) está dirigida a finalidades comunitárias, como a de garantir a existência digna das pessoas, conforme os ditames da justiça social, fundada em sólidos princípios: da soberania nacional (inc. I), da propriedade privada (inc. II), da função social da propriedade (inc. III), da livre concorrência (inc. IV), da defesa do consumidor (inc. V), da defesa do meio ambiente (inc. VI), da redução das desigualdades regionais e sociais (inc. VII), da busca do pleno emprego (inc. VIII), do favorecimento às empresas de pequeno porte (inc. IX).

Finalidades Comunitárias
(Princípios e Objetivos Fundamentais)

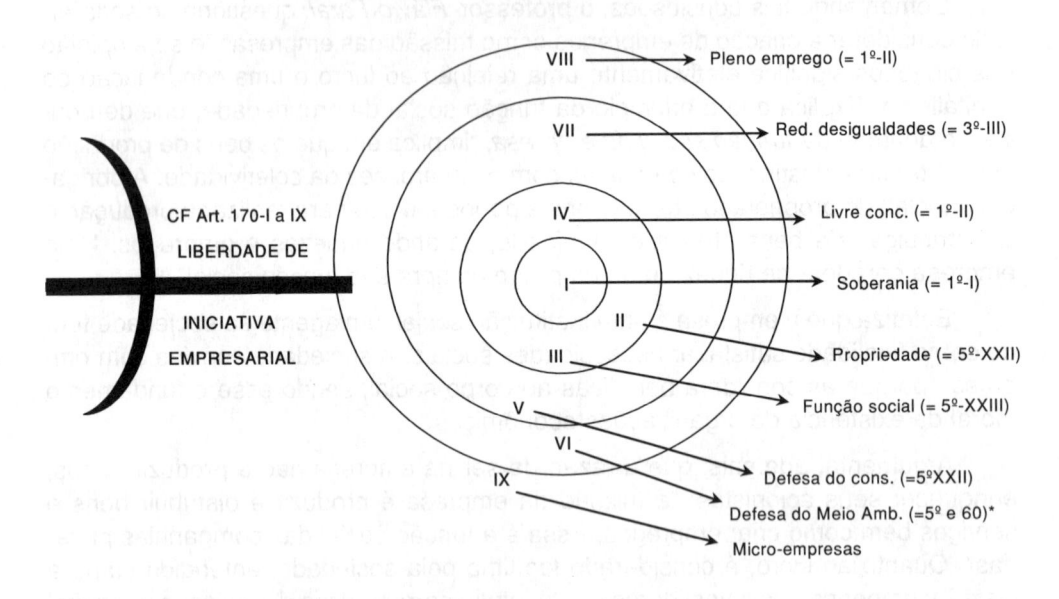

CF Art. 170-I a IX
LIBERDADE DE
INICIATIVA
EMPRESARIAL

VIII → Pleno emprego (= 1º-II)
VII → Red. desigualdades (= 3º-III)
IV → Livre conc. (= 1º-II)
I → Soberania (= 1º-I)
II
III → Propriedade (= 5º-XXII)
V → Função social (= 5º-XXIII)
VI
IX → Defesa do cons. (=5ºXXII)
Defesa do Meio Amb. (=5º e 60)*
Micro-empresas

Justiça Social — Existência Digna da Pessoa Humana
Direitos e Garantias Fundamentais

*(por analogia = dignidade da pessoa humana, vida, saúde, moradia, segurança)

Tornou-se dever constitucional do empresariado privilegiar esta justiça social, a fim de garantir a todos os cidadãos condições mínimas para satisfazer suas necessidades fundamentais, tanto físicas como espirituais, morais, profissionais, artísticas, etc. Em uma ponta, gerar empregos com remuneração justa e benefícios adequados, garantindo condições dignas de vida; na outra, limitar o lucro arbitrário, ou os preços abusivos, como infrações à ordem econômica e aos direitos do consumidor.

Referido artigo 170 fundamenta a ordem econômica na livre iniciativa (inc. II), em uma economia de mercado capitalista, cuja finalidade é garantir a todos existência digna. Significa que a função da atividade econômica é a satisfação das necessidades básicas dos indivíduos, tais como alimentação, vestuário, habitação, saúde, educação, transporte e lazer. "Em outras palavras, como ressalta *Flávio Farah*[9], a função das empresas é atender prioritariamente às necessidades mínimas das pessoas em termos de bens e serviços. Essa regra é reforçada pelo disposto no inciso III, que consagra a função social da propriedade. Ademais, o inciso VIII, ao estabelecer o princípio da busca do pleno emprego, coloca a geração de empregos dentro da função social das empresas. A atividade econômica só se legitima quando cumpre sua finalidade, qual seja, assegurar a todos existência digna."

4. Uma nova visão sobre a empresa

O conceito de empresa não é unívoco. Pode se apresentar pelo menos sob quatro perfis básicos: a) quando se confunde com o *empresário* (perfil subjetivo); b) quando se confunde com o *estabelecimento* (perfil objetivo); c) quando se confunde com o *exercício* que o empresário faz do estabelecimento (produção ou circulação) (perfil funcional); d) quando se apresenta com caráter *institucional* ou *corporativo*, como centro múltiplo de interesses, assinalando que a empresa ultrapassa o conceito de pura propriedade (perfil finalístico).[10]

A teoria da empresa como instituição ou corporação foi traçada pela Lei das Sociedades por Ações (Lei n. 6.404/76), a qual, sendo lei especial, não foi revogada pelo Código Civil, antes foi aceita e aperfeiçoada por esta nova lei (Cf. Título II, do Direito de Empresa). Esta Lei n. 6.404/76 veio contrariar, no sistema brasileiro, a teoria do acionista e prenunciar a função social da empresa, como se pode depreender dos seguintes dispositivos:

1) o acionista deve exercer o direito a voto no interesse da companhia (art. 115 *caput*);

2) o acionista não poderá votar nas deliberações que puderem beneficiá-lo de modo particular, ou se tiver interesse conflitante com o da companhia (art. 115, § 1º);

3) o acionista controlador deve usar o poder com o fim de fazer a companhia realizar o seu objeto e cumprir sua função social, tendo deveres e responsabilidades para com os demais acionistas da empresa, os que nela trabalham e a comunidade em que atua (art. 116, parágrafo único);

4) o administrador deve exercer as atribuições que a lei e o estatuto lhe conferem para lograr os fins e no interesse da companhia, satisfeitas as exigências do bem público e da função social da empresa (art. 154).

Tais prescrições indicam que o dever dos administradores não é para com os acionistas, mas para com a empresa. Havendo conflito entre os interesses dos in-

---
(9) *Idem, op. cit.*, p. 176.
(10) DE LUCCA, Newton. *O Perfil da Empresa no mundo da economia globalizada e a Função Social do Direito*. Palestra na Academia Paulista de Direito (USP), em 20.8.03.

vestidores e os da companhia, os interesses desta devem prevalecer. Tanto os administradores quanto o próprio acionista controlador devem usar seu poder em benefício da empresa, para que esta cumpra sua função social.

Com fundamento nestas legislações, referindo-se às indagações sobre a pesquisa da revista EXAME, *Farah* conclui que "a sociedade não quer abolir o capitalismo nem o lucro" e que "seu único desejo é que as organizações econômicas cumpram sua função social".[11]

Filiando-se à corrente oposta à teoria do acionista, segundo a qual este deve ser privilegiado pela empresa, com primazia sobre outros interesses sociais, aumentam tendências empresariais focando seus objetivos para além dos exclusivos interesses societários, ao patrocinar e incentivar ações sociais fora da empresa.

Inúmeras organizações não governamentais, como a ADCE, a ETHOS, a AKATU, a GIFE, a ABRINQ e outras mais, congregam estas empresas promotoras de atividades visando à defesa do consumidor, do meio ambiente, da educação, da saúde, etc.; reúnem empresários e dirigentes para incrementar políticas de responsabilidade social, inclusive de condutas éticas empresariais.

Pela evolução dos estudos acadêmicos e das práticas corporativas registradas até o momento, torna-se oportuno apresentar modelos econômicos alternativos que permitam uma revisão dos paradigmas que norteiam as ações empresariais: possibilidade de oferecer um modelo alternativo que não reduza, mas aumente o bem-estar, a felicidade do homem e das comunidades.

A mudança de paradigma vem sendo estimada e dirigida por empresas que privilegiam a primazia do homem e do trabalho sobre o capital, nessa ordem, valorizando a dignidade das pessoas no âmbito interno de suas organizações, e compromissadas exteriormente com a comunidade em que se inserem.

Esta responsabilidade social está explícita na categoria das empresas de economia privada, inseridas no mercado, mas conscientes de uma hipoteca social orientada à justa distribuição do lucro, sob as várias modalidades conhecidas e que vêm sendo praticadas.

5. Estratégias das empresas na questão laboral

Interessa-nos, nesta análise, especificar uma das funções sociais das empresas, elencada no art. 170, inc. VIII, da CF, que é a busca do pleno emprego; constitui fundamento do Estado Democrático de Direito, "os valores sociais do trabalho", aliás, associado, "à livre iniciativa" (art. 1º, IV CF). Significa, em feliz associação entre capital e trabalho, que a liberdade de empreender vem associada à valorização social do trabalho.

O empresário, fundado no direito de propriedade e na liberdade de contratar, pode constituir empresas (agrícolas, industriais, comerciais, de serviços, etc.) para

---

(11) *Idem, ibidem.*

produção de riquezas, com capitais próprios ou de investidores, mas deve buscar os trabalhadores que organizem e implementem esta produção.

Esta "obrigação de empregar" corresponde não só a uma exigência de constituição da própria empresa, como um dever de manter o pleno emprego. A exegese desta expressão deve ser extensiva: a nosso sentir, "pleno" significa não apenas segurança e estabilidade no emprego (de conformidade com a legislação trabalhista), como também admissão ampla de trabalhadores, como função social.

A história do empreendedorismo atesta que as empresas se iniciam modestamente, e com os resultados obtidos se expandem e se multiplicam, permitindo a contratação progressiva de maior número de funcionários, qualificados segundo os diversos setores de trabalho, administrativos, produtivos, comerciais, etc.

6. Comportamento Empresarial para um Mundo Melhor

A questão do pleno emprego, da inclusão social, da redução das desigualdades de classes não é apenas um problema político, de solução afeta aos governos, mas das instituições geradoras de riquezas, que também contribuem com seus tributos à estabilidade e governabilidade das administrações públicas.

Analisemos a *Caux Roundtable*[12], uma rede mundial de líderes empresariais que acreditam no papel crucial dos negócios na promoção de soluções sustentáveis para problemas globais. Fundada em 1986 com a finalidade de reduzir as crescentes tensões comerciais, centra sua atenção na importância da responsabilidade corporativa global. Esta Mesa Redonda desenvolveu um elenco de *Princípios Empresariais* que abrangem tópicos como meio ambiente, clientes, comunidade, fornecedores, investidores, concorrentes, público interno e comportamento ético.

Este grupo internacional de executivos (do Japão, Europa e Estados Unidos), que se encontram todos os anos em Caux, Suíça, formando uma Mesa Redonda, acreditam que a Comunidade Internacional de negócios pode representar um papel importante no melhoramento das condições econômicas e sociais.

6.1. Os Princípios de *Caux*

Em documento elaborado como síntese de aspirações, estes líderes não pretendem refletir a realidade, mas expressar uma regra mundial em função da qual o desempenho das empresas possa ser considerado. No final, os membros procuram iniciar um processo que identifique valores compartilhados e reconcilie valores divergentes, de modo que todos possam marchar para o desenvolvimento de uma perspectiva participativa no comportamento dos negócios, que seja aceita e respeitada por todos.

Estes princípios se fundamentam em dois ideais éticos: o já referido princípio japonês do *kyosei* e o conceito mais ocidental de *dignidade humana* — de tal forma

---

(12) Site na Internet: http://www.cauxroundtable.org/PORTUGUE.HTM

que seja possível a cooperação e a prosperidade mútua coexistindo com a concorrência justa e saudável. *Dignidade humana* se refere ao valor sagrado de cada pessoa como um fim, e não simplesmente como um meio para outras pessoas se servirem dela para outros propósitos, ou mesmo, no caso dos direitos humanos básicos, por preceito legal.

Nos Princípios Gerais (Secção 2) o documento ajuda a esclarecer o espírito da *kyosei* e da *dignidade humana;* e nos Princípios do Investidor (Secção 3), mais específicos, apresenta uma forma prática de aplicar estes conceitos da *kyosei* e da *dignidade humana*. Os membros da Mesa Redonda de Caux depositam sua ênfase primordial em cada um colocar primeiro a sua casa em ordem, procurando o que está certo e quem está certo. Em seu Preâmbulo, afirma o documento que a mobilidade do emprego e do capital está convertendo os negócios em atividades crescentemente globais em suas transações e em seus efeitos, mostrando que as leis de mercado, em tal contexto, são apenas guias de conduta necessárias, mas insuficientes.

Afirmam a legitimidade e a importância dos valores morais na tomada de decisões econômicas porque, sem elas, torna-se impossível o relacionamento estável nas transações e a sustentação de relações empresariais, sobretudo na comunidade mundial.

6.2. Princípios Gerais

1º) *As responsabilidades das empresas: de acionistas a investidores.*

O papel de uma empresa é criar riqueza e emprego e prover produtos e serviços aos consumidores a um preço razoável, sem prejuízo da qualidade. Para desempenhar esse papel, a empresa deve manter sua saúde econômica e sua viabilidade, mas a sua sobrevivência não é um fim em si mesma.

A empresa também tem um papel a cumprir, contribuindo em favor de todos os seus clientes, empregados e acionistas, e dividindo com eles as riquezas criadas. Fornecedores e competidores igualmente devem esperar negociadores que honrem as suas obrigações em um espírito de honestidade e justiça. E quanto aos cidadãos responsáveis das comunidades local, nacional, regional e global, nas quais operem, as empresas têm parte da responsabilidade na criação do futuro para essas comunidades.

Salientamos, neste tópico, a ênfase dada ao lucro das empresas: deve ser dividida com "acionistas e empregados". Ambos contribuem para a riqueza da empresa, aqueles aportando seus capitais, e estes o seu trabalho; tornam-se como "sócios" no empreendimento, e, portanto, também nos lucros. E que, no âmbito das comunidades em que atuam as empresas devem se responsabilizar pelo seu futuro, tanto quanto as autoridades constituídas.

2º) *O impacto econômico e social das empresas: rumo à inovação, justiça e comunidade mundial.*

As empresas estabelecidas em países estrangeiros para desenvolver, produzir, ou vender, devem também contribuir para o progresso social dessas nações, pela criação de empregos e pelo aumento do seu poder de compra. Devem também dar atenção e contribuir para os direitos humanos, a educação, o bem-estar, e o fortalecimento das comunidades dos países em que operam.

Mais ainda, através da inovação, do uso eficiente e prudente de recursos, e da competição livre e justa, as empresas devem contribuir com o desenvolvimento econômico e social da comunidade mundial como um todo, e não apenas nos países em que operem. Novas tecnologias, produção, produtos, marketing e comunicação, são todos fatores para essa contribuição mais ampla.

3º) *Comportamento empresarial: da letra da lei a um espírito da verdade.*

Com exceção dos legítimos segredos comerciais, uma empresa deve reconhecer que sinceridade, franqueza, respeito à verdade, cumprimento de promessas, e transparência contribuem não apenas para o crédito e a estabilidade dos negócios, mas também para a lisura e eficiência das transações, particularmente a nível internacional.

4º) *Respeito às regras: das tensões comerciais à cooperação.*

Para evitar tensões comerciais e promover o livre comércio, oportunidades iguais de negócios, e tratamento justo e equilibrado para todos os participantes, as empresas devem respeitar as regras internacionais e domésticas. Em complemento, elas devem reconhecer que seu próprio comportamento, ainda que legal, poderá ter conseqüências adversas.

5º) *Apoio ao comércio multilateral: do isolamento à comunidade mundial.*

As empresas devem apoiar o Sistema de Comércio Multilateral do GATT//Organização Mundial do Comércio e os acordos similares internacionais. Devem cooperar com os esforços de promover a judiciosa liberalização do comércio e de atenuação das medidas domésticas que injustificadamente prejudicam o comércio global.

6º) *Respeito pelo meio-ambiente: da proteção ao engrandecimento.*

Uma empresa deve proteger e, onde possível, fortalecer o meio-ambiente, promover o desenvolvimento sustentado, e evitar o desperdício de recursos naturais.

7º) *Condenação de operações ilícitas: do lucro à paz.*

Uma empresa não deve participar ou facilitar a prática de suborno, lavagem de dinheiro, ou outras práticas de corrupção. Não deve negociar com armamentos ou materiais usados para atividades terroristas, tráfico de drogas ou outras operações do crime organizado.

6.3. Princípios do Investidor

1º) *Clientes:* "Acreditamos no tratamento com dignidade de todos os clientes, e que esses clientes não são apenas aqueles que diretamente adquirem nossos produtos e serviços, mas também aqueles que os adquirem através de canais de mercado organizados. No caso daqueles cuja aquisição não é direta faremos o maior esforço para escolher os canais de marketing e de montagem e fabricação que aceitem e sigam as normas de conduta aqui estabelecidas.

Nós temos a responsabilidade de: prover os nossos clientes de produtos com a mais alta qualidade e de serviços compatíveis com as suas aspirações; tratar nossos clientes com justiça em todos os aspectos de transações de negócios, incluindo um alto nível de serviço e soluções para o desagrado do consumidor; fazer todo o esforço para se assegurar que a saúde e a segurança (incluindo a qualidade ambiental) de nossos clientes sejam mantidas ou melhoradas por nossos produtos ou serviços; evitar desrespeito pela dignidade humana nos produtos oferecidos, marketing e propaganda; respeitar a integridade das culturas de nossos clientes".

2º) "Nós acreditamos na dignidade de todo empregado e temos então a responsabilidade de: prover empregos e compensações que estimulem e melhorem as condições de vida dos trabalhadores; prover condições de trabalho que respeitem a saúde e a dignidade dos empregados; ser honesto nas comunicações com os empregados e abrir a informação compartilhada, limitada apenas pelos impedimentos legais e competitivos; estar acessível às contribuições, idéias, reclamações e reivindicações dos empregados; participar de boa-fé das negociações quando surjam os conflitos; evitar práticas discriminatórias e garantir tratamento e oportunidades iguais em termos de origem, idade, raça e religião; promover na empresa o emprego dos deficientes e outras pessoas prejudicadas em postos de trabalho onde eles possam ser genuinamente úteis; proteger os empregados de acidentes evitáveis e das doenças ocupacionais; ser sensível aos sérios problemas de desemprego freqüentemente associados a decisões da empresa e trabalhar com o governo e outras agências na reorientação dos desempregados".

3º) *Proprietários/Investidores:* "Acreditamos em honrar a confiança que os investidores depositam em nós. Temos, portanto, a responsabilidade de: aplicar gerenciamento profissional e diligente de forma a assegurar um retorno justo e competitivo aos investimentos dos proprietários; abrir as informações relevantes aos proprietários/investidores, ressalvadas apenas as restrições legais e competitivas; conservar e proteger as aplicações dos proprietários/investidores; respeitar os pedidos, sugestões, reivindicações e resoluções formais dos proprietários/investidores".

4º) *Fornecedores:* "Partimos da certeza de que nosso relacionamento com fornecedores e subcontratantes, como numa sociedade, devem ser baseados em respeito mútuo. Como decorrência, temos a responsabilidade de: procurar justiça em todas as nossas atividades, incluindo preços, autorizações e direitos de venda; assegurar-se que nossas atividades empresariais estão isentas de coerção e litígios desnecessários, promovendo sempre a livre competição; alimentar a estabilidade de longo prazo no relacionamento com o fornecedor, cultivando valores, qualidade e confiança; trocar informações com os fornecedores e integrá-los em nosso processo de planejamento, de modo a estabelecer relações estáveis; pagar os fornecedores em dia, em obediência aos prazos ajustados; procurar, encorajar e preferir os fornecedores e subcontratantes cujas práticas de emprego respeitem a dignidade humana".

5º) *Concorrentes:* "Acreditamos que a concorrência econômica justa é uma das premissas básicas para aumentar a riqueza das nações e tornar possível a distribuição justa dos bens e serviços. Temos então a responsabilidade de: incrementar mercados abertos para comércio e investimento; promover comportamento competitivo que seja social e ambientalmente benéfico e que demonstre respeito mútuo entre os concorrentes; evitar qualquer busca ou participação de pagamentos questionáveis ou favores para obter vantagens competitivas; respeitar a propriedade material e intelectual; recusar-se a obter informação comercial por meios desonestos ou anti-éticos,como a espionagem industrial".

6º) *Comunidades:* "Acreditamos que como cidadãos de empresa global podemos contribuir, mesmo em pequena extensão, com as forças de reforma e de direitos humanos como as que trabalham nas comunidades em que operamos. Temos então responsabilidade de: respeitar os direitos humanos e as instituições democráticas, e promover o seu lado prático; reconhecer a obrigação legítima do governo para com a sociedade, e apoiar políticas e práticas que promovam o desenvolvimento humano através de relações harmoniosas entre a empresa e outros segmentos da sociedade; colaborar em países e áreas que lutam pelo seu desenvolvimento econômico através de forças que estejam dedicadas a melhorar os padrões de vida, educação e segurança no trabalho; promover e estimular o desenvolvimento sustentável".[13]

7. Práticas de Responsabilidade Social das Empresas

O setor empresarial possui imensos recursos financeiros, tecnológicos e econômicos, exerce grande influência política, financia campanhas eleitorais e tem acesso privilegiado aos governantes. Essa extraordinária força implica em uma grande responsabilidade. No Brasil, muitos empresários já perceberam a necessidade de direcionar suas práticas no sentido de alterar o quadro de degradação ambiental, a péssima distribuição de renda, a baixa qualidade dos serviços públicos, a violência e a corrupção não apenas no discurso, mas fundamentalmente nas ações.

Afinado com estas preocupações, o Instituto Ethos de Empresas e Responsabilidade Social inspirou-se na Instituição norte-americana chamada *Business and Social Responsibility* e desde 1998 busca disseminar a prática da Responsabilidade Social Empresarial (RSE) ajudando as empresas a compreender e incorporar critérios de responsabilidade social de forma progressiva, a implementar políticas e práticas com critérios éticos. O Ethos também assumiu a tarefa de promover e incentivar formas inovadoras e eficazes de gestão do relacionamento da empresa com todos os seus públicos e a atuação em parceria com as comunidades na construção do bem-estar comum.

A preocupação com o papel e a responsabilidade das empresas diante das questões sociais e ambientais está presente em diversos países do mundo, e atualmente encontra uma tradução nos princípios do *Global Compact*, iniciativa do Secretário Geral das Nações Unidas, Kofi Annan.

---

(13) *Principles for Business* têm sido largamente utilizados não apenas por companhias e organizações financeiras mas por escolas em todo o mundo, e incluídos em numerosos livros e outras publicações, como por exemplo: "Values Added: Making Ethical Decisions" *in the Financial Marketplace* John L. Casey. (University Press of America, Inc. 1997); *Ethical Theory and Business*. Fifth Edition. Tom L. Beauchamp. Georgetown University, editor; Norman E. Bowie of the University of Minnesota (Prentice Hall), editor.

A Responsabilidade Social Empresarial está além do que a empresa deve fazer por obrigação legal. A relação e os projetos com a comunidade ou as benfeitorias para o público interno são elementos fundamentais e estratégicos para a prática da RSE. Mas não é só. Incorporar critérios de responsabilidade social na gestão estratégica do negócio e traduzir as políticas de inclusão social e de promoção da qualidade ambiental, entre outras, em metas que possam ser computadas na sua avaliação de desempenho é o grande desafio.

Da agenda Ethos de responsabilidade social constam temas como código de ética, compromissos públicos assumidos pela empresa, gestão e prevenção de riscos além de mecanismos anticorrupção, promoção da diversidade, apoio às mulheres e aos não-brancos, assim como a extensão desses compromissos por toda a cadeia produtiva envolvida na relação com os parceiros e fornecedores. Enfim: Responsabilidade Social Empresarial é definida pela relação que a empresa estabelece com todos os seus públicos (*stakeholders*) no curto e no longo prazo.

Para facilitar e generalizar o conceito, a responsabilidade social das empresas foi organizada em sete tópicos: 1. Valores e Transparência; 2. Público Interno; 3. Meio ambiente; 4. Fornecedores; 5. Comunidade; 6. Consumidores/clientes; 7. Governo e Sociedade.

7.1. Princípios do *Global Compact* e Indicadores Ethos de Responsabilidade Social Empresarial

O *Global Compact* é um programa da Organização das Nações Unidas que procura mobilizar a comunidade empresarial internacional na promoção de valores fundamentais nas áreas de direitos humanos, relações de trabalho e meio ambiente. Desenvolvido pelo então Secretário geral, *Kofi Annan*, ele determina que as empresas devem contribuir para a criação de uma estrutura socioambiental consistente, em mercados livres e abertos, assegurando que todos desfrutem os benefícios da nova economia global.

O programa propõe um pacto global para atuação das empresas em torno de nove princípios básicos, inspirados em declarações e princípios internacionais. A apresentação de um quadro de intersecção dos princípios do *Global Compact* com os Indicadores Ethos de Responsabilidade Social e a indexação dos casos do Banco de Práticas do Instituto Ethos segundo os mesmos princípios são esforços para evidenciar a simbiose existente entre o movimento de responsabilidade social empresarial no Brasil e as normas universais estabelecidas pelas Nações Unidas.

7.2. Princípios do *Global Compact* e Práticas Empresariais[14]

1. As empresas devem apoiar e respeitar a proteção de direitos humanos reconhecidos internacionalmente.

2. Assegurar-se de sua não participação em violações desses direitos.

---

(14) Cf. www.ethos.org.br, *Indicadores Ethos de Responsabilidade Social Empresarial*.

3. As empresas devem apoiar a liberdade de associação e o reconhecimento efetivo do direito à negociação coletiva.

4. Apoiar a eliminação de todas as formas de trabalho forçado ou compulsório.

5. Apoiar a erradicação efetiva do trabalho infantil.

6. Apoiar a igualdade de remuneração e a eliminação da diminuição no emprego.

7. As empresas devem adotar uma abordagem preventiva para os desafios ambientais.

8. Desenvolver iniciativas para promover maior responsabilidade ambiental.

9. Incentivar o desenvolvimento e a difusão de tecnologias ambientalmente sustentáveis.

7.3. A ética nas empresas

O Certificado SA 8000, (norma internacional de *Social Accountability* 8000), estabelece padrões de responsabilidade social para as companhias; um deles é não contratar mão-de-obra infantil, outra é o pagamento de salários equivalentes a homens e mulheres; ou ainda exigir garantias à segurança, à saúde e à integridade física e psicológica dos funcionários.[15]

Segundo *Maria Cecília de Arruda*, coordenadora de estudos de ética na FGV, em pesquisa junto a indústrias, aponta como principal conflito ético o "assédio profissional", forma de pressão que as corporações exercem sobre seus empregados; por receio de perderem o emprego ou uma promoção, estes devem tolerar excessos dos chefes, ocultar erros e aceitar atitudes não-éticas.[16]

Para estimular empresários e altos executivos a investir em padrões de conduta, o Instituto Ethos lançou um manual ético, que tem como função estabelecer parâmetros e diminuir o clima de incerteza entre os funcionários. Ao deixar claras as regras e criar limites morais, ele passa a servir como suporte para punir transgressões e desvios de comportamento, buscando tornar efetivos os princípios estipulados.

Um código atual deve abordar temas como os descritos nestes "Dez mandamentos": *I. Não divulgar propaganda enganosa. II. Não fazer espionagem industrial. III. Não assediar sexualmente* (coerção sexual é crime). *IV. Não apadrinhar* (a contratação ou promoção de um funcionário deve se dar com base na competência profissional e no mérito). *V. Tratar os funcionários com respeito. VI. Honrar cliente e fornecedor. VII. Não subornar. VIII. Não poluir. IX. Não fraudar* (fraude é falsificação, adulteração, contrabando, abuso de confiança ou ação praticada de má-fé, crimes previstos no Código Penal). *X. Não discriminar* (raça, preferência sexual ou deficiência, na hora de contratar e promover, ou tratar de forma desigual homens e mulheres).[17]

---

(15) Cf. NUNES, Ângela. "A vez da ética nas empresas". *In Rev. VEJA*, 11.10.2000, p. 154.
(16) Professora da Fundação Getúlio Vargas de São Paulo; pesquisa em parceria com o Ethics Center, de Washington.
(17) *Rev. VEJA* cit., p. 155.

8. Um novo paradigma de empresas socialmente responsáveis

Pelo Projeto da Economia de Comunhão[18], empresas com fortes motivações humanistas estão construindo um novo modelo de relacionamento entre economia e sociedade, pelo princípio de solidariedade. A Economia de Comunhão entende a propriedade privada e o lucro de modo comunitário; as empresas que a adotam colocam os lucros em comum segundo três critérios básicos: investindo uma parte na própria empresa, para garantir e ampliar os postos de trabalho e suas atividades econômicas; outra parte para o aperfeiçoamento cultural e profissional das pessoas que trabalham na empresa; e aplicando a terceira parte dos lucros no atendimento às pessoas excluídas do mercado de trabalho, por meio de programas sociais de educação, saúde, etc.

Conclusões

1. Constata-se evidente concorrência entre teorias de política empresarial na busca de um equilíbrio entre capital e trabalho: privilegiar os acionistas ou investir no aperfeiçoamento, manutenção e ampliação de empregos na empresa.

2. A teoria do acionista, clássica e tradicional entre os economistas e empresários americanos, inspirados nas idéias econômicas de *Milton Friedman*, ao atribuir a maximização dos lucros aos investidores de capitais, restringe uma adequada política de melhoria salarial e ampliação dos quadros de funcionários.

3. Em contrapartida, empresas internacionais, por inspiração nos princípios da *kyosei* (bem comum) e da *dignidade humana*, vêm adotando políticas governativas voltadas a privilegiar o capital humano e o trabalho, apostando em igual crescimento qualitativo da produtividade.

4. Pela Lei das Sociedades por Ações (Lei n. 6.404/76), revigorada pelos Princípios e Direitos Fundamentais da Constituição Federal, e seu art. 170, que trata da ordem econômica e social, a liberdade de iniciativa empresarial está voltada para finalidades comunitárias, como garantir a existência digna das pessoas, conforme ditames da justiça social, caracterizando a função social da empresa. Destacam-se no art. 170, como finalidades comunitárias da empresa, a redução das desigualdades sociais e a busca (= manutenção) do pleno emprego.

5. Caracterizada a empresa com um perfil finalístico, dado pela Lei e pela Constituição, infere-se que a *função social da empresa* questiona a teoria instrumental que privilegia o acionista na outorga do lucro, pois a função desta não é dar lucros, apenas, mas gerar riquezas e empregos, cumprindo, assim, aquela função comunitária.

6. A "obrigação de empregar" constitui não só uma exigência constitutiva da própria empresa, como o dever subseqüente de manter o pleno emprego, pois "ple-

---

(18) BRUNI, Luigino. *Comunhão e as novas palavras em Economia*; BUGARIN, Alexandre Dominguez. *Economia de Comunhão: enfrentando a exclusão?;* LEITE, Kelen Christina. *Economia de Comunhão. Uma mudança cultural e política na construção do princípio da reciprocidade nas relações econômicas*; SEBOK, Roberto T. *Como preparar-se para o mundo unido do novo milênio.*

no" significa segurança e estabilidade e também ampliação progressiva dos quadros de trabalho.

7. No nível internacional, um grupo de executivos do Japão, Europa e Estados Unidos, reúne-se anualmente para uma Mesa Redonda, em *Caux*, na Suíça, estabelecendo diretrizes à Comunidade Internacional de Negócios, na certeza de que podem representar importante protagonismo na melhoria das condições econômicas e sociais. Em documento-síntese, denominado *Principles for Business,* fundamentados nos conceitos de *kyosei* e da *dignidade humana*, afirmam a legitimidade e a importância dos valores morais na tomada de decisões econômicas, para o bom relacionamento nos negócios e a sustentação de relações empresariais.

8. No Brasil, inúmeras organizações não governamentais, como a ADCE, ETHOS, AKATU, GIFE, ABRINQ, e outras mais, reúnem empresários e dirigentes para incrementar políticas de responsabilidade social, inclusive de condutas éticas empresariais, estabelecendo, igualmente, Códigos de Ética e Indicadores de Responsabilidade Social Empresarial, inspirados nos princípios da *Global Compact* da ONU.

9. Uma norma internacional, reconhecida como SA 8.000 (*Social Accountability* 8000), igualmente estabelece padrões de responsabilidade social para as empresas, dentre eles não contratar mão-de-obra infantil, pagar salários equivalentes para homens e mulheres, exigir garantias à segurança, à saúde e à integridade física e psicológica dos funcionários.

10. Pelas análises apresentadas observa-se a nítida preocupação das empresas para com as relações humanas no trabalho: dos nove princípios e práticas empresariais, quatro referem-se às condições laborais, garantindo a livre associação, exclusão do trabalho forçado e infantil, e a manutenção do pleno emprego. Há fortes tendências entre os empresários para a inclusão social no mercado de trabalho de pessoas com dificuldades especiais, cotas para negros nos diversos escalões operacionais, e exclusão de trabalho escravo, do emprego informal e do trabalho infantil.

11. Este quadro de perspectivas positivas demonstra o empenho das organizações de empresários em valorizar a dignidade das pessoas no âmbito interno de suas organizações, e compromissadas exteriormente com a comunidade em que se inserem, sem comprometer a justa remuneração do capital dos investidores.

12. Referência especial deve ser feita ao modelo empresarial nascente em diversos países, denominado Economia de Comunhão, objeto de centenas de estudos acadêmicos, segundo a qual o lucro deve ser tripartido, parte para suprir as necessidades internas da empresa, para o aperfeiçoamento profissional e cultural dos empregados, e para o atendimento de necessidades das pessoas excluídas do mercado de trabalho, por meio de projetos sociais comunitários.

Bibliografia

ALFORD, O. P. Helen; NAUGHTON, Michael J. *Managing as if faith mattered. Christian social principles in the modern organization.* Indiana: University of Notre Dame Press, 2001.

ASHLEY, Patrícia Almeida (coord.). *Ética e responsabilidade social nos negócios.* 2ª ed. São Paulo: Saraiva, 2005.

BRUNI, Luigino. *Comunhão e as novas palavras em Economia.* São Paulo: Cidade Nova, 2005.

BUGARIN, Alexandre Dominguez. *Economia de Comunhão: enfrentando a exclusão?* Departamento de Engenharia Industrial. Pontifícia Universidade Católica do Rio de Janeiro, 2005. Site PUC-Rio.

CAVALLAZZI FILHO, Tullo. *A função social da empresa e seu fundamento constitucional.* Florianópolis: OAB, 2006.

CAUX ROUNDTABLE. http://www.cauxroundtable.org/PORTUGUE.HTM

DE LUCCA, Newton. *O Perfil da Empresa no mundo da economia globalizada e a Função Social do Direito.* Palestra na Academia Paulista de Direito (USP), em 20.8.03.

ETHOS. "Indicadores de Responsabilidade Social Empresarial". *In www.ethos.org.br.*

FARAH, Flávio. "Dar lucro aos acionistas não é a missão da empresa". *In* WHITAKER, Maria do Carmo (org.). *Ética na vida das empresas.* São Paulo: D. VS Editora, 2007.

GARRIGA, Elisabet; MELÉ, Domènec. "Corporate Social Responsibility Theories: Mapping the Territory". *In Journal of Business Ethics,* Springer Netherlands, Vol. 53, ns. 1-2/august, 2004, pp. 51-71.

GUROVITZ, Hélio; BLECHER, Nelson. "O estigma do lucro". *Revista Exame,* 30 de março de 2005, pp. 20-25.

LAHÓZ, André. "Sobre direitos e deveres". *Revista Exame,* 30.3.2005, pp. 26-30.

LEITE, Kelen Christina. *Economia de Comunhão. Uma mudança cultural e política na construção do princípio da reciprocidade nas relações econômicas.* Tese de doutorado. Centro de Educação e Ciências Humanas. Universidade de São Carlos, julho de 2005. *Site* UFSCAR.

NUNES, Ângela. "A vez da ética nas empresas". *In Rev. VEJA,* 11.10.2000, p. 154.

OCDE. "Princípios de governança das empresas". *In www.ocde.org.*

PETTER, Lafayete Josué. *Princípios constitucionais da ordem econômica. O significado e o alcance do art. 170 da Constituição Federal.* São Paulo: Revista dos Tribunais, 2005.

SANTIAGO, Mariana Ribeiro. *O princípio da função social do contrato.* Curitiba: Juruá, 2006.

SEBOK, Roberto T. *Como preparar-se para o mundo unido do novo milênio.* São Paulo: Editora STS, 1999.

WHITAKER, Maria do Carmo (org.). *Ética na vida das empresas.* São Paulo: D. VS Editora, 2007.

As Organizações Não-governamentais no Contexto Brasileiro: Implicações Jurídicas

Edson Ricardo Saleme[*]

1. Repercussões do intervencionismo no Brasil

O presente trabalho buscará estruturar as alternativas empregadas pelo Estado nacional na busca de auxílio para o desempenho de suas atividades e as eventuais transgressões aos direitos do trabalhador. Será dada especial ênfase às entidades do terceiro setor e outras formas de terceirização nas quais se observa grande número de impropriedades na contratação de empregados ou mesmo na tentativa de se atingir a função social que deveriam permeá-las quando realizassem tais atividades.

As entidades do terceiro setor têm provocado efeitos negativos na organização dos trabalhadores. Grande volume de indivíduos apresenta-se perante tais entidades como "voluntários" para auxiliar em serviços sociais em prol de tarefa social voltada à comunidade carente. Observa-se que tais indivíduos se dedicam a determinadas entidades que recebem pela prestação da assistência. Revela-se, portanto, uma forma de exploração da força de trabalho.

Em princípio será observada a suposta evolução do Estado Liberal para o Estado Neoliberal, posteriormente serão observadas as condições de existência das organizações sociais e as atuais formas de que estão se revestindo, na atualidade, as ONGs e as OSCIPs.

As alterações estruturais do Estado Neoliberal atingiram todos os países do globo e o Brasil não poderia ser exceção à regra. A tradição centralista brasileira do século XIX foi adaptada, na época, dentro de moldes próprios da política dos governadores. A partir dos anos 30, o centralismo recrudesceu pela via corporativa, por meio da legislação trabalhista e do intervencionismo econômico do presidente Getúlio Vargas e do ciclo militar, sob o amparo do desenvolvimentismo. Esses fatores, aliados à tendência intervencionista do Estado, causaram o fenômeno conhecido por "Elefantíase Estatal".

Referida elefantíase teve como repercussão o exagerado crescimento da Administração Pública e seus órgãos auxiliares, no período do Intervencionismo, até

---

[*] Professor Doutor em Direito de Estado pela USP. Professor de Especialização da Escola Superior do Ministério Público do Estado de São Paulo; do curso de Mestrado da Universidade Católica de Santos e da Universidade do Estado do Amazonas. Ex-coordenador Geral de Direito Administrativo do MRE.

meados dos anos 80, quando políticas voltadas à diminuição do Estado passaram a impor-se como única solução à compatibilização do mercado nacional em face dos desafios da concorrência estrangeira. Atualmente, o movimento voltado ao enxugamento da máquina administrativa busca a retomada do crescimento econômico do Brasil e sua introdução competitiva no mercado internacional. Nesse sentido, várias reformas foram implementadas no final da década de 1980 e intensificadas na década posterior. Em princípio, privilegiou-se a competição entre empresas, com a redução de proteção a determinados setores até então resguardados da concorrência e o uso do mercado como meio reorientador da alocação de recursos. Assim, a redução da intervenção estatal em vários setores da economia passou a ser uma das melhores alternativas para esses resultados.

Iniciou-se, portanto, a fase chamada Neoliberal, cujo lema seria "menos Estado e mais sociedade civil". As principais metas seriam: a redução do Estado na economia, maior liberdade para os cidadãos e, conseqüentemente, maior participação da iniciativa privada. Essa redução pode ser feita por vários meios, como a desregulação, que se materializa pela redução do número de normas, criação ou reformulação de mecanismos operacionais de política econômica — especialmente na área fiscal-orçamentária — como evidenciam algumas medidas recentemente tomadas pela Administração Federal e também pela desestatização, seja pela venda de ativos das empresas estatais que o Estado explore em âmbito comercial e econômico, seja pela concessão, delegação ou mesmo substituição por particulares no desempenho de atividades públicas.

Assim, a intervenção do Estado na Economia passou a ser objeto de contínua atenção por parte dos governantes de modo a adequá-la a padrões mais ágeis e compatíveis com os movimentos de integração econômica global. Nesse sentido, nossa estrutura legal tem sido modificada a partir da observação da experiência estrangeira e respectiva importação de institutos e adaptação de medidas, de modo a alijar o País de padrões estatizantes que fogem ao moderno modelo neoliberal.

Significativo passo foi dado com o lançamento, em 1990, do Programa Nacional de Desregulamentação e com o Programa Nacional de Desestatização, cujo objetivo precípuo foi expor a competição aos mercados até então protegidos. Segundo seus próprios termos o objetivo dos programas seria, basicamente, o fortalecimento da iniciativa privada, redução da interferência do Estado na vida e nas atividades do indivíduo, maior eficiência e redução dos custos e dos serviços prestados pela Administração Pública Federal, e atendimento satisfatório dos usuários desses serviços.

Nesse diapasão, novas metas foram traçadas a fim de retirar do Estado a execução de múltiplas atividades que poderiam, em primeira análise, serem facilmente desempenhadas pelo setor privado. Aqui se buscou indicar a integração brasileira no processo de privatização e sua compatibilização com as modernas economias globais.

2. A terceirização na Administração Pública

Aqui será dada especial atenção às formas de terceirização que emprega a Administração Pública para o desempenho de seus serviços e a questão da convivência dos diversos regimes jurídicos que estão envolvidos com a prestação desse serviço.

A experiência estrangeira comprova que existem inúmeras formas de terceirização de serviços públicos. *Pirie* explica que foram utilizadas até vinte e duas técnicas distintas de privatização pelo Governo Britânico[1]. De acordo com ele há quatro formas fundamentais de privatização:

a) a *desnacionalização*, entendida como a venda de bens e empresas públicas; como exemplo pode-se citar a venda da *British Petroleum* e das casas locais aos seus arrendatários;

b) a *desregulação* ou liberalização, que supõe a redução do intervencionismo nas atividades econômicas privadas e, em especial, a ruptura e desaparecimento de monopólios; como exemplo, pode-se citar a liberalização do transporte por carreteiras e o desaparecimento do monopólio da *British Gas* sobre a produção e o fornecimento de gás; e

c) a substituição dos impostos por preços e tarifas a cargo dos consumidores e usuários, como modo de financiamento do serviço público;

d) a contratação para gerenciamento de serviços e atividades antes geridos diretamente, a exemplo de administração de uma escola ou mesmo hospital..."

Esta última modalidade é a terceirização mais empregada por órgãos do terceiro setor, ou seja, o Poder Público abre suas atividades para uma entidade sem fins lucrativos que passa a administrar o patrimônio de bens públicos. Isso passou a ser considerado forma de repasse de serviços e diminuição da presença estatal em áreas em que o particular possa desenvolver suas atividades a contento. Observe-se que não existem as famosas sujeições que poderiam eventualmente "legitimar" a contratação desta ou daquela entidade.

A Administração Pública sabe o quanto despende com a contratação de mão-de-obra para seus quadros, bem como com a manutenção de servidores até sua final aposentadoria. Essa obrigatoriedade, estabelecida por lei para a Administração direta e indireta, reflete a preocupação do legislador em assegurar a igualdade, impessoalidade, isonomia, entre tantos outros princípios. Desde seu início as tarefas, ao se realizar um concurso, são complexas, pois é necessário observar se o cargo tem atribuições permanentes, se será um cargo de carreira ou isolado; enfim, todas as peculiaridades que o envolvem e o tipo adequado de profissional que deve ocupá-lo, tanto no nível de chefia quanto nos servidores que o auxiliam.

Diante desse complexo quadro surgiram "alternativas" com o objetivo único de se "buscar" o trabalhador sem haver desgaste com a "burocracia", na verdade im-

---

(1) PIRIE, M. *Privatization*. Inglaterra: Wildwood House Ltd., 1988, p. 374.

posta para melhor atender ao interesse coletivo em oposição a mecanismos simplificados que gerassem a possibilidade de favorecimentos indevidos.

A terceirização de serviços passou a ser uma alternativa viável para esse quadro nebuloso, uma vez que expressamente indicados nos dispositivos do Estatuto das Licitações e Contratos. Porém, o modelo de terceirização tornou-se mecanismo de burla à legislação trabalhista, uma vez que a contratação de trabalhadores dessa forma facilitada afrontava dispositivos trabalhistas. Observe-se o comentário abaixo.

Nas palavras de *Di Pietro* seria plenamente aceitável a terceirização como contrato de obra, como contrato de serviço. Isso pelo fato de que tem fundamento na própria Constituição e está disciplinada pela Lei n. 8.666/93. Porém, a realidade indica o uso indiscriminado da terceirização com duas modalidades de formas ilícitas: o fornecimento de mão-de-obra: a Administração Pública contrata uma empresa, e essa empresa, que vai fornecer o pessoal, o contrata sem realização de concurso. A outra forma ilícita, que já vem de muito tempo e agora vem crescendo, é a parceria com determinadas entidades que praticamente se instalam, às vezes, dentro da Administração Pública. Estas assumem roupagem diferente com objetivo específico de fugir ao regime jurídico a que se submetem. Referidas entidades podem ser Fundações, Associações ou mesmo Cooperativas.[2]

Como visto, há três diferentes tipos de execução indireta de serviços no Direito Privado. No Direito Público eles se aplicariam da seguinte forma:

a) *Tradicional* — Leva em consideração apenas o aspecto do valor da prestação dos serviços, ou seja, o quanto de economia que a terceirização pode oferecer à empresa, sem verificar se o contratado possui condições técnicas e operacionais capazes de dar suporte técnico adequado.

Na Administração Pública as licitações geralmente são do tipo "menor preço", nos termos do parágrafo primeiro do art. 45, da Lei n. 8.444/93. Nos seus expressos termos esse critério será adotado quando: "o critério de seleção da proposta mais vantajosa para a Administração determinar que será vencedor o licitante que apresentar a proposta de acordo com as especificações do edital ou do convite e ofertar o menor preço."

Ainda que o critério de menor preço seja o mais utilizado nas licitações, exige-se do licitante, na fase preliminar de habilitação, a apresentação de atestados que comprovem sua aptidão para o desempenho do serviço. Nas palavras de *J. C. Mariense Escobar,* esse tipo de licitação possui o julgamento mais fácil. "Aberto o envelope n. 1, contendo os documentos de habilitação, a Comissão deverá verificar se houve atendimento das condições exigidas. Após julgada, publicado o resultado e encerrada essa fase, abrir-se-á o envelope n. 2 contendo a proposta, para, primeiro, verificar a conformidade da oferta com as especificações constantes do edital. Existindo desconformidade, a proposta deverá ser desclassificada, ainda que de

---
(2) DI PIETRO, Maria Sylvia Zanella. *O sistema de parceria entre os setores público e privado. Execução de serviços através de concessão, permissão e terceirização — aplicação adequada destes Institutos.* Palestra proferida no 4º Seminário de Direito Administrativo, realizado em São Paulo, nos dias 24 a 29 de novembro de 1996, provido pela Ed. NDJ. BDA setembro/97, p. 586.

preço menor. A seguir, dentre as propostas que efetivamente ofertaram o que foi solicitado, verifica-se a conformidade dos preços com as condições do edital, desclassificando-se toda proposta que contiver preços excessivos, irrisórios, simbólicos ou manifestamente inexeqüíveis, segundo o que, a esse respeito, estabeleceu o ato convocatório. Só então verifica-se a oferta de preço menor.[3]

Nesses termos, parece difícil haver o tipo de terceirização em comento, por poder se exigir, no respectivo ato convocatório, prova de qualificação anterior por meio de atestados reconhecidos pelo respectivo órgão setorial.

b) De Risco — Esta forma de contratação indireta também vem sendo utilizada por algumas unidades administrativas.

Os principais motivos alegados pela Administração para se terceirizar mão-de-obra estão intimamente conectados à estabilidade propiciada pelo regime legal estatutário, bem como pela impossibilidade de se contratar maior número de servidores, em face da política governamental de redução de despesas.

A chamada terceirização "de risco" na Administração Pública, oferece, além de economia de encargos, a possibilidade de que esta venha a se concentrar em suas atividades típicas. Outra grande vantagem seria a desnecessidade de se realizar processo administrativo disciplinar para penalizar. Uma vez terceirizados os serviços e descontente a Administração com qualquer funcionário da contratada, basta simples comunicação da primeira para que a empresa providencie, imediatamente, a substituição do empregado, sem qualquer entrave burocrático. Porém, apesar das citadas "vantagens", não há apoio legal capaz de dar estribo a essas contratações que nada mais são que meios de burlar os mecanismos publicísticos de contratação de pessoal.

Havia nos arts. 232 a 235 do Regime Jurídico Único, a possibilidade de contratação de pessoal, por meio de contrato de locação de serviços. Essa contratação deveria ser temporária e justificada por motivos de excepcional interesse público. Contudo a Lei n. 8.745, de 9 de dezembro de 1993, revogou essa possibilidade que, nas palavras de *Ivan Barbosa Rigolin*, era um "autêntico aleijão legislativo denunciado com veemência nas duas edições anteriores e jamais poderiam ter sido escritos, sobretudo em foro de um estatuto de servidores como é a Lei n. 8.112/90."[4]

A referida Lei em vigor revogou os artigos citados e estabeleceu que a contratação temporária, para atender a necessidade de excepcional interesse público, pode ser feita pela Administração Direta e Indireta, com prazo determinado e nos estritos casos do artigo segundo daquela Lei, quais sejam: "I — assistência a situações de calamidade pública; II — combate a surtos endêmicos; III — realização de recenseamento; IV — admissão de substituto e visitante; V — admissão de pesquisador visitante estrangeiro; VI — atividades especiais nas organizações das Forças

---

(3) ESCOBAR, João Carlos Mariense. *Licitação : teoria e prática*. 3ª ed. rev. e.ampl. Porto Alegre: Livraria do Advogado, 1996.
(4) RIGOLIN, Ivan Barbosa. *Comentários ao Regime Único dos Servidores Públicos Civis*. 4ª ed. rev. e at. São Paulo: Saraiva, 1995.

Armadas para atender a área industrial ou a encargos temporários de obras e serviços de engenharia."

O Enunciado n. 313 do TST admite situações novas que anteriormente não eram previstas, em virtude de novos fatos ocorridos. Ele preceitua que: I — A contratação de trabalhadores por empresa interposta é ilegal, formando-se o vínculo diretamente com o tomador dos serviços, salvo no caso de trabalho temporário; II — A contratação irregular de trabalhador, através de empresa interposta, não gera vínculo de emprego com os órgãos da Administração Pública Direta, Indireta ou Fundacional (art. 37, II, da Constituição da República); III — Não forma vínculo de emprego com o tomador a contratação de serviços de vigilância (Lei n. 7.102/83), de conservação e limpeza, bem como a de serviços especializados ligados à atividade-meio do tomador, desde que inexistente a pessoalidade e a subordinação direta; IV — O inadimplemento das obrigações trabalhistas, por parte do empregador, implica na responsabilidade subsidiária do tomador dos serviços quanto àquelas obrigações, desde que este tenha participado da relação processual e conste também do título executivo judicial."

Assim, mesmo que a Administração direta ou indireta venha a contratatar empresa fornecedora de mão-de-obra "temporária", não criaria, de nenhuma forma, por força da própria disposição constitucional (art. 37, II), qualquer vínculo trabalhista. O entendimento do Tribunal é perfeito, uma vez que não mais se admite na presente Constituição a nomeação derivada, que possibilite o ingresso do servidor senão por meio de concurso público. Não obstante, na hipótese de contratação indireta de mão-de-obra, por parte dos órgãos administrativos e judiciais, gera a responsabilidade, da autoridade superior que tiver conhecimento do fato, de se apurar a respectiva responsabilidade do administrador que deu causa à contratação ilegal.

c) *Com Parceria* — Quando a Administração decide contratar, geralmente o faz com exigências editalícias capazes de selecionar licitantes que possuam condições técnicas de prestá-los. Destarte, presume-se que esta seria a regra para as contratações administrativas, ou seja, leva-se em conta não somente o preço mas também as condições técnicas que o licitante possui para desempenhar a contento as tarefas que lhe estão sendo transferidas contratualmente.

Carlos Ari Sudfeld afirma com clareza o acima exposto. Para ele "O fato da licitação ser de menor preço não impede a fixação de requisitos mínimos de técnicas ou de qualidade, a serem atendidos pelo objeto proposto. Isso não desnatura o tipo de licitação, transmudando-a em licitação de melhor técnica; apenas assegura que os bens a serem obtidos tenham a qualidade mínima essencial para atender à necessidade administrativa."[5]

Pode-se inferir que a Administração oferece resultados mais satisfatórios para o interesse público quando realiza a opção de terceirização do tipo "parceria", uma vez que não condiciona a escolha do contratante unicamente pelo preço. Isso sem falar da possibilidade de se realizar licitação de melhor técnica e de técnica e preço,

---

(5) SUNDFELD, Carlos Ari. *Licitação e Contrato Administrativo*. São Paulo: Malheiros, 1995, p. 144.

as quais se aplicam em situações excepcionais previstas na Lei n. 8.444/93. Seriam basicamente para serviços: de informática (art. 45, § 4º); de natureza predominantemente intelectual (art. 44, *caput*) e para contratação de bens e determinados contratos de compras, obras ou serviços de tecnologia nitidamente sofisticada e de domínio restrito, nos estritos termos do § 3º do art. 44.

Referidas formas de contratação indicam as formas legais e ilegais com que, muitas vezes, a Administração contrata mão-de-obra com os mais diversos propósitos. Abaixo serão observadas as peculiaridades de tais entidades que, apesar de serem consideradas parceiras voluntárias, na consecução de serviços sociais, não se submetem às regras licitatórias. A possibilidade de se contratar uma entidade do terceiro setor tornou-se tarefa simples e descomplicada. O que se verifica é que o simples título outorgado a tais organizações já lhes faculta participar ativamente, por simples escolha, como parceiras da Administração.

3. Surgimento das Entidades do Terceiro Setor

A Administração Pública possui atualmente política de redução de custos que interferem na qualidade e eficiência de seus servidores. Geralmente conta com um quadro funcional que, insatisfeito com a remuneração e com a falta de perspectivas, emperra o funcionamento adequado das repartições correspondentes. Assim, buscam-se alternativas para se minorar esses efeitos e melhorar a qualidade dos serviços. Uma das formas encontradas estaria na terceirização dos chamados "serviços de apoio administrativo".

Conforme infere *Jessé Torres Pereira Júnior*, "em verdade, mesmo a execução indireta ou delegada é incumbência constitucional da Administração Pública (CF/88 art. 175, *caput*), com a diferença de que poderá contratá-la com terceiros. O que distingue a execução direta da indireta são os meios empenhados pela Administração na realização do objeto, cabendo-lhe a titularidade exclusiva na escolha do modo de execução, já que a ela a Constituição Federal comete o dever-poder de prestar os serviços públicos. Se os meios utilizados são os próprios da Administração (vale dizer, os de seus órgãos subordinados ou os de suas entidades vinculadas), a execução é direta. Se os meios são contratados a terceiros que se responsabilizam, nos termos do contrato, pela realização do objeto, a execução é indireta."[6]

Assim, buscou-se evitar que certas atividades que possuam plano de carreira venham a ser objeto de terceirização. Ademais, veda expressamente que qualquer disposição editalícia ou contratual venha a permitir caracterização exclusiva do objeto como fornecimento de mão-de-obra, previsão de reembolso de salários pela contratante ou subordinação dos empregados da contratada à administração do contratante.

---

(6) PEREIRA JÚNIOR, Jessé Torres. *Comentários à Lei das Licitações e Contratações da Administração Pública.*

Nesse sentido, a Administração Pública Federal deve compor ato convocatório que possua características tais que o objeto da prestação de serviços não venha a caracterizar fornecimento de mão-de-obra. Os primeiros editais já estão sendo publicados, como o Edital de Tomada de Preços n. 4/97 do Ministério da Agricultura e do Abastecimento, porém sem os cuidados que o ato normativo exige em seus dispositivos.

Infere-se, portanto, que a terceirização pode ser enquadrada dentro do conceito amplo emprestado à privatização, uma vez que busca reduzir o número de atividades-meio desempenhadas pela Administração fora das atribuições típicas que lhe foram legalmente atribuídas. As três espécies de terceirização são comumente realizadas pela Administração, excetuando-se a chamada "tradicional", uma vez que, mesmo nas licitações de menor preço, a qualidade é, de certa forma, aferida. A chamada terceirização de risco por vezes também é utilizada, mesmo ao arrepio da lei, e observa-se que há ato normativo regulamentando a prestação desses serviços com vistas a adequá-lo à legalidade ou a uma suposta "legalidade". A denominada terceirização de parceria é a encontrada na maioria dos casos, desde que a contratação não venha a contrariar a lei, ou seja, atividades funcionais não abrangidas por plano de cargos do órgão ou entidade, salvo expressa disposição legal em contrário ou quando se tratar de cargo extinto, total ou parcialmente, no âmbito do quadro geral de pessoal. O próprio Estatuto das Licitações e Contratos Administrativos seria o estribo legal capaz de legitimar essas contratações.

A terceirização por meio de Organizações Sociais nada mais é do que outra alternativa de parceria com o fito de favorecer as classes populares pela prestação de serviços assistenciais prestados por voluntários. Referidos serviços seriam "financiados" pelo Poder Público com o escopo de induzir a práticas assistenciais-filantrópicas e outros tantos serviços destinados à utilidade pública.

Como referido anteriormente, o Estado assumiu atividades que considerou necessárias ao desenvolvimento econômico. Os Ministérios e Secretarias públicas passaram a crescer mais e mais ao lado da criação de órgãos da Administração indireta. Esse grande inchaço, natural nos tempos do Estado do Bem-estar, passou a ser visto, a partir dos anos oitenta, como sendo algo que emperrava o bom funcionamento da Administração e expendia recursos que poderiam ser direcionados às atividades típicas de Estado. Por esse motivo, buscaram-se alternativas para repassar tais atividades para o setor privado e reduzir o aparato estatal em busca de uma maximização de recursos e direcionamento de verbas orçamentárias para setores mais carentes e deficitários da sociedade.

Apesar de já existirem formalmente no Direito Comparado desde o final da Segunda Guerra Mundial, sublinhou-se o papel do chamado terceiro setor, como foram denominadas as entidades voluntárias, sem fins lucrativos, cujo objetivo seria suprir as carências da comunidade nas áreas que o Estado do Bem-estar não tinha condições de atender. Em um primeiro momento, e naquilo que se pode perceber pela sua própria instituição, tais entidades são grupamentos que devem cumprir um papel social. Fenômeno esse observado mundialmente, porém com funções cada vez mais diversificadas.

O primeiro setor — o Estado — encampou inúmeras atividades para si. Constituição e leis cometem a ele o desempenho das mais diversas funções e tarefas. Contudo, sua máquina consome vultosos recursos e seus modos de desempenho são marcados por traços diferenciados que a lei impõe para preservar o princípio da isonomia. Isso sem falar da falta de competência de grande parte dos dirigentes da Administração indireta, indicados tão somente por seus dotes políticos, bem como falhas no que se refere ao reinvestimento em prol da modernização das estatais.

O segundo setor — o mercado — tem como principal objetivo o lucro. Outros aspectos estariam em segundo plano. Este setor se depara também com dificuldades em investir em empreendimentos de alta monta, com grandes riscos na comercialização. Isso sem falar do absoluto desinteresse em atividades que não geram lucratividade. Estas, por razões óbvias, são relegadas ao Estado, que também nem sempre cumpre a contento seu papel, por razões diversas, desde restrições orçamentárias até motivos de ordem política.

Nesse setor estão concentradas as atividades mais relevantes do Estado capitalista. Aqui se concentra o universo empresarial, industrial, de construção civil e todos os setores que têm como objetivo fundamental o lucro. É este setor que conduz a economia de mercado e a mantém em pleno desenvolvimento.

Merece atenção o fato de que grande parte dos autores americanos considera o mercado o primeiro setor e o governo como segundo. Isso, segundo seu escólio, teria certa lógica, pois se entende que o mercado teria sido o primeiro a se constituir historicamente. Este comentário tem relevância quando se quer entender o fluxo econômico de determinada sociedade. Na americana, por exemplo, sempre se deu primazia ao mercado. Diferentemente do Brasil, cujo setor governamental, na maior parte das vezes, manteve-se sempre dominante e centralizador.

Nesse contexto é que surgiu o chamado terceiro setor. Esta seria a alternativa viável diante do excesso de atribuições estatais e do desinteresse da comunidade do segundo setor em desempenhar atividades não lucrativas. Referidas entidades são formadas a partir de um grupo de voluntários que, sem qualquer ambição financeira, buscam o bem-estar coletivo a partir do exercício de atividades filantrópicas, culturais, educacionais, etc. Na verdade, referidas entidades podem se dedicar às mais diversas atividades sem qualquer cunho mercantil. Excepcionalmente, na hipótese de superávit, quando houvesse grande quantidade de recursos, esse excesso de capital deveria ser reaplicado no âmbito da atividade da própria organização.

O que se quer sublinhar é que as entidades do terceiro setor estão fora do Estado. Não devem ser criadas por este. Podem, contudo, receber subvenção para sua manutenção. Há, ainda, a possibilidade de existir servidores na gestão de organizações não-governamentais. Entretanto, isso não implica que o setor público esteja diretamente envolvido com aquela atividade.

Como propriamente sublinhado por *Edson José Rafael*, ainda que dependente do Poder Público, não deve o Terceiro Setor ser enquadrado como governamental. Para ele seria paradoxal que o próprio Poder Público criasse diretamente entidades do governo, pára-governamentais, a fim de auxiliá-lo na consecução de objetivos sociais.[7]

Outro interessante comentário, que vale a pena anotar, é o de *Carlos Antonio Morales*, que sublinha ser a relação das organizações comunitárias com o Estado constitucionalmente fortuita. De outra forma, uma relação permanente, de base contratual, poderia significar sua desfiguração. Outro aspecto que remarca com grande propriedade é a ameaça que sofrem tais entidades com relação ao descolamento dos compromissos públicos em direção à privatização, ao encastelamento e ao distanciamento do controle social ou estatal.[8]

Observa-se que as organizações do terceiro setor concentram-se em setores sociais de forma dominante. O Estado conta com referidas entidades como auxiliares no desempenho de tais atribuições e distribui verbas em favor delas a fim de manter os serviços. Em princípio, parecem vantajosas. A competição de diversos entes que prestam serviços semelhantes cria uma competição saudável que tende à melhoria do serviço, traduzindo em ganho à eficiência estatal. Não obstante, elas são por vezes empregadas com finalidades diversas, com prejuízos a setores sociais carentes da sociedade.

As Fundações caracterizam-se por serem uma massa de bens com uma finalidade específica e, nos termos do art. 62 do Código Civil, o instituidor deve fazer lavrar uma escritura pública ou testamento, especificando o fim a que se destina, bem como indicando, se assim desejar, a forma como deve ser administrada.

Diferentemente, as Associações formam-se a partir do grupamento de pessoas que, por meio de estatuto, organizam-se dessa maneira para desempenho de atividade não econômica, isso conforme o art. 53 do Código Civil.

Ambas as entidades destinam-se a atividades benemerentes, culturais, educacionais e, além das diferenças já apontadas, merece destaque que as Fundações não desapareçam. O Ministério Público, órgão encarregado de sua fiscalização quanto à finalidade pela qual foi criada, indicará quem deve assumir a direção da mesma, ao contrário das Associações ou das que sociedades civis podem desaparecer ou ter suas atividades encerradas por motivos diversos.

Referidas entidades podem realizar atividades com serventia para toda a coletividade ou, de alguma forma, para determinado setor dela. Será seu estatuto que indicará o objetivo da mesma. A partir da reunião de determinados elementos legalmente exigidos pode ser reconhecida como de utilidade pública pelas esferas federativas, a fim de receber fomento ou outro benefício capaz de assegurar-lhe a manutenção da atividade que realiza.

Diante da chamada "crise do título de utilidade pública", as Leis ns. 9.637, de 15 de maio de 1998, e 9.790, de 23 de março de 1999, criaram, respectivamente, no

---

(7) RAFAEL, Edson José. *Fundações e Direito*. São Paulo: Melhoramentos, 1997, p. 34.
(8) MORALES, Carlos Antonio. "Provisão de serviço sociais através de organizações públicas não-estatais: aspectos gerais". In *O público não estatal na reforma do Estado*. Organizadores Luiz Carlos Bresser Pereira e Nuria Cunill Grau. Rio de Janeiro: Fundação Getúlio Vargas, 1999, p. 78.

âmbito federal, as Organizações Sociais e as Organizações da Sociedade Civil de Interesse Público.

As organizações não-governamentais foram concebidas no seio da Organização das Nações Unidas com o fito de executar tarefas de caráter humanitário. Buscavam, em princípio, substituir o Estado na área social, educacional e de saúde, sem qualquer objetivo financeiro. Encontraram franca expansão nos anos setenta. O objetivo, como referido, seria o amparo a classes necessitadas por uma equipe de voluntários que, espontaneamente, se alistam no seio da Organização para exercer graciosamente suas funções. Certamente tais organizações foram apoiadas pelo Estado Intervencionista que chamou para si tarefas de assistência social, educação, saúde, desporto, entre outros tantos temas.

Segundo *Paulo Modesto*, em obra sobre o terceiro setor, a concessão desses títulos jurídicos especiais garante às entidades do terceiro setor as seguintes vantagens: a) diferencia as entidades a quem se outorga tais títulos com regime jurídico específico; b) padroniza o tratamento jurídico das entidades que possuem características comuns e receberam a qualificação; e c) estabelecimento de um mecanismo de controle capaz de retirar-lhe o título caso não se observe a manutenção das condições que viabilizaram a inserção da entidade.[9]

O autor ainda observa pontos fulcrais na análise de tais entidades. A simples obtenção do título de Organização Social (ONG) ou mesmo Organização da Sociedade Civil de Interesse Público (OSCIP) não cria ou constitui nova forma de pessoa jurídica, trata-se de título destinado a estreitar a relação de confiança e parceria entre entidade pública e parceiro privado. É uma qualidade adquirida pela entidade que lhe garante prerrogativas e sujeições, gerando um *plus* à personalidade jurídica primitiva da entidade.

Há certos pontos em que, para a obtenção de subvenção, a entidade deveria ser fiscalizada: a) provar um tempo mínimo no desempenho da atividade a que se dedica, evitar eventuais oportunistas; b) desempenho de serviços gratuitos, que não dependam de verba para serem prestados, ou seja, sejam prestações do corpo voluntário; c) o oferecimento de contrapartidas para provar que a parceria independe exclusivamente da ação estatal para seu funcionamento.

Além de referidos detalhes o ponto essencial que difere as ONGs das OSCIPs é basicamente que esta última possui uma qualificação superior à de uma simples ONG, mesmo que seja atribuída a mesma espécie de entidade (fundação ou associação). A diferença jurídica de relevo que interessa ao presente estudo, basicamente, é a de que será firmado contrato de gestão nas organizações sociais e termo de parceria nas OSCIPs; existe a possibilidade de remuneração dos diretores da entidade que respondam pela gestão executiva, diferentemente do simples título de utilidade pública que vedava tal possibilidade.

Desta forma, observa-se que as entidades do terceiro setor desempenham suas atividades sem muitos entraves burocráticos de qualquer espécie. Para iniciar

---

(9) Extraído em 1º.3.2007 do *site* http://www.bresserpereira.org.br/Terceiros/Autores/Modesto,Paulo/terceirosetorreforma.PDF.

suas atividades recebem um título de determinada esfera federativa que lhe garantirá o recebimento de auxilio ou fomento "suficientes" para cumprir as metas propostas no contrato de gestão ou termo de parceria. Porém, ao prestarem serviços geram inúmeros problemas que nos levam à reflexão dos seguintes fatores:

a) Qual o motivo das entidades do terceiro setor receberem auxílio ou fomento sem o necessário procedimento licitatório que garanta a prestação de serviços por aquela mais qualificada?

b) O voluntariado, como é chamado o grupo de indivíduos com aspirações filantrópicas, deve mesmo ter legislação específica que os afaste de qualquer retribuição além daquelas que dispense em sua locomoção e eventual alimentação?

c) A prestação de contas é efetiva ao ponto de visualizá-las como elemento de puro auxílio a determinado setor da sociedade sem qualquer benefício pessoal dos dirigentes?

d) Referidas entidades geram empregos ou não?

e) Como fica o conflito de regimes estatutário e celetista (da entidade) quando o Estado disponibiliza a determinada entidade seu ingresso em determinado órgão assistencial?

Conclusões

A globalização exigiu do Estado uma nova formatação. A diminuição do número de empresas e redução de burocracia se impôs como uma das metas a serem atingidas desde os anos 80. O Estado Neoliberal criou uma série de recursos a fim de viabilizar essa redução estatal na Economia e na prestação de serviços na área social.

O primeiro setor, o Estado, destarte, deveria, sob os auspícios do Estado Neoliberal, concentrar-se em suas funções típicas. O segundo setor, o empresarial, não recebe qualquer estímulo para o desempenho de atividades filantrópicas não lucrativas, que inviabilizem sua própria existência. Surgiu, nesse contexto o terceiro setor composto por entidades dispostas a auxiliar o Estado na prestação de serviços assistenciais, sociais, educacionais, culturais, entre outros.

Diante dessa nova busca, a Administração criou mecanismos legais para a terceirização de serviços. Inicialmente, essa forma de contratação deveria seguir os ditames do Estatuto das Licitações e Contratos. Porém, observou-se que houve o emprego indiscriminado para a contratação de força de trabalho sem a realização de concurso público de qualquer espécie.

As entidades criadas para auxiliar o Estado do terceiro setor passaram a se revelar como alternativa que cumpre plenamente seu papel na implementação das políticas neoliberais. Porém, a flexibilização proposta ofende diversos fatores: a) no plano administrativo passou a padecer de problemas semelhantes aos ocorridos na Administração, isso sem se falar de problemas com a prestação de contas; b) existe exploração de trabalho; c) há escolha arbitrária da entidade pelo administrador, mesmo sem levar em consideração o tempo de determinada entidade na prestação de determinados serviços; d) o número de empregos possivelmente criado está aquém de qualquer prognóstico ou perspectiva apresentados pelo Poder Executivo Federal.

Bibliografia

DI PIETRO, Maria Sylvia Zanella. *O sistema de parceria entre os setores público e privado. Execução de serviços através de concessão, permissão e terceirização — aplicação adequada destes Institutos.* Palestra proferida no 4º Seminário de Direito Administrativo, realizado em São Paulo, nos dias 24 a 29 de novembro de 1996, provido pela Ed. NDJ. BDA setembro/97.

ESCOBAR, João Carlos Mariense. *Licitação: teoria e prática.* Porto Alegre: Livraria do Advogado, 1996.

MORALES, Carlos Antonio. "Provisão de serviços sociais através de organizações públicas não-estatais: aspectos gerais". *In O público não estatal na reforma do Estado.* Organizadores Luiz Carlos Bresser Pereira e Nuria Cunill Grau. Rio de Janeiro: Fundação Getúlio Vargas, 1999.

PIRIE M. *Privatization.* Inglaterra: Wildwood House Ltd., 1988.

RAFAEL, Edson José. *Fundações e direito.* São Paulo: Melhoramentos, 1997.

TAVARES COELHO, Simone de Castro. *Terceiro setor: um estudo comparado entre Brasil e Estados Unidos.* São Paulo: Senac, 2000.

SUNDFELD, Carlos Ari. *Licitação e Contrato Administrativo.* São Paulo: Malheiros, 1995.

Relato do Regime Profissional no Âmbito Médico

Felipe Chiarello de Souza Pinto[*]

1. A Liberdade de Profissão

A liberdade profissional (sem prejuízo dos requisitos para o exercício de determinadas profissões) constituiu uma das bases originárias da economia de mercado liberal.

Já citado desde a Constituição Francesa de 1789, o trabalho tem sido continuamente garantido na Ordem Constitucional brasileira, tal qual reflete nossa Constituição Federal de 1988, em seu art. 5º, inciso XIII, que assegura "liberdade de trabalho, ofício ou profissão, desde que atendidas as qualificações profissionais estabelecidas em lei".

Em âmbito internacional, podemos citar a Declaração Universal dos Direitos do Homem, de 1948, em seu art. 17, o qual contempla a preocupação internacional relativa ao trabalho: "Todo homem tem direito ao trabalho, à livre escolha do emprego, a condições justas e favoráveis de trabalho e à proteção contra o desemprego".

A proteção contra o desemprego é usada no sentido de que todos possuem o direito de ter garantido para si um meio de prover sua própria subsistência e a de sua família. Em nossa concepção, antes de termos liberdade para escolher uma profissão ou um trabalho, temos o direito de possuir uma profissão e um posto de trabalho.

Nas palavras de *Cretella Júnior*[1] "todo trabalho é atividade do ser humano, muito embora nem toda atividade do homem seja trabalho". Assim, nem todo trabalho é profissão, mas toda profissão envolve trabalho: "Trabalho é a atividade no propósito de tornar útil ou utilizável propriedades da matéria."[2]

1.1. A liberdade de profissão no Brasil: histórico constitucional

A evolução constitucional brasileira regulamentou as profissões da seguinte maneira:

(*) Advogado, mestre e doutor em Direito do Estado pela Pontifícia Universidade Católica-SP, professor de pós-graduação do Mackenzie, coordenador do GVLaw e da Faculdade de Direito da UNIMONTE, foi membro dos conselhos superior e técnico-científico CAPES-MEC.
(1) *Elementos de Direito Constitucional*, p. 205.

Constituição do Império

Importante destacar que a Constituição outorgada em 1824 deu guarida à escravidão.

A relação de trabalho, por sua vez, estava assim disposta:

"Nenhum gênero de trabalho, de cultura, indústria ou comércio, pode ser proibido, uma vez que não se oponha aos costumes públicos, à segurança e saúde dos cidadãos."

A Constituição do Império aboliu as corporações de ofício, cerceando, assim, a liberdade de se ter um ofício, uma profissão (art. 179, XXV). Fica claro para nós que no texto constitucional não se garante o trabalho. O Imperador apenas não o proíbe.

Constituição de 1891

"É garantido o livre exercício de qualquer profissão moral, intelectual e industrial."

A Constituição Republicana, de cunho liberal e individualista, foi fortemente influenciada pelo positivismo de *Comte* e pelos Estados Unidos da América do Norte. Trouxe em seu art. 72, trinta e um parágrafos, alguns deles referentes à proteção do trabalhador e ao trabalho.

José Francisco Siqueira Neto, ao referir-se a esse dispositivo, assim tece o seu comentário:

"dentre os direitos estabelecidos nos trinta e um parágrafos do indigitado artigo constitucional, destacam-se o § 8º, proclamando que 'a todos é lícito associarem-se e reunirem-se livremente e sem armas, não podendo intervir a polícia senão para manter a ordem pública', e o § 24, que, coerentemente com os fundamentos políticos inerentes à abolição das corporações de ofício processadas pela Constituição do Império, solenemente declarou: 'é garantido o livre exercício de qualquer profissão moral, intelectual e industrial'".[3]

A Constituição de 1891, ao contrário da Imperial, já se preocupou em garantir o livre exercício do trabalho.

Constituição de 1934

O texto da Carta de 1934 dispõe:

"É livre o exercício de qualquer profissão, observadas as condições de capacidade e outras que a lei estabelecer, ditadas pelo interesse público."

Com muita propriedade, observou *Siqueira Neto:*

(2) SAMPAIO, Dória. *Direito Constitucional*, p. 306.

(3) SIQUEIRA NETO, José Francisco. *Liberdade sindical e representação dos trabalhadores nos locais de trabalho*, p. 298.

"A primeira Constituição Federal a inserir normas sobre Direito do Trabalho foi a de 1934, onde através dos arts. 120 a 123 regulou os sindicatos e os direitos dos trabalhadores"[4].

Essa Constituição se caracterizou, sem dúvida, como um marco histórico em relação aos direitos do trabalhador. Foi a primeira Constituição a trazer dispositivos referentes aos direitos sociais. Veio na mesma esteira da Constituição do México de 1917 e da Constituição alemã de Weimar (primeiras Constituições a contemplar em seu corpo normas inerentes aos direitos sociais). Iniciou-se, assim, o Constitucionalismo social em nosso País.

Foi sob a égide da Carta Magna de 1934 que nasceu a Consolidação das Leis Trabalhistas — CLT, fruto de anos de lutas por parte dos trabalhadores.

Constituição de 1937

"Liberdade de escolha de profissão ou gênero de trabalho, indústria ou comércio, observadas as condições de capacidade e as restrições impostas pelo bem público, nos termos da lei."

A Constituição de 1937, ditatorial do "Estado Novo", instituiu oficialmente em nosso País o corporativismo. As idéias corporativistas resultam da combinação do inconformismo com o liberalismo e da resistência ao socialismo. No corporativismo, há o fortalecimento do Estado Nacional, em que se submete tudo e todos aos interesses superiores da Nação. Aos poucos foram inserindo-se no ordenamento normas de espírito corporativista, para que mais adiante se constitucionalizasse tal ideologia, o que ocorreu na Constituição de 1937. Nesse modelo, há a negação dos conflitos de trabalhadores e empregadores, pois todos buscam um mesmo objetivo, o fortalecimento do Estado. Tanto é verdade que todos os impasses são considerados e transferidos ao Governo e não ao Estado, conforme podemos observar na legislação da época. Para se ter uma idéia, a greve e o *lockout* eram considerados recursos anti-sociais nocivos ao trabalho e ao capital e incompatíveis com os superiores interesses da produção nacional (art. 139), pois, como dissemos, todos têm o mesmo objetivo e anseio, que é o fortalecimento do Estado. O corporativismo em nosso País não saiu do campo da Economia.

Nas palavras de *José Francisco Siqueira Neto*:

"a 10 de novembro de 1937, foi outorgada a nova Constituição dos Estados Unidos do Brasil. Estava revogada a Constituição de 1934. A nova Constituição, de fato, incorporou oficialmente o corporativismo. Os textos Constitucionais que revelam a clara opção corporativista estão nos arts. 1º, 38, 57 a 63, 135, 138, 139 e 140".[5]

---

(4) SIQUEIRA NETO, José Francisco. *Direito do Trabalho & Democracia*: apontamentos e pareceres, p. 199.
(5) *Idem, Liberdade sindical e representação dos trabalhadores nos locais de trabalho*, p. 311.

Constituição de 1946

"É livre o exercício de qualquer profissão, observadas as condições que a lei estabelecer."

A Constituição Liberal iniciou um período de consideráveis aumentos dos direitos sociais.

"Dentre esses se destacam: salário mínimo que deveria atender às necessidades básicas do trabalhador e de sua família, participação obrigatória e direta dos trabalhadores nos lucros da empresa; repouso semanal remunerado, estabilidade, não só nas empresas urbanas como também na exploração rural; assistência aos desempregados; direito de greve."[6]

Constituição de 1967

Reproduziu o texto da Constituição de 1946, não tendo sido alterada pela Emenda Constitucional n. 1, de 1969.

Constituição de 1988

"É livre o exercício de qualquer trabalho, ofício ou profissão, atendidas as qualificações profissionais que a lei estabelecer."

De fato, a grande novidade desta Constituição é a inclusão dos direitos dos trabalhadores como "Direitos Sociais".

"Diz-se direitos sociais, como dimensão dos direitos fundamentais do homem, são prestações positivas estatais, enunciadas em normas constitucionais, que possibilitam melhores condições de vida aos mais fracos, direitos que tendem a realizar a igualização de situações sociais desiguais. São, portanto, direitos que se conexionam com o direito de igualdade. Valem como pressupostos do gozo dos direitos individuais na medida em que criam condições materiais mais propícias ao auferimento da igualdade real, o que, por sua vez, proporciona condição mais compatível com o exercício efetivo da liberdade."[7]

Como bem observa *José Francisco Siqueira Neto*, "a novidade teórica introduzida pela Constituição, como bem observado, consiste na inserção do capítulo dos Direitos Sociais, no título dedicado aos Direitos e Garantias Fundamentais, ao lado dos Direitos Individuais e Coletivos. A tradição constitucional brasileira incluía os direitos dos trabalhadores no capítulo da Ordem Econômica e Social, como a propalar uma subserviência do social ao econômico. Além da opção teórica apontada, no tocante aos direitos dos trabalhadores, podemos afirmar que a Constituição de 1988, apresentou um avanço quantitativo e qualitativo"[8].

Pelos dispositivos propostos, podemos observar que, no ordenamento jurídico brasileiro, o tema "regulamentação de profissões" esteve sempre voltado ao inte-

---
(6) SIQUEIRA NETO, José Francisco. *Direito do Trabalho & Democracia:* apontamentos e pareceres, p. 200.
(7) *Idem*, p. 221.
(8) *Idem*, p. 221 e 222.

resse governamental, principalmente quando está em discussão algum interesse da coletividade, tais como a saúde, a segurança e o bem-estar da população, assim também, quando a profissão a ser regulamentada for daquelas que exigirem, para o seu exercício, uma formação acadêmica específica, em razão do seu grau de complexidade.

Se olharmos o modelo sindical que nos foi imposto, e que vigora até hoje, percebemos que o ideal da época foi estabelecido para controlar as lutas de classe e manter o novo modelo de governo que estava se tentando impor.

Desse modo, podemos dizer que a liberdade de exercer qualquer trabalho, ofício ou profissão é um direito social, cuja restrição somente se justifica quando prevalecerem os interesses da coletividade sobre os individuais ou de grupos, como é o caso dos médicos, engenheiros e outros, cuja regulamentação, mais que especificar direitos, se faz necessária para impor-lhes deveres em favor da coletividade consumidora de seus serviços.[9]

Por outro lado, também encontramos na Constituição texto que possibilita a limitação ao acesso e ao exercício de determinadas profissões, como podemos ver no próprio art. 5º, inciso XIII, que no final, afirma "... atendidas as qualificações que a lei estabelecer."

Para essa norma foi conferida "eficácia contida", o que leva a previsão constitucional da liberdade de profissão no Brasil a sofrer limitação por lei infraconstitucional, por tratar-se de dispositivo de eficácia contida (restringível, redutível).

Para *Michel Temer*[10] "toda norma constitucional é dotada de eficácia", sendo que algumas, porém, possuem eficácia social, ou seja, são efetivamente aplicadas nos casos concretos. Todas, contudo, possuem eficácia jurídica, significando que sua simples edição resulta na revogação de todas as normas anteriores que com ela colidem.

Assim nos fala *Bastos*:[11]

"Em primeiro lugar, é necessário que exista lei da União, excetuadas as hipóteses dos servidores públicos estaduais e municipais... Cuida-se de matéria de estrita reserva legal, é dizer 'sem qualquer possibilidade de outros atos normativos do Legislativo ou Executivo virem a lhe fazer as vezes'."

Dessa forma, seria inconstitucional a regulamentação de qualquer profissão, mesmo advinda de legislador federal ordinário, que impusesse requisitos e condições tão elevados e intransponíveis que possibilitassem somente a alguns privilegiados estarem legitimados a seu exercício.

Além de violar a igualdade constitucional (CF, art. 5º, *caput*), a lei demasiado exigente está a ferir o chamado princípio da proporcionalidade, que impõe a exis-

---

(9) PAIXÃO JÚNIOR, Nilton Rodrigues da. *Estabelecer a profissionalização da categoria de professor, até hoje inexistente*, http://www.camara.gov.br/internet/diretoria/conleg/Estudos/2003_4271.pdf. Consulta realizada em 6.9.2005.
(10) *Elementos de Direito Constitucional*, p. 23.
(11) *Comentários à Constituição do Brasil*, p. 77.

tência de equilíbrio, ou seja, a lei não pode ser tão restritiva que o resultado seja a destruição do próprio direito constitucionalmente assegurado (liberdade de trabalho, ofício ou profissão).

Foi a nova doutrina constitucional que permitiu transmutar o princípio da reserva legal em princípio da reserva legal proporcional (CF, art. 5º LIV).

Importante a palavra do constitucionalista *Mendes*:[12]

"Resta evidente, assim, que a elaboração de normas restritivas de caráter casuístico afronta, de plano, o princípio da isonomia".

Veja-se o pronunciamento do Supremo Tribunal Federal:[13]

"A Constituição Federal assegura a liberdade de exercício de profissão. O legislador ordinário não pode nulificar ou desconhecer esse direito ao livre exercício profissional... Pode somente limitar ou disciplinar esse exercício pela exigência de condições de capacidade, pressupostos subjetivos referentes a conhecimentos técnicos ou a requisitos especiais, morais ou físicos. Ainda no tocante a essas condições de capacidade, não as pode estabelecer o legislador ordinário, em seu poder de polícia das profissões, sem atender ao critério da razoabilidade, cabendo ao Poder Judiciário apreciar se as restrições são adequadas e justificadas pelo interesse público, para julgá-las legítimas ou não".

Nos dizeres de *José Afonso da Silva:*

"o princípio é o da liberdade reconhecida. No entanto, a Constituição ressalva, quanto à escolha e ao exercício de ofício e profissão, a sujeição à observância das 'qualificações profissionais que a lei exigir'. Há, de fato, ofícios e profissões que dependem de capacidade especial, de certa formação técnica, científica ou cultural. 'Compete privativamente à União legislar sobre: (...) condições para o exercício de profissões' (art. 22, XVI). Só lei federal pode definir as qualificações profissionais requeridas para o exercício das profissões".[14]

2. Limites e regulamentação

A lista das ocupações regulamentadas na área da saúde, segundo *Girardi, Fernandes* e *Carvalho*,[15] varia de forma significativa conforme a fonte da regulamentação considerada.

No Brasil, as principais fontes de regulamentação ocupacional são, segundo os autores:

---

(12) *Direitos Fundamentais e Controle da Constitucionalidade*, p. 36.
(13) RTJ 110/937. Rel. Min. Rodrigues Alckmin, Rp. n. 930.
(14) SILVA, José Afonso da. *Comentário Contextual à Constituição*, p. 108.
(15) *Sabado Nicolau Girardi* (Médico, Doutorando em Saúde Pública ENSP-FIOCRUZ e Coordenador da Estação de Pesquisa de Sinais de Mercado do NESCON-FMUFMG. E-mail: giraridi@medicina.ufmg.br) *Hugo Fernandes Jr.* (Médico sanitarista, mestrando em Ciências da Saúde (Bioética) UnB e Consultor Legislativo da Câmara dos Deputados E-mal: hugo.junior@camara.gov.br) *Cristiana Leite Carvalho* (Dentista, MPH em Saúde Pública pela Johns Hopkins University, Doutoranda em Saúde Pública ENSP-FIOCRUZ).

1. O Congresso Nacional (cria as leis de exercício profissional e de autorização para o funcionamento dos Conselhos de Fiscalização do exercício profissional).

2. O Ministério do Trabalho (que define as grandes linhas, ditando o "tônus" sobre o qual uma demanda é julgada).

3. O Ministério da Educação, por meio do Conselho Nacional de Educação (regulamenta aspectos relativos à formação profissional de nível técnico e relativos a currículos e normas gerais do sistema universitário).

4. Os Conselhos de Fiscalização do exercício das profissões (reconhecidos e autorizados publicamente pelo Estado), para o caso das profissões plenamente regulamentadas.

É válido ressaltar ainda que para diversos doutrinadores e estudiosos do assunto os conceitos de regulamentação ocupacional e regulamentação profissional diferem pelo fato de que a "regulamentação profissional", na tradição jurídica brasileira, pressupõe a criação por lei dos Conselhos Profissionais, sem os quais não se reconhece plenamente uma ocupação como profissão. Assim, a criação dessas entidades passa a se constituir na demanda central de reconhecimento das profissões.

O Ministério da Saúde também participa indiretamente da regulamentação profissional no setor saúde, sendo constantemente chamado a emitir parecer sobre os pleitos.

Profissões como a de médico, dentista, farmacêutico, enfermeiro, psicólogo, fisioterapeuta e terapeuta ocupacional, veterinário, nutricionista, apenas para citar algumas, possuem, formalmente, suas próprias instituições de auto-regulação, os Conselhos de Fiscalização do exercício profissional. Tais profissões, através da instituição de leis específicas, possuem assegurados territórios de prática que se constituem legalmente como campos exclusivos. Além disso, desfrutam da prerrogativa de "vigiar" e "prescrever" sobre o exercício nos respectivos campos.

Na prática, entretanto, o poder de exercer tais prerrogativas de auto-regulação (ou da regulação de pares) varia muito entre elas, sendo freqüentes os conflitos jurisdicionais, que, via de regra, se resolvem desfavoravelmente às assim chamadas "profissões menores". São também regulamentadas, no aspecto educacional, por meio do sistema universitário, e, no plano das relações de trabalho, possuem suas próprias entidades de representação de interesses.

Desse modo, falando mais especificamente da área médica, podemos dizer que, no Brasil, a criação dos Conselhos Regionais de Medicina definiu parte do controle do exercício profissional, de acordo com preceitos estabelecidos pelo órgão regulamentador da profissão médica. O médico precisava, até então, para o exercício profissional, apenas registrar seu diploma no Ministério da Saúde.

Uma das questões fundamentais que dizem respeito aos limites do exercício da profissão médica versa sobre o conceito das Liberdades Públicas.

Em face da inexistência, segundo *Rivero*, de Liberdades Privadas, pensamento este embasado em razão da obrigação imposta aos particulares do respeito recíproco aos direitos dos cidadãos e a liberdade ter necessariamente o controle do Estado, que se impõe pela legislação e as sanções.

"Toutes les libertés, qu'elles intéressent directement les relations des particuliers entre eux ou avec le pouvoir, sont des libertés publiques..."[16]

É consenso mundial que a preocupação do exercício ético da profissão é de suma importância para as "Ciências da Vida".

Como bem descreve *Claude-Albert Colliard*:[17]

"Dans le domaine des sciences de la vie et la santé, on assiste depuis une vingtaine d'annés à des découvertes et à leurs applications qui posent de graves questions aux juristes, au législateur, au gouvernement."

O problema em tela diz respeito também ao que *Colliard* define como o caráter não-comercial do corpo humano e seus órgãos, bem como a dignidade da pessoa humana.

Na França, como pudemos observar, berço das liberdades públicas, um Grupo de Trabalho formado pelo Conselho de Ética apresentou um relatório detalhado sobre o tema. As proposições estabelecidas, em uma de suas principais frentes, versam sobre a necessidade da luta pela qualificação dos organismos responsáveis pela difusão da informação de utilidade pública.

3. Bibliografia

ABREU, João Batista. *As manobras da informação: análise da cobertura jornalística da luta armada no Brasil*. Niterói: UFF; Rio de Janeiro: Mauad, 2000.

ALBIN, Ricardo Cravo. *Driblando a censura: de como o cutelo vil incidiu na cultura*. Rio de Janeiro: Gryphus, 2002.

ANDREUCCI, Álvaro Gonçalves Antunes; OLIVEIRA, Valéria Garcia. *Cultura Amordaçada: intelectuais e músicos sob a vigilância do DEOPS*. Módulo VI. Comunistas. Arquivo do Estado: Imprensa Oficial, 2002.

AQUINO, Maria Aparecida de. *Censura, Imprensa, Estado autoritário, 1968-78*. Dissertação. FFLCH — Faculdade de Filosofia, Letras e Ciências Humanas, 1990.

AQUINO, Maria Aparecida de; MATTOS Marco Aurélio Vannuchi Leme de; SWENSSO JR., Walter Cruz (organizadores); ARAÚJO, Lucimar Almeida de; KLAUTAU NETO, Orion Barreto da Rocha (co-organizadores). *No coração das trevas: o DEOPS/SP visto por dentro*. São Paulo: Arquivo do Estado: Imprensa Oficial, 2001.

ARAUJO, Luiz Alberto David; NUNES JUNIOR, Vidal Serrano. *Curso de Direito Constitucional*. 9ª ed., São Paulo: Saraiva, 2005.

_____. *A proteção constitucional da própria imagem*. Belo Horizonte: Del Rey, 1996.

AVELAR, Juares Moraes. *Cirurgia plástica: obrigação de meio e não obrigação de fim ou de resultado*. São Paulo: Hipócrates, 2000.

---

(16) RIVERO, Jean. *Les Libertés Publiques*, p. 23.
(17) COLLIARD, Claude-Albert. *Libertés Publiques*, p. 359.

BAHIA, Juarez. *Jornal, história e técnica*. São Paulo: Ática, 1990.

BALEEIRO, Aliomar. *Constituições Brasileiras: 1891*. Brasília: Senado Federal e Ministério da Ciência e Tecnologia, Centro de Estudos Estratégicos, 1999.

_____ ; LIMA SOBRINHO, Barbosa. *Constituições Brasileiras: 1846*. Brasília: Senado Federal e Ministério da Ciência e Tecnologia, Centro de Estudos Estratégicos, 1999.

BARBOSA, Rui. *A imprensa e o dever da verdade*. São Paulo: Ed. Papagaio, 2004.

BONAVIDES, Paulo. *Curso de Direito Constitucional*. 15ª ed. São Paulo: Malheiros, 2004.

BUCCI, Eugênio et al. *Versões e Ficções: o seqüestro da história*. 2ª ed. São Paulo: Fundação Perseu Abramo, 1997.

BUCCI, Eugênio. *Sobre ética e imprensa*. São Paulo: Cia das Letras, 2000.

_____ (org.); HAMBURGER, Esther; COMPARATO, Fábio Konder; PRIOLO, Gabriel; SIMÕES, Inimá; LEAL FILHO, Laurindo Lalo; BACCEGA, Maria Aparecida; KEHL, Maria Rita; MOREIRA, Roberto; LOPES, Vera de Oliveira Nusdeo. *A TV aos 50 criticando a televisão brasileira no seu cinqüentenário*. Editora Fundação Perseu Abramo.

CANOTILHO, J. J. Gomes. *Direito Constitucional*. 5ª ed. Coimbra: Almedina.

CAPALDI, Nicholas. *Da Liberdade de Expressão: 1974*. Rio de Janeiro.

CARVALHO, Luiz Gustavo Grandinetti Castanho de. *Liberdade de Informação e o direito difuso à informação verdadeira*. Rio de Janeiro: Renovar, 2003.

CAUDWELL, Christopher. *Conceito de liberdade*. Rio de Janeiro: Zahar, 1968.

CAVALCANTI, Themístocles Brandão; BRITO, Luiz Navarro de; BALEEIRO, Aliomar. *Constituições Brasileiras: 1967*. Brasília: Senado Federal e Ministério da Ciência e Tecnologia, Centro de Estudos Estratégicos, 1999.

_____. *Constituições Brasileiras*. Vol. VI, 1967, Vol. VI, 1969, Senado Federal, 1999/2000.

BASTOS, Celso Ribeiro; TAVARES, André Ramos. *As Tendências do Direito Público no limiar de um novo milênio*. São Paulo: Saraiva, 2000.

BAUAB, José D'Amico. *Direito à honra: delineamentos e âmbito de tutela no Direito brasileiro hodierno*. Mestrado, USP, 1994.

BENJAMIN, Antônio Herman de Vasconcellos et. al. *Código Brasileiro de Defesa do Consumidor Comentado pelos autores do Anteprojeto*. 6ª ed. Rio de Janeiro: Forense, 1999.

BOULOS, Christiane. *Colisão de Direitos Fundamentais*. Mestrado USP. São Paulo. 2002.

CALLÉJON, Maria Luisa Balaquer. *El Derecho fundamental a honor*. Madrid: Tecnos, 1992.

CHAGAS, Carlos. *O Brasil sem retoque: 1808-1964. A História contada por jornais e jornalistas*. Volume I, Rio de Janeiro: Record, 2001.

_____ . *O Brasil sem retoque: 1808-1964. A História contada por jornais e jornalistas*. Volume II.

COMPARATO, Fábio Konder. *A afirmação histórica dos direitos humanos*. 4ª ed. rev. e atual. São Paulo: Saraiva, 2005.

CONTREIRAS, Hélio. *Militares Confissões*. Rio de Janeiro: Mauad, 1998.

COOLEY, Thomas M. *Princípios Gerais de Direito Constitucional nos Estados Unidos da América*. Trad. Ricardo Rodrigues Gama. Campinas: Russel, 2002.

COSTA, Arael Menezes da. *Liberdade de Expressão e controle de Informação*. João Pessoa: Editora Universitária/UFPb, 1979.

COSTA PORTO, Walter. *Constituições Brasileiras: 1937.* Brasília: Senado Federal e Ministério da Ciência e Tecnologia, Centro de Estudos Estratégicos, 1999.

COX, Arquibald. *The Supreme Court 1979 Term Forward: Freedom of Expression in the Burger Court.* Harvard Law Review 1, 1980.

DALLARI, D. A. *Instituições políticas e jurídicas como reguladoras do direito à informação e do direito de opinião.* Tema da primeira sessão de debate do seminário acadêmico promovido pela reitoria da USP em 25 de agosto de 1987, na ECA, 1990.

DEFLEUR, Melvin L.; BALL-ROKEACH, Sandra. *Teorias da Comunicação de Massa.* 5ª ed. Rio de Janeiro: Jorge Zahar, 1993.

DEPARTAMENTO INTERSINDICAL DE ASSESSORIA PARLAMENTAR. *Quem foi quem na Constituinte: nas questões de interesse dos trabalhadores.* São Paulo: Cortez: Oboré, 1988.

DI GIOVINE, Alfonso. *Confini della liberta di manifestazione del pensiero.* Milano: Giuffrè, 1988.

DORFMAN, Ariel; MATTELART, Armand. *Para ler o Pato Donald: Comunicação de massa e colonialismo.* Rio de Janeiro: Paz e Terra, 1980.

ÉTICA MÉDICA. Conselho Regional de Medicina. São Paulo: Círculo do Livro, 1996.

FAGUNDES, Coriolano de Loiola Cabral. *Censura e Liberdade de Expressão.* São Paulo: Ed. do Autor, 1975.

FARIA, Godofredo de. *Democracia e liberdade.* Rio de Janeiro: Jornal do Comércio, 1946.

FARIAS, Edilsom. *Liberdade de expressão e comunicação: teoria e proteção constitucional.* São Paulo: Revista dos Tribunais, 2004.

FAUSTO, Boris. *A Revolução de 1930.* São Paulo: Companhia das Letras, 1997.

FERREIRA, Aluízio. *Direito à Informação, Direito à Comunicação.* São Paulo: Celso Bastos Editor, 1997.

FERREIRA FILHO, Manoel Gonçalves. *Curso de Direito Constitucional.* 31ª ed. São Paulo: Saraiva, 2005.

FISCHER, Desmond. *Direito de Comunicar.* São Paulo: Brasiliense, 1984.

GARCIA, Maria. *Desobediência Civil.* São Paulo: Revista dos Tribunais, 1994.

GAUDERER, Christian. *Os direitos do paciente: cidadania na saúde.* 7ª ed. Rio de Janeiro: Record, 1998.

GODOY, Cláudio Luiz Bueno de. *A liberdade de imprensa e os direitos da personalidade.* São Paulo: Atlas, 2001.

GUERRA, Sidney César Silva. *A liberdade de imprensa e o direito à imagem.* 2ª ed. Rio de Janeiro: Renovar, 2004.

GUERRA FILHO, Willis Santiago. *Processo Constitucional e Direitos Fundamentais.* 4ª ed. São Paulo: Saraiva, 2002.

_____. *Processo Constitucional e Direitos Fundamentais.* 2ª ed. São Paulo: Celso Bastos Editor, 2001.

HANDLIN, Oscar. *Dimensões da Liberdade.* Rio de Janeiro: Fundo da Cultura, 1964.

HART, Herbert L.A. *O Conceito de Direito.* Trad. A. Ribeiro Mendes. 2ª ed. Lisboa: Fundação Calouste Gulbenkian, 1994.

IBSEN. *Seis dramas.* São Paulo: Ed. Escala, s/d.

JABUR, Gilberto Haddad. *Liberdade de pensamento e direito à vida privada; conflitos entre direitos de personalidade*. São Paulo: Revista dos Tribunais, 2000.

KELSEN, Hans. *Teoria Pura do Direito*. Tradução de João Baptista Machado. 6ª ed. Coimbra: Armênio Amado, 1984.

KOVACH, Bill; ROSENSTIEL, Tom. *Os Elementos do Jornalismo — O que os jornalistas devem saber e o público exigir*. 2ª ed. Geração Editorial, 2004.

LA BOÉTIE, Etienne de. *Discurso da Servidão Voluntária*. Brasília: Brasiliense, 1999.

LOPES, José Leite. *Ciência e Liberdade: escritos sobre ciência e educação no Brasil*. Rio de Janeiro: UFRJ, 1998.

MACHADO, Mª Luiza; DAVID, Marcos (coord.). *Ética em publicidade médica*. São Paulo: Conselho Regional de Medicina do Estado de São Paulo, 2002. (Série Cadernos Cremesp)

MAJOR, R. H. *A history of medicine*. Oxford: Blackwell Scientific Publications, 1954.

MARTIRE JR., Lybio. *História da Medicina: Curiosidades & Fatos*. Itajubá, 2004.

MIRANDA, Nilmário; TIBÚRCIO, Carlos. *Dos filhos deste solo: Mortos e desaparecidos políticos durante a ditadura militar: a responsabilidade do Estado*. Editora Fundação Perseu Abramo/Bom Tempo Editorial, 1999.

MIRANDA, Pontes de. *Comentários à Constituição de 1967*. Tomo V. São Paulo: Revista dos Tribunais, 1968.

MONTEIRO, Claudia Servilha; MEZZAROBA, Orides. *Manual de Metodologia da Pesquisa no Direito*. Vol. I, São Paulo: Saraiva, 2003.

MORANGE, Jean. *Direitos Humanos e Liberdades Públicas*. 5ª ed. revisada e ampliada. São Paulo: Manole.

NOGUEIRA, Octaciano. *Constituições Brasileiras: 1824*. Brasília: Senado Federal e Ministério da Ciência e Tecnologia, Centro de Estudos Estratégicos, 1999.

NUNES, Luiz Antonio Rizzato. *Manual da Monografia Jurídica*. 4ª ed. São Paulo: Saraiva, 2002.

_____. *Compre Bem — Manual de Compras e Garantias do Consumidor*.

PAES DE ANDRADE, Paulo Bonavides. *História constitucional do Brasil*. 3ª ed. Rio de Janeiro: Paz e Terra.

PEREIRA, Guilherme Döring Cunha. *Liberdade e responsabilidade dos meios de comunicação*. São Paulo: Revista dos Tribunais, 2002.

PEREIRA, J. *Comunicação e o direito de Expressão*. São Paulo: Hemus, 1971.

PESSOA, Mario. *Da aplicação da lei de segurança nacional*. São Paulo: Saraiva, 1978.

PILAGALLO, Oscar. *O Brasil em sobressalto — 80 anos de história contados pela Folha*. Publifolha: 2002.

POLETTI, Ronaldo. *Constituições Brasileiras: 1934*. Brasília: Senado Federal e Ministério da Ciência e Tecnologia, Centro de Estudos Estratégicos, 1999.

_____. *Constituições Brasileiras*. Vol. III, 1934, Senado Federal, 1999/2000.

PORTO, Walter Costa. *Constituições Brasileiras*. Vol. IV, 1937, Senado Federal, 1999/2000.

RIBEIRO, Renato Jaime. *O afeto autoritário — Televisão, Ética e Democracia*. Ateliê Editorial, 2004.

RIVERO, Jean. *Les libertés publiques — Les droits de l'homme*. 5ª ed. Mise A Jour: 1987, Juillet, Presses Universitaires de France.

ROCHA, Julio Cesar de Sá da. *Direito da Saúde — Direito Sanitário na Perspectiva dos Interesses Difusos e Coletivos.* São Paulo: LTr, 1999.

ROMEIRO, Vitor Ribeiro. *Legislação médica.* Pouso Alegre: V. R. Romeiro, 2002.

ROMERO COLOMA, Aurelia Maria. *Derecho a la información y liberdad de expresión.* Barcelona: Bosch, 1984.

ROSSI, Clóvis. *O que é jornalismo.* São Paulo: Brasiliense, 2000.

SAHN, Regina. *O Direito à Imagem na Dogmática Civil Contemporânea.* Doutorado, Usp, 2001.

SANTOS FILHO, Lycurgo. *História geral da Medicina brasileira.* São Paulo, Hucitec/Edusp, 1991.

SCALISI, Antonino. *Il valore della persona nel sistema e i nuovi diritti della personalità.* Milano: Giuffrè Editore, 1990.

SILVA, José Afonso da. *Curso de Direito Constitucional Positivo.* 24ª ed. São Paulo: Malheiros, 2005.

_____. *Comentário Contextual à Constituição.* São Paulo: Malheiros, 2005.

SIMMONS, John Galbraith. *Médicos e Descobridores: Vidas que criaram a Medicina de hoje.* Trad. Ryta Vinagre, Rio de Janeiro: Editora Record, Coleção Passo-a-passo, 2004.

SIQUEIRA NETO, José Francisco. *Liberdade sindical e representação dos trabalhadores nos locais de trabalho.* São Paulo: LTr, 2000.

_____. *Direito do Trabalho & Democracia: apontamentos e pareceres.* São Paulo: LTr, 1996.

_____. *Liberdade sindical e representação dos trabalhadores nos locais de trabalho.* São Paulo: LTr, 2000.

SOUZA PINTO, Felipe Chiarello. *Os Símbolos Nacionais e a Liberdade de Expressão.* São Paulo: Max Limonad, 2001.

SKIDMORE, Thomas E. *Brasil: de Getúlio Vargas a Castelo Branco — 1930-1964.* Rio de Janeiro: Paz e Terra, 1996.

_____. *Brasil: de Castelo e Tancredo — 1964 — 1985.* Rio de Janeiro: Paz e Terra, 1988.

TÁCITO, Caio. *Constituições Brasileiras: 1988.* Brasília: Senado Federal e Ministério da Ciência e Tecnologia, Centro de Estudos Estratégicos, 1999.

_____. *Constituições Brasileiras.* Vol. VII, 1988, Senado Federal, 1999/2000.

TAVARES, André Ramos. *Constituição do Brasil Integrada.* São Paulo: Saraiva, 2005.

_____. *Teoria da Justiça Constitucional.* São Paulo: Saraiva, 2004.

_____. *Curso de Direito Constitucional.* 2ª ed. São Paulo: Saraiva, 2003.

_____. *Liberdades Públicas.* Rio de Janeiro: Enciclopédia do Direito Brasileiro, 1999.

TEIXEIRA, J. H. Meirelles. *Curso de Direito Constitucional.* Texto revisto e atualizado por Maria Garcia. Rio de Janeiro: Forense Universitária, 1991.

VIDAL, J. W. Bautista. *Brasil Civilização Suicida.* Star Print Gráfica e Editora, 2000.

VOYENNE, Bernard. *Le droit a l'informacion.* Paris: Montaigne, 1970.

ZANCHETTA JÚNIOR, Juvenal. *Imprensa escrita e telejornal.* São Paulo: Unesp, 2004.

A Ação Civil Pública e a Reparação do Dano Coletivo no Processo do Trabalho

Florisbal de Souza Del'Olmo(*)
Roberto Portela Mildner(**)

1. Introdução

Este trabalho se ocupa de importante instrumento de efetivação de direitos públicos subjetivos na esfera do Direito do Trabalho, qual seja, a ação civil pública trabalhista. Nesse sentido, serão abordados, no primeiro capítulo, a definição e a previsão legal, bem como o objeto e a finalidade da ação civil pública, tal qual concebida no ordenamento jurídico pátrio. Discorre-se, também, sobre a prescrição, litispendência, coisa julgada, distinção de outros institutos e controle difuso de constitucionalidade. No capítulo seguinte, analisa-se a legitimidade para a propositura de ações civis públicas, ao passo que, no terceiro capítulo, adentra-se propriamente na reparação do dano coletivo no processo trabalhista, enfocando-se o dano indenizável e hipóteses de lesões coletivas passíveis de reparação por meio da ação civil pública.

2. Ação civil pública

2.1. Definição e previsão legal

Entende-se por ação civil pública a ação de titularidade restrita e definida em lei, cujo objeto tem por fim a responsabilização por danos ou ameaça de danos causados a interesses difusos, coletivos ou individuais homogêneos com relevância social. Levando em consideração os elementos garantia, legitimidade e finalidade, *Carlos Henrique Leite* conceitua ação civil pública como "meio constitucionalmente assegurado ao Ministério Público, ao Estado ou a outros entes coletivos autorizados por lei, para promover a defesa judicial dos interesses ou direitos metaindividuais".[1]

(*) Mestre e Doutor em Direito. Professor no Curso de Mestrado em Direito da URI, Santo Ângelo, RS. Professor convidado da UFAM, Manaus, AM, e da UFRGS. Autor de obras jurídicas.
(**) Mestre e Doutor em Direito. Professor no Curso de Mestrado em Direito da URI, Santo Ângelo, RS. Professor convidado da UFAM, Manaus, AM, e da UFRGS. Autor de obras jurídicas.
(1) LEITE, Carlos Henrique Bezerra. *Ação Civil Pública*, p. 97.

A denominação empregada pelo legislador — ação civil pública — sofre críticas por parte dos doutrinadores, a exemplo de *Xisto Medeiros Neto*, para quem o *nomen juris* se ostenta impróprio, na medida em que o termo "público" não seria adequado para adjetivar os interesses de dimensão coletiva, como é o caso da tutela dos direitos de natureza individual homogênea, que não se enquadram naquele conceito.[2]

Em realidade, a expressão foi cunhada quando da edição da antiga Lei Complementar n. 40/81 (Lei Orgânica Nacional do Ministério Público), que foi o primeiro texto legal a tratar da ação civil pública no sistema processual brasileiro, ainda que de forma bastante restritiva. Com o advento da Lei n. 7.347/85 (Lei da Ação Civil Pública — LACP), restou ampliado consideravelmente o alcance da ação civil pública, como decorrência da visão progressista que inspirou o legislador pátrio. Mas, até então, essa via processual era objeto de tratamento apenas por leis infraconstitucionais.

A Carta Magna de 1988 culminou por consolidar o sistema de tutela jurisdicional coletiva, alçando a ação civil pública ao ápice do ordenamento jurídico, como instrumento constitucional efetivo de resguardo da cidadania, destinado à defesa de quaisquer interesses metaindividuais da sociedade. E, com a edição do Código de Defesa do Consumidor — CDC (Lei n. 8.078/90) completou-se e se aperfeiçoou o sistema, com a introdução de importantes inovações em sua estrutura, sobretudo em termos do estabelecimento de um conjunto de regras processuais no Título III do CDC. Além disso, foram promovidas alterações na própria Lei da Ação Civil Pública, tal como a (re)introdução do inciso IV do art. 1º da LACP que havia sido vetado pelo Presidente da República, traduzido em verdadeira cláusula de encerramento, assim assegurando a efetividade da utilização da ação civil pública para a proteção de "qualquer interesse difuso ou coletivo", consoante havia sido previsto no artigo 129, inciso III, da Constituição Federal de 1988.

No âmbito da Justiça do Trabalho, com o advento da Lei Complementar n. 75/93, que regulamentou as novas funções constitucionalmente atribuídas ao Ministério Público do Trabalho — MPT começaram a ser ajuizadas ações coletivas preventivas para defesa de interesses difusos, coletivos e individuais homogêneos na seara laboral. Com efeito, o art. 83, inciso III, da Lei Orgânica do Ministério Público da União, dispôs competir ao MPT a promoção da "ação civil pública no âmbito da Justiça do Trabalho, para defesa de interesses coletivos, quando desrespeitados os direitos sociais constitucionalmente garantidos".

Tem-se, pois, um sistema integrado de tutela coletiva que assenta seus fundamentos e elementos principais destacados na Carta Magna e se ordena instrumentalmente através da interação de normas da LACP e do Título III do CDC, figurando o Código de Processo Civil apenas como fonte subsidiária, este com aplicação res-

---

(2) MEDEIROS NETO, Xisto Tiago de. *Dano Moral Coletivo*, p. 232.

trita no tocante ao que não contrariar as disposições e princípios próprios daquele sistema processual específico.

2.2. Objeto

Com relação ao objeto da ação civil pública, dispõe o art. 3º da LACP que poderá consistir em "condenação em dinheiro, cumprimento de obrigação de fazer ou não fazer", cumprindo ressalvar que a ação pode abranger mais de uma pretensão em face do caso concreto, eventualmente cumulando-se pedidos de condenação em dinheiro com obrigações de fazer e de não fazer, conforme a tutela colimada. Em virtude da relevância do bem jurídico de dimensão coletiva, impõe-se a mais ampla defesa, entendendo-se apenas vedado o pedido de condenação do réu a pagar indenização reparatória por haver causado dano e, concomitantemente, compeli-lo a reparar o mesmo dano, hipótese em que se caracterizaria um *bis in idem*.

Nesse sentido, o art. 11 da LACP prevê que, na ação que tenha por objeto o cumprimento de obrigação de fazer ou não fazer, o juiz determinará o cumprimento da prestação da atividade devida ou a cessação da atividade nociva, sob pena de execução específica ou de cominação de multa diária, se esta for suficiente ou compatível, independentemente de requerimento do autor. De onde se conclui que a ação civil pública pode ter por objeto um comando cautelar, condenatório, constitutivo positivo ou negativo, declaratório, mandamental, de execução, de liquidação ou de outra espécie, conquanto necessário para a tutela de direitos e interesses difusos, coletivos e individuais homogêneos.

Face à clareza e didatismo da abordagem, cumpre transcrever o entendimento esposado por *Eduardo von Adamovich* a respeito da matéria: "A ação civil pública, contrariamente ao que poderia sugerir a leitura do *caput* do art. 1º, da Lei n. 7.347/85, não é apenas uma ação de natureza condenatória, para fixar responsabilidade por perdas e danos morais e patrimoniais aos bens jurídicos que alinha em seguida. O alargamento de objeto pelo qual passou em sucessivos momentos, notadamente a Constituição de 1988, o CDC e, no que respeita ao processo do trabalho, a Lei Complementar n. 75, em seu art. 83, inc. III, permite que se afirme hoje que ela pode ter por objeto declarar, constituir, condenar, emitir ordens ou executar. Bastaria, para tanto, que se tivesse em mente, em resumo, o art. 83 do CDC, que diz serem admissíveis todas as espécies de ações capazes de propiciar a adequada e efetiva tutela dos direitos protegidos por aquele Código, aos quais se agregam os almejados pela Lei n. 7.347/85, por força do art. 117, do mesmo Código".[3]

---

(3) VON ADAMOVICH, Eduardo Henrique Raymundo. *Sistema da Ação Civil Pública no Processo do Trabalho*, p. 334.

2.3. Finalidade

No que pertine à finalidade da ação civil pública, destina-se a mesma a proteger direitos e interesses metaindividuais de ameaças e lesões, assegurando efetividade ao princípio insculpido no art. 5º, inciso XXXV, da Carta Magna, em termos de amplo acesso à justiça, constituindo meio da maior relevância na seara coletiva. Para *Raimundo Simão de Melo*, a ação civil pública é tida como "um instrumento ideológico de satisfação dos direitos e interesses fundamentais da sociedade moderna".[4]

Discorrendo acerca da importância atual da ação civil pública para o processo do trabalho, *von Adamovich* assevera que os dissídios se vocacionam para a tutela do chamado trabalho formal, restando largos contingentes de trabalhadores em relações ditas informais, parassubordinadas ou pseudoformais, bem ainda do meio ambiente e de toda uma nova rede de direitos dos trabalhadores, compondo um manancial que tem sido bem explorado pelo Ministério Público do Trabalho no exercício de sua missão constitucional de guarda dos direitos sociais constitucionalmente consagrados.[5]

Na mesma linha de entendimento, preleciona *Sérgio Pinto Martins* acerca das vantagens da ação civil pública, em virtude de a mesma permitir que não haja a propositura de várias ações com o mesmo pedido e a mesma causa de pedir, beneficiando várias pessoas ao mesmo tempo, além de impedir a coexistência de julgados distintos sobre a mesma matéria, possibilitando a que o Judiciário dê uma única solução homogênea e, com isso, diminua a sobrecarga de processos.[6]

2.4. Competência funcional-territorial para apreciação e julgamento

É pacífico que a matéria em que se pode pensar na competência da Justiça do Trabalho na ação civil pública são os direitos difusos, coletivos e individuais homogêneos dentro dos limites traçados no art. 114 da Constituição Federal, com a redação dada pela Emenda Constitucional n. 45/2004. Cumpre, pois, analisar a competência funcional-territorial do juiz para apreciar e julgar as ações coletivas trabalhistas, acerca da qual se alinham três posições distintas.

A primeira corrente entende competentes funcionalmente os Tribunais Regionais do Trabalho e o Tribunal Superior do Trabalho, por se tratar de direitos e interesses coletivos, à semelhança do processamento dos dissídios coletivos, estes de competência dos tribunais. Ocorre que, conquanto ambas as ações versem sobre direitos coletivos *lato sensu*, na ação civil pública aplica-se o direito preexistente para prevenir ou reparar danos causados a direitos da coletividade, ao passo que nos dissídios coletivos criam-se, modificam-se ou se interpretam direitos, razão pela qual não seria cabível a invocada analogia.

---
(4) MELO, Raimundo Simão de. *Ação Civil Pública na Justiça do Trabalho*, p. 88.
(5) VON ADAMOVICH, Eduardo Henrique Raymundo. *Sistema da Ação Civil Pública no Processo do Trabalho*, p. 166.
(6) MARTINS, Sérgio Pinto. *Direito Processual do Trabalho*, p. 502.

O segundo entendimento finca-se no alcance dos efeitos da *res judicata*, atualmente delimitados pelo âmbito de jurisdição do julgador, nos termos do contido no art. 16 da LACP. Entretanto, a alteração introduzida pelo legislador pátrio no preceptivo em causa foi inócua, na medida em que a eficácia dos provimentos judiciais está adstrita apenas aos limites objetivos e subjetivos da coisa julgada, vinculando seus destinatários onde quer que os mesmos se encontrem, independentemente do âmbito de jurisdição do juízo prolator da sentença.

A terceira corrente sustenta a competência originária dos órgãos de primeiro grau para conhecer e julgar ações civis públicas, consoante previsão expressa inscrita no art. 2º da LACP, ainda que o dano a interesses metaindividuais transborde a jurisdição do órgão julgador, caso em que se aplica a regra de prevenção estatuída no parágrafo único do referido dispositivo legal. Nesses termos, entende-se competente para julgamento de ações civis públicas trabalhistas o juiz da Vara do Trabalho que primeiro receber a ação, o qual se torna prevento, tendo-se pacificado que a data da distribuição fixa a prevenção do juízo laboral, critério que também se estende à litispendência e à interrupção da prescrição. Esse tem sido o entendimento prevalente doutrinária e jurisprudencialmente.

Nesse sentido, com muita precisão e objetividade, *Eduardo von Adamovich* apresenta a seguinte síntese: a) na hipótese de dano local, competente será a vara da mesma localidade, *ex vi* do contido nos arts. 2º da LACP e 93, inc. I, do CDC; b) se o dano extrapolar o território de uma única comarca, assumindo caráter regional, a competência é do juiz do foro da capital estadual, incluindo-se o Distrito Federal; c) caso o dano ultrapasse os limites de um Estado federado, constituindo-se em dano nacional, competente será o foro da Capital Federal; d) se o dano desbordar os limites de uma única comarca ou um Estado federado sem atingir abrangência regional ou nacional, a competência será do juiz de qualquer um dos foros atingidos que primeiro conhecer da ação.[7]

A respeito da matéria, *Raimundo Simão de Melo*[8] discorre acerca da aplicação genérica do art. 93 e incisos I e II do CDC por parte da Subseção II de Dissídios Individuais do TST, a qual emitiu a Orientação Jurisprudencial (OJ) n. 130, assim vazada:

> "AÇÃO CIVIL PÚBLICA. COMPETÊNCIA TERRITORIAL. EXTENSÃO DO DANO CAUSADO OU A SER REPARADO. APLICAÇÃO ANALÓGICA DO ART. 93 DO CÓDIGO DE DEFESA DO CONSUMIDOR. Para a fixação da competência territorial em sede de Ação Civil Pública, cumpre tomar em conta a extensão do dano causado ou a ser causado, pautando-se pela incidência analógica do art. 93 do Código de Defesa do Consumidor. Assim, se a extensão do dano a ser reparado limitar-se ao âmbito regional, a competência é de uma das Varas do Trabalho da Capital do Estado; se for de âmbito supra-regional ou nacional, o foro é o do Distrito Federal."

O referido autor faz uma série de considerações sobre o verbete, apontando desde o fato de o art. 93 e incisos do CDC destinar-se à defesa de interesses individuais homogêneos, até a respeito da competência exclusiva do foro do Distrito Fe-

---

(7) VON ADAMOVICH, Eduardo Henrique Raymundo. *Sistema da Ação Civil Pública no Processo do Trabalho*, p. 205.
(8) MELO, Raimundo Simão de. *Ação Civil Pública na Justiça do Trabalho*, p. 162.

deral para os danos denominados supra-regionais, findando por concluir que a melhor solução para a fixação da competência funcional-territorial em ações coletivas de prevenção e reparação de danos que atinjam comarcas simultâneas, mesmo que em Estados diferentes, reside no já citado critério da prevenção, à luz do contido no art. 2º e parágrafo único da LACP.

Em artigo na *Revista do Ministério Público do Trabalho, Abiael Santos* sustenta a ausência de lacuna na Lei n. 7.347/85 a ensejar a aplicação analógica do artigo 93 do CDC para a fixação da competência em sede de ação civil pública trabalhista, nos termos do multicitado art. 2º da LACP.[9] O mencionado Procurador do Trabalho aduz a incompatibilidade entre as regras destinadas à tutela dos interesses individuais homogêneos preconizada pelo CDC e aquelas destinadas à tutela dos interesses difusos e coletivos, prevista pela LACP, com a conseqüente inaplicabilidade do artigo 93 do CDC à ação civil pública. Conclui asseverando que, na hipótese de lesão que extrapole os limites de uma comarca, haverá concorrência entre os juízes com competência nos locais do dano, conflito que se resolve por meio da regra de prevenção.

No mesmo sentido ostenta-se o entendimento do Procurador do Trabalho *Ronaldo Lima dos Santos,* para quem o conteúdo da Orientação Jurisprudencial n. 130 da SDI-II do TST dissona dos princípios e fundamentos das ações coletivas e do próprio processo do trabalho, especialmente do acesso à Justiça e do foro mais favorável à colheita de provas, ao adotar critérios mais prejudiciais às ações coletivas trabalhistas do que os formulados pela doutrina processual civil que equipara o Distrito Federal a um dos Estados federados, dando-lhe competência concorrente com estes nas hipóteses de danos interestaduais e nacionais. O referido articulista também esposa o entendimento de que a tese contida no verbete em liça não reflete uma aplicação analógica, face à efetiva inexistência de lacuna legal, mas uma interpretação sistemática das Leis ns. 7.347/85 e 8.078/90.[10] Para *Lima dos Santos,* a manutenção da OJ n. 130 poderá ter como efeito o preocupante engessamento das ações coletivas na Justiça do Trabalho.

2.5. Prescrição em sede de ação civil pública

A prescrição é instituto do Direito Civil que tem por fim resguardar a estabilidade das relações jurídicas a respeito de conflitos de interesse, de maneira que estes não se eternizem no tempo. Na definição precisa de *Maria Helena Diniz* "prescrição é fator de extinção da pretensão, ou seja, do poder de exigir uma prestação devida".[11] Tem-se, pois, que a prescrição só atinge o direito de ação daquele que se omitiu em agir dentro do prazo legal na defesa de direito patrimonial violado.

Como consectário desse entendimento, forçoso reconhecer que esse instituto não tem o condão de atingir direitos e interesses metaindividuais nas modalidades difusa e coletiva, na medida em que tais direitos pertencem a pessoas indetermina-

---

(9) SANTOS, Abiael Franco. *Revista do Ministério Público do Trabalho n. 28*, p. 29-37.
(10) SANTOS, Ronaldo Lima dos. *Revista do Ministério Público do Trabalho n. 28*, p. 13-27.
(11) DINIZ, Maria Helena. *Código Civil Comentado*, p. 200.

das ou apenas determináveis em uma coletividade, com nítidos caracteres de indisponibilidade e ausência de conteúdo econômico. Essa é a conclusão apontada por *Raimundo Simão de Melo*, para quem "não há falar em prescrição ou decadência com relação às obrigações de fazer ou não fazer referentes aos interesses difusos e coletivos, inclusive com referência à reparação genérica por danos morais e/ou materiais irreparáveis, causados a tais interesses".[12]

De outra banda, em se tratando de interesses individuais homogêneos, a reparação dos danos individualmente sofridos sujeita-se à prescrição qüinqüenal no curso do contrato de trabalho e bienal após a extinção do mesmo. Não é outro o entendimento de *Eduardo von Adamovich*, para quem: "Apenas aqueles direitos patrimoniais passíveis de ser individualizados, conquanto protegidos por ações coletivas e inscritos na linha de autonomia negocial coletiva assegurada constitucionalmente aos sindicatos (Constituição, art. 7º, inc. XXVI), como é geralmente o caso dos direitos individuais homogêneos, podem ser ditos prescritíveis".[13] O mencionado doutrinador assinala, ainda, o fato de direitos individuais homogêneos de cunho não patrimonial e disponíveis estarem submetidos ao prazo decenal de prescrição estatuído no art. 205 do novo Código Civil, a exemplo de determinado benefício social assegurado em regulamento de empresa, por entender situados fora da abrangência do art. 7º, inciso XXIX, da Carta Magna, que alude a "créditos resultantes das relações de trabalho".

Já para *Carlos Bezerra Leite*, "(...) a prescrição não incide na ação civil pública que viabilize pretensão difusa, dada a sua indisponibilidade pelos titulares do interesse material deduzido em juízo. Quanto à ação que veicule pretensão coletiva, a incidência da prescrição dependerá da aferição da indisponibilidade dos interesses materiais juridicamente deduzidos".[14] E prossegue *Bezerra Leite:* "É de se ressaltar, contudo, que, em se tratando de tutela de interesses individuais homogêneos, dada a sua característica materialmente individual e divisível, parece-nos razoável a posição de *Héctor Valverde Santana*, no sentido de que esses interesses podem sofrer a incidência da prescrição".[15]

2.6. Litispendência na ação civil pública

A lei da ação civil pública nada refere a respeito de litispendência entre ações coletivas e individuais. A questão somente veio a ser tratada pelo CDC, que, em seu art. 104, estatui que as ações coletivas previstas nos incisos I e II do parágrafo único do art. 81 não induzem litispendência para as ações individuais, mas os efeitos da coisa julgada *erga omnes* ou *ultra partes* a que aludem os incisos II e III do art. 103 não beneficiarão os autores das ações individuais que não requererem sua suspensão no prazo de trinta dias, a contar da ciência nos autos, do ajuizamento da ação coletiva.

---

(12) MELO, Raimundo Simão de. *Ação Civil Pública na Justiça do Trabalho*, p. 184.
(13) VON ADAMOVICH, Eduardo Henrique Raymundo. *Sistema da Ação Civil Pública no Processo do Trabalho*, p. 398-399.
(14) LEITE, Carlos Henrique Bezerra. *Ministério Público do Trabalho*, p. 230-231.
(15) *Idem*.

De se ressaltar acerca de notório erro de referência de incisos, quando se prevê que os efeitos da coisa julgada a que aludem os incisos II e III do art. 103 não beneficiarão os autores das ações individuais, impondo-se incluir o inciso I do referido artigo, que trata dos efeitos da coisa julgada *erga omnes*, com relação à sentença nas ações de tutela dos interesses difusos, correção necessária para assegurar a coerência do Código.

Assim, *Raimundo Simão de Melo* elenca as duas opções oferecidas ao demandante a título individual, relativamente aos benefícios da coisa julgada coletiva *secundum eventum litis*, quando o mesmo toma ciência da existência de ação coletiva ajuizada.[16] Por um lado, pode o autor individual requerer em trinta dias a suspensão de seu processo e aguardar o resultado da ação coletiva, a qual, sendo favorável, induz ao arquivamento do processo individual; caso seja julgada improcedente a ação coletiva, nada obsta a que o autor individual peça o prosseguimento da sua demanda, salvo se houver intervindo no processo coletivo como assistente litisconsorcial, hipótese em que deve conformar-se com o resultado da decisão coletiva. Por outro lado, se o demandante individual ignorar a ação coletiva e prosseguir normalmente com sua lide individual, assumirá os riscos desta, não vindo a ser beneficiado pela coisa julgada coletiva que venha a acolher a pretensão genérica proposta.

2.7. Coisa julgada na ação civil pública

A coisa julgada nas ações coletivas recebe tratamento diferenciado e especial, justificado em face da magnitude dos interesses defendidos por intermédio da lide coletiva. Tem-se a denominada coisa julgada *secundum eventum litis*, ou seja, conforme o resultado do processo, somente podendo beneficiar os interessados individuais, operando-se a chamada aplicação *in utilibus*.

A esse respeito, *Raimundo Melo* enumera quatro hipóteses, resumindo a coisa julgada coletiva em sede de ação civil pública: a) o processo é extinto sem o julgamento do mérito, a decisão produz apenas coisa julgada formal; b) o pedido é julgado improcedente por deficiência de provas, a sentença não faz coisa julgada material, podendo o autor coletivo ou outro co-legitimado renovar a ação; c) o pedido é julgado improcedente por motivo outro que não a deficiência probatória, a decisão fará coisa julgada *erga omnes* ou *ultra partes*, conforme o caso, mas apenas em relação aos legitimados ativos, não prejudicando interessados individuais que não tenham intervindo no processo; d) o pedido é julgado procedente, a sentença fará coisa julgada *erga omnes* ou *ultra partes*, inclusive para beneficiar os interessados individuais, que não necessitarão ajuizar ações para tutelar seus interesses, bastando-lhes promover a liquidação e execução de seus créditos, face à condenação genérica proferida.[17]

---

(16) MELO, Raimundo Simão de. *Ação Civil Pública na Justiça do Trabalho*, p. 186.
(17) *Idem*, p. 192.

2.8. Distinção de outros institutos

Além da ação civil pública trabalhista, há outras ações que constituem espécies do gênero ações coletivas, as quais também podem ter por objeto a tutela de direitos ou interesses difusos, coletivos ou individuais homogêneos, em se tratando de relações de trabalho.

A primeira dessas ações ora em análise é a ação popular, relevando notar o fato de o art. 1º da Lei n. 7.347/85 dispor que as ações civis públicas, por danos morais e patrimoniais, poderão ser propostas sem prejuízo da ação popular, sendo esta uma garantia constitucional insculpida no art. 5º, inciso LXXIII, da Carta Magna. Comentando sobre a concomitância da ação popular, *Francisco Antônio de Oliveira* ressalta que a ação popular adentrou no âmbito da lei da ação civil pública quando o legislador constituinte acrescentou a defesa "ao meio ambiente e ao patrimônio histórico e cultural".[18] Mas se trata de institutos distintos e peculiares, na medida em que na ação popular o legitimado ativo é qualquer cidadão, buscando invalidar conduta administrativa que provoque lesão aos bens protegidos, ao passo que na ação civil pública entregou-se a legitimidade a instituições e entidades de direito público ou privado, a fim de obrigar o sujeito passivo a fazer ou a deixar de fazer alguma coisa ou condená-lo a uma indenização em dinheiro. A ação civil pública apresenta, pois, objeto mais amplo que aquele da ação popular, com finalidades e legitimados distintos.

De outra banda, as principais diferenças entre a ação civil pública e o dissídio coletivo residem no fato de, neste último, os interesses coletivos serem específicos das categorias econômica e profissional, ao passo que, naquela, os interesses coletivos podem ser de classe, categoria ou grupo de pessoas vinculadas por relação jurídica base. Ainda, outro traço distintivo característico está no objeto de ambas as ações, pois enquanto na ação civil pública busca-se a tutela de interesses coletivos concretos, com a aplicação de norma jurídica pré-existente, o dissídio coletivo versa sobre interesses coletivos abstratos, mediante a criação de normas que irão vigorar no âmbito das categorias profissional e econômica, salvo nos dissídios meramente declaratórios ou jurídicos.

Já a ação de cumprimento tem em comum com a ação civil pública o aspecto de ambas se prestarem à tutela de interesses individuais homogêneos, conquanto esta última tenha objeto mais abrangente, alcançando também interesses difusos e coletivos, como já dito. No entanto, a matéria fática e jurídica restringe-se ao conteúdo da sentença normativa, além de a legitimação ativa incumbir a sindicato profissional ou de empregados, na hipótese de ação de cumprimento, ao tempo que na ação civil pública, ao contrário, a matéria de fato e de direito é ampla e a legitimação ativa é mais abrangente, havendo concorrência entre Ministério Público do Trabalho, Estado, empregador e sindicatos.

O dissídio individual plúrimo, previsto no art. 842 da CLT, como litisconsórcio ativo e facultativo que é em essência, distingue-se por ser uma ação individual para

---

(18) OLIVEIRA, Francisco Antônio de. *Ação Civil Pública*, p. 27.

defesa de direitos individuais, enquanto a ação civil pública é uma ação coletiva para tutela de interesses coletivos *lato sensu*. Assim, guardam entre si distinções características em termos de legitimação ativa e passiva, objeto e efeitos da coisa julgada, sendo que, no dissídio individual plúrimo, a decisão é individualizada e a coisa julgada é dotada de eficácia *inter partes*, contrariamente à decisão genérica que produz coisa julgada *erga omnes* na ação civil pública em defesa de direitos individuais homogêneos.

Conquanto o mandado de segurança coletivo demonstre difícil aplicação no âmbito do processo do trabalho, cumpre assinalar o principal distintivo da ação de segurança coletiva, que se destina apenas à proteção de direito líquido e certo contra ato ilegal ou abusivo de autoridade, em comparação com a ação civil pública, a qual protege todas as modalidades de interesses ou direitos metaindividuais, em face de qualquer pessoa ou entidade.

A ação civil coletiva é inovação introduzida no ordenamento jurídico pátrio pelo art. 91 do CDC que, posteriormente, veio a ser inserida no rol dos instrumentos de atuação do Ministério Público da União, consoante previsão no art. 6º, inciso XII, da Lei Complementar n. 75/93, sendo espécie do gênero ação coletiva, cujo objeto jaz na tutela exclusiva de interesses individuais homogêneos. A esse respeito, preleciona *Carlos Henrique Bezerra Leite*[19] a existência de dissensão doutrinária e jurisprudencial, referindo o entendimento esposado por *Ives Gandra da Silva Martins Filho*, para quem os interesses difusos e coletivos devem ser defendidos por via da ação civil pública, ficando a ação civil coletiva jungida tão-somente à proteção de interesses individuais homogêneos, posição da qual *Bezerra Leite* dissente, ao defender a tese de inexistência de norma jurídica trabalhista específica autorizativa do cabimento de ação civil coletiva na Justiça do Trabalho. Acrescenta, ainda, que a ação civil pública é uma ação constitucional, ao passo que a ação civil coletiva é uma ação infraconstitucional, não sendo cabível nos domínios do processo trabalhista, face à carência de competência material da Justiça Laboral para processar e julgar ação civil coletiva.

Sobre o particular, outro é o entendimento de *Raimundo Melo*, para quem: "Enquanto a ação civil pública tem caráter genérico e abstrato, na defesa de interesses difusos e coletivos, buscando o cumprimento de uma obrigação de fazer ou de não fazer e uma indenização genérica pelos prejuízos causados, a ação civil coletiva tem natureza reparatória concreta, visando justamente à obtenção de reparação pelos danos sofridos individualmente pelos trabalhadores lesados, mediante reconhecimento genérico da obrigação de indenizar".[20]

Mais conciliadora se ostenta a posição de *Medeiros Neto*, segundo o qual ação civil pública e ação civil coletiva constituem termos sinônimos que expressam o mesmo fenômeno: "Não se há de falar, porém, como à primeira vista possa parecer, na existência de dois tipos diferenciados e autônomos de ações: uma, a ação civil pública, para a proteção de interesses difusos e coletivos, e outra, a ação civil

---

(19) LEITE, Carlos Henrique Bezerra. *Ação Civil Pública*, p. 116-119.
(20) MELO, Raimundo Simão de. *Ação Civil Pública na Justiça do Trabalho*, p. 212.

coletiva, para a defesa de interesses individuais homogêneos. A ação, independentemente do *nomen juris* que se lhe dê, é uma só: uma ação de índole coletiva que constitui o instrumento básico do sistema e que se destina à tutela de quaisquer interesses por ele alcançados. Os procedimentos, no entanto, é que em um e outro caso, necessariamente, apresentam especificidades, considerada a essência do direito tutelado (se difuso/coletivo ou se individual homogêneo)".[21]

2.9. Controle difuso de constitucionalidade em sede de ação civil pública

Como regra, a ação civil pública tem por objeto a imposição de obrigação de fazer ou não fazer e a condenação genérica em dinheiro face ao dano, além de outros pedidos, nos termos estabelecidos nos arts. 3º, da LACP, e 83, do CDC, desde que não se postule declaração de inconstitucionalidade *in abstracto*, porque incompatível esse pleito com seus fins. Apesar disso, *Melo* sustenta a possibilidade de uma ação civil pública ter como causa de pedir a alegação de inconstitucionalidade de lei ou ato normativo no caso concreto, como antecedente à apreciação do pedido principal, sem que esteja sendo usada como sucedânea de ação direta de inconstitucionalidade.[22]

A respeito da matéria, *Alexandre de Moraes* registra o entendimento jurisprudencial existente no Supremo Tribunal Federal e no Superior Tribunal de Justiça, no sentido de que a ação civil pública proposta para a tutela de direitos difusos ou coletivos, cuja sentença apresenta efeito geral, não se presta a tal fim, caracterizando usurpação da competência privativa do Pretório Excelso no exercício do controle concentrado de constitucionalidade;[23] diversa será a hipótese em se tratando de direitos individuais homogêneos, pois nesses casos a decisão restringe-se a esse grupo de pessoas, entendendo o STF pela admissibilidade do controle difuso de constitucionalidade em sede de ação civil coletiva.

Ocorre que os efeitos *erga omnes* da sentença na ação civil pública não são exatamente iguais aos da decisão de uma ação direta de inconstitucionalidade, pois, se nesta tais efeitos vinculam todas as pessoas potencialmente alcançáveis pela norma jurídica impugnada, na ação civil pública os efeitos atingem somente os co-legitimados ativos, salvo no caso de improcedência da ação por insuficiência de provas como já dito, além dos titulares do direito metaindividual violado ou ameaçado, para beneficiá-los. Assim, como conclui *Raimundo Simão de Melo*[24], a ação civil pública não substitui a ação direta de inconstitucionalidade, mas pode ter como causa de pedir a inconstitucionalidade *in concreto* de uma norma jurídica, quer o interesse ou direito tutelado seja difuso, coletivo ou individual homogêneo, de vez que os efeitos da sentença na ação civil pública, sejam *erga omnes*, sejam *ultra partes*, atingirão somente as partes formais do processo e os titulares dos direitos ameaçados ou violados, sendo que, quanto aos titulares, somente para beneficiá-los.

---

(21) MEDEIROS NETO, Xisto Tiago de. *Dano Moral Coletivo*, p. 252.
(22) MELO, Raimundo Simão de. *Ação Civil Pública na Justiça do Trabalho*, p. 107-111.
(23) MORAES, Alexandre de. *Direito Constitucional*, p. 614-616.
(24) MELO, Raimundo Simão de. *Ação Civil Pública na Justiça do Trabalho*, p. 107-111.

3. Legitimidade originária do Ministério Público do Trabalho e legitimidade concorrente dos sindicatos

3.1. Legitimidade originária do Ministério Público do Trabalho

A melhor doutrina classifica a legitimação *ad causam* para a defesa de direitos coletivos e difusos como uma legitimação autônoma para a condução do processo. Na hipótese da tutela de interesses individuais homogêneos, a legitimação assume natureza extraordinária, eis que se trata de direitos de índole individual, operando-se a substituição processual por parte do ente legitimado.

Posicionando-se a favor da ampla legitimidade originária do Ministério Público do Trabalho, *Medeiros Neto* assevera: "Evidencie-se, também, diante da integração do sistema (Constituição Federal, LACP e CDC) e com base nos arts. 82, inciso I, do CDC, e 129, inciso IX, da Constituição Federal (que possibilita à lei atribuir outras funções ao *Parquet*, compatíveis com a sua finalidade), que é inolvidável a legitimação do Ministério Público para a defesa coletiva dos interesses individuais homogêneos, em qualquer hipótese (disponíveis ou indisponíveis), uma vez que essa tutela será, sempre, de interesse social. Ademais, a Lei Complementar n. 75/93, em seu art. 6º, é explícita ao estabelecer a competência do Ministério Público da União para promover a ação civil pública visando à proteção de quaisquer interesses individuais indisponíveis, homogêneos, sociais, difusos e coletivos (inciso VII, alínea *d*), além de reiterar, no inciso XII do mesmo dispositivo, a competência para o ajuizamento de ação civil coletiva (que é a mesma ação civil pública — vide capítulo IX, item 6.2.8), objetivando a defesa de interesses individuais homogêneos".[25] (grifo no original).

Nesse sentido, *Raimundo Simão de Melo* é convincente ao explanar: "A legitimidade do Ministério Público para ajuizamento da ação civil pública é presumida ante as suas funções institucionais elencadas no art. 127 e seguintes da Constituição Federal. É a ação civil pública, para o Parquet, um instrumento de afirmação de sua atuação (...)".[26]

Não é outro o entendimento de *Francisco Antonio de Oliveira*, para quem: "Pode-se, pois, afirmar que o Ministério Público do Trabalho está legitimado para promover a abertura de inquérito civil, bem assim para ajuizar ação civil pública para a defesa de interesses difusos, coletivos, individuais homogêneos, desde que ligados de alguma forma ao Direito do Trabalho, *v.g.*, a defesa do meio ambiente envolvendo empregados e empregadores; trabalhadores deficientes; depósito de Fundo de Garantia por Tempo de Serviço, cuja ausência reflete diretamente na falta de moradia para trabalhadores de baixa renda; preconceito racial na contratação de negros, amarelos; diferenças isonômicas entre trabalhadores de sexos diferentes etc.".[27]

Ressalvando acerca da necessidade de os direitos ou interesses individuais homogêneos estarem qualificados por interesse social relevante a ensejar a legiti-

---
(25) MEDEIROS NETO, Xisto Tiago de. *Dano Moral Coletivo*, p. 240.
(26) MELO, Raimundo Simão de. *Ação Civil Pública na Justiça do Trabalho*, p. 117.
(27) OLIVEIRA, Francisco Antônio de. *Ação Civil Pública*, p. 236.

mação da atuação do MPT, *Amarildo Carlos de Lima* conclui: "Como se tem da interpretação legislativa sistemática em torno da norma constitucional (arts. 127 e 129, III) e aquela complementar (art. 84 da Lei Complementar n. 75/93) que atribui ao Ministério Público do Trabalho a incumbência de exercer as funções institucionais previstas nos capítulos I, II, III e IV de seu Título I, donde se inclui a função de promover a defesa de "outros interesses indisponíveis, homogêneos, sociais, difusos e coletivos", somada à integração legislativa das Leis ns. 7.347/85 e 8.078/90, de modo a estender a proteção, via tutela coletiva, também a Interesses e Direitos Individuais Homogêneos (art. 81, parágrafo único, III), e em face da evolução doutrinária e jurisprudencial no sentido de admitir a atuação ministerial para a defesa de Interesses e Direitos Homogêneos qualificados pelo Interesse Social relevante, ainda que disponíveis, é possível se afirmar a legitimidade do Ministério Público do Trabalho para, dentro de suas funções institucionais, atuar na defesa de Interesses Difusos, Coletivos e também Individuais Homogêneos, quando assim o determine o Interesse Social".[28]

Em percuciente análise sobre a matéria, *Bezerra Leite* sustenta, em síntese, que embora o MP seja o único incondicionalmente legitimado a propor ação civil pública em defesa de direitos difusos e coletivos, a atecnia redacional do art. 83, inciso III, da Lei Complementar n. 75/93, que dispôs sobre a "defesa de interesses coletivos" (sem grifo no original) no âmbito da Justiça do Trabalho, suscitou duas correntes distintas acerca da legitimidade do Ministério Público do Trabalho para defender interesses difusos.[29] Assim, a teoria restritiva só admite a legitimação ativa do Parquet Laboral para promover a ação civil pública em defesa de interesses coletivos dos trabalhadores, negando-a em se tratando de interesses difusos, ponto em que se contrapõe à teoria ampliativa, a qual admite a legitimação ampla do MPT para promover ação civil pública em defesa de interesses difusos. No âmbito jurisprudencial, a teoria restritiva teria sido adotada, inicialmente, pela Seção de Dissídios Coletivos do Tribunal Superior do Trabalho, Pretório onde anos mais tarde, ainda que implicitamente e em sede de recurso de revista aviado pelo MPT contra acórdão regional que decidira pela incompetência da Justiça do Trabalho, passou-se a admitir a legitimação do Parquet Laboral para promover ação civil pública versando direitos ou interesses difusos e coletivos.

No que pertine à legitimação do MPT em tema de interesses individuais, *Bezerra Leite* não a admite em se tratando de interesses não-homogêneos disponíveis, aduzindo que, na hipótese de interesses individuais não-homogêneos indisponíveis, a legitimação ativa do MPT seria permitida em alguns casos expressamente previstos em lei, como o estatuído no art. 201, inciso V, do Estatuto da Criança e do Adolescente, que dispõe competir ao MP "V — promover o inquérito civil e a ação civil pública para a proteção dos interesses individuais, difusos ou coletivos relativos à infância e à adolescência, inclusive os definidos no art. 220, § 3º, inciso II, da Constituição Federal;" (sem grifo no original), sem qualquer ressalva quanto aos

---

(28) LIMA, Amarildo Carlos de. *A Ação Civil Pública e sua Aplicação no Processo do Trabalho*, p. 67.
(29) LEITE, Carlos Henrique Bezerra. *Ação Civil Pública*, p. 158-204.

interesses individuais serem ou não homogêneos.[30] Por último, o referido doutrinador sustenta a legitimação *ad causam* do *Parquet* Laboral na defesa de interesses individuais homogêneos, sejam disponíveis, sejam indisponíveis, eis que são sempre direitos sociais.

3.2. Legitimidade concorrente dos sindicatos

A legitimação do MP para promover a ação civil pública não impede a de terceiros, nas mesmas hipóteses, segundo o disposto no art. 129, § 1º, da Constituição Federal, e Lei n. 7.347/85. Assim, no âmbito do processo do trabalho, tem-se pacífica a legitimação ativa concorrente dos sindicatos, sobretudo após o cancelamento da Súmula n. 310 por parte do Tribunal Superior do Trabalho, verbete que continha entendimento limitativo à substituição processual por parte dos sindicatos na Justiça do Trabalho. Nas palavras de *Ben-Hur Silveira Claus*, "(...) a orientação adotada pelo TST restringia, no procedimento, um instituto jurídico que a Constituição Federal ampliara".[31]

A finalidade da ampliação da legitimação concorrente foi facilitar o acesso coletivo à Justiça, na busca de melhor e efetiva proteção dos direitos fundamentais do cidadão.

Discorrendo acerca da legitimação ativa concorrente em sede de ação civil pública, *Laura Martins Maia de Andrade* explicita: "O texto da Lei n. 7.347, de 1985, é claro ao estabelecer vários legitimados para a propositura da ação civil pública. Dispõe, por conseguinte, que a legitimação ativa para o processo é concorrente e disjuntiva. O art. 5º da lei da Ação Civil Pública legitima o Ministério Público, a União, os Estados e Municípios, além das autarquias, empresas públicas, fundações, sociedades de economia mista e associações para o ajuizamento das demandas que visem à preservação do meio ambiente (art. 1º, inciso I, da Lei n. 7.347, de 1985). Segundo os incisos I e II, do art. 5º, retromencionado, as associações para serem admitidas como postulantes em juízo deverão estar constituídas há pelo menos um ano, nos termos da lei civil, devendo ter entre suas finalidades a proteção aos bens e direitos arrolados no art. 1º, incisos I a V, da Lei da Ação Civil Pública. Entrementes, no § 4º do art. 5º, é admitida a dispensa do requisito de pré-constituição pelo juiz quando houver manifesto interesse social caracterizado pela dimensão ou especificidade do dano, ou pela relevância do bem jurídico a ser protegido. A ordem de colocação dos legitimados não significa preferência: qualquer deles poderá promover a ação civil pública. É, pois, concorrente e disjuntiva a legitimação ativa contemplada pela Lei n. 7.347, de 1985, uma vez que cada um dos co-legitimados pode, sozinho, propô-la, sem a anuência dos demais".[32] A referida autora não deixa dúvidas de que, se as associações estão legitimadas a propor ação civil pública, também os sindicatos, enquanto associações civis, poderão intentá-la na defesa

---

(30) LEITE, Carlos Henrique Bezerra. *Ação Civil Pública*, p. 158-204.
(31) CLAUS, Ben-Hur Silveira. *Substituição Processual Trabalhista*, p. 105.
(32) ANDRADE, Laura Martins Maia de. *Meio Ambiente do Trabalho e Ação Civil Pública Trabalhista*, p. 148-149.

dos interesses coletivos da categoria, sobretudo em face da autorização estampada no inciso III do art. 8º da Constituição Federal.

Sobre o particular, *Amarildo Lima* explicita, com clareza, acerca da necessidade de a entidade sindical atender aos requisitos de tempo mínimo de constituição e finalidade institucional para legitimar sua atuação em sede de ação civil pública: "É dentro desse espírito que lhe reconheceu a Constituição da República Federativa do Brasil, por seu art. 8º, III, a condição de defensor dos 'direitos e interesses coletivos ou individuais da categoria, inclusive em questões judiciais ou administrativas', chancelando-lhe verdadeira forma de Substituição Processual em detrimento da simples representação então contida no art. 513, *a*, da Consolidação das Leis do Trabalho. Com efeito, estando o sindicato legitimado a agir por determinação da Lei n. 7.347/85 e recebendo o encargo constitucional de assim proceder na defesa dos Direitos e Interesses da categoria, vislumbra-se a efetiva possibilidade do ajuizamento da Ação Civil Pública para a defesa de Interesses e Direitos metaindividuais relacionados à categoria. (...) Logo, ao contrário de ver no entendimento zelo excessivo, em relação aos sindicatos, na medida em que é sua função constitucional a defesa da categoria em seus Interesses Coletivos e Homogêneos, resulta saudável a restrição temporal para se precaver da investida de possíveis oportunistas que possam vislumbrar na ação em espécie, forma de retaliação em função de eventuais adversos ou interesses meramente individuais contrariados. De toda forma, dentro da discricionariedade possível ao juiz diretor do processo, poderá o requisito ser dispensado se evidenciado o interesse social pela dimensão ou característica do dano, ou pela relevância do bem jurídico a ser protegido (Lei n. 7.347/85, art. 5º, § 4º, e Lei n. 8.078/90, art. 82, § 1º). Na mesma linha, a pertinência temática com os fins institucionais do requerente é medida restritiva que impõe ao legitimado a necessidade de ter entre suas finalidades a defesa dos interesses objetivados na ação coletiva".[33]

Compartilhando essa linha de entendimento, *Raimundo Simão de Melo* assevera: "Essa legitimação está hoje consagrada pela Constituição Federal no art. 129, § 1º (a legitimação do Ministério Público para as ações civis previstas neste artigo não impede a de terceiros, nas mesmas hipóteses, segundo o disposto nesta Constituição e na lei), pela Lei n. 7.347/85 (art. 5º) e pelo Código de Proteção e Defesa do Consumidor (art. 82, inciso IV), não restando, portanto, qualquer dúvida sobre a legitimação dos sindicatos para a defesa de interesses coletivos das respectivas categorias, por meio desse moderno instrumento processual. Como se vê, há outros legitimados, com destaque, na área trabalhista, para os sindicatos (arts. 129, § 1º, da CF; 5º da Lei n. 7.347/85 e 82, inciso IV, do CDC), o que é importante e tem ensejado até a atuação litisconsorcial destes com o *Parquet* na defesa dos direitos coletivos dos trabalhadores".[34] O mencionado doutrinador registra, ainda, a existência de entendimento jurisprudencial restritivo sobre a legitimidade dos sindicatos para ajuizamento da ação civil pública trabalhista, segundo o qual a defesa em juízo dos interesses coletivos das categorias profissionais somente poderia ser feita pe-

---

(33) LIMA, Amarildo Carlos de. *A ação Civil Pública e sua Aplicação no Processo do Trabalho*, p. 69-70.
(34) MELO, Raimundo Simão de. *Ação Civil Pública na Justiça do Trabalho*, p. 118.

los sindicatos por meio do dissídio coletivo, posição que não se coaduna com a tese esposada pela melhor doutrina e com recentes julgados do próprio Tribunal Superior do Trabalho.

Analisando o alcance do contido no art. 82, inciso IV, do CDC, *von Adamovich* explicita, com pertinência: "Resulta deste último dispositivo, que se aplica à ação civil pública *ex vi* do art. 117, também do CDC, que as associações legalmente constituídas há pelo menos um ano e que incluam entre seus fins institucionais a defesa dos interesses e direitos difusos, coletivos ou individuais homogêneos em favor dos quais pretendam atuar, a dispensa de autorização assemblear. Entendendo ainda a melhor doutrina alcançar tal dispensa até mesmo as entidades associativas a que se refere o art. 5º, inc. XXI, da Constituição, que teriam ínsitas em suas finalidades constitutivas a autorização para agir reclamada por este último dispositivo, não se pode negar a abrangência da mesma dispensa ao caso dos sindicatos, principalmente diante da redação mais aberta do art. 8º, inc. III, da Carta. Consagra-se, portanto, a teoria do interesse como legitimador naquilo em que defendemos seja uma forma *sui generis* de representação, própria para os sindicatos no Direito do Trabalho. Dados os termos genéricos da redação do art. 8º, inc. III, da Constituição, e a finalidade mesma da representação sindical, que é própria dos Direitos difusos, coletivos e individuais homogêneos, tem-se que os sindicatos estariam legitimados a promover quaisquer ações, judiciais e extrajudiciais, que a lei assegurasse para defesa daqueles direitos. Onde estivessem presentes os interesses da categoria, que compõem a finalidade institucional de cada sindicato, aí estaria a legitimação deles para agirem em defesa dos trabalhadores".[35] Conclui o referido autor no sentido de ser ordinária a legitimação das entidades associativas para tutelar direitos metaindividuais.

4. Do dano coletivo no Processo do Trabalho

4.1. Dano indenizável

Em razão de ser um dos pressupostos da responsabilidade civil, o dano constitui fundamento essencial à sua caracterização, de vez que não há que se falar em reparação na ausência de prejuízo, ainda que indireto. E o dano refere-se a qualquer lesão sofrida pelo ofendido, seja este pessoa física, jurídica ou determinada coletividade, relativamente a seus bens jurídicos, com repercussão na esfera patrimonial ou extrapatrimonial, em razão do evento danoso.

De se registrar que há danos que não ensejam direito à reparação, os denominados "danos justos". Estes podem decorrer de conduta comissiva autorizada pelo ordenamento jurídico, de que são exemplos a legítima defesa, a retorsão da injúria e a destruição de coisa alheia para remoção de perigo, como também podem ser consectários do próprio comportamento culposo exclusivo da vítima ou de caso fortuito ou força maior. Nessa esteira, ostenta-se o art. 188 do novo Código Civil, contemplando atos lesivos que não são ilícitos.

---

(35) VON ADAMOVICH, Eduardo Henrique Raymundo. *Sistema da Ação Civil Pública no Processo do Trabalho*, p. 267-268.

Outrossim, a caracterização do dano passível de reparação exige a sua certeza, seja o dano atual, em termos da dimensão qualitativa e quantitativa da lesão advinda ao bem jurídico tutelado, seja o dano futuro, neste caso consistindo naquilo que o lesado razoavelmente deixou de lucrar. Na primeira hipótese, tem-se o dano emergente, ao passo que, no último caso, configura-se o lucro cessante, nos exatos termos do art. 402 do Digesto Civil pátrio, que versa sobre as perdas e danos.

De outra banda, no que pertine ao fato gerador, doutrinariamente classifica-se o dano como direto, quando se verifica imediata relação causa-efeito entre a conduta antijurídica do agente e o efeito provocado no ofendido, ou dano indireto, caso em que o resultado da lesão repercute de maneira apenas mediata ou, ainda, em face dos efeitos danosos infligidos a terceiros por lesão sofrida pela pessoa da vítima. Nesse sentido, sedimentou-se o entendimento pretoriano, de que é exemplo a Súmula n. 491 do Supremo Tribunal Federal, a qual estabelece ser "indenizável o acidente que cause a morte de filho menor, ainda que não exerça trabalho remunerado".

Com relação aos requisitos para a configuração de dano passível de reparação, a melhor doutrina elenca os seguintes: lesão injusta a interesse jurídico material ou moral de que é titular uma pessoa física ou jurídica ou uma coletividade; a certeza da lesão advinda, em termos de sua realidade e efetividade; o nexo de causalidade, ou seja, a relação de causa e efeito entre a conduta antijurídica e o evento danoso; a ausência de causas excludentes de responsabilidade, como a legítima defesa, o exercício regular de direito, o estado de necessidade, a força maior ou o caso fortuito.

Cumpre, ainda, distinguir os danos patrimoniais ou materiais dos danos extrapatrimoniais ou morais. Enquanto os primeiros repercutem sobre o patrimônio do ofendido, estes se refletem sobre a esfera da personalidade do lesado, açambarcando todo o âmbito de sua projeção. A nota distintiva entre uns e outros reside, pois, na natureza do interesse ofendido: se o interesse é apreciável economicamente e decorre de um bem integrante do complexo material tutelado de alguém, trata-se de dano patrimonial; de outra parte, tem-se caracterizado dano moral quando o interesse violado se insere no círculo inerente à personalidade do lesado, nos aspectos subjetivo ou objetivo.

Ao contrário do dano moral individual, em que deve haver dor subjetiva ou estado anímico negativo para sua configuração, no dano moral coletivo a responsabilidade decorre, em regra, do simples fato da violação, sendo desnecessária a prova do prejuízo em concreto. Conceitua-se o dano moral coletivo como sendo a injusta lesão da esfera moral de uma comunidade, em razão de conduta que ofende o sentimento ético de respeito ao próximo, bens, costumes e moral.

4.2. Hipóteses de danos coletivos passíveis de reparação via ação civil pública trabalhista

Acerca das possibilidades de utilização da ação civil pública no processo do trabalho, *Amarildo Lima* elenca as seguintes hipóteses: "— locação de mão-de-obra fora das regras legais de serviço temporário e de vigilância, espoliando seus direitos laborais os trabalhadores que prestam serviços nessas condições, impedindo também a contratação efetiva dessas pessoas; — exigência de atestado de esterilização para contratação de mulheres; — assinatura em branco de pedidos de demissão, descaracterizando a despedida imotivada; — não recolhimento de depósitos do FGTS; — adoção de medidas discriminatórias contra empregados que ajuízam ações trabalhistas; — utilização de trabalho escravo no meio rural; — abuso de trabalho do menor; — condições insalubres no ambiente de trabalho em desrespeito às normas constitucionais e legais de segurança do trabalho, que exigem condições mínimas para uma razoável qualidade de vida do trabalhador; — contratação sem concurso (CLT) quando este é obrigatório; — descumprimento reiterado e preordenado das obrigações trabalhistas, etc.".[36]

Em abordagem ampla sobre a matéria, *Raimundo Simão de Melo* enumera diversas hipóteses de cabimento da ação civil pública no âmbito do processo trabalhista,[37] destacando-se: 1) tutela do meio ambiente de trabalho e da saúde do trabalhador; 2) combate ao trabalho infantil e regularização do trabalho do adolescente, englobando aprendizagem, relações de estágio e proibição de trabalho noturno, insalubre ou perigoso; 3) combate às discriminações nas relações do trabalho em seus múltiplos aspectos, seja em relação à mulher, às pessoas portadoras de deficiência, por motivo de doença, em razão da cor, em face de orientação sexual, seja em decorrência de listas negras discriminatórias; 4) combate ao trabalho escravo, tanto no meio rural, como no meio urbano; 5) moralidade administrativa e falta de concurso público obrigatório; 6) repressão a terceirizações ilegais, dentre as quais se inserem aquelas perpetradas por intermédio de cooperativas de trabalho fraudulentas; 7) assédio moral nas relações de trabalho; 8) greve, nos casos em que a defesa da ordem jurídica ou o interesse público assim o exigir; 9) realização de lides simuladas entre empregados e empregadores; 10) propositura de ação cautelar de exibição de documentos; 11) indisponibilidade de bens e intervenção na administração empresarial em virtude de gestão temerária; 12) trabalho de apenado recolhido a estabelecimento prisional; 13) coibição de desvios praticados no âmbito de comissões de conciliação prévia e tribunais arbitrais, dentre outros.

5. Conclusão

Procurou-se, neste estudo, refletir sobre as dimensões da Justiça do Trabalho na sociedade, progressivamente ampliadas na nova ordem constitucional brasileira. A redação dada pela Emenda Constitucional n. 45, de 8.12.2004, ao art. 114 da Constituição Federal, atribuiu-lhe processar e julgar ações *lato sensu* oriundas das relações de trabalho, pondo fim à restrição da competência material da Justiça do Trabalho aos lindes dos vínculos empregatícios. Mesmo domínios antes indiscutivelmente circunscritos à jurisdição estadual, como indenizações por perdas e

---

(36) LIMA, Amarildo Carlos de. *A Ação Civil Pública e sua Aplicação no Processo do Trabalho*, p. 57-58.
(37) MELO, Raimundo Simão de. *Ação Civil Pública na Justiça do Trabalho*, p. 246-281.

danos morais ou materiais a trabalhadores, passaram à esfera de competência da Justiça Laboral.

A conceituação dos interesses metaindividuais, com vistas a facilitar a sua proteção em juízo, foi efetivada com o advento do CDC que, em seu art. 81, definiu os direitos ou interesses difusos e coletivos, além de fazê-lo em relação a uma outra modalidade que cuidou de acrescentar, a dos interesses ou direitos individuais homogêneos. Como decorrência dessa revisão conceitual empreendida no processo coletivo do trabalho, não mais se permite manter indistintos sob o rótulo de coletivos *lato sensu* os direitos lá especificados, sobretudo em face das relevantes conseqüências práticas advindas, em termos das distintas formas de tutela de cada espécie de direito.

As ações coletivas foram concebidas em face do princípio da economia processual, impondo-se o abandono do velho individualismo que domina o Direito Processual como imperativo do mundo moderno e dos novos conflitos de massa. Assim, por intermédio dessas ações coletivas, com apenas uma decisão, o Poder Judiciário resolve controvérsias que demandariam uma infinidade de sentenças individuais, das quais a substituição processual pelos sindicatos se configura em bom exemplo.

Nessa tessitura, veio em boa hora a decisão do Tribunal Superior do Trabalho, que, por meio da Resolução n. 119/2003, cancelou a Súmula n. 310, que restringia, no procedimento, o amplo instituto da substituição processual, elastecido pela Carta Política de 1988. A posição tomada pela mais alta Corte Trabalhista representou grande avanço jurisprudencial no caminho da verdadeira coletivização do processo, propósito reafirmado nas inúmeras decisões proferidas nas ações civis públicas que têm tramitado naquele Pretório, em consonância com julgados do STF e do STJ.

Não restam dúvidas de que a ação civil pública é o mais importante instrumento judicial de prevenção e defesa dos interesses difusos e coletivos da sociedade. Por esta razão, com o passar do tempo, operou-se a progressiva ampliação da legitimação ativa para sua propositura.

Na seara trabalhista, ainda é tímida a utilização da ação civil pública, no mais das vezes proposta pelo Ministério Público do Trabalho, sem que se verifique uma aplicação mais efetiva por parte dos sindicatos profissionais, legitimados concorrentes a buscar a tutela dos direitos laborais em juízo.

No âmbito do processo coletivo do trabalho, a ação civil pública é de competência originária dos juízos de primeiro grau, à míngua de norma específica que estabeleça a competência de outro órgão jurisdicional. E a ação civil pública trabalhista não é apenas ação para tutela condenatória, senão também ação para tutelas declaratória, constitutiva, mandamental, executiva e de urgência.

O campo de incidência da ação civil pública na Justiça do Trabalho é bastante amplo, abrangendo desde a tutela do meio ambiente do trabalho e da saúde do trabalhador, passando por uma extensa gama de direitos sociais constitucionalmente assegurados ou previstos tanto na CLT quanto em legislação esparsa, no resguardo de direitos ou interesses difusos, coletivos e individuais homogêneos.

Nesse contexto, resta inegável que a reparação de danos coletivos *lato sensu*, infligidos a trabalhadores, tem na ação civil pública um poderoso instrumento de efetivação, tanto no que respeita a danos materiais, quanto, principalmente, no que concerne a danos morais, coletivamente considerados.

6. Referências Bibliográficas

ANDRADE, Laura Martins Maia de. *Meio Ambiente do Trabalho e Ação Civil Pública Trabalhista*. São Paulo: Juarez de Oliveira, 2003.

CLAUS, Ben-Hur Silveira. *Substituição Processual Trabalhista*. São Paulo: LTr, 2003.

DINIZ, Maria Helena. *Código Civil Anotado*. São Paulo: Saraiva, 2004.

LEITE, Carlos Henrique Bezerra. *Ação Civil Pública*. São Paulo: LTr, 2001.

_____. *Ministério Público do Trabalho*. São Paulo: LTr, 2002.

LIMA, Amarildo Carlos de. *A Ação Civil Pública e sua Aplicação no Processo do Trabalho*. São Paulo: LTr, 2002.

MARTINS, Sergio Pinto. *Direito Processual do Trabalho*. São Paulo: Atlas, 2001.

MEDEIROS NETO, Xisto Tiago. *Dano Moral Coletivo*. São Paulo: LTr, 2004.

MELO, Raimundo Simão de. *Ação Civil Pública na Justiça do Trabalho*. São Paulo: LTr, 2004.

MORAES, Alexandre de. *Direito Constitucional*. São Paulo: Atlas, 2004.

OLIVEIRA, Francisco Antonio. *Ação Civil Pública*. São Paulo: Revista dos Tribunais, 2004.

REVISTA DO MINISTÉRIO PÚBLICO DO TRABALHO. Ano XIV, n. 28, setembro/2004.

VON ADAMOVICH, Eduardo Henrique Raymundo. *Sistema da Ação Civil Pública no Processo do Trabalho*. São Paulo: LTr, 2005.

A Discriminação Racial nas Relações Laborais Brasileiras e a Benéfica Postura do Poder Judiciário as Empresas Empregadoras: uma Aurora que não Deu Dia[(*)]

Gisela Maria Bester[(**)]

"Alma não tem cor
alma não tem cor
por que eu sou branco?
alma não tem cor
por que eu sou negro?
branquinho
neguinho
branco negão
percebam que a alma não tem cor
ela é colorida
ela é multicolor
azul amarelo
verde verdinho
marrom."
André Abujamra

Introdução

No centésimo décimo nono ano da proclamação da Lei Áurea — que, formalmente, libertou os escravos no Brasil — o intuito deste artigo é analisar como o Poder Judiciário brasileiro vem se posicionando quanto aos casos de discriminação racial verificados nas relações laborais a partir do marco axiológico fixado pela Constituição Federal de 1988, que criminalizou a prática do racismo como inafiançável e imprescritível. Para tanto, faz-se inicialmente um breve relato do período escravocrata, ressaltando a importância do negro como base fundacional da sociedade brasileira e suas contribuições culturais. Isto é necessário porque, apesar de ser consabido que no Brasil Colônia, até fins do Império, grande parte do trabalho escravo foi exer-

---

(*) Artigo criado no viés expansionista dos resultados da pesquisa realizada pela autora e sua orientanda *Tamara de Almeida Miranda* (então aluna dos 8º e 9º períodos do Curso de Direito) nos 1º e 2º semestres de 2006, no contexto da política institucional das Faculdades Integradas Curitiba em prol da integração entre pós-graduação *stricto sensu* e graduação.
(**) Mestra e Doutora em Direito. Professora Titular de Direito Constitucional e Coordenadora do Programa de Mestrado em Direito das Faculdades Integradas Curitiba.

cido pelos negros trazidos da África à força visando ao sustento dos ciclos econômicos enquanto mão-de-obra barata, em precárias condições de trabalho e na vivência de constantes maus tratos, raramente se vê algum trabalho científico no orbe jurídico que ressalte outros contributos desses seres humanos que não meramente a força de trabalho em si. Por isso dá-se relevo aos seus legados em vários aspectos da cultura nacional, como no idioma, na culinária, na dança e no esporte.

Em seguida demonstra-se como as discriminações raciais ocorrem nas relações laborais no âmbito empresarial brasileiro, não sem antes fornecer elementos conceituais sobre estas ilicitudes que impedem a concretização dos princípios da dignidade da pessoa humana, da igualdade material e da não-discriminação. Ao tratar-se da discriminação racial propriamente dita nas relações laborais, evidenciam-se as diferenças existentes entre brancos e negros em termos inclusivos e seus conseqüentes, desde o acesso ao emprego (admissão e demissão) até os postos ocupados, os salários percebidos, os programas de requalificação e de especialização, a mobilidade ocupacional, as condições de trabalho.

Pavimentado esse caminho, descrevem-se queixas de discriminações raciais no trabalho e passa-se à análise crítica da forma como o Poder Judiciário brasileiro trata os crimes de racismo e os atos discriminatórios em seus posicionamentos no contexto aludido, tudo sob a perspectiva da interpretação constitucional principiologicamente adequada.

1. Breve história da escravidão no Brasil e da contribuição dos negros na formação da cultura nacional

1.1. A escravidão no Brasil

A escravidão é um dos traços mais marcantes na história do Brasil, tendo deixado como uma de suas piores conseqüências a discriminação racial, que permeia até hoje a sociedade brasileira, ainda que não assumidamente, eis que baseada nas ideologias da "democracia racial" e do "apagamento das diferenças". Menos não se poderia esperar de uma cultura na qual, durante quase quatrocentos anos, a principal relação de trabalho verificada na maior parte do território brasileiro foi essa em que o trabalhador era propriedade de outro homem, sendo vendido ou comprado como objeto. Nesse cruel mercado de gentes há que se lembrar, para além do comprador, daquele que figurou como vendedor de seus co-irmãos: um outro africano. É só porque houve o desprezo de negros para negros na mãe África que pôde ser concretizada a subjugação dos negros pelos brancos. A verdade é uma só: tribos africanas aliadas aos negreiros aprisionavam e vendiam seus rivais.

O desenvolvimento do capitalismo, à época, ao exigir o emprego de vasta mão-de-obra fez com que os maiores detentores da força — os brancos europeus — acentuassem a intolerância em decorrência da raça e subjugassem habitantes de outros continentes, pela escravização de índios americanos e negros africanos. *Julio José Chiavenato* explica que em torno de cem milhões de negros foram escravizados e mortos nesse processo, tudo para atender ao sistema escravocrata das Américas. Segundo ele, "[...] a África Negra foi condenada à estagnação demográfica e econômica, seus homens, mulheres e crianças foram escravizados, mortos, torturados, violentados culturalmente para que os portugueses, espanhóis e ingleses pudessem produzir riquezas nas suas colônias." Ainda segundo ele, "não houve um genocídio maior na história da humanidade, nem em número nem em brutalidade, do que o cometido contra os negros africanos — incluídos aí os fornos crematórios do nazismo".[1]

É bem verdade que o início do ciclo da escravidão no Brasil se deu com o aprisionamento dos indígenas autóctones, prática que ocorreu ao longo de toda a colonização nacional, mas os índios revelavam-se pouco dóceis, revoltavam-se diante da exploração e fugiam para as florestas, além de serem pouco resistentes às doenças transmitidas pelos colonizadores. Assim, não ofereciam mão-de-obra suficiente para a coleta de madeira brasileira e o cultivo da cana-de-açúcar, o que levou os portugueses a se voltarem para a obtenção de escravos na África.

O comércio de escravos iniciou-se aproximadamente no ano de 1550. Ao inaugurar-se a segunda metade do século XVI, para o Brasil vieram escravos da costa ocidental da África, entre Cabo Verde e o Cabo da Boa Esperança, principalmente do Golfo da Guiné, motivo pelo qual os cativos passaram a ser conhecidos como "peças da Guiné".[2] Vinham transportados em navios onde as doenças proliferavam diante das péssimas condições de higiene e da alimentação insuficiente, sendo comum mais de a metade da carga morrer no caminho e ser despejada no Oceano Atlântico.

Na continuidade dessa trágica histórica, ao chegarem nas colônias eram postos à venda e levados para as senzalas por seus compradores. A partir desse momento, a vontade dos escravos, seus serviços e os frutos de seu trabalho, encontravam-se submetidos à autoridade de seu senhor e proprietário. Tidos pelos comerciantes como mercadorias vivas, apenas distinguiam-se dos animais por possuírem voz.

Como à época a terra era o único fator de produção abundante, o trabalho agrícola era considerado o mais adequado, pois além de gerar a riqueza dos proprietários e aumentar a prosperidade do País, garantia maior e direta vigilância sobre os trabalhadores. Iniciou-se assim o ciclo da cana-de-açúcar, a exploração econômica mais viável no decorrer do século XVI e em grande parte do século XVII, tendo-se esgotado aproximadamente no ano de 1680. Essa economia canavieira

---

(1) CHIAVENATO, Julio José. *O negro no Brasil: da senzala à guerra do Paraguai*, p. 44-45.
(2) Cfr. VERDASCA, José. *Raízes da Nação Brasileira*: os portugueses no Brasil, p. 120-122. As regiões mais afetadas em termos de volume e dimensão do tráfico transatlântico de escravos foram as da África Ocidental e, principalmente, da África Central.

organizou-se à base da grande lavoura monocultora e escravocrata no nordeste colonial. Em seguida veio a economia baseada na mineração, com a exploração aurífera, na qual o escravo continuou sendo a peça fundamental.[3] Já o ciclo do café (século XIX), que deu grande expressão à agricultura brasileira no mercado internacional, aumentou a concentração de escravos negros nas lavouras cafeeiras do centro-sul do País. Mas os africanos foram destinados também a outros lugares e atividades, tais como demonstram *Flávio Gomes e Roquinaldo Ferreira*:

> "Chegaram — em volumes e de procedências diferentes — para todas as regiões, fosse o Rio Grande do Sul no século XVIII, fosse a Amazônia desde o século XVII, passando por áreas de criação de gado em Sergipe, lavouras de fumo na Bahia e até regiões mineradoras em Goiás e Mato Grosso. Também estavam nas canoas, no transporte, na produção de farinha e nas drogas do sertão do Grão-Pará, onde há informações de africanos nas últimas décadas do século XVII, alcançando mesmo a região do Rio Negro, na qual os encontramos trabalhando junto às populações indígenas aldeadas em missões e vilas. No Maranhão, trabalharam na produção de algodão, arroz e anil. Mais do que em qualquer outra região colonial, a Amazônia do século XVIII recebeu africanos da Alta Guiné."[4]

Pouco importava o local em que laborassem ou o tipo de atividade que desenvolvessem: os maus-tratos sempre estavam presentes na relação de trabalho. Esta era mediada pelo uso ou ameaça do uso de violência, por parte do senhor ou da autoridade do Estado. Os escravos eram mantidos em um regime de trabalho exaustivo, notadamente na época da colheita, chegando a ser jogados vivos nas fornalhas em sinal de punição[5]. Mesmo assim os africanos resistiam de várias maneiras a seus senhores. Como reação à escravidão, foram comuns as revoltas nas fazendas, quando os negros escapavam para o interior das terras, onde formavam os quilombos, verdadeiras comunidades de escravos foragidos. De lá, seguiam lutando contra a escravidão. Tais comunidades eram chamadas também de mocambos, e, além dos negros escravos, abrigavam índios e brancos pobres. Os quilombos foram vistos como uma proposta alternativa de sociedade, pela maneira com que se contrapunham à escravidão,[6] eis que, conforme explica *Paulo Martinez*, na sua organização se incluía "[...] além da luta concreta pela liberdade e contra os maus-tratos da escravidão, também a produção comunitária dos mei-

---

(3) O trabalho extremamente penoso dos escravos negros nas minas, que produziu as centenas de toneladas de ouro enviadas a Portugal, é detalhadamente descrito por *Sueli Queiroz*. Cfr. QUEIROZ, Sueli Robles Reis de. *Escravidão negra no Brasil*, p. 28.
(4) GOMES, Flávio; FERREIRA Roquinaldo. "A lógica da crueldade". *História Viva*. Temas brasileiros — presença negra, Edição especial temática n. 3. São Paulo: Ediouro/Segmento-Duetto, 2006, p. 14.
(5) Os castigos corporais serviam para manter a ordem através do exemplo e foram usados também por ocasião das fugas dos negros para os quilombos, quando os colonos contratavam caçadores (ditos "capitães-do-mato") para perseguir os fugitivos, que, ao retornarem, exibiam partes dos corpos dos escravos, amedrontando os que permaneciam nas fazendas.
(6) SANTOS, Luiz Carlos dos. "A presença negra no Brasil". *In: Educação Africanidades Brasil*. Brasília: MEC/UNB, 2006, p. 149.

os materiais de subsistência, através da agricultura, da caça, da pesca, da construção de moradias, da fabricação de instrumentos de artefatos, de vestuário, [...]".[7] Neste contexto, conforme o autor, o Quilombo de Palmares, estabelecido no século XVII em território do atual Estado de Alagoas, foi o mais importante deles na resistência à escravidão, por ser "[...] uma comunidade auto-suficiente, que produzia gêneros agrícolas para seu próprio sustento e que chegou a abrigar mais de vinte mil negros fugidos dos engenhos. O sucesso de sua organização era uma ameaça aos senhores de engenho, pois estimulava o desejo de liberdade e a formação de outros quilombos."[8]

Para *Thomas Elliot Skidmore*[9], Zumbi foi o principal líder de Palmares, tendo este quilombo sobrevivido por um século antes de ser varrido por uma grande expedição militar; o líder havia reorganizado a luta com os negros que tinham conseguido fugir, mas foi preso e morto em 20 de novembro de 1695. Esta data ficou consagrada no Brasil como o Dia da Consciência Negra e em 1971 foi celebrada pela primeira vez pelos movimentos sociais de luta contra a discriminação racial.[10] Em 20 de novembro de 1995, no tricentenário da morte de Zumbi, o Estado brasileiro incorporou-o ao panteão dos heróis nacionais.

Outro capítulo sombrio na história da escravidão no Brasil é o de que, embora os senhores de engenho utilizassem a mão-de-obra feminina principalmente para trabalhos domésticos, as mulheres negras também sofreram muito com a escravização. Ao chegarem da África, já eram destituídas de suas designações ancestrais e de seus vínculos de parentesco.[11]

Conforme *Maria Lúcia de Barros Mott*, como na África essas mulheres eram habituadas ao trabalho agrícola, aqui chegando também foram empregadas, se bem que em menor número, no cultivo da terra, e ficaram, em algumas propriedades, com o trabalho que se considerava "mais leve", como o de semear, tirar ervas daninhas e catar larvas. Usavam foice e enxada como os homens, mas não desmatavam nem cortavam cana — apenas faziam os feixes. "A dita habilidade manual feminina fazia com que as escravas fossem preferidas na colheita de café".[12] Na verdade, desde o período colonial elas se encontravam na mineração, na agricultura, na manufatura, no comércio, como cozinheiras, arrumadeiras e até mesmo amas-de-leite, demonstrando seu grau de importância enquanto trabalhadoras, embora para trabalharem nos serviços domésticos passassem por análises da idade, da cor, da origem, e também do físico (em suma, tinham que ter "boa aparência"). De

---

(7) MARTINEZ, Paulo. *Direitos de cidadania*: um lugar ao sol, p. 54.
(8) *Escravos na Sociedade Açucareira*. Disponível em: <http://www.brasilescola.com/historiab/escravos.htm>. Acesso em: 3 mar. 2007.
(9) SKIDMORE, Thomas Elliot. *Uma história do Brasil*, p. 35.
(10) *Dia da Consciência Negra Retrata Disputa pela Memória Histórica*. Disponível em: <http://wwwcomciencia.br/reportagens/negros/03.shtml>. Acesso em: 3 mar. 2007.
(11) CARNEIRO, Sueli. "Estrelas com luz própria". *História Viva, op. cit.*, p. 47.
(12) MOTT, Maria Lucia de B. *A mulher na luta contra a escravidão*, p. 20.

modo geral, assinala a pesquisadora *Marilene da Silva*[13], a escravidão produzia nas mulheres negras deformações nas mãos, nos pés, no andar e no corpo inteiro, chegando a ser consideradas como "burros de carga". Justamente por isso, como não tinham hora para descansar, na maioria das vezes eram impedidas de acompanhar o crescimento e a educação de seus próprios filhos e netos. Porém, talvez a maior opressão que a escravidão tenha proporcionado a essas mulheres tenha sido a exploração por meio da comercialização sexual, eis que quando jovens eram vistas como "bem de uso" no mundo dos brancos e transformadas em objeto sexual, o que determinou uma diferença radical na construção da identidade feminina negra quando comparada à branca. Veja-se a explicação de *Sueli Carneiro* para isso:

> "As mulheres negras viram-se expostas a toda sorte de exploração e degradação, sem a proteção do homem negro, impotente devido à sua condição de escravo, ao passo que, no mesmo período, as mulheres brancas viveram confinadas no espaço doméstico, submetidas à tutela patriarcal. Em face dessa posição diferenciada, produziu-se uma mulher que, a todo custo, teve de aprender a contar consigo mesma para cuidar de si e de sua família. [...] Uma forma de matriarcado determinada pela rejeição e pela exclusão social, que extraiu principalmente da preservação dos valores culturais das tradições africanas, aqui recriados, as fontes de resistência e celebração da vida, não obstante a dura condição imposta pelo processo excludente."[14]

Ainda segundo *Sueli Carneiro*, o abandono social a que essas mulheres foram submetidas perdurou, assim como a humilhação social e um tipo de "independência" e de "autonomia", que deram as bases do "matriarcado da miséria", como tem sido nomeada a experiência histórica das mulheres negras na sociedade brasileira.[15] Esta é apenas uma das nefastas conseqüências — neste caso de gênero — que a escravidão legou à população negra no Brasil.

1.1.2. As justificativas para a escravidão

É evidente que à época havia uma forte posição de defesa da escravidão no Brasil: seus defensores eram pragmáticos ao alegarem que o trabalho escravo era essencial à agricultura brasileira e, portanto, à economia local, tendo sido o negro cativo suporte desta economia durante o longo período acima aludido. Além disso, o fator religioso também funcionava como justificativa para a escravidão dos negros africanos, eis que eram considerados descendentes de Caim e, por isso, teriam seu destino determinado pelos erros de seus antepassados, conforme os relatos bíblicos constantemente lembrados pelo clero. Quanto a isto, explica *Flávio de Campos* que

> "[...] a África era vista pelos membros do clero como a terra da infidelidade (falta de fé) e do pecado. A travessia do Atlântico e a chegada à América eram tidas, assim, como uma espécie de milagre de Deus. Batizados aos milhares

---
(13) SILVA, Marilene Rosa Nogueira da. "Negro na rua — a nova face da escravidão". São Paulo: Hucitec, 1988, *apud* CARNEIRO, Sueli. "Estrelas com luz própria". *História Viva*, p. 47.
(14) CARNEIRO, Sueli. "Estrelas com luz própria". *História Viva*, p. 48.
(15) *Ibidem*.

antes de embarcar nos navios negreiros, os africanos eram encaminhados às terras coloniais para desempenhar trabalhos humilhantes e desumanos, vivendo amontoados em senzalas e sendo vítimas de toda sorte de violências. Segundo essa concepção religiosa, o Brasil seria o purgatório dos negros, e as injustiças da escravidão, o instrumento da justiça divina em favor da salvação eterna."[16]

O autor lembra ainda que "a maior parte do clero apoiava-se nas reflexões de *Santo Agostinho*, para quem a escravidão seria um castigo por uma vida pecadora ou uma violação da ordem natural."[17] Já *Ana Lúcia Valente* traz outra justificativa para a escravidão, qual seja, a de que os países colonialistas alegavam que "os negros pertenciam a uma raça inferior, possuíam costumes primitivos e por isso era necessário que fossem civilizados... (*sic*). Alegaram também que os negros já eram escravos na África, assim em nada se alteraria sua 'condição natural'."[18] Dizia-se, ainda, conforme *Sueli de Queiroz*, que a escravidão no Brasil teria sido mais branda devido à natural liberalidade de seu povo, imagem do senhor complacente e do cativo fiel, obediente, submisso à sua sorte. Por esse argumento tinha-se o entendimento de que no Brasil a escravidão "era suave", porque o negro, houvesse ou não trabalho, estivesse são ou doente, não precisava pensar em seu sustento, cabendo tal encargo ao seu senhor.[19] Esse era o argumento da benignidade da escravidão brasileira.

1.1.3. O movimento abolicionista e o surgimento de leis em prol da erradicação da escravatura

As revoltas e os movimentos dos negros contra as diversas repressões existentes à época acabaram sensibilizando algumas pessoas na defesa de suas causas. O abolicionismo[20] foi um movimento essencialmente urbano, difusor de idéias antiescravagistas e que cresceu rapidamente, abrigando classes sociais diversas e diferentes partidos políticos. A consciência de que a escravidão impedia a nação brasileira de se transformar em uma nação moderna e justa surgiu no século XIX, dentro do romantismo, o mais importante movimento literário do período, tendo como exemplo o poeta *Castro Alves*, autor do clássico "Navio Negreiro". Porém, a Constituição brasileira de 1824, que vigorou durante todo o período monárquico, nem sequer uma vez nomeou em seu inteiro teor a palavra "escravo". Veja-se a explicação de *Sidney Chalhoub* para isso:

> "As pessoas reduzidas ao cativeiro não pertenciam à massa de cidadãos em qualquer sentido social ou político, não tinham lugar na vida pública. Num país construído sobre os ombros de trabalhadores escravos, a presença deles no texto constitucional ficava subentendida no artigo que firmava o compromisso

---

(16) CAMPOS, Flavio de. *Reflexões sobre a escravidão colonial*, p. 26.
(17) *Idem, ibidem*, p. 28.
(18) VALENTE, Ana Lúcia Eduardo Farah. *Ser negro no Brasil hoje*, p. 13.
(19) QUEIROZ, Sueli Robles Reis de. *Op. cit.*, p. 56.
(20) Agradeço ao município de Ijuí-RS, por ter nomeado o colégio onde cursei o então período da 5ª a 8ª série, em Vila Mauá, de "Escola Municipal de Área Joaquim Nabuco", em homenagem a um dos principais abolicionistas brasileiros. A curiosidade em descobrir de quem se tratava fez com que, desde tenra idade, eu pudesse desenvolver uma visão pluralista da sociedade, mesmo sem ser negra e vivendo em "terra de brancos" (região gaúcha de forte presença da imigração européia).

do Estado imperial em reconhecer e defender as formas de propriedade privada existentes na sociedade. Desse modo, os escravos tornavam-se apenas mais um tipo de propriedade. Podiam ser comprados e vendidos, alugados, hipotecados, leiloados, herdados."[21]

No entanto, em dada época, no Brasil, havia o costume de se reconhecer o direito à liberdade ao escravo que conseguisse juntar dinheiro suficiente para indenizar o seu valor ao proprietário, ou seja, ele poderia comprar a própria alforria. Uma vez logrado o *status* de escravo alforriado, isto significava o acesso a direitos civis amplos, como ter autonomia para constituir família, firmar contratos, adquirir e alienar propriedades, receber e transmitir bens por herança. Porém, mesmo esses africanos não teriam acesso à vida política, pois ao se libertarem permaneciam estrangeiros.[22]

Por outro lado, as principais instituições criadas pelo mercantilismo — o pacto colonial e a escravidão — começam a entrar em crise quando não apenas mais homens letrados lutavam pelos direitos dos cativos, mas estes próprios tomavam ciência dos seus direitos, passando a adotar atitudes que corroíam a legitimidade do poder senhorial, ao mesmo tempo em que contestavam a legalidade de suas condições. Isso passou a se dar durante todo o século XIX, quando o Poder Judiciário foi o meio de obtenção de liberdade pelos escravos, principalmente através de ações cíveis. Deu-se que: "fazendo também uso das leis, os cativos impetraram ações judiciais contra as prerrogativas de seus senhores e, com isso, contribuíram efetivamente para desestruturar a política de domínio senhorial e a própria escravidão."[23]

A partir disso, o capitalismo industrial entrou em cena exigindo a quebra das prerrogativas coloniais herdadas do mercantilismo, ambicionando o comércio livre e tendo, portanto, Portugal como principal alvo, pois além de profundamente envolvido no tráfico, a escravidão africana enraizava-se há longo tempo em suas colônias, em especial no Brasil, onde a terra era muita e muito mais barata.

Neste contexto, a primeira lei que proibiu a importação de escravos africanos para o Brasil foi a de 7 de novembro de 1831, a qual foi ineficaz, tendo em vista que após ela houve o maior período de tráfico de escravos, aproximadamente meio milhão. "Na verdade, as condições estruturais do país tornavam difícil aplicá-la: a demanda externa de café acelerara a integração na economia internacional e reforçara o sistema escravista, exigindo contínuo suprimento de mão-de-obra."[24] Porém em 4 de setembro de 1850 o parlamento brasileiro converteu em lei o projeto elaborado por *Eusébio de Queirós*, que extinguiu definitivamente o tráfico de negros no Brasil, tendo sido esta extinção do tráfico externo o primeiro grande passo para a abolição do cativeiro, pois sem a contínua reposição de africanos a população escrava iria desaparecer naturalmente, dado o seu crescimento vegetativo ser abaixo do normal.

Em 28 de setembro de 1871 foi promulgada a Lei do Ventre Livre, tornando livre toda criança doravante nascida de mãe escrava. Os recém-nascidos ficariam

---
(21) CHALHOUB, Sidney. "Exclusão e cidadania". *História Viva*, p. 39.
(22) *Idem, ibidem*, p. 40.
(23) AZEVEDO, Elciene. "As duas faces do movimento abolicionista". *História Viva*, p. 32.
(24) QUEIROZ, Sueli Robles Reis de. *Op. cit.*, p. 63.

com a mãe até os 8 anos, quando então o proprietário poderia fazer uma opção: entregá-los ao Estado, recebendo em troca uma indenização, ou retê-los até os 21 anos, utilizando seus serviços em troca do sustento, ou seja, estava-se diante de uma reescravização, sendo esta, na maioria das vezes, a alternativa escolhida pelos seus senhores. Assim, foi uma nova forma de escravidão, pois a lei não determinava o número de horas de trabalho, o regime sanitário ou a alimentação a serem dados ao jovem "escravo livre", que ficava inteiramente à mercê do seu senhor.

Passo seguinte foi dado em 1885, ano em que surgiu a Lei dos Sexagenários, que libertava todos os escravos com mais de 60 anos de idade. Porém, em concessão aos interesses escravistas, essa idade foi prolongada por mais 5 anos, equivalentes à compensação dos proprietários, fazendo com que o escravo servisse até os 65 anos de idade. Ocorre que mesmo trabalhando até esta idade, em regime de escravidão, estas pessoas não conseguiam se tornar "livres" de repente, eis que não sobreviviam ao não poderem se sustentar com esta "liberdade"[25], que se dava apenas no papel. Por isso é que foi necessário que em 13 de maio de 1888 o Parlamento aprovasse a abolição total e imediata pela Lei Áurea, assinada pela princesa *Isabel*, que, por esse motivo, recebeu o título de benfeitora dos escravos. E essa Lei veio tarde demais, pois o Brasil foi o último país das Américas a erradicar a escravidão negra e colocou o negro brasileiro à margem da nova sociedade que se constituía, tendo que se manter ainda, portanto, "a sua luta por ascensão, respeito e dignidade em uma nova ordem econômica e social que era estabelecida e que, até hoje, tem os vícios do racismo e coloca a população negra nos últimos degraus da escala social."[26]

Portanto, mesmo que com a Lei Áurea os escravos negros passaram a ser homens livres, receberam como conseqüências desta liberdade o desemprego, o subemprego e a marginalidade. Conforme *Ana Lúcia Eduardo Farah Valente*: "Das senzalas, grande parte dos negros foi morar em lugares onde as condições de vida eram subumanas.[27] E o pior, nem mesmo no âmbito jurídico qualquer compromisso de fato foi firmado com essa população, seja no campo da economia, da educação, da saúde ou da moradia. Assim, seus membros tiveram que enfrentar outros tantos desafios, pois agora não poderiam mais continuar nas fazendas de seus senhores, sendo que aquelas ex-escravas que já estavam nas ruas trabalhando como ambulantes deveriam ampliar suas atividades, tendo que também ser lavadeiras, engomadeiras, passadeiras, amas-de-leite, babás, faxineiras, cozinheiras, confeiteiras, arrumadeiras e empregadas domésticas, fazendo isto muitas vezes em troca de um prato de comida.[28]

Se até a abolição da escravatura o negro tivesse constituído a força motriz da economia nacional, com a vinda de imigrantes europeus, brancos em sua maioria, a

---

(25) VALENTE, Ana Lúcia Eduardo Farah. *Op. cit.*, p. 21.
(26) CRUZ, Ana Cristina J.; MARQUES, Andréia Kelly. "Uma história sobre o negro no Brasil". *Mundo Jovem, um jornal de idéias*. Porto Alegre: PUCRS, ago. 2005, p. 2.
(27) VALENTE, Ana Lúcia Eduardo Farah. *Op. cit.*, p. 23.
(28) BENEDITO, Deise. *Coluna — As mulheres negras no 14 de maio de 1988*. Disponível em: <http://agenciacartamaior.uol.com.br/templates/coluna>. Acesso em: 3 mar. 2007.

situação dos ex-escravos ficou ainda pior, passando os negros a serem considerados preguiçosos, indolentes, "sem o conhecimento necessário para trabalhar na indústria então nascente, perdendo o seu espaço para o imigrante branco".[29] A liberdade advinda com a abolição, além de excluir, possibilitou que a República tornasse seu sonho eurocêntrico realidade, segregando a massa negra desempregada dali em diante e, com isso, marchando firme na concretização do que se chamou de "política de embranquecimento da população brasileira".[30] Extremamente lúcida é a análise de *Jessé Souza* sobre esse Brasil do século XIX, em vias de tornar-se europeizado:

> "O caminho do 'embranquecimento' é um caminho viciado porque o branco já é, desde o começo, 'superior', ou 'mais igual' que o não-branco. Nenhuma possibilidade real de 'embranquecimento' elimina essa realidade prévia e fundamental. Esse elemento de distinção e poder envolvido na noção de civilização e modernidade ocidental foi percebido por *Norbert Elias* melhor do que qualquer outro. Elias percebe que ser europeu, ser 'civilizado' no sentido europeu, tem, antes de qualquer outra função a de produzir distinção social, e, ao 'produzir' a distinção, legitimar a superioridade do 'portador' dessa cultura seja quem for, esteja onde estiver."[31]

Há ainda uma característica do supremacista branco que o distingue do anti-semitista, por exemplo, conforme revelado por *Oliver Cromwell Fox* em obra de 1970, aqui enunciada por *Nancy Fraser*: "[...] para o anti-semita, a própria existência do judeu é uma abominação; conseqüentemente, o objetivo não é explorar o judeu, mas eliminá-lo, por expulsão, conversão forçada ou exterminação. Para o supremacista branco, em contraste, o 'negro' está bem em seu lugar: como uma provisão explorável de força de trabalho humilde e barata. Aqui o objetivo preferido é a exploração, não a eliminação."[32]

Com o continuismo dessa ideologia da exploração, soterrou-se toda a importância e o reconhecimento lúcido do negro enquanto suporte da economia e da sociedade brasileira, inclusive sob o ponto de vista afetivo.

1.2. Legados negativos aos negros em troca de suas contribuições positivas à formação da cultura brasileira

Alguns dos conseqüentes malefícios da escravidão na população negra brasileira já foram sendo dados a conhecer ao longo dos itens acima, como os sofrimentos advindos de castigos corporais, mutilações e mortes em função dos menores erros ou desobediências por parte dos escravos, a exploração sexual feminina e a correlata afirmação de uma identidade de gênero baseada em uma cor depreciativa. Certo é que toda a trajetória dos negros africanos no Brasil foi marcada por

---

(29) SILVA, Ana Emilia Andrade Albuquerque da. *Discriminação racial no trabalho*, p. 57.
(30) SANTOS, Luiz Carlos dos. *Op. cit.*, p.157.
(31) SOUZA, Jessé. *Gilberto Freyre e a singularidade cultural brasileira*, p. 323.
(32) Cfr. FRASER, Nancy. *Op. cit.*, p. 258.

diversas formas de violência. A escravidão inferiorizou enquanto durou e legitimou a inferioridade ulterior das pessoas; explorou e deixou na pobreza enquanto durou e continuou a tratar como mercadoria alguém que ficou marcado pela cor da pele. Enfim, como bem sintetizou *Flávio de Campos:*

"A escravidão praticada no Brasil colonial deixou marcas profundas em nossa história, visíveis até os dias atuais. O preconceito racial, o desprestígio do trabalho manual, os limites da nossa cidadania, a profunda desigualdade econômica, o autoritarismo e o paternalismo, evidentes nas relações pessoais e políticas, são exemplos claros dos efeitos provocados pela implementação e manutenção da escravidão no Brasil e também pela forma adotada para sua dissolução."[33]

E mais, tendo sido o trabalho escravo a base fundante da sociedade brasileira, foi ele também responsável por um "modo de pensar", o que significa dizer "que as relações sociais foram impregnadas pelo modo como a sociedade produzia seus bens, no caso, por meio do trabalho escravo."[34]

Assim, submergem as características negativas da sociedade brasileira, resultantes da escravidão, e geralmente imerso fica o enaltecimento das qualidades e contribuições altamente positivas dos negros à formação da cultura brasileira. Por isso mesmo é preciso lembrar que, um século e meio depois de o último escravo africano ter chegado ao Brasil, a influência dos negros no idioma, na culinária, no esporte, na religião, na música e na dança é ainda muito evidente. Assim, a cultura brasileira é imensamente devedora das línguas, das habilidades e dos saberes africanos. Conforme *José Tadeu Arantes*, "dos movimentos corporais às preferências culinárias, das expressões idiomáticas às produções musicais, das formas de convivência às concepções religiosas, cada um de nós, negro ou branco, traz um pouco daquelas Áfricas ancestrais dentro de si."[35]

A miscigenação entre os escravos e colonizadores envolveu não apenas mistura física, mas também cultural, como se pode iniciar a ver pelo *aspecto religioso*, em que o candomblé, a umbanda, a macumba e a quimbanda são religiões afro-brasileiras marcadas, de maneiras diferentes, por uma forte relação com a natureza.[36] A religião com influência afro-brasileira, como a umbanda, por exemplo, que tem suas raízes nas religiões indígenas[37], africanas e cristãs, atrai seguidores de todas as classes sociais, defendendo, pois, a unidade racial.[38] Já o candomblé resultou de recriação de tradições ancestrais de vários povos oeste-africanos, tendo por finalidade o culto aos orixás, entidades sobrenaturais associadas às forças da natureza e emanadas de uma divindade suprema.[39]

---

(33) CAMPOS, Flavio de. *Op. cit.*, p. 32.
(34) SANTOS, Luiz Carlos dos. *Op. cit.*, p.152.
(35) ARANTES, José Tadeu. "No rastro de Zumbi". *História Viva*, p. 3.
(36) SANTOS, Luiz Carlos dos. *Op. cit.*, p. 150.
(37) Neste caso os negros improvisavam, tomando emprestado o terreiro dos índios para suas práticas religiosas, fundindo suas crenças e magias, sendo que após a abolição da escravatura surgiram os cultos aos antepassados, fundamentados na crença da reencarnação.
(38) SKIDMORE, Thomas Elliot. *Op. cit.*, p. 43.
(39) LOPES, Nei. "O toque do atabaque". *História Viva*, p. 58.

No que diz respeito à *música* e à *dança* as marcas não foram menores. A música brasileira, com sua forte influência africana,[40] é o grande exemplo da cultura popular nacional do Brasil. Neste sentido ensina *Alberto Tsuyoshi Ikeda* que, "ao longo da história, compositores populares foram adotando padrões rítmicos surgidos nos grupos negros como base para suas criações, constituindo-se o variado e internacionalmente reconhecido cancioneiro popular brasileiro."[41]

"Dentre as influências africanas que se recriaram no País, a linguagem musical é certamente um dos campos em que as referências africanas aparecem de maneira significativa, formando um infinito mosaico de presenças e contribuições, constituindo um rico caleidoscópio rítmico das mais diversas expressões e possibilidades de identidades negras espalhadas pelo Brasil, tanto no passado como no presente."[42]

Exemplos disso são o samba, o lundu e o batuque, destacadas contribuições artísticas da cultura africana na formação da música popular brasileira.

O lundu surgiu da fusão de elementos musicais de origens branca e negra, tornando-se o primeiro gênero afro-brasileiro da canção popular. É uma música alegre e buliçosa, de versos satíricos e maliciosos, praticados em rodas de batuque e que, por ser tão sensual, foi proibida pela Corte Portuguesa durante o período colonial brasileiro. No século XIX, o Vaticano também a proibiu de ser praticada em público. Mas, como qualquer manifestação da cultura popular, não deixou de ser dançado mesmo às escondidas e esteve nas raízes de formação dos gêneros afros, culminando com a chegada do samba.[43]

Hodiernamente destaca-se a cultura *hip hop*, pois muitos de seus artistas buscam referências africanas, afro-americanas e especialmente afro-brasileiras para a composição de suas músicas, como por exemplo Racionais MC's com a letra Júri Racional composta por Mano Brown.[44]

No entanto, é o samba que, com maior brilho, se encontra na vertente negra da cultura brasileira. Veio silencioso nos porões do navio negreiro durante a escravidão, tornando-se o acalento para as dores, e diminuindo o sofrimento dos escravos. Após a abolição, espalhou-se pelas senzalas, surgindo para o público ao se alastrar por todo o Brasil, ganhando novos adeptos e novos instrumentos, garantindo o sustento de muitas famílias nos finais de semana, tornando-se inclusive patrimônio cultural da humanidade. Mas foi apenas "[...] nos anos 1930, com o sucesso crescente das chamadas 'escolas de samba', que o samba carioca, ou, melhor, um certo tipo de samba produzido na cidade do Rio de Janeiro, se torna um modelo nacional."[45] Essas escolas foram e são importantes centros que congregam negros, proporcionando-lhes um espaço de sociabilidade e de interação cultural.[46]

---

(40) Diz *Salloma Silva*: "a cultura musical afro-brasileira no século XIX alimentou-se dos conhecimentos africanos traduzidos em cordas dedilhadas, percutidas ou friccionadas, tocadas com arco como os violinos e rabecas, cujas caixas de ressonância eram feitas de cabaça, casca de coco ou madeira." SILVA, Salloma Salomão Jovino. "Viola d' Angola, Som de Raiz". *História Viva*, p. 71.
(41) IKEDA, Alberto Tsuyoshi. "Do lundu ao Mangue-Beat". *História Viva*, p. 72.
(42) RATTS, Alex; DAMASCENO, Adriane A. "Participação africana na formação cultural brasileira". *In: Educação Africanidades Brasil.* Brasília: MEC/UNB, 2006, p. 173.
(43) IKEDA, Alberto Tsuyoshi. "Do lundu ao Mangue-Beat". *História Viva*, p. 74.
(44) Disponível em: <http://racionais-mcs.letras.terra.com.br/letras/63440/>. Acesso em: 5.mar.2007.
(45) REIS, Letícia Vidor de Souza. *Negro em 'terra de branco': A reinvenção da identidade*, p. 48.
(46) SANTOS, Luiz Carlos dos. *Op. cit.*, p. 159.

A congada é *outra dança* com raízes históricas africanas, um bailado popular que tem sua origem ligada aos escravos oriundos da costa angolana, ao catolicismo, e às histórias de guerra do povo africano. Na congada dramatizam uma procissão de escravos feiticeiros, capatazes, damas de companhia e guerreiros que levam a rainha e o rei negro até a igreja, onde serão coroados. Durante o cortejo, ao som de violas, atabaques e reco-recos, realizam danças com movimentos que simulam uma guerra. "As festas de reis negros, ou congadas", afirma *Marina Souza,* "são resultado de combinações de elementos culturais trazidos pelos africanos nos porões dos navios negreiros, adaptados aos amargores da escravidão e que permitiram que novos significados fossem atribuídos às instituições do grupo dominante, como as irmandades e as procissões religiosas."[47] Esta e outras manifestações culturais demonstram que as comunidades negras criaram novas identidades, mesclando significados das suas culturas de origem à época da escravidão colonial.

No *esporte* tem-se a capoeira, que foi criada em solo brasileiro pelos negros africanos; desenvolveu-se nos quilombos para ser uma defesa a ser ensinada aos negros cativos por aqueles que eram capturados e voltavam aos engenhos. A fim de disfarçá-la e não levantar suspeitas, os movimentos das lutas foram sendo adaptados às cantorias e músicas africanas, para que parecessem uma dança gingada[48]. Mesmo assim, sua prática passou a ser proibida pelos senhores, pois dava ao capoeirista nacionalidade, individualidade e auto-confiança,[49] mas voltou ao cenário cultural na década de 1930, encontrando-se presente na música, nas artes plásticas, na literatura e nos palcos. Atualmente vem adquirindo maior número de adeptos de todas as raças e camadas sociais do Brasil e até de outros países. Antes, era treinada livremente pelos escravos, e agora é treinada dentro das academias, sendo vista como arte marcial[50], e também como uma prática esportiva.

O esporte é a área mais visível de ascensão social do negro, tendo expoentes famosos, *v.g.* no futebol, na ginástica olímpica e no atletismo. No entanto, é instigante a observação de *Nancy Fraser* no sentido de que a depreciação racial ("racismo cultural") pode ocorrer de várias formas, incluindo "a posição de considerar afro-americanos como intelectualmente inferiores, mas avantajados atleticamente e musicalmente (*sic*)"[51]. Quanto a isso pode-se apresentar, em contraponto, um nome símbolo e síntese da alta intelectualidade brasileira: *Milton Santos!*

A *culinária* é outro campo onde os negros africanos deixaram heranças indeléveis, como a utilização do azeite-de-dendê e das pimentas-da-costa e malagueta, além do leite de coco, do quiabo, da banana, da erva-doce, do gergelim e do inhame. Estes condimentos modificaram a culinária indígena e portuguesa no preparo de carnes como do peixe e da galinha.[52] Os deliciosos acarajé e vatapá são alguns

---

(47) SOUZA, Marina de Mello. "Reis e Rainhas no Brasil". *História Viva, op. cit.*, p. 67.
(48) *História da Capoeira, como Começou.* Disponível em: <http://www.berimbrasil.com.br/berimFLASh/historia.htm>. Acesso em: 2 mar. 2007.
(49) CAPOEIRA. Disponível em: <http://www.geocities.com/Area51/Atlantis/2970/link0065.htm>. Acesso em: 2 mar. 2007.
(50) *Nova Enciclopédia Barsa. Encyclopaedia Britânnica do Brasil*, vol. 5, 1997, p. 479.
(51) FRASER, Nancy. *Da redistribuição ao reconhecimento?*, p. 263.
(52) ALIMENTAÇÃO. Disponível em: <http://www.costadocacau.com.br/alimentacao/index.html>. Acesso em: 5 mar. 2007.

dos pratos tipicamente africanos, sendo o primeiro conhecido por muitos como "iguaria dos deuses africanos".[53] Também a feijoada está diretamente ligada à presença do negro na cultura brasileira, pois foi o resultado da fusão dos costumes europeus e da criatividade do escravo africano que fez essa refeição tradicional.[54]

Por fim, no *idioma* português acham-se inúmeras contribuições dos negros, eis que no Brasil colônia durante quase duzentos anos se falou uma "língua geral" (uma mistura das línguas indígenas, do português e de línguas africanas).[55] Porém, depois de quatro séculos de contato direto e permanente de falantes africanos com a língua portuguesa no Brasil, *Yeda Pessoa* afirma que "[...] o português do Brasil é, em grande parte, o resultado de um movimento implícito de africanização do português e, em sentido inverso, de aportuguesamento do africano, sobre uma matriz indígena pré-existente, menos extensa e mais localizada."[56]

Eliane Boa Morte[57] demonstra algumas palavras do cotidiano hodierno do Brasil que têm origem em línguas africanas, como caçula, capenga, chibata, encabulado, tocaia, balela, papear, bagunça, moleque, quitute, mochila, embalado, xingar, tanga, cochilo, cachaça, cafuné, fungar, molambo, lenga-lenga, quitanda, fubá, canga, dengo, sunga, dendê, balangandam, samba, zangar, maconha, engambelar, maracutaia, bunda, capanga, quimbanda, capoeira, banzo, berimbau, angu, caçamba, miçanga e cachimbo. Porém, em troca o que se deu aos negros? Termos como *denegrir*, que do latim *nigrare* significa escurecer, relacionando o negro a eventos ruins em uma avaliação puramente racista.

Neste subitem procurou-se demonstrar os muitos aspectos positivos que devem sempre ser lembrados ao se fazer referência à população negra e seus descentes no Brasil.

A partir disso passa-se a explicitar o complexo normativo existente no ordenamento jurídico brasileiro para coibir a prática da injustificada discriminação racial.

2. Normativa constitucional e infraconstitucional contra a discriminação racial

Viu-se que resultou da escravidão, entre outras conseqüências deletéreas, o fato de o Brasil ser um país racista, onde as pessoas discriminam outras com características diferentes, neste caso a raça negra pela cor. Entretanto, a Constituição Federal e outras leis infraconstitucionais positivaram preceitos que vedam a discriminação racial geral e em específico nas relações de trabalho, como se passa a ver a seguir.

---

(53) NASCIMENTO, Silvia Maria. *Delícias da Bahia*: tour gastronômico por alguns dos principais restaurantes da cozinha baiana para turista nenhum recusar. Disponível em: <http://www.correiodabahia.com.br/2004/12/04/noticia.asp?link=not000102146.xml>. Acesso em: 5 mar. 2007.
(54) *Gastronomia: Cultura Culinária — Feijoada*. Disponível em: <http://www.vivabrazil.com/feijoada.htm>. Acesso em: 5 mar. 2007.
(55) SANTOS, Luiz Carlos dos. *Op. cit.*, p.150.
(56) PESSOA, Yeda. *A influência de línguas africanas no português brasileiro*, p. 207.
(57) MORTE, Eliane Boa. "Currículo e línguas africanas". *In: Educação Africanidades Brasil*. Brasília: MEC/UNB, 2006, p. 220.

De modo geral, *Antonio Sérgio Alfredo Guimarães* entende que a Constituição brasileira de 1988 avança em uma direção mais realista e menos simbólica na proteção aos negros por meio de três medidas: "a) radicaliza o tratamento da discriminação racial, transformando-a em crime imprescritível e inafiançável; b) cria a figura jurídica dos 'remanescentes de quilombos'; c) abre a possibilidade de ações reparatórias, seja em relação a esses últimos, seja em relação à população negra em geral, ao aceitar a possibilidade de ações afirmativas de reparação das desigualdades raciais."[58] No entanto, toma um desses exemplos para tecer uma crítica contundente: "[...] a criminalização da discriminação e do preconceito raciais, por meio de institutos draconianos como a 'imprescritibilidade', a 'inafiançabilidade', e, depois, por meio de leis ordinárias, que prevêem penas de até cinco anos de prisão para a manifestação de preconceito racial, *equivale, na prática, ao não reconhecimento de que tais comportamentos sejam cotidianos e corriqueiros*".[59]

Portanto, já é com essa pitada de visão crítica que se passa a demonstrar o quadro normativo anunciado.

2.1. Princípios da dignidade da pessoa humana e da igualdade material

A Constituição Federal brasileira de 1988 traz como princípios fundamentais, além de outros, o da dignidade e o da igualdade. Em um entendimento muito singelo pode-se dizer que aquele busca garantir ao ser humano condições básicas de vida, enquanto este é compreendido, em sua acepção meramente formal, pela máxima segundo a qual todos são iguais perante a lei.

2.1.1. A dignidade humana como megaprincípio e vetor interpretativo

Dentre os princípios fundamentais do Estado Brasileiro Democrático de Direito listados na Constituição Federal de 1988 encontra-se, no art. 1º, III, o da dignidade da pessoa humana. A idéia de dignidade do homem é vista como uma qualidade essencial à vida humana. Não há vida sem dignidade, e assim os dois preceitos encontram-se em situação de igualdade como princípios de Direito. "Vida e dignidade são valores essencialmente independentes e necessariamente correlatos, num paradoxo necessário para a manutenção do seu conteúdo, e do mais alto grau de importância como determinantes da positivação jurídica."[60]

É um princípio fundamental de que todos os demais princípios derivam e que norteia todas as regras jurídicas, consistindo na concepção de que o ser humano não é instrumento, não pode ser considerado um objeto ou um simples produto da natureza; é um ser social capaz de grandes transformações, conforme demonstra *Marçal Justen Filho*:

"O ser humano não pode ser tratado como objeto. É o sujeito de toda a relação social e nunca pode ser sacrificado em homenagem a alguma necessidade

---
(58) GUIMARÃES, Antonio Sérgio Alfredo. *Nacionalidade e novas identidades raciais no Brasil: uma hipótese de trabalho*, p. 396.
(59) *Ibidem* (grifou-se).
(60) NEME, Eliana Franco. *Dignidade, igualdade e vagas reservadas*, p. 136.

circunstancial ou, mesmo, a propósito da realização de *fins últimos* de outros seres humanos ou de uma *coletividade* indeterminada. O fim primeiro e último do poder político é o ser humano, ente supremo sobre todas as circunstâncias. Não há valor que possa equiparar-se ou sobrepor-se à pessoa humana, que é reconhecida como integridade, abrangendo quer os aspectos físicos como também seus aspectos imateriais. A dignidade relaciona-se com a *integridade* do ser humano, na acepção de um todo insuscetível de redução, em qualquer de seus aspectos fundamentais.[61]

Portanto, o princípio da dignidade humana busca propiciar melhores condições de vida às pessoas protegendo a igualdade de oportunidades, sendo este um fundamento essencial do exercício da cidadania, tendo em vista a sociedade ser pluralista, constituída por pessoas diferentes quanto à raça, à cor e a outras idiossincrasias.

A dignidade humana é um bem jurídico inerente e irrestrito a todo cidadão. É pressuposto para uma convivência harmônica e tolerante na sociedade, com a finalidade de atingir o bem-estar de todos, permitindo o desenvolvimento e a preservação de valores, como por exemplo sua intimidade e sua vida privada, a fim de que possa ter uma vida feliz.[62]

Este princípio, conforme dispõe *Ana Emília da Silva:* "[...] é o que norteia, unifica e legitima todos os demais direitos e garantias fundamentais."[63]

Nas situações em que houver qualquer tipo de discriminação, haverá violação da dignidade da pessoa, eis que, "[...] por ser da essência da natureza humana, é que ela não admite discriminação alguma e não estará assegurada se o indivíduo é humilhado, discriminado, perseguido ou depreciado".[64]

Desta forma, em uma sociedade em que se tolerem desigualdades de tratamento e materiais há um profundo desrespeito à dignidade da pessoa humana.

2.1.2. *Princípios da igualdade material e da não-discriminação*

O princípio da igualdade é imprescindível para se construir uma sociedade justa e igualitária. Tem como pressuposto a desigualdade entre os homens, pois se todos fossem iguais, pelo menos em direitos, não seria imprescindível a sua criação.

Este princípio inicialmente possuía apenas conteúdo negativo, significando não-discriminação. No entanto, sofreu modificações adquirindo conteúdo positivo, impondo, além do dever de não discriminar, também a promoção da igualdade de oportunidades[65] em face da inelutável necessidade de tratar diferentemente os homens para iguará-los, tendo em vista suas diferenças culturais e econômicas.

---

(61) JUSTEN FILHO, Marçal. "Conceito de interesse público e a 'personalização' do direito administrativo". *Revista Trimestral de Direito Público.* São Paulo: Malheiros, n. 26, 1999, p. 125.
(62) MARQUES, Christiani. *Op. cit.,* p. 111.
(63) SILVA, Ana Emilia Andrade Albuquerque da. *Op. cit.,* p. 16.
(64) SILVA, José Afonso da. "A dignidade da pessoa humana como valor supremo da democracia". *XV Conferência Nacional da Ordem dos Advogados do Brasil.* Foz do Iguaçu, set. 1994, p. 109.
(65) SILVA, Ana Emilia Andrade Albuquerque da. *Op. cit.,* p. 87.

"Com a percepção de que a determinação de não discriminar, pura e simplesmente, não eliminava as distâncias existentes entre as chamadas minorias e os grupos privilegiados, fez-se necessária a mutação do princípio da igualdade, para incorporar ao seu conteúdo atitudes de natureza positiva, com vistas à eliminação das desigualdades reinantes."[66]

A Constituição brasileira de 1988, logo em seu Preâmbulo, alude à igualdade como valor supremo de uma sociedade fraterna, pluralista e sem preconceitos, fundada na harmonia social, e traça como objetivo a redução das desigualdades sociais e regionais e a promoção do bem de todos, sem preconceitos de origem, raça, sexo, cor, idade e quaisquer outras formas de discriminação (art. 3º, III e IV). Em seguida traz abrangente concepção desse princípio no *caput* do art. 5º, que além de afirmá-lo, estabelece como direitos invioláveis a vida, a liberdade, a segurança e a propriedade.

O princípio da igualdade possui os aspectos formal e material. Na igualdade formal todos os indivíduos devem ser tratados de igual maneira diante da norma vigente, ou seja, a lei deve ser aplicada de modo igual a todos, seja pelo Poder Judiciário ou pelas autoridades administrativas.

O sentido formal do princípio da igualdade está presente na Constituição no *caput* do art. 5º, 'todos são iguais perante a lei sem distinção de qualquer natureza'. Trata-se de um ideal jurídico-formal de buscar estabelecer que a lei seja genérica e abstrata e confere tratamento igual para todos, sem fazer qualquer distinção ou privilégio. [...] garante a qualquer indivíduo que acione o poder judiciário uma segurança, por saber que o trato da lei será igual para ambas as partes litigantes.[67]

Entretanto, se o princípio da igualdade for vislumbrado apenas em seu aspecto formal, volve-se ineficaz e insuficiente, pois a discriminação pode estar contida na própria norma, e ao ser aplicada a todos — pertencentes a uma sociedade pluralista — resultará na concretização da desigualdade.[68]

A Lei não deve ser fonte de privilégios ou perseguições, mas instrumento regulador da vida social que necessita tratar eqüitativamente todos os cidadãos. Este é o conteúdo político-ideológico absorvido pelo princípio da isonomia e juridicizado pelos textos constitucionais em geral, ou de todo modo assimilado pelos sistemas normativos vigentes.[69]

O princípio igualitário permeia toda a ordem constitucional. A exigência da aplicação do princípio isonômico, inseparável da sua acepção enquanto igualdade material, não se dirige somente ao Poder Legislativo, mas também aos Poderes

---
(66) *Idem*, p. 23-24.
(67) CARDOSO, Rodrigo Eduardo Rocha. *Op. cit.*
(68) LOPES, Otávio Brito. *Op. cit.*
(69) MELLO, Celso Antonio Bandeira de. *Op. cit.,* p. 10.

Executivo e Judiciário[70], devendo todos, além desses poderes fazer valer esses aspecto material por meio da garantia da igualdade de condições nas relações da sociedade.

"A construção da igualdade material requer atitudes do poder público, através de programas, políticas etc., que evidenciem a priorização da redução e extinção das desigualdades, com reflexos no setor privado, para os estratos populacionais carentes desta igualdade."[71]

Deve então o Estado tomar uma postura ativa para que se concretize a igualdade social, e desse jeito se configure melhores condições aos membros que mais carecem dessa igualização de oportunidades. Com isso, verifica-se que a igualdade não se restringe na aplicação da lei, mas através da lei, pois "cumpre legislar desigualando quando necessário para produzir igualdades em termos sociais, políticos, econômicos, ou seja: cumpre que à igualdade formal se some a igualdade material."[72]

Em face da inelutável necessidade de tratar diferentemente os seres humanos para igualá-los, tendo em vista suas diferenças culturais e econômicas, a impossibilidade de discriminar somou-se à igualdade de oportunidades, ficando assim definido por completo o princípio da igualdade.

Ao tratar do princípio de não-discriminação, é indispensável relacioná-lo com o princípio da igualdade, pois o primeiro é reflexo do último, estando necessariamente interligados.

O *princípio de não-discriminação* é entendido como um desdobramento do princípio da igualdade, em face das desigualdades dos homens, seria não diferenciar, não distinguir, nem estabelecer diferença, ou seja, dispensar a todos igual tratamento.[73]

Ainda, para *Calmon de Passos*, a relação de não-discriminação e igualdade, se estabelece:

"[...] na procura e definição dos fatores externos mediante os quais se pode ter uma 'moeda' política que permita igualar homens essencialmente diferentes, sob inúmeros aspectos, tanto biológica quanto psicologicamente, tanto em termos materiais quanto em dimensão cultural. A discriminação é a utilização de 'moeda falsa' para esse intercâmbio jurídico-político, que está vetado pelo princípio de não discriminação."[74]

---

(70) ABREU, Sérgio. *O princípio da igualdade: a (in)sensível desigualdade ou a isonomia matizada*, p. 259.
(71) SANTOS, Themis Aline Calcavecchia dos. *Op. cit.*, p. 286.
(72) PASSOS, José Joaquim Calmon de. *O princípio de não discriminação*. Disponível em: <http://www.direitopublico.com.br/pdf_2/DIALOGO-JURIDICO-02-MAIO-2001-CALMON-PASSOS.pdf>. Acesso em: 6 mar. 2007.
(73) PASSOS, José Joaquim Calmon de. *Op. cit.*
(74) *Ibidem.*

A discriminação é constitucionalmente vetada, entretanto, para igualar pessoas diferenciadas, faz-se necessário desigualá-las primeiramente, para que assim sejam tratadas igualmente de acordo com suas diferenças, devendo fazer uma adequada e cautelosa interpretação constitucional. Assim, quando se procura gerar a igualdade, com uma justificativa razoável, buscando um fim legítimo, o desigualar deixa de ser discriminador. É por isso que *Sérgio Abreu* afirma que:

> "(...) não estaria, tão somente, a administração autorizada a adotar tratamento desigual quanto à aplicação da lei sustentada em causa justificável. Seria estendida a possibilidade quando o legislador em atenção à concretização da igualdade material entendesse ser necessário o tratamento desigual."[75]

No contexto da igualdade por meio da lei aparece também a discriminação por omissão do legislador, quando este deixa de editar leis que proporcionem maior igualdade substancial, devendo os poderes públicos não apenas objetivarem abolir as discriminações desfavoráveis, mas também realizarem intervenções para corrigir as desigualdades de fato existentes no meio social.

2.1.3. Demais normas constitucionais atinentes ao tema

Em vários dispositivos a Constituição Federal de 1988 veda a prática da discriminação racial e da discriminação no trabalho, como se observa abaixo:

'Art. 3º Constituem objetivos fundamentais da República Federativa do Brasil: [...]

IV — promover o bem de todos, *sem preconceitos de* origem, *raça*, sexo, *cor*, idade e quaisquer outras formas de discriminação.'

'Art. 5º Todos são iguais perante a lei, sem distinção de qualquer natureza, [...]

XLII — *a prática do racismo constitui crime inafiançável e imprescritível*, sujeito à pena de reclusão, nos termos da lei;'

'Art. 7º São direitos sociais dos trabalhadores urbanos e rurais, além de outros que visem à melhoria de sua condição social: [...]

XXX — *proibição de diferença de salários, de exercício de funções e de critério de admissão por motivo de* sexo, idade, *cor* ou estado civil;

XXXI — proibição de qualquer discriminação no tocante a salário e critérios de admissão do trabalhador portador de deficiência;

XXXII — proibição de distinção entre trabalho manual, técnico e intelectual ou entre os profissionais respectivos; [...]'

Estas normas impõem uma atitude negativa, ou seja, de não discriminar. Entretanto, a Constituição também prevê discriminações positivas no âmbito do trabalho, conforme dispõem os arts. 7º, XX, e 37, VIII:

'Art. 7º São direitos sociais dos trabalhadores urbanos e rurais, além de outros que visem à melhoria de sua condição social: [...]

---

(75) ABREU, Sérgio. *Op. cit.*, p. 257.

XX — proteção do mercado de trabalho da mulher, mediante incentivos específicos, nos termos da lei; [...]'

'Art. 37. A administração pública direta e indireta de qualquer dos Poderes da União, dos Estados, do Distrito Federal e dos Municípios obedecerá aos princípios de legalidade, impessoalidade, moralidade, publicidade e eficiência e, também, ao seguinte: [...]

VIII — a lei reservará percentual dos cargos e empregos públicos para as pessoas portadoras de deficiência e definirá os critérios de sua admissão.'

Após dar-se a conhecer os principais dispositivos constitucionais sobre o tema em discussão, passa-se a sistematizar a legislação infraconstitucional.

2.1.4. Legislação infraconstitucional

Na esteira dos dispositivos constitucionais que tratam da discriminação no trabalho e do racismo, surgiram algumas normas de natureza infraconstitucional. Veja-se: as discriminações intencionais são tipificadas como crimes pelas Leis ns. 7.716/89 e 9.459/97; a Lei n. 7.716, de 5 de janeiro de 1989, definiu os crimes resultantes de preconceitos de raça ou de cor; já a Lei n. 9.459/97 corrigiu a Lei n. 7.716/89, modificando os arts. 1º e 20, alargando o seu alcance.

De acordo com a Lei n. 7.716/89 — dita *Lei Caó* —, são passíveis de punição os crimes resultantes de discriminação ou preconceito de raça, cor, etnia, religião ou procedência nacional. A punição, neste caso, pode variar de um a cinco anos de reclusão. A Lei faz referência a casos específicos, como negar emprego a um negro, impedir acesso a estabelecimentos comerciais ou ainda incitar ou induzir a prática da discriminação. Entretanto, não se tem conhecimento de alguém que tenha cumprido pena por condenação criminal com amparo nestas legislações.

A *Lei Caó* trata da discriminação no trabalho em dois artigos:

'Art. 3º Impedir ou obstar o acesso de alguém, devidamente habilitado, a qualquer cargo da Administração Direta ou Indireta, bem como das concessionárias de serviços públicos.

Pena: reclusão de dois a cinco anos.'

'Art. 4º Negar ou obstar emprego em empresa privada.

Pena: reclusão de um a três anos.'

Já a Lei n. 9.029, de 13 de abril de 1995, que proíbe práticas discriminatórias, para efeitos admissionais ou de permanência da relação jurídica de trabalho, expõe em seu primeiro artigo que "fica proibida a adoção de qualquer prática discriminatória limitativa para efeito de acesso à relação de emprego, ou sua manutenção, *por motivo de* sexo, origem, *raça, cor*, estado civil, situação familiar ou idade, ressalvadas, neste caso, as hipóteses de proteção ao menor previstas no inciso XXXIII do art. 7º da Constituição Federal." (grifou-se)

Vê-se, pois, que normas há; falta ver, mais adiante, como tem sido a aplicação destas normas pelo Poder Judiciário brasileiro.

3. A ilícita discriminação racial nas relações laborais no âmbito empresarial brasileiro

3.1. Discriminações lícitas e ilícitas: as ainda necessárias ações afirmativas

Discriminação é todo e qualquer meio ou forma de estabelecer diferenças, separar, excluir, baseado em critérios de raça, sexo, religião, gênero, em que alguma parte é prejudicada frente à outra, ferindo o princípio da igualdade.[76]

Porém estas discriminações podem não ter cunho apenas prejudicial, como sói ocorrer, podendo ser legítimas, em conformidade e até tuteladas pela Constituição, justificando-se nos casos em que é necessário e inevitável o estabelecimento de diferenças, conforme demonstra *Álvaro Ricardo de Souza Cruz:*

> "Muitas vezes, estabelecer uma diferença, distinguir ou separar é necessário e indispensável para a garantia do próprio princípio da isonomia, ou seja, para que a noção de igualdade atenda às exigências do princípio da dignidade humana e da produção discursiva (com argumentos racionais de convencimento) do direito."[77]

Para *Celso Antônio Bandeira de Mello* a discriminação é convivente com a isonomia — discriminar legitimamente — desde que o ato não atinja, de modo atual e absoluto, um só indivíduo; que haja realmente, nas situações, coisas ou pessoas com características ou traços diferenciados; que exista correlação lógica entre os fatores diferenciais existentes e a distinção estabelecida pela norma jurídica e que esta distinção tenha valor positivo de acordo com o que estabelece a Constituição.[78] Segundo o autor, "o que autoriza discriminar é a diferença que as coisas possuam em si e a correlação entre o tratamento desequiparador e os dados diferenciais radicados nas coisas."[79]

Está-se, portanto, diante daquela discriminação que é dita "lícita", conforme demonstram autores como *Álvaro Cruz*[80] e *Joaquim Benedito Barbosa Gomes*[81], isto porque a discriminação dos "diferentes" é elemento indissociável da democracia, pois, "mais do que lícitas, algumas discriminações são legítimas e justificáveis seja nos juízos de universalização das normas ou de adequabilidade delas aos casos concretos."[82] Entre as discriminações lícitas situam-se as *ações afirmativas*[83]

---
(76) CRUZ, Álvaro Ricardo de Souza. *O direito à diferença*: as ações afirmativas como mecanismo de inclusão social de mulheres, negros, homossexuais e portadores de deficiência, p. 21.
(77) *Idem*, p. 22.
(78) MELLO, Celso Antonio Bandeira de. *Conteúdo jurídico do princípio da igualdade*, p. 41.
(79) *Idem*, p. 34.
(80) CRUZ, Álvaro Ricardo de Souza. *Op. cit.*, p. 21-22, 30 e 32.
(81) GOMES, Joaquim Benedito Barbosa. *Ação afirmativa & princípio constitucional da igualdade*: (O Direito como instrumento de transformação social. A experiência dos EUA), p. 21.
(82) CRUZ, Álvaro Ricardo de Souza. *Op. cit.*, p. 18.
(83) *Joaquim Benedito Barbosa Gomes* (*op. cit.*, p. 40) definiu ações afirmativas como o "[...] conjunto de políticas públicas e privadas de caráter compulsório, facultativo ou voluntário, concebidas com vistas ao combate à discriminação racial, de gênero e de origem nacional, bem como para corrigir os efeitos presentes da discriminação praticada no passado, tendo por objetivo a concretização do ideal de efetiva igualdade de acesso a bens fundamentais como a educação e o emprego." Essas ações são medidas

ou as ditas *discriminações inversas*, que podem e devem gerar a inclusão da população negra na sociedade, permitindo-lhe usufruir de benefícios até então usufruídos pela população branca, concedendo-lhe os mesmos espaços na comunidade, na educação, na saúde e no trabalho.[84] Porém, a este estudo interessam sobretudo as *discriminações ilícitas*, ou seja, aquelas que, antipodamente às discriminações lícitas — que diferenciam buscando a efetivação da igualdade —, configuram-se como odiosas ou incompatíveis com os preceitos do constitucionalismo contemporâneo.[85]

Como já se adiantou acima, discriminação ilícita pode ser definida como uma conduta humana que viola os direitos das pessoas com base em critérios injustificados, tais como a raça, o sexo, a idade, a opção religiosa e outros. É fruto de um preconceito advindo de uma opinião pré-estabelecida, um julgamento prévio, um senso comum imposto pela cultura, pela religião, pela educação e pelas tradições de um povo.[86]

A violação de direitos fundamentais por meio da discriminação pode se manifestar de diferentes maneiras. A *discriminação é direta ou intencional* quando o agente age com dolo, premeditadamente, com vontade de violar o direito de outrem, sua integridade física e moral.[87] A constatação dessa discriminação é simples, como nos casos, *v.g.*, de anúncios de empregos em que se estipula a preferência por determinado sexo, idade, ou exige-se boa aparência; com a simples veiculação do anúncio, o caráter discriminatório do ato já se revela.[88]

Já a *discriminação de fato*, extremamente comum no Brasil, dá-se tanto nos campos da autonomia privada quanto nos da pública. Nesta esfera, resulta da indiferença, do desdém das autoridades públicas para com o destino e a dignidade dos

---

destinadas a corrigir uma forma específica de desigualdade de oportunidade, visando a coibir e a exterminar certas injustiças sociais — não somente as manifestações flagrantes de discriminação, mas também a discriminação de fundo cultural, há muito enraizada na sociedade — e promover a inclusão. O mesmo autor segue explicando que, para que ocorra uma transformação no comportamento e na mentalidade dos membros da sociedade, que estão fortemente condicionados pela tradição e pelos costumes, além de normas proibitivas é preciso promover a observância dos princípios do pluralismo e a da diversidade (p. 44). Por isso é que as ações afirmativas têm como objetivo "não apenas coibir a discriminação do presente, mas sobretudo eliminar os '*lingering effects*', os efeitos persistentes (psicológicos, culturais e comportamentais) da discriminação do passado, que tendem a se perpetuar" (p. 47). Na síntese de *Gisela Maria Bester Benitez*, as ações afirmativas "têm como núcleo axiológico a promoção e a garantia do princípio da igualdade, atuando como 'agente ativo de promoção de políticas de igualação'. Neste sentido, nasceram as ações afirmativas da necessidade de se fazer valer a igualdade material entre os indivíduos de uma mesma sociedade, exigência posta através de um comportamento ativo do Estado." (BENITEZ, Gisela Maria Bester; TOPOROSKI, Michelle Caroline Stutz; ARAÚJO, Cassiana Marcondes de. "Princípio da dignidade da pessoa humana e ações afirmativas em prol das pessoas com deficiências no mercado de trabalho". *Revista da Academia Brasileira de Direito Constitucional,* Curitiba, n. 6, 2004, p. 82). Outra definição que complementa a categoria advém de *Cármen Lúcia Antunes Rocha*, para quem ação afirmativa é "a expressão democrática mais atualizada da igualdade jurídica promovida na e pela sociedade, segundo um comportamento positivo normativa ou administrativamente imposto ou permitido. Por ela revela-se não apenas um marco equivocado da discriminação havida no passado em relação a determinados grupos sociais, mas, principalmente, uma transformação presente que marca um novo sinal de perspectivas futuras, firmadas sobre uma concepção nova, engajada e eficaz do princípio da igualdade jurídica." (*Op. cit.*, p. 98-99).
(84) SILVA, Ana Emilia Andrade Albuquerque da. *Op. cit.,* p. 78.
(85) CRUZ, Álvaro R. de S. *Op. cit.*, p. 21-22.
(86) *Idem,* p. 41.
(87) *Idem,* p. 42.
(88) SILVA, Ana Emilia Andrade Albuquerque da. *Op. cit.,* p. 50.

grupos sociais marginalizados. Conforme *Barbosa Gomes*: "Na implementação das políticas governamentais, essas autoridades em geral optam por uma concepção do princípio da igualdade que não leva em conta as especificidades dos grupos minoritários, tendendo quase sempre a perpetuar a iniqüidade de que eles historicamente são vítimas."[89] O fato de o Estado agir com indiferença e neutralidade para com as vítimas de discriminação faz com que tais minorias não recebam o necessário tratamento diferenciado de acordo com suas distinções. Na esfera da autonomia privada o discriminador não tem a consciência do mal que provoca, pois nem sequer sabe que está discriminando: é o chamado "racismo inconsciente", "[...] não há propósito discriminatório por parte do legislador ao editar a norma excludente, tampouco por parte de quem a aplica."[90] Segundo *Barbosa Gomes*, no Brasil algumas "práticas discriminatórias", sobretudo em matéria de educação e emprego, se enquadram perfeitamente nessa modalidade, passando a integrar a prática institucional "normal" e sendo "ofuscadas pela ausência de questionamentos propiciada pelo mito da democracia racial".[91] Segundo *Ana Lúcia Valente*, o objetivo deste mito é esconder os conflitos raciais existentes e diminuir sua importância, assim conseguindo controlar a população negra com eficácia, sem exercer uma violência visível como aconteceu nos Estados Unidos e na África do Sul.[92] *Ana Emília Silva*[93] comunga deste entendimento de que no Brasil o racismo é disfarçado, encoberto. Segundo *Roger Raupp:* "[...] a desconfiança e o desprezo ao negro são tão silenciosos quanto reais a discriminação e o tratamento arbitrário."[94]

Justamente por viver-se sob o manto da "democracia racial", que acoberta o preconceito maquiado, o "racismo silencioso",[95] é que cresce a importância da adoção de ações afirmativas, as ditas discriminações inversas ou "positivas". Quanto a estas, cabe ressaltar que foi precisamente em relação ao acesso ao trabalho em que mais geraram mudanças de atitudes, seja por meio das novas carreiras (forças armadas[96], *v.g.*, na década de 1980), seja pela melhoria na participação de mulheres casadas e negras nos diferentes setores da produção "e, principalmente, na mídia (ainda prevalece a beleza ariana, mas paulatinamente, as negras e mestiças estão conquistando espaço em atividades que exigiam a 'boa aparência')".[97]

Faz-se coro a *Jean Gustavo Moisés*[98] e *Christiani Marques*,[99] no entanto, para reafirmar a necessidade de mais ações afirmativas para o combate do racismo

---
(89) GOMES, Joaquim Benedito Barbosa. *Op. cit.*, p. 29.
(90) *Idem*, p. 30.
(91) *Idem*, p. 30-31.
(92) VALENTE, Ana Lúcia Eduardo Farah. *Op. cit.*, p. 27.
(93) SILVA, Ana Emilia Andrade Albuquerque da. *Op. cit.*, p. 59.
(94) RIOS, Roger Raupp. *Relações raciais no Brasil: desafios ideológicos à efetividade do princípio jurídico da igualdade e ao reconhecimento da realidade social discriminatória entre negros e brancos*, p. 481-482.
(95) Cfr. SCHWARCZ, Lilia Moritz (org.). "Nem preto nem branco, muito pelo contrário: cor e raça na intimidade". *História da Vida Privada no Brasil:* contrastes da intimidade contemporânea, p. 182.
(96) Quanto a isto, neste ano de 2007 a 1ª Turma de Enfermeiras da Marinha ("Turma Princesa Isabel" — QAFO-81) comemora 26 anos de formatura no Brasil. Agradeço à Comandante Kátia Garcia Lopes o gentil convite para participar do congraçamento dessa data histórica.
(97) SANTOS, Themis Aline Calcavecchia dos. *Princípio da igualdade — relações de gênero*, p. 284.
(98) Cfr. MOISES, Jean Gustavo. "Racismo no Trabalho". *JTb: Jornal Trabalhista Consulex*, Brasília, v 21, n. 1037, 2004, p. 7.
(99) MARQUES, Christiani. *Discriminação no emprego*, p. 130.

no trabalho, uma vez que erradicar a discriminação requer, mais do que normas repressivas, mudanças culturais, de mentalidades, a partir da conscientização da sociedade.

3.2. Discriminação racial nas relações laborais

Na esfera do trabalho é onde o racismo costuma imperar com maior veemência e a discriminação revelar-se mais perversa, uma vez que aí se dá a sujeição do homem pelo homem em uma sociedade capitalista, atingindo o discriminado "[...] na sua totalidade, nas suas relações sociais e familiares, abrindo uma ferida de difícil cicatrização e reparação."[100] Membros da população negra buscam o trabalho mais cedo, abandonando os estudos para garantir o sustento de suas famílias,[101] o que lhes impede alcançar melhores colocações e classificações no mercado laboral. Por conta do racismo o negro vem sendo excluído dos principais e mais rentáveis postos de trabalho, inferiorizado na percepção de salários, e vulnerabilizado no momento da admissão e da demissão, bem como sofre desigual acesso a programas de especialização e de requalificação, o que lhe impede lograr uma normal (igualitária) participação/ascenção no quadro da mobilidade ocupacional. Disso resulta também a inibição do desenvolvimento de potencialidades individuais da população negra e o seu usufruto da cidadania, o que compromete a evolução democrática do País e a construção de uma sociedade mais justa.[102] Vê-se, portanto, uma franca contradição dessa realidade com a Constituição Federal, que ao ordenar a concretização de princípios como o da igualdade, da liberdade, da dignidade da pessoa humana, da fraternidade e da solidariedade, torna seus destinatários credores desses valores.

Para se entender melhor a expressão "discriminação racial" propriamente dita, torna-se necessário o conhecimento da definição[103] dos termos *discriminação* e *raça*, iniciando pelo primeiro, que pelos dicionaristas pode ser entendido como:

> [...]. 2. Ação ou efeito de separar, segregar, pôr à parte. 3. Tratamento pior ou injusto dado a alguém por causa de características pessoais; intolerância, preconceito. 4. *(jur)* Ato que quebra o princípio da igualdade, como distinção, exclusão, restrição ou preferências, motivado por raça, cor, sexo, idade trabalho, credo religioso ou convicções políticas.[104]

---

(100) SILVA, Ana Emilia Andrade Albuquerque da. *Op. cit.*, p. 33.
(101) "Muitas crianças negras (as mais carentes, em geral) são obrigadas a deixar cedo a escola para ajudar no orçamento familiar. Vão executar pequenos trabalhos: vender doces pelas ruas e feiras, engraxar sapatos, lavar os carros da vizinhança e, quando não, fazer pequenos furtos [...]". Cf. VALENTE, Ana Lúcia Eduardo Farah. *Op. cit.*, p. 32-33.
(102) SILVA, Ana Emilia Andrade Albuquerque da. *Op. cit.*, p. 81.
(103) Apesar de neste artigo trazerem-se conceituações e diferenciações, não se deixa de dar razão a *Milton Santos* quando afirma que no Brasil "[...] toda discussão ou enfrentamento do problema torna-se uma situação escorregadia, sobretudo quando o problema social é substituído por referências ao dicionário. Veja-se o tempo politicamente jogado fora nas discussões semânticas sobre o que é preconceito, discriminação, racismo e quejandos, com os inevitáveis apelos à comparação com os norte-americanos e europeus. Às vezes, até parece que o essencial é fugir à questão verdadeira: ser negro no Brasil o que é?". SANTOS, Milton. "Ser negro no Brasil hoje". *In: país distorcido*: o Brasil, a globalização e a cidadania. São Paulo: Publifolha, 2002, p. 159.
(104) *Dicionário Houaiss da Língua Portuguesa*, p. 1.053.

Na doutrina o autor *Joaquim B. B. Gomes* menciona que a discriminação:

"[...] reveste-se inegavelmente de uma roupagem competitiva. Afinal, discriminar nada mais é do que uma tentativa de se reduzirem as perspectivas de uns em benefício de outros. Quanto mais intensa a discriminação e mais poderosos os mecanismos inerciais que impedem o seu combate, mais ampla se mostra a clivagem entre discriminador e discriminado. Daí resulta, inevitavelmente, que os esforços de uns em prol da concretização da igualdade se contrapõem aos interesses de outros na manutenção do *status quo*."[105]

Há que se notar, entretanto, que a expressão "discriminação" se distingue de "preconceito" e de "racismo", eis que deriva de diferenciar, discernir, donde ser objeto de discriminação não quer dizer necessariamente algo negativo, conforme já se demonstrou neste estudo (alguém pode ser discriminado dentro de um grupo por suas características positivas, ou seja, pode-se ter uma ação afirmativa, uma discriminação positiva).[106] Já quanto à "raça",[107] esta pode ser considerada pelas características físicas (fenótipo), como cor da pele, cor e tipo de cabelo, tipo de nariz, tipo e cor de olhos, altura e compleição, formato e tamanho dos crânios, etc. Este é o critério de definição de raça pelo Instituto Brasileiro de Geografia e Estatística, para o qual as raças são branca, negra, índia, amarela e parda.[108] Contudo, na interpretação da expressão raça no Direito Penal devem ser levadas em conta as classificações usualmente consagradas e, na prática, basear o entendimento "pelas formas de expressão da discriminação ou preconceito utilizadas pelo agente delitivo, que normalmente externa não gostar da raça negra, amarela, etc. (seja ela baseada nos fenótipos ou nos genótipos, embora normalmente ocorra a primeira hipótese)", cabendo ao operador do Direito "[...] adequar juridicamente tais expressões [...]".[109] De qualquer maneira, cabe observar que normalmente as três características fenotípicas que acabam identificando o ser humano negro são a cor da pele, o cabelo e o formato dos lábios e dos narizes, o que representa um percentual mínimo no genoma humano.

A expressão discriminação racial é definida de forma ampla na Convenção Internacional sobre a Eliminação de Todas as Formas de Discriminação Racial (de 1966). Dispõe o seu art. 1º que a Organização das Nações Unidas tem por discriminação racial:

"[...] qualquer distinção, exclusão, restrição ou preferência baseadas em raça, cor, descendência ou origem nacional ou étnica que tem por objetivo anular ou restringir o reconhecimento, gozo ou exercício no mesmo plano (em igualdade de condição), de direitos humanos e liberdades fundamentais no domínio político, econômico, social, cultural ou em qualquer outro domínio de vida pública."[110]

---

(105) GOMES, Joaquim Benedito Barbosa. *Op. cit.*, p. 8.
(106) SANTOS, Christiano Jorge. *Crimes de preconceito e de discriminação*: análise jurídico-penal da Lei n. 7.716/89 e aspectos correlatos, p. 40.
(107) Veja-se a definição de raça no *Dicionário Houaiss da Língua Portuguesa*, p. 2.372.
(108) SANTOS, Christiano Jorge. *Op. cit.*, p. 44.
(109) *Idem*, p. 47.
(110) ALVES, José Augusto Lindgren. *A arquitetura internacional dos direitos humanos,* p. 99.

Em matéria de emprego e profissão a Organização Internacional do Trabalho (OIT) define discriminação na Convenção n. 111 (art. 1º) como sendo "[...] toda distinção, exclusão ou preferência fundada na raça, cor, sexo, religião, opinião política, ascendência nacional ou origem social que tenha por efeito destruir ou alterar a igualdade de oportunidades ou de tratamento em matéria de emprego ou profissão."[111]

Na doutrina *Jean Gustavo Moisés* define discriminação racial no trabalho como a negação ao trabalhador, da "igualdade necessária que ele deve ter em matéria de aquisição e manutenção do emprego", bem como a determinação de um "tratamento diferenciado no ambiente de trabalho que lhe prejudique e não seja devidamente justificado, em virtude de sua raça."[112]

A perversidade da discriminação na esfera do trabalho pode ser demonstrada no cotejo entre brancos e negros quanto a várias diferenças de tratamento. A realidade do trabalhador negro é muito mais difícil do que a dos brancos, eis que os negros constituem o maior contingente de desempregados, e, ao serem empregados, geralmente o são em funções de menor remuneração (posições subalternas). É explícita a diferença entre negros e brancos quanto aos postos ocupados. As profissões e posições a que são submetidos são pré-definidas pela sociedade: "os negros geralmente conseguem trabalho de pouco prestígio social. Conseqüentemente é grande o número de negros residindo em locais pobres, como nas favelas."[113] A visibilidade desta "seleção" excludente é facilmente detectada no âmbito do próprio Direito, pois é difícil encontrar negros na magistratura, no ministério público, no meio acadêmico e em outras profissões jurídicas. Também são raras as chances de encontrá-los como governantes e parlamentares, executivos em empresas privadas, atuando em profissões liberais clássicas como as de médicos, dentistas, psiquiatras, etc. *Joaquim Benedito Barbosa Gomes* expõe ainda que:

> "[...] um passeio pelos nossos *shoppings centers* nos levará à surpreendente constatação de que raríssimos negros trabalham em estabelecimentos comerciais especializados na venda de produtos de maior sofisticação; nos grandes centros urbanos, uma *'promenade'* aos restaurantes elegantes nos indicará uma quase total ausência de negros em serviços que demandam contato próximo com a clientela, como maître ou garçom. Em contraste, nesses mesmos espaços será abundante a presença de negros em funções que realçam claramente a sua inferioridade ('Leão-de-chácara', manobristas, por exemplo), transmitindo, de forma sutil, a idéia de sua imprestabilidade para tarefas que exijam um grau maior de civilidade."[114]

O fato de a maior parte dos trabalhadores negros ocupar os postos de trabalho mais precários, hierarquicamente subalternos e, por conseguinte, perceber os menores salários, demonstra por si só a desigualdade racial que caracteriza o merca-

---
(111) *Convenção n. 100: Igualdade de Remuneração. Convenção n. 111: Discriminação no Emprego e Profissão*, p. 20.
(112) MOISÉS, Jean Gustavo. *Op. cit.*, p. 6.
(113) VALENTE, Ana Lúcia Eduardo Farah. *Op. cit.*, p. 25-26.
(114) GOMES, Joaquim Benedito Barbosa. *Op. cit.*, p. 33.

do de trabalho brasileiro. Porém *Ana Lúcia Valente* esclarece ainda mais outro traço cruel dessa situação:

"É fácil observar que muitos negros trabalham como empregados domésticos. A associação entre ser negro e ser empregado doméstico é tão imediata que muitas donas-de-casa negras já ouviram, de pessoas que bateram à sua porta, a pergunta: 'A dona da casa está?'."[115]

Logo, há uma reserva de mercado em determinadas profissões que privilegia alguns indivíduos em função da cor da pele: "[...] enquanto algumas ocupações são deliberadamente preenchidas por brancos, onde estão situados os maiores rendimentos e as melhores oportunidades, outras abrigam aqueles indivíduos com menores possibilidades escolares e profissionais, como é o caso dos negros, auferindo rendimentos inferiores."[116]

É, pois, imediata a percepção da relação entre educação, trabalho e renda. Como concluir o ensino superior significa melhores oportunidades de trabalho, e o negro quase não é encontrado no meio acadêmico, são mínimas as chances de conquistar um bom emprego com conseqüentes bons rendimentos. Porém, ainda que sua ascensão se dê — como a de qualquer outro trabalhador — pela via da escolarização, quando então o negro mais talentoso conseguir seu emprego e nele ascender, acaba ganhando um salário menor do que um branco na mesma função e raramente alcançando um posto de grande visibilidade.[117]

Quanto à admissão e à demissão, as empresas não podem deixar de contratar pessoas pertencentes a determinada minoria, ou então, só por isso, despedi-las. *Christiani Marques* enfatiza que nenhum trabalhador pode sofrer qualquer discriminação em relação a qualquer aspecto do seu contrato de trabalho, seja na contratação, na manutenção do contrato ou na rescisão. O motivo de qualquer desigualização "necessita ser lógico, racional e objetivo, sob pena de ferir o princípio isonômico".[118] No entanto, candidatos a emprego com idênticos currículos, qualificações e desempenho nas entrevistas continuam experimentando diferentes acolhidas, dependendo de sua raça, o que leva, no caso da raça negra, a oportunidades e padrão de vida muito inferiores ao da média da sociedade brasileira.[119] *Ana Lúcia Valente* explica que a "exigência de 'boa aparência' ou o pedido de fotografia nos anúncios de empregos podem ser traduzidos também como 'não deve ser negro'. Excelentes currículos têm sido rejeitados pelo recrutamento e seleção de recursos humanos das empresas por essa razão."[120]

Obviamente que tais atitudes discriminatórias "diminuem as condições de cidadania, produzindo resultados concretos na forma de desemprego, trabalhos mais penosos e degradantes, salários mais baixos e menores oportunidades de ascen-

---
(115) VALENTE, Ana Lúcia Eduardo Farah. *Op. cit.*, p. 27.
(116) *Mercado de Trabalho e Racismo*. Disponível em: <http://www.espacoacademico.com.br>. Acesso em: 5 mar. 2007.
(117) VALENTE, Ana Lúcia Eduardo Farah. *Op. cit.*, p. 51.
(118) MARQUES, Christiani. *Op. cit.*, p. 113.
(119) CRUZ, Álvaro Ricardo de Souza. *Op. cit.*, p. 141.
(120) VALENTE, Ana Lúcia Eduardo Farah. *Op. cit.*, p. 34.

são social."[121] Há, portanto, "[...] uma clara demonstração da desigualdade racial que caracteriza o mercado de trabalho brasileiro."[122] Por isso mesmo, faz-se necessário verificar como se dá a aplicação das normas pelo Poder Judiciário nesses casos de discriminação racial nas relações laborais.

4. O posicionamento do Poder Judiciário brasileiro frente à discriminação racial nas relações laborais empresariais

4.1. Queixas de discriminação racial no trabalho

Diante de todos os dados e elementos conceituais já trazidos neste texto torna-se impossível não dar razão à afirmação de *Fernanda Mena* no sentido de que "todo negro brasileiro parece ter um episódio de racismo para contar".[123]

A OIT, trabalhando com diversos órgãos governamentais brasileiros no combate à discriminação no trabalho, constatou as suas formas mais comuns:

"1. negros e mulheres têm o acesso dificultado a certos trabalhos que impliquem contato com o público, tais como caixa de banco, garçom, garçonete, relações públicas, etc;

2. os salários pagos aos negros e às mulheres são inferiores aos pagos aos seus colegas, com a mesma qualificação;

3. negros e mulheres costumam ser preteridos nas promoções no emprego;

[...]"[124]

Para exemplificar os tipos de queixas de discriminação racial no mercado de trabalho brasileiro demonstram-se, a seguir, três casos, relatados pelo Geledés — Instituto da Mulher Negra, sediado em São Paulo:

A vítima, N. L. C., foi admitida como vendedora em uma loja de calçados de São Paulo no dia 2 de maio de 1995. Após quatro meses de serviços prestados, precisou se ausentar por um dia do emprego devido a problemas de saúde. Ao retornar, tornou-se alvo de seguidas ofensas de caráter racial por parte de três de seus supervisores, conforme consta no depoimento da vítima e nos testemunhos de diversos funcionários da loja, apurados no inquérito penal que deu origem ao Processo Criminal n. 868/99. (O processo correu perante a 2ª Vara Criminal do Foro da Comarca de Osasco, [...]) Os fatos são relatados a seguir. No dia 20.9.95, o gerente geral do estabelecimento negou a N. L. C. sua comissão pelas vendas realizadas no dia, acrescentando ainda que 'preto só enche o saco.' No dia seguinte, o mesmo gerente determinou que os funcionários brancos almoçariam antes dos funcionários negros. Por ter discor-

---
(121) MARTINEZ, Paulo. *Op. cit.*, p. 55.
(122) SILVA, Ana Emília Andrade Albuquerque da. *Op. cit.*, p. 70.
(123) MENA, Fernanda. "OEA pode condenar o Brasil por racismo". *Folha de São Paulo*, C, p. 6.
(124) LOPES, Otávio Brito. *A questão da discriminação no trabalho*. Disponível em: <http://www.planalto.gov.br/ccivil_03/revista/Rev_17/Artigos/art_otavio.htm#7>. Acesso em: 4 mar. 2007.

dado dessa atitude, N. L. C. foi colocada por dez minutos de castigo por um segundo supervisor, subgerente da loja. Conforme o relatado em sentença, o subgerente esclareceu aos outros funcionários que colocara N. L. C. de castigo porque 'era preta e não vendia nada.' No dia 22.9.1995, um terceiro supervisor estipulou que N. L. C. se dispusesse no fundo da loja. Tratava-se de novo castigo do qual não deveria se esquivar sob pena de ser demitida. A. S. G., outra funcionária do estabelecimento, interveio em benefício da vítima, sendo demitida sem justa causa no primeiro dia útil que se seguiu. Em decorrência da pressão a que foi submetida por seus superiores, N. L. C. pediu demissão. O Ministério Público do Estado de São Paulo entendeu ser a ação de iniciativa privada, requerendo o arquivamento do feito devido o vencimento do prazo para a apresentação de queixa. A Justiça Paulista decidiu em primeira instância pela improcedência da ação, fundamentando a sentença na irretroatividade do art. 20, da Lei n. 7.716/89, na redação que lhe foi dada pela Lei n. 9.459/97. Frisou a juíza que tampouco seria aplicável ao caso o art. 140, § 3º, do Código Penal, que tipifica a injúria qualificada, em decorrência desse mesmo princípio da irretroatividade. Todavia, ressaltou que se teria configurado a conduta típica descrita no art. 20, da Lei n. 7.716/89, caso os fatos houvessem ocorrido após a nova redação dada à lei. Geledés ajuizou ação de indenização por ato ilícito em 8 de junho de 2000. Todavia, ainda não foi proferida a sentença (Processo n. 506/00, 1ª Vara Cível da Comarca de Osasco, no Estado de São Paulo). O caso foi divulgado pela TV Gazeta, no programa *Check-Up*, do dia 22.10.2000.[125]

[...]

No dia 26 de março de 1998, N. S. e G. A. F. dirigiram-se a uma empresa de seguros de saúde em São Paulo, atendendo a um anúncio de emprego veiculado no jornal Folha de São Paulo. Contudo, ao chegarem, foram informadas pelo representante da empresa que as vagas já haviam sido preenchidas. Uma amiga das vítimas, I. C. L., uma mulher branca, foi, todavia, contratada para o cargo anunciado, embora tivesse se dirigido à empresa após as vítimas. Conforme informado a I. C. L., não apenas havia vagas disponíveis, como precisavam preenchê-las com urgência. Em primeira instância, julgou-se pela improcedência do pedido. O Ministério Público manifestou-se favoravelmente à interposição do recurso pelas vítimas, ressaltando que os fatos apresentaram de forma 'patente' a existência de discriminação racial (Processo n. 681/98, 24ª Vara Criminal do Foro Central da Capital de São Paulo).[126]

[...]

No dia 23 de maio de 1997, A. O. A., funcionário de uma indústria do setor químico com sede em São Paulo, recebeu em sua mesa de trabalho cópias impressas de uma mensagem intitulada 'Piadas para Vocês Pretos', com con-

---

(125) *Discriminação Racial: Casos Selecionados*. Disponível em: <http://www.social.org.br/relatorio2000/relatorio015.htm>. Acesso em: 5 mar. 2007.
(126) *Idem, ibidem*.

teúdo racialmente ofensivo. A mensagem, enviada por um colega de trabalho por correio eletrônico, havia sido impressa e fotocopiada, e circulara por quatro meses e nove dias pelo escritório antes de ser recebida por A. O. A. A título ilustrativo, destacam-se as seguintes 'piadas': — O que mais brilha no preto? — As algemas. — O que acontece se o preto cair num monte de bosta? — Aumenta o monte. — Por que cigana não lê a mão de preto? — Porque preto não tem futuro. — Qual a diferença entre o preto e o câncer? — O câncer evolui. — Por que Deus fez o mundo redondo? — Para os pretos não cagarem nos cantos. — Quando preto vai à escola? — Quando está em construção. — Quando preto anda de carro? — Quando vai preso. Em transação penal, o funcionário responsável pelo envio da mensagem reconheceu que a havia mandado, tendo-se acordado que ele pagaria cinco dias de multa pela prática contravencional. Em ação indenizatória (Processo n. 277/00, 2ª Vara Cível do Foro Distrital de Vinhedo da Comarca de Jundiaí), promovida por Geledés, foi ressaltada a existência do crime do art. 20, da Lei n. 7.716/89, no intuito de esclarecer a ocorrência de dano moral à vítima. O artigo 20 tipifica penalmente a conduta de 'praticar, induzir ou incitar a discriminação ou preconceito de raça, cor, etnia, religião ou procedência.' A pena de reclusão de um a três anos e multa é agravada para a pena de reclusão de dois a cinco anos e multa, conforme explicita o parágrafo 2º desse artigo, 'se qualquer dos crimes previstos no caput é cometido por intermédio dos meios de comunicação ou publicação de qualquer natureza.' A ação indenizatória ajuizada por Geledés, contudo, ainda não foi julgada. O caso foi divulgado pela Rede Globo, no programa Fantástico."[127]

Reforçam estes relatos as informações trazidas por *Antônio Guimarães* no sentido de que as principais queixas de discriminação no emprego e o no exercício profissional referem-se a agressões verbais, a recusas de emprego, a demissões e a transferências injustificadas. As "[...] recusas de emprego concentram-se no setor privado, posto que o setor público utiliza, na maioria das vezes, concursos para ingresso; já as transferências concentram-se no setor público, demonstrando que as empresas privadas são, no caso, de pequeno porte."[128]

As queixas são numerosas, mas a impunidade grassa no que se refere ao crime de racismo, vindo a ser ela tão visível que o Brasil já é parte demandada sobre este grave tema na Comissão Interamericana de Direitos Humanos (CIDH). O caso que lá chegou pode fazer com que a Organização dos Estados Americanos condene o Brasil por racismo. Entre muitas outras, uma denúncia desse crime, arquivada pela Justiça brasileira, foi levada para a CIDH e, caso seja julgada procedente, fará do Brasil o primeiro país das Américas a ser responsabilizado por ser conivente com o crime de racismo.[129]

---

(127) *Discriminação Racial: Casos Selecionados. Op. cit.*
(128) GUIMARÃES, Antonio Sérgio Alfredo. *Preconceito e discriminação:* queixas de ofensas e tratamento desigual dos negros no Brasil, p. 94.
(129) MENA, Fernanda. *Op. cit.,* p. 6. O caso concreto deu-se com Simone André Diniz, 27 anos, que, ao ver um anúncio de emprego para empregada doméstica nos classificados do jornal *Folha de São Paulo*, entrou em contato com o número indicado, apresentando-se como candidata. Imediatamente foi indagada

4.2. Jurisprudências brasileiras e análise crítica sobre a interpretação das normas repressivas: uma aurora que não deu dia

Diante da realidade de que, por mais que a prática do racismo seja recorrente, "[...] poucas dessas demonstrações se transformam em inquérito", sobretudo "[...] pela falta de consciência do sistema",[130] é natural que sejam enormes as dificuldades em se encontrar decisões que tipifiquem o crime de racismo. Pior: quando os casos chegam ao Poder Judiciário, a prática do crime de racismo geralmente é convertida em injúria.

Seguem alguns dos raros *exemplos de enfrentamento jurisprudencial adequado* da temática da discriminação racial no Brasil:

"00186-2005-076-03-00-2 — Relator: José Marlon de Freitas — Órgão Julgador: Oitava Turma — Data: 3.9.2005. OFENSAS VERBAIS — DISCRIMINAÇÃO RACIAL — DANO MORAL CARACTERIZADO. As ofensas verbais dirigidas ao empregado, pelo empregador, reveladoras de preconceito racial, constituem prática de ato ilícito tipificado como crime e classificado como hediondo pelo nosso ordenamento legal. Os atos discriminatórios, por causarem lesão à honra, à imagem e à dignidade da pessoa devem ser, de pronto, repudiados por esta Justiça, e ensejam reparação por danos morais.

TRIBUNAL REGIONAL DO TRABALHO DA 3ª REGIÃO. 00797-2005-015-04-00-5 — Relator: JOSÉ FELIPE LEDUR — Órgão Julgador: Primeira Turma — Data: 2.12.2005. Decisão: decidiu a Turma, à unanimidade de votos, negar provimento ao recurso ordinário da reclamada, mantendo a sentença por seus próprios fundamentos, conforme o art. 895, § 1º, IV, *in fine*, da CLT, e determinar a expedição de ofício ao Ministério Público do Trabalho para que tome as medidas cabíveis quanto à prática de discriminação racial. DANO MORAL — A prova oral confirmou a ocorrência de frase de cunho racista ('*Nego quando não caga na entrada, caga na saída*) por preposto da reclamada dirigida ao ex-empregado motivada pela relação jurídica havida entre as partes. A testemunha não foi contraditada e foi compromissada sob as penas da lei, revelando, inclusive, conhecer o ofensor, Sr. Nelci, quando confrontada com 03 pessoas (fl. 32). Daí porque o seu depoimento possui crédito. Além de o fato ter sido presenciado por

---

sobre a cor de sua pele; informando ser negra, obteve a resposta de que não preenchia os requisitos para o emprego. O anúncio dizia o seguinte: "doméstica. Lar. P/morar no empr. C/exp. Toda rotina, cuidar de crianças, c/docum. E ref.; Pref. Branca, s/ filhos, solteira, maior de 21a. Gisele." Cfr. Comissão Interamericana de Direitos Humanos. Disponível em: <http://www.cidh.oas.org/annualrep/2002port/brasil12001.htm>. Acesso em: 5 mar. 2007. A partir daí, acompanhada de advogado, Simone realizou todos os trâmites na Delegacia de Crimes Raciais, tendo sido posteriormente encaminhado relatório da notícia crime ao Juiz de Direito, o qual deu ciência ao Ministério Público (MP). Este alegou não existir nos autos qualquer evidência do crime de racismo previsto na Lei n. 7.716/89, não tendo base, pois, para o oferecimento da denúncia. Na seqüência, o magistrado prolatou sentença arquivando o inquérito com fundamento nas razões expostas pelo MP. Então a Subcomissão do Negro da Comissão de Direitos Humanos da Ordem dos Advogados do Brasil (OAB/SP) e o Centro pela Justiça e o Direito Internacional (CEJIL) ingressaram, em outubro de 1997, com uma denúncia contra o Estado brasileiro na CIDH, alegando que este violou os direitos de Simone ao não cumprir o disposto nos artigos da Convenção Americana sobre Direitos Humanos e da Convenção Internacional para a Eliminação de Todas as Formas de Discriminação Racial. Competente para o feito, a Comissão Interamericana admitiu a denúncia (cf. Relatório n. 37/02, de outubro de 2002) diante da violação de direitos estabelecidos na Convenção Americana, da qual o Brasil é parte. A Comissão aprovou um relatório com recomendações sobre o caso, que em 2005 foi encaminhado ao governo brasileiro, requerendo que este fizesse um documento com medidas a serem tomadas para solucionar a situação denunciada e dar cumprimento às recomendações da CIDH, sendo que até o final daquele ano não obteve resposta. Cf. MENA, Fernanda. *Op. cit.*, p. 6.

(130) SANTOS, Cristiano Jorge. "Crimes de preconceito e de discriminação". *Apud*: "Promotores apontam impunidade". *Folha de São Paulo*, C6, 17 abr. 2005.

terceiro estranho à relação das partes, o dano provocado pela ofensa é objetivo, resultando obrigação de indenizar o ilícito. A frase utilizada é suficiente para caracterizar grave ofensa à honra e dignidade do empregado, sendo, inclusive, *passível de configurar a prática de racismo, crime inafiançável.* A duração do período contratual não influi na conseqüência jurídica de ato único lesivo. O valor arbitrado pelo julgador da origem — R$ 9.000,00 — guarda razoabilidade com as finalidades de compensar o ofendido e punir o agressor, considerando a natureza do fato, o salário do reclamante e o ramo de atividade da reclamada, do qual se presume estabilidade econômica (fl. 97). Não há sentido em remeter o arbitramento da indenização para fase de liquidação. A sentença é mantida por seus próprios fundamentos. OFÍCIO. Não obstante prova de que houve queixa à autoridade policial, determina-se a expedição de ofício ao Ministério Público para averiguação, independentemente de pedido da parte, já que, em tese, houve ilícito penal. Trata-se o racismo de crime inafiançável e imprescritível, nos termos do art. 5.º, XLII, da CF/88, *além de o repúdio ao racismo ser um dos pilares da República (arts. 3º, IV, e 4.º, VIII, da CF/88) e, em especial nas relações de trabalho, deve ser coibido.* TRIBUNAL REGIONAL DO TRABALHO DA 4ª REGIÃO. (grifou-se)

Processo: RR — n.: 381531 — ano: 1997 — publicação: DJ 15.2.2002 — Relator: RONALDO LEAL. DISCRIMINAÇÃO RACIAL NO EMPREGO — REINTEGRAÇÃO. *Embora o TRT tenha sustentado que não houve discriminação racial na despedida do autor, as premissas fáticas identificadas no acórdão recorrido revelam que ela existiu.* Diante dessa circunstância e levando-se em conta os aspectos sociais que envolvem o tema, deve ser invocada a responsabilidade objetiva do empregador pelos atos praticados pelo seu empregado ou preposto no exercício do trabalho que lhe competia, mesmo que, tal como consignado pelo colegiado de origem, à época da dispensa aquele desconhecesse os atos perpetrados por este. Esclareça-se que o empregador, ao recorrer aos serviços do preposto, está delegando poderes a ele inerentes, não podendo, portanto, eximir-se de responsabilidade. Também como fundamento, deve ser registrado que o ordenamento jurídico pátrio, desde as constituições anteriores, repudia o tratamento discriminatório, seja pelos motivos, dentre outros, de raça, cor e religião. Destarte, os princípios constitucionais, associados aos preceitos legais e às disposições internacionais que regulam a matéria, autorizam o entendimento de que *a despedida, quando flagrantemente discriminatória, deve ser considerada nula, sendo devida a reintegração no emprego.* Inteligência dos arts. 3º, inciso IV, 4º, inciso VIII, 5º, *caput* e incisos XLI e XLII, e 7º, inciso XXX, da Constituição Federal, 8º e 9º da CLT e 1.521, inciso III, do Código Civil e das Convenções ns. 111/58 e 117/62 da OIT. Recurso conhecido e provido. TRIBUNAL SUPERIOR DO TRABALHO." (grifou-se)

Ressalte-se, porém, que estes entendimentos, louváveis pela acertada leitura constitucional de que derivam, são pouco vistos nas jurisprudências brasileiras, eis que há uma recusa por parte do Poder Judiciário em aceitar as teses de racismo: "[...] o judiciário brasileiro ainda está longe de se posicionar de modo efetivo contra ações ilegítimas de discriminação."[131] É o que se vê nas seguintes decisões:

"APELACÃO CÍVEL — 2003.001.20285 — DES. CASSIA MEDEIROS — Julgamento: 28.10.2003 — DECIMA OITAVA CAMARA CIVEL. TRIBUNAL DE JUSTIÇA DO RIO DE JANEIRO. RESPONSABILIDADE CIVIL. SEGURANCA PARTICULAR. HONRA PESSOAL. RACISMO. DANO MORAL. Responsabilidade Civil. *Ofensa à honra. Expressões injuriosas que traduzem preconceito de raça e de cor.* Dano moral. Indenização. Ação de indenização por dano moral proposta por segurança de Condomínio ofendido em sua honra por visitante que, ao ser impedida de estacionar o seu carro no pátio, reservado aos moradores, chamou-o de 'macaco', 'crioulo palhaço' e acrescentou que 'aquilo só podia ser coisa de preto'. Sentença que, embora admitindo a possibilidade de os fatos alegados haverem realmente ocorrido, julgou improcedente o pedido, ao fundamento de que as testemunhas são colegas de trabalho do autor e, como tal, tem

---

(131) CRUZ, Álvaro Ricardo de Souza. *Op. cit.*, p. 51.

interesse no deslinde do feito a seu favor. Como decidido pela Câmara no julgamento da apelação que anulou a sentença anterior por cerceamento de defesa, ante os termos do artigo 405, §§ 2º e 3º do Código de Processo Civil, o fato de as testemunhas serem colegas de profissão da parte, por si só, não as tornam impedidas ou suspeitas. Considerando que as testemunhas confirmaram integralmente as ofensas dirigidas pela ré ao autor, impõe-se o dever de indenizar. Provimento do recurso para julgar procedente o pedido inicial, com a condenação da ré ao pagamento de indenização por dano moral arbitrada em R$ 5.000,00, com correção monetária a partir desta data e juros legais a contar da citação, bem como ao pagamento das despesas processuais e dos honorários advocatícios de 20% sobre o total da condenação. (grifou-se)

Apelação Crime — 70010471910 — Relator: Jorge Adelar Finatto. CRIME DE RACISMO. *A condenação por delito de racismo exige prova escorreita do dolo do réu em praticar preconceito racial. Situação concreta que revela desentendimento do acusado com a vítima, com utilização de palavras que caracterizam injúria racial, insuficientes, todavia, à caracterização do crime de racismo.* APELO DO RÉU PROVIDO. IMPROVIMENTO DO RECURSO MINISTERIAL. (Apelação Crime n. 70010471910, Sexta Câmara Criminal, Tribunal de Justiça do RS, Relator: Jorge Adelar Finatto, Julgado em 29.6.2006). (grifou-se)

Apelação Cível — 70011894268 — Relator: Odone Sanguiné. APELAÇÃO CÍVEL. RESPONSABILIDADE CIVIL. PRÁTICA DE RACISMO. INDENIZAÇÃO POR DANO MORAL. 1. É devida indenização por danos morais quando a vítima é ofendida gravemente com palavras discriminatórias e racistas. Prova dos autos que conduzem a um juízo de certeza acerca da identidade da ofensora. 2. A discriminação racial é duramente combatida em nosso ordenamento jurídico, demonstrando o legislador, em diversos dispositivos, grande preocupação com o tema. Embasamento constitucional e infraconstitucional. 3. Comprovação da conduta ilícita e do nexo de causalidade. Dano consubstanciado nas próprias ofensas proferidas pela ré, que expôs o autor a uma situação vexatória em via pública, diante de outras pessoas. 4. Danos morais fixados em conformidade com a capacidade econômica das partes, a extensão do dano e o caráter inibitório da indenização. Quantum indenizatório mantido. 1. Indenização. Dano moral. Racismo. Ofensa à honra e à dignidade do cidadão. Ofensas dirigidas a funcionário de área azul. 2. Preconceito racial. Discriminação em razão da cor. 3. Área azul. Zona azul. Funcionário de estacionamento. Concessionária de serviço público. Negaram provimento às apelações. Unânime. (Apelação Cível n. 70011894268, Nona Câmara Cível, Tribunal de Justiça do RS, Relator: Odone Sanguiné, Julgado em 24.8.2005).

Apelação Criminal — 2004.031024-0 — Relator: Des. Amaral e Silva — Data da Decisão: 15.2.2005. PENAL — PRECONCEITO DE RAÇA OU COR — LEI N. 7.716/89 — ALEGAÇÃO DE AUSÊNCIA DE DOLO PELA DEFESA — CONDENAÇÃO MANTIDA — RECURSO DESPROVIDO. *Configura crime de racismo, a oposição indistinta à raça ou cor, perpetrada através de palavras, gestos, expressões, dirigidas a indivíduo, em alusão ofensiva a uma determinada coletividade, agrupamento ou raça que se queira diferenciar. Comete o crime de racismo, quem emprega palavras pejorativas, contra determinada pessoa, com a clara pretensão de menosprezar ou diferenciar determinada coletividade, agrupamento ou raça. O crime de racismo é tão repudiado pela consciência nacional que a Carta Política o considerou imprescritível* (inciso XLII do art. 5º). TRIBUNAL DE JUSTIÇA DO ESTADO DE SANTA CATARINA. (grifou-se)

Apelação Crime — 2001.2699-8 — Relator: Des. FERNANDO LUIZ XIMENES ROCHA. Órgão Julgador: 1ª CÂMARA CRIMINAL. Data da decisão: 02/09/2003. PENAL E PROCESSUAL PENAL. PRECONCEITO DE COR. MATERIALIDADE E AUTORIA COMPROVADAS. CONDENAÇÃO. I — Demonstrando os fólios que o réu, ao se reportar à cor da pele dos ofendidos, além de agredi-los verbalmente, de maneira preconceituosa, também proferiu palavras pejorativas genericamente a todos os negros, considerando-os pessoas sem-vergonha e passíveis de constituir objeto de compra, a condenação nas sanções do tipo penal previsto no art. 20 da Lei n. 7.716/1989 é medida legal que se impõe. II — Apelo improvido.

[...]

'TJSP: Racismo — Não caracterização — Ofensa consistente em chamar alguém de 'negro sujo' — *Ato discriminatório inocorrente* — Oposição indistinta à raça negra não evidenciada — Ataque verbal exclusivo contra a vítima — *Eventual crime de injúria qualificada* cogitado no art. 140, § 3º, do Código Penal — Denúncia rejeitada' (JTJ 223/191).

[...]

'O crime de preconceito racial não se confunde com o crime de injúria, na medida em que este protege a honra subjetiva da pessoa, que é o sentimento próprio sobre os atributos físicos, morais e intelectuais de cada pessoa, e aquele é manifestação de um sentimento em relação a uma raça'. (TJMG — Ap. 133.955-5 — Rel. Herculano Rodrigues — j. 17.12.1998 — JM 146/382). (Ap. Crim. 133.955-5, rel. Des. Herculano Rodrigues, Jurisprudência Mineira, v. 146, p. 382/389). No voto condutor do *decisum*, o Relator *afasta a possibilidade de desclassificação delitiva*, argumentando que: 'Incabível, por outro lado, a desclassificação do delito para o tipo do art. 140, § 3º, do Código Penal: injúria consistente na utilização de elementos referentes a raça, cor, etnia, religião ou origem. *O crime não foi contra a honra, pois não foram atribuídos vícios ou defeitos morais à Sra. Elizabeth ..., mais, sim, através de uma censura à sua atuação profissional, sugerindo-se a volta de um castigo físico abominável, às pessoas de cor*. A contundência na colocação, portanto, ferindo os sentimentos da comunidade negra, não há que ficar sem a devida resposta legal.' TRIBUNAL DE JUSTIÇA DO ESTADO DO CEARÁ. (grifou-se)

Apelação Criminal — 14249/2003 — Data de Julgamento: 9.12.2003.

APELAÇÃO CRIMINAL — CRIME DE RACISMO — PRETENDIDA ABSOLVIÇÃO — NÃO CARACTERIZAÇÃO DO CRIME — DECLASSIFICAÇÃO PARA O CRIME DE INJÚRIA QUALIFICADA — CRIME DE AÇÃO PENAL PRIVADA — NÃO OFERECIMENTO DA QUEIXA-CRIME — DECADÊNCIA — DECRETADA DE OFÍCIO — EXTINÇÃO DA PUNIBILIDADE — RECURSO IMPROVIDO. *Inocorre crime de racismo quando a intenção do agente é apenas ofender a honra subjetiva da vítima. Configurado o crime de injúria racial e sendo ele ação penal privada,* depende do oferecimento da queixa-crime no prazo de seis meses da ocorrência do fato. A extinção da punibilidade ocorre em virtude da decadência, devendo ser decretada de ofício. TRIBUNAL DE JUSTIÇA DO ESTADO DO MATO GROSSO. (grifou-se)

Apelação Criminal — 1.0686.01.030756-5/001 — Relator: Herculano Rodrigues — Data do Acórdão: 04/08/2005. CRIME DE PRECONCEITO DE RAÇA. RÉU QUE DIRIGE À VÍTIMA OFENSA LIGADA À COR DA PELE. REEXAME DE PROVAS. AUTORIA COMPROVADA. TIPICIDADE. 'EMENDATIO LIBELLI'. CONDUTA TÍPICA QUE SE AMOLDA AO TIPO DO ART. 140, § 3º DO CÓDIGO PENAL. CRIME DE AÇÃO PRIVADA. AUSÊNCIA DE QUEIXA. NULIDADE DA AÇÃO PENAL. DECADÊNCIA DO DIREITO DE OFERECIMENTO. EXTINÇÃO DA PUNIBILIDADE. RECURSO PROVIDO. Tendo o réu proferido ofensas alusivas à cor da pele da vítima, dirigidas a ela própria e não a um grupo social, *pratica injúria qualificada, e não atos de discriminação, impondo-se a desclassificação para o crime do art. 140, § 3º, do Código Penal*. Em se tratando o delito praticado de crime de ação penal privada, e ausente condição de procedibilidade, deve ser declarada a nulidade de todo o processado, com a conseqüente extinção da punibilidade do apelante pela decadência do direito de oferecimento da queixa. TRIBUNAL DE JUSTIÇA DO ESTADO DE MINAS GERAIS. (grifou-se)

Apelação Criminal — 1.0456.02.012684-7/001 — Relator: Kelsen Carneiro — Data do Acórdão: 29/11/2005. INJÚRIA — OFENSAS DE CARÁTER RACIAL — CRIME CARACTERIZADO — HIPÓTESE EM QUE FORAM DIRIGIDAS À VÍTIMA EXPRESSÕES COMO 'NEGRA', NEGRA-PRETA, 'CRIOULINHA', 'MACUMBEIRA' E 'FEITICEIRA' —

OFENSA À DIGNIDADE E AO DECORO — TESTEMUNHAS CONFIRMANDO O ASSAQUE DAS PALAVRAS INJURIOSAS — DESPROVIMENTO. *Comete o crime de injúria qualificada pelo preconceito, aquele que se utiliza de palavras depreciativas à raça e cor, com o intuito de ofender a honra de outra pessoa.* TRIBUNAL DE JUSTIÇA DO ESTADO DE MINAS GERAIS. (grifou-se)

Apelação Cível — 1999.71.00.031325-7 — UF: RS — Data da decisão: 12.9.2002 — Órgão Julgador: Quarta Turma — Relator: Edgard Antônio Lippmann Júnior — Decisão: A turma, por unanimidade, deu parcial provimento ao recurso, nos termos do voto do relator. APELAÇÃO CIVEL. INDENIZAÇÃO POR DANOS MORAIS. EXPOSIÇÃO DE CLIENTE À SITUAÇÃO CONSTRAGEDORA. FATOS COM CONOTAÇÃO DISCRIMINATÓRIA DE ORIGEM RACIAL. *REDUÇÃO DO VALOR INDENIZATÓRIO.* As pessoas expostas ao constrangimento de abordagem e revista, por parte dos funcionários da ré, têm em comum a cor preta da pele, o que evidencia a ocorrência da discriminação racial. A exposição pública a tal situação, sem motivação razoável, atingiu a honra do demandante, merecendo indenização pecuniária, a minorar o dano. Redução do valor da condenação fixada pelo juízo a *quo* em 450 salários mínimos para o patamar de R$ 18.000,00, equivalentes à expressão monetária de 100 salários mínimos à data de prolação da sentença, para melhor se harmonizar com as decisões deste Tribunal. TRIBUNAL REGIONAL FEDERAL DA 4ª REGIÃO. (grifou-se)

Apelação Cível — 2000.72.07.001364-6 — UF: SC — Data da decisão: 12/09/2002 — Órgão Julgador: Quarta Turma — Relator: Edgard Antônio Lippmann Júnior — Decisão: A turma por unanimidade, negou provimento ao apelo do autor e deu parcial provimento ao apelo da União e à remessa oficial. OFENSA RACIAL PROFERIDA EM PÚBLICO POR SUPERIOR HIERÁRQUICO EM FORMATURA MILITAR. LITISCONSÓRCIO PASSIVO. CONDENAÇÃO EM DANOS MORAIS. VINCULAÇÃO AO SALÁRIO MÍNIMO — IMPOSSIBILIDADE. Não se tratando de listisconsórcio passivo necessário e tendo um dos réus deslocado a competência para a Justiça Federal, em razão da pessoa — competência relativa — deve-se extinguir o feito com relação ao outro réu, pela incompetência absoluta do Juízo Federal para o processamento e julgamento de lides entre particulares. *As expressões repetidamente utilizadas por pessoa com bom nível sócio-econômico-cultural, em flagrante e ofensivo desabono a subordinado, em ato oficial é de ser indenizado monetariamente, como forma de compensar os danos morais sofridos pelo ofendido.* Indenização fixada em R$ 12.600,00 (doze mil e seiscentos reais: à data da prolação da sentença, corrigidos monetariamente deste o fato e acrescido de juros moratórios de 6% ao ano, desde a citação, tudo a incidir até o efetivo pagamento. TRIBUNAL REGIONAL FEDERAL DA 4ª REGIÃO.

Apelação Criminal — 96.04.19980-3 — UF: RS — Data da decisão: 12.11.1996 — Órgão Julgador: Primeira Turma — Relator: Luiz Carlos de Castro Lugon — Decisão: Por maioria, vencido o juiz Luiz Carlos de Castro Lugon, dando parcial provimento ao recurso de réu, no sentido de fixar a pena no mínimo legal de dois anos. PENAL. DELITO CONTRA A SEGURANÇA NACIONAL E CRIME DE RACISMO. CONCURSO MATERIAL. *IDÉIAS INGÊNUAS. AUSÊNCIA DE POTENCIAL OFENSIVO. DIREITO À MANIFESTAÇÃO DO PENSAMENTO. AUSÊNCIA DE DOLO E DE INTENCIONALIDADE À DISCRIMINAÇÃO OU PRECONCEITO.* 1. Para a configuração do delito de separatismo, são necessárias manifestações com potencial ofensivo, que coloquem em risco a segurança nacional ou a integridade territorial. Não há, entretanto, no comportamento do réu, carga de nocividade que dê tipicidade delitiva à pregação separatista. 2. Tratando-se de obra ingênua, utópica e pacífica, e propaganda insipiente e ineficaz para positivar uma revolta, não se vislumbra o necessário potencial ofensivo exigido pela lei constitucional, mas sim o exercício de um direito subjetivo de manifestação do pensamento. 3. A lei penal busca reprimir a difusão e a defesa de idéias preconceituosas e segregacionistas, mas é imprescindível a presença do dolo, consubstanciado na busca da concretização dos elementos abstratamente contidos no tipo penal. Com base nisso, *não restou caracterizada a intencionalidade de praticar, induzir ou incitar à discriminação ou preconceito de raça, cor ou etnia.* TRIBUNAL REGIONAL FEDERAL DA 4ª REGIÃO. (grifou-se)

Apelação Cível — 2002.02.01.005212-8 — UF: RJ — Data da decisão: 24.3.2004 — Órgão Julgador: Segunda Turma — Relator: Juiz Castro Aguiar — Decisão: Por unanimidade, negou-se provimento às apelações, na forma do voto do relator. CIVIL — DANO MORAL — ABORDAGEM E REVISTA DE CLIENTE EM PORTA DE ESTABELECIMENTO BANCÁRIO — TRATAMENTO DIFERENCIADO — CONOTAÇÃO DISCRIMINATÓRIA — RACISMO VELADO. I — As provas reunidas nos autos, notadamente os depoimentos testemunhais, confirmaram que o autor recebeu tratamento diferenciado em relação a outros clientes, ao ser, num grupo de cerca de seis pessoas, todas brancas, o único impedido de entrar em agência da Caixa Econômica Federal, mediante critério subjetivo do vigilante do referido estabelecimento bancário. O fato, até corriqueiro e normalmente sem maiores implicações, terminou revelando motivação discriminatória, de natureza racial. II — Apelações improvidas. TRIBUNAL REGIONAL FEDERAL DA 2ª REGIÃO.

Apelação Cível — 2003.33.00.022181-0 — UF: BA — Data da decisão: 3.5.2006 — Órgão Julgador: Quinta Turma — Relator: Desembargador Federal Fagundes de Deus — Decisão: A Turma, por maioria, deu parcial provimento à apelação da CEF e negou provimento ao recurso adesivo da Autora. CIVIL. RESPONSABILIDADE CIVIL. ESTABELECIMENTO BANCÁRIO. TRATAMENTO DISCRIMINATÓRIO DE CLIENTE. NÃO-CONFIGURAÇÃO. ATENDIMENTO DESRESPEITOSO POR PARTE DE FUNCIONÁRIA DA RÉ. CARACTERIZAÇÃO. DANO MORAL. CABIMENTO. INDENIZAÇÃO. REDUÇÃO. PRINCÍPIO DA PROPORCIONALIDADE. 1. A instituição bancária tem o dever de bem atender e servir sua clientela, na prestação de seus serviços, sendo ela responsável pelo tratamento vexatório dispensado pelos seus prepostos a seus clientes. 2. *Não resta configurada a prática de racismo por parte da funcionária da instituição bancária, mas, sim, mau atendimento,* consistente no seu comportamento rude e a forma desonrosa com que tratou cliente que teria ingressado indevidamente na fila de 'caixa exclusivo' a gestantes, idosos e deficientes físicos. 3. Deve-se considerar que as provas testemunhais colhidas não foram suficientes para comprovar as alegações da Autora, *sobretudo porque própria vítima, em seu depoimento judicial, reconhece ter induzido a ofensora a fazer a afirmação discriminatória em relação à sua cor.* 4. A indenização por dano moral não deve ser arbitrada em valor que represente fonte de riqueza para a vítima, nem pode ser módica a ponto de ser insuficiente para reparar o dano. O valor deve ser fixado em observância ao princípio da razoabilidade, compatível com a conduta reprovável do ofensor e a intensidade do sofrimento suportado pela vítima. 5. *O montante fixado na sentença (R$ 26.000,00) deve, ante a pouca repercussão na esfera psíquica da Autora, ser reduzido a R$ 3.000,00 (três mil reais).* 6. Apelação da CEF a que se dá parcial provimento, para reduzir o montante da indenização. 7. Recurso adesivo da Autora a que se nega provimento. TRIBUNAL REGIONAL FEDERAL DA 1ª REGIÃO. (grifou-se)

RECURSO ESPECIAL — REsp 472804 — 2002/0129577-3 — UF: SC — Julgamento: 03/04/2003 — Órgão Julgador: Quarta Turma — Relator: Ministro Aldir Passarinho Junior — ACÓRDÃO: Vistos e relatados estes autos, em que são partes as acima indicadas, decide a Quarta Turma do Superior Tribunal de Justiça, à unanimidade, não conhecer do recurso, na forma do relatório e notas taquigráficas constantes dos autos, que ficam fazendo parte integrante do presente julgado. Participaram do julgamento os Srs. Ministros Ruy Rosado de Aguiar e Fernando Gonçalves. Ausentes, justificadamente, os Srs. Ministros Sálvio de Figueiredo Teixeira e Barros Monteiro.

CIVIL E PROCESSUAL. ACÓRDÃO. NULIDADE NÃO CONFIGURADA. AÇÃO DE INDENIZAÇÃO. DANO MORAL. OFENSA A POLICIAL CIVIL DURANTE REGISTRO DE

OCORRÊNCIA DE TRÂNSITO EM DELEGACIA. ACUSAÇÃO DE RACISMO. PROVA. REEXAME. IMPOSSIBILIDADE. SÚMULA N. 7-STJ. I. Não padece de nulidade acórdão que enfrenta, fundamentadamente, as questões propostas na lide, apenas com conclusão adversa à parte ré no tocante à interpretação dos fatos colhidos nos autos. II. *Reconhecido pelas instâncias ordinárias, soberanas na apreciação da prova, o dano moral causado a policial civil, por ofensas e agressões dirigidas a sua pessoa, inclusive com alusão pejorativa a sua cor, procede o pedido indenizatório postulado.* III. 'A pretensão de simples reexame de prova não enseja recurso especial' — Súmula n. 7/STJ. IV. Recurso especial não conhecido. SUPERIOR TRIBUNAL DE JUSTIÇA. (grifou-se)

INQUÉRITO — 1458 — UF: RJ — Julgamento: 15/10/2003 — Órgão Julgador: Tribunal Pleno — Relator: Ministro Marco Aurélio. QUEIXA-CRIME — INJÚRIA QUALIFICADA VERSUS CRIME DE RACISMO — ARTIGOS 140, § 3º, DO CÓDIGO PENAL E 20 DA LEI N. 7.716/89. Se a um só tempo o fato consubstancia, de início, a injúria qualificada e o crime de racismo, há a ocorrência de progressão do que assacado contra a vítima, ganhando relevo o crime de maior gravidade, observado o instituto da absorção. Cumpre receber a queixa-crime quando, no inquérito referente ao delito de racismo, haja manifestação irrecusável do titular da ação penal pública pela ausência de configuração do crime. Solução que atende ao necessário afastamento da impunidade. SUPREMO TRIBUNAL FEDERAL.

00541-2004-070-03-00-4 — Relator: Rogério Valle Ferreira — Órgão Julgador: Oitava Turma — Data: 09/04/2005. INDENIZAÇÃO POR DANOS MORAIS. RACISMO — *A prova da prática de racismo deve ser robusta, máxime quando o acusado, da cor branca, demonstra em Juízo que mantém bom relacionamento pessoal e profissional com os colegas da raça negra.* Inexistindo tal prova, é indevida a indenização pretendida. TRIBUNAL REGIONAL DO TRABALHO DA 3ª REGIÃO." (grifou-se)

Esta timidez do Judiciário é inaceitável e incompatível com a noção de dignidade humana e com o *status* que a este poder constituído se outorgou pela Constituição de 1988 através da conformação de um Estado Democrático de Direito.[132]

Se fizer-se um contraponto com a discriminação existente nos Estados Unidos (EUA), tem-se que lá a segregação é mais visível, porém, o entendimento do Poder Judiciário norte-americano também é mais avançado na aplicação das normas referentes à discriminação racial, na efetivação de ações afirmativas, buscando proteção efetiva àqueles que historicamente foram vítimas dessa vergonhosa chaga social. Uma das técnicas utilizadas pelos juízes norte-americanos, por meio de dados empíricos, é a chamada disparidade estatística, intuitiva e eficaz, como bem demonstra *Joaquim B. B. Gomes:*

"Elemento de análise de extrema eficácia na aferição da discriminação na educação e nas relações de emprego, a disparidade estatística consiste basicamente em demonstrar a ausência ou a sub-representação de certas minorias em determinados setores de atividade. Assim, a ausência ou a presença meramente simbólica de negros ou mulheres em certas profissões, em certos cargos ou em certos estabelecimentos de ensino, constituirá indicação de discriminação presumida caso o percentual de presença desses grupos em tais atividades ou estabelecimentos seja manifestamente incompatível com a representação percentual do respectivo grupo na sociedade ou no respectivo mercado de trabalho."[133]

---

(132) *Idem, ibidem.*
(133) GOMES, Joaquim Benedito Barbosa. *Op. cit.*, p. 31-32.

Entretanto, deve-se mencionar que a Suprema Corte dos EUA quando utiliza o critério de estatística, o faz com prudência. Não se trata de um cálculo de matemática específico, e nem se impõe correspondência absoluta entre a percentagem de minorias de uma dada comunidade e a participação percentual dessas mesmas minorias no respectivo mercado de trabalho. A Corte "[...] se limita a analisar o elemento estatístico juntamente com outros fatores, sancionando severamente as disparidades flagrantes, isto é, classificando-as como prova irrefutável de tratamento discriminatório".[134] Porém, o que se quer pôr em relevo neste artigo é que no Brasil jamais se cogitou dessa utilização, matizada que fosse, demonstrando-se assim um descaso do Poder Judiciário nacional com a grave problemática da discriminação racial.

É por isso que se faz necessária uma *apreciação crítica* sobre como vem sendo aplicada toda a normativa brasileira *supra* referida. O combate à discriminação incumbe, de modo particular, aos operadores jurídicos, que devem combater a auto-resistência e zelar para que a aplicação da legislação brasileira sancionadora da discriminação racial não caia no vazio.[135] Porém, tendo em vista que as práticas racistas/discriminatórias são constante, notória e inconscientemente negadas pelo senso comum, torna-se mais difícil a sua comprovação perante a polícia e o Poder Judiciário. Justamente por esta razão é que este Poder

"[...] deve estar bem atento às facetas e peculiaridades do problema, ampliando os meios de prova e dando aos indícios e outras circunstâncias do caso (exemplo: uma grande empresa que não possui nenhum empregado negro quando está localizada numa coletividade onde metade da população é negra) um valor bastante relevante."[136]

Ocorre que na prática é o contrário o que se nota. Como pôde ser visto na maior parte das jurisprudências acima reproduzidas, a presença da injúria e da ofensa verbal servem de pretexto para desqualificar o crime como sendo o de racismo, pois o Poder Judiciário, ao interpretar a Lei n. 7.716/89, limita o racismo a atos de segregação e exclusão, dificultando a sua comprovação, e quando realmente se tem certeza da motivação racial de alguma discriminação, esta vem acompanhada de uma ofensa, facilitando então a desqualificação do crime de racismo, inafiançável e imprescritível, para o de injúria, possuidor de penas mais brandas.[137] Isto faz com que os negros vivam a absurda situação "de que é justamente quando ganham a certeza de que a ação discriminatória tem uma motivação racial, que mais se torna

---
(134) *Idem, ibidem*, p. 32.
(135) RIOS, Roger Raupp. *Op. cit.*, p. 466.
(136) LOPES, Otávio Brito. *Op. cit.*
(137) O caso ocorrido em abril de 2005, no Brasil, em um jogo de futebol ilustra bem esta contradição: o jogador argentino Leandro Desábato, que recebeu queixa pelo cometimento do crime de racismo contra o jogador brasileiro Grafite, ficou preso por alguns dias, e, após ter pago a fiança, retornou ao seu País. É que ele foi indiciado por injúria qualificada por discriminação racial. Para *Edson de Arruda Câmara*, "[...] o tratamento dado a este fato, é o reflexo do momento em que vive a sociedade, ainda não muito acostumada a uma Lei que cuida com severidade das coisas da raça, que vive sob os influxos da mídia que enfoca os casos em que exista um componente racial com uma certa parcela de sensacionalismo." Cf. CÂMARA, Edson de Arruda. *O racismo e o direito do trabalho*, p. 171.

claro para os juízes que tal procedimento não se encaixa na Lei anti-racista, inspirada e interpretada de modo a limitar-se ao racismo segregacionista ou grosseiro."[138]

Já no ano de 1998 o jornal *A Folha de São Paulo* demonstrava que a impunidade se expressava no número incipiente de condenações por crime de racismo na Justiça brasileira, eis que "[...] os dois Tribunais de instância máxima do país, o STF (Supremo Tribunal Federal), e o STJ (Superior Tribunal de Justiça), nunca julgaram um recurso de condenação por racismo — indício da falta de condenações nos Estados."[139] Por isso a dificuldade em encontrar-se nos tribunais superiores brasileiros alguma jurisprudência sobre assuntos raciais.

Para o movimento negro, quando se trata de combater a discriminação racial, as leis precisam ser instrumentos eficazes de reparação da agressão, e não meros símbolos do repúdio nacional ao preconceito racial, afirma *Antonio Sérgio Alfredo Guimarães*. Segundo ele, para que isso ocorra, "mais importante que penas pesadas ou procedimentos processuais rígidos é a rápida resolução dos litígios, o que pressupõe, em muitos casos, o reconhecimento pela mídia, pela polícia e pelo Judiciário do 'negro' como sujeito de direito".[140] A partir disso o autor conclui, com arguta e correta análise, que "o problema reside no fato de, no ordenamento simbólico brasileiro, não se reconhecer o negro como sujeito político ou de direito, mas apenas como objeto cultural, como marco da nacionalidade e da civilização brasileiras. Isso equivale, na prática social, a um tratamento ambivalente, arbitrário e discricionário dos negros brasileiros."[141]

O modo como a Lei n. 7.716/89 é interpretada a torna, portanto, inaplicável ao racismo realmente existente no Brasil, o qual geralmente se manifesta em uma situação de desigualdade hierárquica, em uma diferença de *status* atribuída entre o agressor e a vítima.[142] Isso comprova que, mesmo com a severidade com que o assunto passou a ser tratado pela legislação repressiva, são raras as punições efetivas. Por isso é que se trata de *uma aurora que não deu dia!* Quer dizer: mesmo diante do fato de o constituinte originário ter tido a consciência de elevar o racismo a crime inafiançável e imprescritível e, em concretização ao direito fundamental de ter-se essas características aplicadas quando da ocorrência do crime, assim como do dever correlato de cada um dos destinatários do ordenamento jurídico nacional de abster-se de praticar tal crime, o legislador ordinário ter criado normas infraconstitucionais duras, por má — ou falta de — vontade hermenêutica, os juízes, enquanto intérpretes privilegiados da Constituição, deixaram de efetivar esse conteúdo normativo. Com isso, reforçaram o racismo existente na sociedade brasileira, vitimizando mais uma vez os negros que já tenham sido vítimas de racismo e, pelo lado oculto da lua, beneficiando os violadores da dignidade desses negros, que no âmbito das relações laborais costumam ser os patrões e, entre estes, a grande maioria, empresas.

---

(138) GUIMARÃES, Antonio Sérgio Alfredo. *Preconceito e discriminação:* ... p. 34.
(139) LOZANO, André; VERGARA, Rodrigo." Justiça não enxerga racismo no país". *Folha de São Paulo.* C. 3, p. 1.
(140) GUIMARÃES, Antonio Sérgio Alfredo. *Nacionalidade e novas identidades...* p. 409.
(141) *Idem, ibidem.*
(142) *Idem,* p. 33.

5. Considerações finais

O Brasil é um país profundamente racista e na relação de trabalho os negros vivem uma intensa situação de inferioridade e de humilhação, sendo preteridos em relação aos trabalhadores brancos no ambiente laboral.

As marcas deixadas pela escravidão configuram ainda um cadáver insepulto no âmago da sociedade brasileira. Nota-se isso com clareza quando a discriminação racial faz com que as oportunidades oferecidas aos negros e o padrão de vida que ora desfrutam sejam muito inferiores ao da média dos brasileiros. Neste quadro, as relevantes contribuições dos negros à formação da cultura nacional raramente são lembradas, invertendo assim o foco da análise: ao invés de a sociedade brasileira ser imensamente devedora das línguas, das habilidades e dos saberes africanos, paira superiora, como que fazendo um favor ao "tolerar" os negros em seu meio. Para minorar estas discriminações e afirmar a idéia de igualdades de oportunidades surgiram as *ações afirmativas* (iniciativas privadas e sobretudo políticas públicas sociais de apoio e de promoção de determinados *grupos socialmente fragilizados*), pautadas nos princípios da dignidade humana e da igualdade material, ambos trazidos pela Constituição Federal brasileira de 1988. No entanto, por esta espécie de discriminação inversa até o momento pouco resultado obteve-se no que se refere especificamente aos negros, formadores de um dos *grupos vulneráveis* que mais sofrem na sociedade brasileira. Por isso, evidencia-se a necessidade de agudização das atuais e de criação de novas políticas de ações afirmativas.

Quanto às discriminações raciais nas relações laborais, constatou-se que estas são traduzidas na forma desigual de acesso ao emprego, a determinadas ocupações, a programas de requalificação e de especialização, à mobilidade ocupacional, às condições de trabalho e às diferenças salariais.

Assim, mesmo com a existência de ampla normativa que proíba a prática de racismo e a criminaliza — Lei n. 7.716/89, Constituição Federal de 1988, Convenção Internacional sobre a Eliminação de Todas as Formas de Discriminação Racial, Convenção n. 111 da OIT concernente à discriminação em matéria de emprego e de exercício profissional — é difícil ver penalizado com restrição de liberdade o agente do delito de racismo, pois há uma grande resistência quanto à aplicação destas normas. É que no Brasil geralmente os juízes tendem a desqualificar o crime de racismo, inafiançável e imprescritível, para o de injúria, possuidor de penas mais brandas, com isso *vindo a beneficiar os praticantes desse crime*. O Poder Judiciário, em seus julgamentos — salvo honrosas exceções —, posiciona-se frente a estas discriminações de modo a mutilar a cidadania dos negros, pela repetição de interesses cristalizados na sociedade brasileira, que produziram as mais arraigadas convicções escravocatas, que seguem assim incidindo sobre o complexo das relações sociais com o beneplácito da maior parte dos juízes. Perpetua-se assim uma ética historicamente conservadora e desigualitária contra as ordens constitucionais e todas as normas infraconstitucionais em vigor, as quais, pelo seu justo conteúdo social, *configuram uma aurora que tinha tudo para despontar em um belo dia*, cujo prenúncio, no entanto, vem sendo frustrado pelos principais intérpretes da Constituição.

6. Referências

"A Desigualdade Racial no Mercado de Trabalho". *Boletim DIEESE*, Edição Especial, nov. 2002. 9 p.

ABREU, Sérgio. "O princípio da igualdade: a (in)sensível desigualdade ou a isonomia matizada". *In:* PEIXINHO, Manoel Messias (org.). *Os princípios da Constituição de 1988*. Rio de Janeiro: Lumen Juris, 2001, p. 253-267.

"Alimentação". Disponível em: <http://www.costadocacau.com.br/alimentacao/index.html>.

Acesso em: 5 mar. 2007.

ALVES, José Augusto Lindgren. *A arquitetura internacional dos direitos humanos.* São Paulo: FTD, 1997.

ARANTES, José Tadeu. "No rastro de Zumbi". *História Viva.* Temas brasileiros — presença negra. Edição especial temática n. 3, São Paulo: Ediouro/Segmento-Duetto, 2006.

AZEVEDO, Elciene. "As duas faces do movimento abolicionista". *História Viva.* Temas brasileiros — presença negra. Edição especial temática n. 3, São Paulo: Ediouro/Segmento-Duetto, 2006.

BARBOSA, Lucia Maria de Assunção; SILVA, Petronilha Beatriz Gonçalves e SILVÉRIO, Valter Roberto (Orgs.). *De preto a afro-descendente*: trajetos de pesquisa sobre o negro, cultura negra e relações étnico-raciais no Brasil. 1ª reimpressão. São Carlos: Edufscar, 2004.

BENEDITO, Deise. *Coluna* — As mulheres negras no 14 de maio de 1988. Disponível em: <http://agenciacartamaior.uol.com.br/templates/coluna>. Acesso em: 3 mar. 2007.

BENITEZ, Gisela Maria Bester; TOPOROSKI, Michelle Caroline Stutz; ARAÚJO, Cassiana Marcondes de. "Princípio da dignidade da pessoa humana e ações afirmativas em prol das pessoas com deficiências no mercado de trabalho". *Revista da Academia Brasileira de Direito Constitucional,* Curitiba, n. 6, 2004, p. 67-118

BRASIL. "Constituição Federal de 1988". *Constituição da República Federativa do Brasil.* São Paulo: Revista dos Tribunais, 2006.

_____. "Lei n. 7.716 de 5 de Janeiro de 1989. Define os crimes resultantes de preconceito de raça ou de cor". *Diário Oficial da União*, Brasília, 6 janeiro 1989, retificada em 9 janeiro 1989.

_____. "Lei n. 9.029 de 13 de abril de 1995. Proíbe a exigência de atestado de gravidez e esterilização, e outras práticas discriminatórias, para efeitos admissionais ou de permanência da relação jurídica de trabalho, e dá outras providências". *Diário Oficial da União*, Brasília, DF, 17 abril 1995.

_____. "Lei n. 9.459 de 13 de maio de 1997. Altera os artigos 1º e 20º da Lei n. 7.716 de 5 de Janeiro de 1989, que define os crimes resultantes de preconceito de raça ou de cor, e acrescenta parágrafo ao artigo 140 do Decreto-lei n. 2.848, de 7 de dezembro de 1940". *Diário Oficial da União*, Brasília, 14 maio 1997.

CAMARA, Edson Arruda. "O racismo e o direito do trabalho". *Revista do Tribunal Regional do Trabalho da 6ª Região,* Recife, v. 16, n. 33, jun. 2005, p. 170-178.

CAMPOS, Flavio de. "Reflexões sobre a escravidão colonial". *In:* FERRAZ, José Antônio (coord.). *500 anos de Brasil:* história e reflexões. São Paulo: Scipione, 1999.

CAPOEIRA. Disponível em: <http://www.geocities.com/Area51/Atlantis/2970/link0065.htm>. Acesso em: 2 mar. 2007.

CARDOSO, Rodrigo Eduardo Rocha. *Abordagem constitucional acerca do princípio da igualdade e das ações afirmativas no ensino superior.* Disponível em: <http://www.lpp-uerj.net/olped/AcoesAfirmativas>. Acesso em: 4 mar. 2007.

CARNEIRO, Sueli. "Estrelas com luz própria". *História Viva.* Temas brasileiros — presença negra. Edição especial temática n. 3, São Paulo: Ediouro/Segmento-Duetto, 2006.

CHALHOUB, Sidney. "Exclusão e cidadania". *História Viva.* Temas brasileiros — presença negra. Edição especial temática n. 3, São Paulo: Ediouro/Segmento-Duetto, 2006.

CHIAVENATO, Julio José. *O negro no Brasil:* da senzala à guerra do Paraguai. 4ª ed. São Paulo: Brasiliense, 1987.

Comissão Interamericana de Direitos Humanos. Disponível em: <http://www.cidh.oas.org/annualrep/2002port/brasil12001.htm>. Acesso em: 5 mar. 2007.

Convenção n. 100: Igualdade de Remuneração. Convenção n. 111: Discriminação no Emprego e Profissão. 3ª tir. Brasília: TEM/GM, 2001.

CRUZ, Álvaro Ricardo de Souza. *O direito à diferença*: as ações afirmativas como mecanismo de inclusão social de mulheres, negros, homossexuais e portadores de deficiência. Belo Horizonte: Del Rey, 2003.

CRUZ, Ana Cristina J.; MARQUES, Andréia Kelly. "Uma história sobre o negro no Brasil". *Mundo Jovem, um jornal de idéias.* Porto Alegre: PUCRS, 2005.

Dia da Consciência Negra Retrata disputa pela Memória Histórica. Disponível em: <http://wwwcomciencia.br/reportagens/negros/03.shtml>. Acesso em: 3 mar. 2007.

Dicionário Houaiss da Língua Portuguesa. Rio de Janeiro: Objetiva, 2001.

Discriminação Racial: Casos Selecionados. Disponível em: <http://www.social.org.br/relatorio2000/relatorio015.htm>. Acesso em: 5 mar. 2007.

Escravos na Sociedade Açucareira. Disponível em: <http://www.brasilescola.com/historiab/escravos.htm>. Acesso em: 3 mar. 2007.

FRASER, Nancy. "Da redistribuição ao reconhecimento? Dilemas da justiça na era pós-socialista". *In*: SOUZA, Jessé (org.). *Democracia hoje:* novos desafios para a teoria democrática contemporânea. Brasília: Editora Universidade de Brasília, 2001.

Gastronomia: Cultura Culinária — Feijoada. Disponível em: <http://www.vivabrazil.com/feijoada.htm>. Acesso em: 5 mar. 2007.

GOMES, Flávio; FERREIRA, Roquinaldo. "A lógica da crueldade". *História Viva.* Temas brasileiros — presença negra. Edição especial temática n. 3, São Paulo: Ediouro/Segmento-Duetto, 2006.

GOMES, Joaquim Benedito Barbosa. *Ação afirmativa & princípio constitucional da igualdade*: (O direito como instrumento de transformação social. A experiência dos EUA). Rio de Janeiro: Renovar, 2001.

GUIMARÃES, Antonio Sérgio Alfredo. *Preconceito e discriminação:* queixas de ofensas e tratamento desigual dos negros no Brasil. Salvador: Novos Toques, 1998.

_____. "Nacionalidade e novas identidades raciais no Brasil: uma hipótese de trabalho". *In:* SOUZA, Jessé (org.). *Democracia hoje:* novos desafios para a teoria democrática contemporânea. Brasília: Editora Universidade de Brasília, 2001.

História da Capoeira, Como Começou. Disponível em: <http://www.berimbrasil.com.br/berimFLASh/historia.htm>. Acesso em: 2 mar. 2007.

IKEDA, Alberto Tsuyoshi. "Do lundu ao Mangue-Beat". *História Viva*. Temas brasileiros — presença negra. Edição especial temática n. 3, São Paulo: Ediouro/Segmento-Duetto, 2006.

JUSTEN FILHO, Marçal. "Conceito de interesse público e a "personalização" do Direito Administrativo". *Revista Trimestral de Direito Público*, São Paulo: Malheiros, n. 26, 1999.

LOPES, Nei. "O toque do atabaque". *História Viva*. Temas brasileiros — presença negra. Edição especial temática n. 3, São Paulo: Ediouro/Segmento-Duetto, 2006.

LOPES, Otávio Brito. *A questão da discriminação no trabalho*. Disponível em: <http://www.planalto.gov.br/ccivil_03/revista/Rev_17/Artigos/art_otavio.htm#7>. Acesso em: 04 mar. 2007.

LOZANO, André; VERGARA, Rodrigo. "Justiça não enxerga racismo no país". *Folha de São Paulo*. São Paulo, 23 ago. 1998. Caderno 3, p. 1.

MARQUES, Christiani. "Discriminação no emprego". *In:* ARAUJO, Luiz Alberto David (coord.). *Defesa dos direitos das pessoas portadoras de deficiência*. São Paulo: Revista dos Tribunais, 2006.

MARTINEZ, Paulo. *Direitos de cidadania*: um lugar ao sol. São Paulo: Scipione, 1996.

MELLO, Celso Antonio Bandeira de. *Conteúdo jurídico do princípio da igualdade*. 3ª ed. São Paulo: Malheiros, 1999.

MENA, Fernanda. "OEA pode condenar o Brasil por racismo". *Folha de São Paulo,* C6, 17 abr. 2005.

Mercado de Trabalho e Racismo. Disponível em: <http://www.espacoacademico.com.br>. Acesso em: 5 mar. 2007.

MOISÉS, Jean Gustavo. "Racismo no Trabalho". *Jornal Trabalhista Consulex,* Brasília, v. 21, n. 1037, p. 5-7, 2004.

MORTE, Eliane Boa. "Currículo e línguas africanas". *In: Educação Africanidades Brasil*. Brasília: MEC/UNB, 2006.

MOTT, Maria Lucia de Barros. *A mulher na luta contra a escravidão*. São Paulo: Contexto, 1988.

NASCIMENTO, Silvia Maria. *Delícias da Bahia*: tour gastronômico por alguns dos principais restaurantes da cozinha baiana para turista nenhum recusar. Disponível em: <http://www.correiodabahia.com.br/2004/12/04/noticia.asp?link=not000102146.xml>. Acesso em: 5 mar. 2007.

NEME, Eliana Franco. "Dignidade, igualdade e vagas reservadas". *In:* ARAUJO, Luiz Alberto David (coord.). *Defesa dos direitos das pessoas portadoras de deficiência*. São Paulo: Revista dos Tribunais, 2006.

NOVA ENCICLOPÉDIA BARSA. *Encyclopaedia Britânnica do Brasil*, vol. 5, 1997.

PASSOS, José Joaquim Calmon de. *O princípio de não discriminação.* Disponível em: <http://www.direitopublico.com.br/pdf_2/DIALOGO-JURIDICO-02-MAIO-2001-CALMON-PASSOS.pdf>. Acesso em: 5 mar. 2007.

PESSOA, Yeda. "A influência de línguas africanas no português brasileiro". *In: Educação Africanidades Brasil*. Brasília: MEC/UNB, 2006.

QUEIROZ, Sueli Robles Reis de. *Escravidão negra no Brasil.* 3ª ed. São Paulo: Ática, 1993.

RATTS, Alex; DAMASCENO, Adriane A. "Participação africana na formação cultural brasileira". *In: Educação Africanidades Brasil.* Brasília: MEC/UNB, 2006.

REIS, Letícia Vidor de Souza. "Negro em 'terra de branco': a reinvenção da identidade". *In:* SCHWARCZ, Lilia Moritz (coord.). *Negras imagens:* ensaios sobre cultura e escravidão no Brasil. São Paulo: EDUSP/Estação Ciência, 1996.

RIOS, Roger Raupp. "Relações raciais no Brasil: desafios ideológicos à efetividade do princípio jurídico da igualdade e ao reconhecimento da realidade social discriminatória entre negros e brancos". *In:* BALDI, César Augusto (org.). *Direitos humanos na sociedade cosmopolita.* Rio de Janeiro: Renovar, 2004.

ROCHA, Cármen Lúcia Antunes. "Ação afirmativa — o conteúdo democrático do princípio da igualdade jurídica". *Revista Trimestral de Direito Público*, São Paulo, Malheiros, n. 15, set., p. 85-99, 1996.

SANTOS, Christiano Jorge. *Crimes de preconceito e de discriminação*: análise jurídico-penal da Lei n. 7716/89 e aspectos correlatos. São Paulo: Max Limonad, 2001.

_____. "Crimes de preconceito e de discriminação". *Apud* "Promotores Apontam Impunidade". *Folha de São Paulo*, C6, 17 abr. 2005.

SANTOS, Luiz Carlos dos. "A presença negra no Brasil". *In: Educação Africanidades Brasil.* Brasília: MEC/UNB, 2006.

SANTOS, Milton. "Ser negro no Brasil hoje". *In: O país distorcido*: o Brasil, a globalização e a cidadania. São Paulo: Publifolha, 2002.

SANTOS, Themis Aline Calcavecchia dos. "Princípio da igualdade — relações de gênero". *In:* PEIXINHO, Manoel Messias (org.). *Os princípios da Constituição de 1988.* Rio de Janeiro: Lumen Juris, 2001.

SCHWARCZ, Lilia Moritz (org.). "Nem preto nem branco, muito pelo contrário: cor e raça na intimidade". *História da Vida Privada no Brasil:* contrastes da intimidade contemporânea. São Paulo: Companhia das Letras, 1998.

SILVA, Ana Emilia Andrade Albuquerque da. *Discriminação racial no trabalho.* São Paulo: LTr, 2005.

SILVA, José Afonso da. "A dignidade da pessoa humana como valor supremo da democracia". *XV Conferência Nacional da Ordem dos Advogados do Brasil.* Foz do Iguaçu, set., 1994, p. 9.

SILVA, Salloma Salomão Jovino. "Viola d' Angola, Som de Raiz". *História Viva.* Temas brasileiros — presença negra. Edição especial temática n. 3, São Paulo: Ediouro/Segmento-Duetto, 2006.

SKIDMORE, Thomas Elliot. *Uma história do Brasil.* 3ª ed. São Paulo: Paz e Terra, 1998.

SOUZA, Jessé. "Gilberto Freyre e a singularidade cultural brasileira". *In* (org.). *Democracia hoje:* novos desafios para a teoria democrática contemporânea. Brasília: Editora Universidade de Brasília, 2001.

SOUZA, Marina de Mello. "Reis e Rainhas no Brasil". *História Viva.* Temas brasileiros — presença negra. Edição especial temática n. 3, São Paulo: Ediouro/Segmento-Duetto, 2006.

VALENTE, Ana Lúcia Eduardo Farah. *Ser negro no Brasil hoje.* 7ª ed. São Paulo: Moderna, 1987.

VERDASCA, José. *Raízes da nação brasileira*: os portugueses no Brasil. São Paulo: IBRASA, 1997.

MEIO AMBIENTE DO TRABALHO — ASPECTOS TEÓRICOS

Gisele Ferreira de Araújo[*]

1.1. Noções preliminares

A dinâmica das mudanças que caracteriza o nosso momento atual vem conferindo nova configuração às relações de trabalho e ao Meio Ambiente e aos elementos estruturais do Meio Ambiente do Trabalho, que não se coadunam com uma ordem jurídica rígida formada de preceitos rígidos e uniformes. A idéia principal desse estudo é registrar estas mudanças ocorridas no campo prático e conceitual-teórico da matéria, demonstrar a necessidade de adequação do direito aos fatos atuais.

O presente trabalho procura delinear as transformações e perspectivas do novo Meio Ambiente do Trabalho.

Na atual fase de evolução do sistema das relações capital-trabalho, as condições de higiene e segurança do trabalho aliadas às noções e fundamentos do Direito do Trabalho e do Direito do Meio Ambiente tradicionais, oferecem excelente campo para reflexão. É realmente vasto o campo para as indagações teóricas e práticas acerca do tema.

Nessa linha de raciocínio, cabe-nos analisar também qual o impacto da tecnologia da reestruturação produtiva, da competitividade e da globalização no contexto do Meio Ambiente do Trabalho.

Seria, de fato, correto, afirmar-se que a revolução tecnológica estaria impondo uma verdadeira reestruturação teórica e prática no sentido de expandir os limites da disciplina.

Qual seria a real medida do reconhecimento do Direito do Meio Ambiente acerca do Meio Ambiente do Trabalho?

De fato, estas são as questões que tentaremos responder ao longo deste estudo, analisando a evolução dos padrões ambientais, a flexibilização e suas implicações, bem como a terceirização.

(*) Doutorado em Direito pela Faculdade de Direito da Universidade de São Paulo (2002), Mestrado em Direito pela Faculdade de Direito da Universidade de São Paulo (2000), graduação pela Pontifícia Universidade Católica de São Paulo (1989). Professora Universitária em São Paulo nas cadeiras de Direito Internacional Público e Privado e Direito Ambiental. Consultora Jurídica em Direito Empresarial e Direito Ambiental. Pesquisadora Científica na área de Cidadania, Políticas Públicas, Responsabilidade Sócio-Ambiental e Sustentabilidade.

Além disso, é conveniente ter em mente que o enfoque do atual trabalhismo está sendo exercitado sob uma ótica de direito fundamental que precisa ser resguardado.

O presente estudo tem por objetivo fazer uma abordagem técnico-jurídica sobre o Meio Ambiente do Trabalho no contexto das mudanças econômico-sociais ocorridas em âmbito mundial.

Foi decidido que o estudo contemplaria uma reflexão sobre os conceitos básicos sobre a matéria como elementos de uma real mudança ou evolução por que passa este ramo do Direito neste início de século XXI.

Também foi considerado importante analisar de forma comparativa, traçando-se um paralelo com o universo do Direito Laboral, de forma a apontar as interfaces entre os ramos e, ao mesmo tempo, apontar as influências e tendências para o futuro.

Viver rodeado por um meio ambiente saudável constitui direito humano fundamental de terceira geração, conforme assentado pela moderna Teoria Geral do Direito, seguindo-se assim aos de primeira (vida, liberdade) e segunda geração (os chamados econômico-sociais, como salário mínimo, férias, seguridade social, etc.).

Os direitos de terceira geração, como referencial da cidadania, caracterizam-se por engendrar um processo coletivo de satisfação que se distingue de outros interesses plurais independentes.

Os direitos de terceira geração são aqueles de titularidade coletiva, que interessam a todos e a cada um em particular, podendo ser citados, além do meio ambiente, o direito à paz e ao desenvolvimento econômico.

No caso do meio ambiente, o que se preserva é o acesso de todos à qualidade de vida, cuidando para que a saúde corporal e mental não seja atingida por agressões ambientais decorrentes do desenvolvimento da tecnologia, dos processos e necessidade produtivas, dos maquinismos e da explosão urbana.

Mas não se deve pensar e planejar a proteção da natureza e do meio ambiente em benefício exclusivo do ser humano, mas sim como um pressuposto inerente a todas as formas de vida animal, vegetal e mineral.

O ambiente saudável deve ser obtido mediante uma relação ecologicamente equilibrada entre as várias espécies animais, plantas, flores, assim como pela preservação da limpeza dos rios, dos oceanos e da atmosfera.

Da mesma forma, quando se cuida da saúde do trabalhador, devem-se incluir todas as espécies de trabalho humano e não apenas aquelas que têm como configuração jurídica a relação de emprego.

Seria uma limitação desarrazoada, incompatível com o trato amplo, expansivo e multidisciplinar que a matéria exige. Seria confirmar fatores naturais às premissas dogmáticas, naturalmente mutáveis, das ciências jurídicas e sociais, visto que determinadas por condicionantes meramente culturais e históricas.

No dizer de *Fiorillo* e *Nahas*, "quando se diz todos têm direito à sadia qualidade de vida, afloram dois objetos de tutela: um imediato, que é a qualidade do meio ambiente; outro, mediato, trazido pela garantia da saúde, bem-estar e segurança da população. Daí conclui-se que o objeto do Direito Ambiental é a própria vida".[1]

Há, pois, uma ordem pública tecnológica ou ambiental que atrai a tutela através do poder do Estado, abrangendo todos os cidadãos e, conseqüentemente, os trabalhadores. Desse modo, amplia-se a proteção a estes, desgarrando-a da estreita bitola dos conceitos de insalubridade, periculosidade ou mesmo penosidade, para alcançar uma dimensão mais vasta e axiologicamente mais densa: saúde.[2]

Observa-se, neste contexto, que as atividades penosas ainda não encontram sua regulamentação legal, deixando assim uma lacuna nas questões do equilíbrio ambiental laboral.

No Direito brasileiro, a tutela do meio ambiente e também, especificamente, nas relações de trabalho, é prevista em vários preceitos da Carta de 1988.

O Meio Ambiente do Trabalho não se define apenas como o conjunto das condições, leis, influências e integrações de ordem física, química e biológica, mas está aliado aos fatores pessoais e suas limitações de ordem individual, fatores psicológicos, ergonômicos e de acidentes. Concluímos, então, que se trata de fatores associados aos indivíduos que envolvem variáveis quantitativas e qualitativas intimamente ligadas entre si e que interagem mutuamente, portanto, o "meio ambiente saudável" depende de um conjunto de variáveis que envolve o Meio Ambiente do Trabalho e suas limitações e o meio ambiente natural.

Diante das modificações que se produzem nos processos produtivos, com as inovações tecnológicas, o teletrabalho e o trabalho em domicílio, que levam à desconcentração da mão-de-obra, talvez se deva modificar o conceito de ambiente laboral, ampliando o espaço para não mais restringi-lo ao ambiente interno da fábrica ou da empresa, mas sim estendê-lo à moradia e ao meio ambiente urbano, descaracterizando as formas de avaliação tradicionais e abrangendo uma nova sistematização de valores que promove uma abordagem holística no âmbito de fatores ainda não devidamente explorados.

---

(1) FIORILLO, Celso Antonio Pacheco & NAHAS, Thereza Cristina. "Meio ambiente do trabalho: riscos ambientais criados — Prevenção e reparação". *In* PAMPLONA FILHO, Rodolfo. *Estudos de Direito em Homenagem a José Augusto Rodrigues Pinto*, p. 600-4.
(2) SADY, João José. *Direito do Trabalho e Meio Ambiente.* Tese de doutorado em Direito do Trabalho. PUC-SP, p. 14.

O que interessa é a proteção ao meio ambiente onde o trabalho humano é prestado, qualquer que seja a condição de seu exercício, merecem proteção, portanto, também os trabalhadores autônomos, avulsos, eventuais, temporários, etc. Portanto, a variável de inúmeras situações vivenciadas em virtude do trabalho exercido proporciona ao indivíduo situações diversificadas em relação à sua atividade, o que muitas vezes causa desconforto, insatisfação, ou até mesmo lesões e acidentes, conseqüências mais severas ao ser humano.

Em virtude de fatores mercadológicos e da própria globalização, o sistema de terceirização da mão-de-obra vem assumindo papel cada vez maior na sociedade, contudo gera condições negativas, pois nem sempre a preservação da saúde pode ser igualmente assegurada.

Nas atividades terceirizadas, uma das maiores críticas é o fato de nem sempre se assegurar aos empregados da empresa fornecedora, quando o serviço é executado no estabelecimento da tomadora, uma proteção idêntica à dos trabalhadores desta, no que concerne aos riscos ambientais. Essa é, com efeito, uma das manifestações perversas da terceirização descuidada e muitas vezes fraudulenta "trabalhadores que atuam lado a lado", exercendo funções semelhantes ou idênticas e que não gozam da mesma proteção. Tal comportamento é injustificável, ética e juridicamente. A preservação da saúde não pode ser desigual apenas pelo fato de trabalhadores manterem vínculos jurídicos formais com empregadores distintos, pois, afinal, o meio ambiente "nocivo" agride-os igualmente.

No sistema jurídico brasileiro, a Segurança e Medicina do Trabalho constituem mero segmento do Direito Ambiental. Cuidam exclusivamente de aspectos ligados ao contato direto com agentes lesivos à saúde do trabalhador subordinado, ou seja, do empregado, no âmbito do estabelecimento do empregador, e desde que haja previsão expressa em quadros previamente elaborados.

Trata-se de uma visão simplista no sentido de que por não estar normatizado torna-se difícil a caracterização da exposição ao risco em virtude de os trabalhadores eventuais e avulsos estarem expostos a agentes lesivos diversos dependendo dos meios ambientes diversos a que ficam expostos. A legislação trabalhista não dá cobertura a estes trabalhadores que, muitas vezes, estão expostos a riscos habituais em ambientes de trabalho diversos à sua atividade e expostos a vários riscos adversos à sua atividade.

A proposta é a criação de uma NR (Norma Regulamentadora) específica que regulamente as situações de risco envolvidas no âmbito do trabalho terceirizado, avulso e eventual.

Devemos ficar atentos ao fato de que existem órgãos ou empresas que não estabelecem o mesmo regime de contratação dos trabalhadores, por exemplo existem empresas que contratam pelo regime da CLT e existem instituições que possuem regimentos próprios dentro da sua categoria, como por exemplo os órgãos públicos.

Tal comparação se faz necessária em razão da incompatibilidade das normas e procedimentos adotados, uma vez que se faça necessária a aplicação da legislação vigente num caso concreto. Nesse caso, a proposta da Norma Regulamentadora acima descrita viria estabelecer a medida das responsabilidades e a compatibilização, uma vez que cada regime possui suas peculiaridades.

Seria importante desenvolver a proposta de criação de um modelo de NR para abranger trabalhos terceirizados o que seria uma importante inovação no âmbito da Justiça do Trabalho.

Destarte, o meio ambiente constitui bem de uso comum do povo (art. 225 da CF) e, como já explicitado, talvez o mais importante dos chamados direitos de terceira geração. Estes, por sua vez, são "dotados de altíssimo teor de humanismo e universalidade, os direitos de terceira geração tendem a cristalizar-se nesse início do novo século, enquanto direitos que não se destinam especificamente à proteção dos interesses de um indivíduo, de um grupo, ou de um determinado Estado. Têm, primeiro, por destinatário, o gênero humano mesmo, num momento expressivo de sua afirmação como valor supremo em termos de existência concreta.

Partindo-se do princípio o "conceito de Meio Ambiente do Trabalho conforme o art. 225 da CF" envolve quatro significativos aspectos que são: natural, cultural, artificial e do trabalho,e assim podemos descrever várias espécies de meio ambiente que podem ser mencionados da seguinte forma: meio ambiente artificial (prédios, ruas e áreas urbanas); meio ambiente cultural patrimônio artístico e arqueológico — histórico de uma sociedade); Meio Ambiente do Trabalho (o local onde se desenvolve a atividade profissional).

A proposta abordada nesta obra é que o conceito do Meio Ambiente do Trabalho seja tido como algo mais abrangente conforme citamos, tendo em vista as novas variáveis, não se limitando tão somente a critérios quantitativos e sim dando uma visão mais ampla ao contexto do Meio Ambiente do Trabalho como um todo.

Podemos citar como exemplo a União Européia que descreve as questões do meio ambiente, da segurança do trabalhador na promoção da melhoria das condições de trabalho com o objetivo da harmonização, no progresso das condições existentes.

A importância do Meio Ambiente do Trabalho na atualidade para *Georgenor Franco Filho* é ressaltada da seguinte forma: "O que resulta induvidoso é que dotar o Meio Ambiente do Trabalho de condições adequadas, garantindo ao trabalhador saúde, higiene e segurança, é o mínimo que se pode exigir. Trata-se de um direito fundamental indispensável à sobrevivência da humanidade (...)".[3]

Os assuntos em tese abordados visam estabelecer novos parâmetros e dar ferramentas aos profissionais para a obtenção de critérios analíticos mais embasa-

---

(3) FRANCO FILHO, Georgenor. "A OIT e o Meio Ambiente do Trabalho". *In jornal trabalhista Consulex*, n. 852, 26.2.01, p. 18-852/7.

dos e não tão limitados para a caracterização de um Meio Ambiente do Trabalho mais saudável de modo a assegurar a qualidade de vida dos trabalhadores em todos níveis.

Inserir, no âmbito das inspeções, critérios de avaliação diferenciados em virtude das diferentes situações de risco envolvidas também é medida de alta relevância.

Definimos, após várias pesquisas que o Meio Ambiente do Trabalho é o conjunto harmonizado de vários aspectos tais como a saúde, o bem-estar e a segurança e que definem a qualidade de vida do trabalhador e influem na melhoria do meio ambiente natural como um todo. Assim sendo, vemos a necessidade de o homem ver reconhecidos seus direitos básicos fundamentais de desfrutar de um meio ambiente laboral saudável e equilibrado.

Tal fato estreita a ligação existente entre os direitos humanos e o meio ambiente, na medida em que não se pode dissociar o direito ao meio ambiente equilibrado do próprio direito à vida, que é o mais básico dos direitos fundamentais.

Os seres humanos constituem o centro das preocupações relacionadas com o desenvolvimento sustentável, têm direito a uma vida saudável e produtiva em harmonia com o meio ambiente.

A Lei Fundamental reconhece que as questões pertinentes ao meio ambiente são de vital importância para o conjunto de nossa sociedade, seja porque são necessárias para a preservação de valores que não podem ser mensurados economicamente, seja por que a defesa do meio ambiente é um princípio constitucional que fundamenta a atividade econômica (Constituição Federal de 1988, art. 170, VI).

Vê-se, com clareza, que há, no contexto constitucional, um sistema de proteção ao meio ambiente que ultrapassa as meras disposições esparsas. Faz-se necessário, portanto, que as normas ambientais sejam consideradas globalmente, levando-se em conta as suas diversas conexões materiais e de sentido com outros ramos do próprio Direito e com outras áreas de conhecimento.

Verificando o art. 225 da Constituição Federal, extrai-se, com efeito, a incisiva inserção do conteúdo humano e social no conceito que se deve ter de meio ambiente, encontrando-se dois objetos de tutela ambiental, um "imediato", que é a qualidade do meio ambiente, e outro "mediato" que é a saúde, o bem-estar e a segurança da população, que se vêm sintetizado na qualidade de vida.

Diante da destacada relevância do bem jurídico tutelado, a Lei Fundamental estabeleceu, como já dito, que a obrigação estatal é de toda a sociedade quanto à preservação, que há de ser entendida não só como a não degradação ambiental, mas também, a promoção da recuperação das áreas degradadas em benefício das presentes e futuras gerações.

Portanto, se o meio ambiente, que a Constituição Federal quer ver preservado, é aquele ecologicamente equilibrado, bem de uso comum do povo e essencial à sadia qualidade de vida, então o ser humano, a natureza que o rodeia a localização em que vive, e o local onde labora, não podem ser considerados como compartimentos fechados, senão como células de vida, integrados num grande núcleo que se pode denominar de dignidade humana, pois que o trabalho é um meio de vida e não de morte.

Podemos dizer, portanto, que o interesse e as inquietações com a saúde do meio ambiente são contemporâneos, na medida em que somente a partir do acentuado desenvolvimento industrial ocorrido no final do século XX que conseqüências, como por exemplo a urbanização desestruturada, o aumento considerável de veículo automotores e o desmatamento, além de outros fatores que contribuíram para o aumento da poluição do ar, para a destruição da camada de ozônio, a escassez de recursos naturais não renováveis, é que a tutela ambiental assume contornos importantes e passa a ser assunto de reflexões multidisciplinares indutoras de ações concretas no campo jurídico, exemplificadas no Brasil pela Lei n. 6.938/81 e pela própria constitucionalização da matéria, conforme disposto nos arts. 225 e seguintes da Constituição Federal de 1988. Não há dúvida de que a perspectiva da tutela ambiental implica, em última análise, na própria consideração da qualidade de vida que se pretende alcançar com o respeito ao direito do meio ambiente equilibrado.

As questões que envolvem o Meio Ambiente do Trabalho, neste momento em que se desenvolvem e ampliam os estudos ambientais, motivando diversas propostas no sentido de conter ações danosas ou que esgotam de forma descontrolada os recursos naturais não renováveis, é um tema cada vez mais debatido e, embora pertinente à tutela da saúde dos trabalhadores sob a perspectiva do Direito Ambiental, tem como alvo principal a investigação sobre a existência de agravos tributários, no sentido de conter as atividades empresariais que, por sua natureza, condições ou métodos de trabalho, ao expor os trabalhadores aos efeitos de agentes nocivos à saúde, induzam à degradação ambiental, que, de acordo com a Constituição de 1988, rompe a barreira do interesse individual do trabalhador e alcança toda a sociedade.

Os recursos materiais do Direito Ambiental são múltiplos, neles encontram-se movimentos populares por uma melhor qualidade de vida, contra o uso de determinados produtos químicos, contra as práticas poluidoras que colocam em risco não só o equilíbrio, como até mesmo a própria sobrevivência de alguns ecossistemas.

Paulo Bessa Antunes anota que o moderno ecologismo "tem suas origens nos movimentos políticos protagonizados pelos jovens na década de 60 do século XX, cujo eixo principal era protestar contra a ameaça de guerra nuclear, a guerra do Vietnã, o conservadorismo europeu, o estalinismo na sua variante Brejeneviana com a invasão da Tchecoslováquia e as ditaduras na América Latina", época em que também ganha maior expressão o movimento dos cidadãos em defesa da qualidade de vida e do meio ambiente, sobretudo na Europa, Estados Unidos e Japão[4].

---

(4) ANTUNES, Paulo Bessa. *Direito Ambiental.* 4ª ed. p. 35 e p. 44.

No Brasil, é na década de 70 que tais movimentos relacionados com a problemática ambiental ganham expressão, notadamente no Estado do Rio Grande do Sul.

É certo, contudo, que a partir da consciência da sobrevivência da espécie humana e sua digna qualidade de vida temos sustentação de um meio ecologicamente equilibrado, como já citado anteriormente e que se tornou de fundamental importância às preocupações no sentido de estabelecer restrições jurídicas a toda e qualquer ação degradante e que põe à mostra o perigo de destruição iminente da biosfera, afetada, principalmente, pela exploração descontrolada dos recursos naturais não renováveis, como infelizmente ainda hoje se constata em todo o planeta.

1.2. Visão histórica

Como já citado, sem esquecer da multiplicidade das fontes materiais que podem ser apontadas como fundamento do moderno Direito Ambiental é a partir do movimento dos cidadãos por uma superior qualidade de vida e, enfim, com a tomada de consciência de que o meio ambiente é bem difuso, de uso comum, o que importa dizer que toda e qualquer ação predatória reflete diretamente na própria questão da sobrevivência humana, que se tornam mais intensas as reivindicações e propostas de estruturação formal da tutela de preservação ambiental. Esse consenso — principalmente a partir da passada década de 70 — repercute, com efeito, no estabelecimento de uma legislação mais rígida e especial que, gradativamente, substitui a incipiente legislação existente, quase sempre editada sob a forma de normas de Direito Privado que protegiam as relações de vizinhança ou mesmo por normas de Direito Penal ou Administrativo, que sancionavam o mau uso dos elementos naturais ou a utilização destes que pudesse causar prejuízos ou incômodos a terceiros. Com efeito, pois, essa legislação cada vez mais se mostrava insuficiente diante da problemática suscitada pelos novos tempos que demandam uma nova forma de conceber a legislação de proteção ambiental.

Assim, a legislação ambiental brasileira, afinando-se com as novas exigências e, a partir de 1980, passa a receber atenção diferenciada, instituindo-se o que se chamou de Política Nacional do Meio Ambiente, estabelecida pela Lei Federal n. 6.938, de 31 de agosto de 1981, com fundamento no art. 8º, inciso XVII, alíneas *c*, *h* e *i*, da Constituição de 1969 (Emenda Constitucional n. 1, de 17 de outubro de 1969), marco inicial para que se estabelecesse um tratamento homogêneo sobre o tema, então tratado de forma indireta e fragmentada, como já dito.

É, portanto, com a Constituição Federal de 1988 que a questão ambiental recebe tratamento nunca antes visto no cenário legislativo brasileiro, inclusive constitucional, na medida em que as Constituições anteriores a ela não se tinham dedicado de forma abrangente e completa, tratando-a apenas sob o enfoque econômico e ainda assim de forma assistemática.

Na Constituição de 1988, de fato, encontram-se não só o art. 225 e seus parágrafos, inserido no Capítulo VI do Título VIII (Da Ordem Social), que trata especificamente das questões ambientais como também diversas outras disposições que disciplinam as obrigações estatais e de toda a sociedade para com a preservação ambiental, criando, dessa forma, um verdadeiro direito fundamental de usufruir de um meio ambiente saudável, ecologicamente equilibrado.

Da Constituição Federal extraem-se, portanto, os princípios fundamentais do Direito Ambiental que, por sua especificidade, estão voltados para a proteção da vida em qualquer forma que se apresente, garantindo um padrão de existência digno para os seres humanos desta e das futuras gerações.

Denota-se, portanto, que os interesses difusos dos trabalhadores a um Meio Ambiente do Trabalho ecologicamente equilibrado, à qualidade e vida, inserem-se dentre os chamados direitos fundamentais de terceira geração que trazem como marca distintiva o fato de se desprenderem, em princípio, da figura do homem/indivíduo como seu titular, caracterizando-se como direitos de titularidade coletiva ou difusa, o que revela especialmente no direito de viver em um ambiente não poluído e equilibrado, fruto da multiplicação dos direitos.[5]

O que se procura salvaguardar é, pois, o homem trabalhador, enquanto ser vivo, das formas de degradação e poluição do meio ambiente onde exerce o seu labuto que é essencial à sua qualidade de vida. Trata-se, pois, de um direito difuso[6].

1.3. Legislação Infraconstitucional

As questões referentes ao Meio Ambiente do Trabalho, além do enfoque constitucional, conforme já mencionado, (principalmente nos arts. 7º, XXII, 200, e 225 da Constituição Federal), também encontra tratamento legislativo infraconstitucional que permite, segundo se pode observar, a plena condição de aplicabilidade imediata das normas constitucionais. Com efeito, não é só na legislação constitucional que se encontra o regramento protetivo ao Meio Ambiente do Trabalho, porque antes mesmo do advento da Constituição Federal de 1988, já havia, na própria Consolidação das Lei do Trabalho (CLT), farto regulamento sobre Segurança e Medicina do Trabalho (art. 154 e ss.).

Há, ainda, regulamentando o tema, as Portarias ns. 3.214/78 e 3.067/88, que aprovaram as Normas Regulamentadoras (NRs) das ações e serviços em matéria de saúde, higiene e segurança no trabalho urbano e rural (NRs e NRRs), assim como também encontram-se normas de preservação ao meio laboral no Direito Penal, no Direito Previdenciário, no Direito Ambiental e nas Convenções da Organização Internacional do Trabalho (OIT), dentre as quais destacam-se as de ns. 119, 120, 136, 139, 148, 152, 155 e 161, além de outros pactos internos.

Assim, por meio de Convenções, Recomendações, Manuais de Orientação, sugestões de programas, a Organização Internacional do Trabalho (OIT) e a Orga-

---
(5) BOBBIO, Norberto. *A Era dos Direitos*.
(6) FIORILLO, Celso Antonio Pacheco. "Manual de Direito Ambiental e legislação aplicável", p. 66, *apud* MELO, Sandro Nahamias. *Op. cit.*, pp. 33-34.

nização Mundial de Saúde (OMS) vem tratando do tema com ênfase e bastante interesse a partir dos anos de 1950.

Segundo a OMS, saúde é um estado de completo bem-estar físico, mental, e social e não meramente a ausência de doenças ou enfermidades.

Partindo-se do seguinte princípio, podemos enfatizar o relacionamento da saúde ocupacional à questão ambiental, dando ênfase ao desenvolvimento sustentável e ambiente sadios, proteção do Meio Ambiente do Trabalho humano, e afirmando tal relacionamento, podemos dizer " que o Meio Ambiente do Trabalho é o lugar onde as pessoas passam a maior parte de seu tempo", então, sendo assim, porque não darmos melhores condições aos locais de trabalho de modo a proporcionar maior qualidade de vida, reafirmando o bom relacionamento da saúde ocupacional com as questões ambientais?

A OMS ressalta o grau e a pluralidade dos riscos ambientais a que os trabalhadores estão expostos, principalmente pela forma de execução do trabalho, que na maioria das vezes ocorre em ambiente fechado, confinado ou restrito com uma gama variada de agentes agressivos, contribuindo para a ocorrência de acidentes e várias doenças.

Destaca-se que para a OIT, os agentes potencialmente capazes de causar danos nos ambientes de trabalho poderiam ser afastados de quatro maneiras, em ordem decrescente de eficácia:

a) Ao eliminar-se o risco na origem, opção mais desejável por ser a mais eficiente, mas esta nem sempre possível tecnicamente;

b) Ao proceder-se ao afastamento da exposição ao risco, isolando-se e fracionando-se as atividades consideradas insalubres, a fim de que seus efeitos somente atinjam o menor número de trabalhadores e em doses fracionadas;

c) Ao isolar-se o risco, enclausurando-se (por exemplo, máquinas ruidosas), confinando-se determinada área que, por sua agressividade, apresenta riscos consideráveis à integridade do trabalhador;

d) Prevê a proteção do trabalhador, neutralizando-se o risco com a utilização do equipamento de proteção individual (EPI).

Percebe-se que na ordem de eficácia prevista na OIT, o equipamento de proteção individual, é a última instância no caráter protetivo, somente devendo ser utilizado quando não se conseguir aplicar um dos métodos preconizados, da eliminação do risco, do fracionamento da exposição e do enclausuramento do risco, buscando assim o equilíbrio do meio laboral.

A atividade normativa da OIT é instrumentalizada por intermédio de Convenções e Recomendações. Notabiliza-se pela atividade normativa, destinada a fomentar a universalização da justiça social; por publicações e guias destinadas à orientação técnica, estudos permanentes, investigações, cursos e seminários e pelo Programa Internacional para Melhoria das Condições de Trabalho e Meio Ambiente (PIACT).

Este programa, aprovado em 1976 tem sua ênfase na Segurança e Medicina do Trabalho tendo como principais objetivos a proteção contra os efeitos desfavoráveis de fatores físicos, químicos e biológicos no local de trabalho e no meio ambiente imediato; a preservação de tensão mental, resultante da duração excessiva de jornada, do ritmo, do conteúdo ou da monotonia do trabalho, visando este à distribuição adequada do tempo e bem-estar dos trabalhadores; a adaptação das instalações e locais de trabalho à capacidade mental e física dos operários mediante aplicação da ciência ergonômica.

Tais ações resultaram, principalmente, na Convenção n. 155, uma das principais no âmbito da segurança e saúde dos trabalhadores, que acabaram por ampliar o conceito de Ambiência Laboral. Além da Convenção citada, podemos destacar duas outras, as quais tratam do assunto também de forma direta, que são Convenção n. 148, que aborda a contaminação do ar, ruído e vibrações e a Convenção n. 161, que versa sobre os serviços de saúde.

Dando ênfase à segurança e saúde do trabalhador, por sua vez, insere-se na CLT um capítulo inteiro dedicado às questões de higiene e segurança do trabalhador que com a redação dada pela Lei n. 6.514/77, reúne as normas fundamentais do assunto (arts. 154 e ss.). O tema é disciplinado pelo Poder Executivo por meio da Portaria n. 3.214/78, que criou as conhecidas NRs — Normas Regulamentadoras — e que são em número de 29 para o trabalho urbano e 5 para o trabalho rural; este aspecto das NRs está sendo alterado para a inserção da NR n. 31, a qual tratará de assuntos relacionados a entidades de assistência à saúde, sabemos que outras NRs estão sendo elaboradas para a facilitação e padronização de outros trabalhos específicos.

Os arts. 155 a 159 da CLT dispõem sobre os órgãos que devem zelar pela Segurança e Medicina do Trabalho, a inspeção prévia, embargo ou interdição do estabelecimento que estão disciplinados no art. 160. Os arts. 162 a 165 referem-se aos órgãos de Segurança e Medicina da empresa e EPIs; os arts. 166 e 167, às medidas de Medicina preventiva; os de número 168 e 169, aos princípios de edificações; os arts. 170 a 174, à iluminação; o art. 175 refere-se ao conforto térmico; os arts. 176 a 178, às instalações elétricas; os arts. 179 e 180, ao movimento, armazenamento e manuseio de materiais; os arts. 182 e 183 referem-se às máquinas e equipamentos; os arts. 184 a 186, às caldeiras, fornos e recipientes sob pressão; os arts. 187 a 197, às atividades insalubres e perigosas (podemos destacar que além das duas atividades citadas não estão enquadradas as atividades penosas, daí a proposta para a inserção ou ajustamento da atividade em questão — para análise, pois verifica-se do âmbito jurídico, a mensuração apenas sob o prisma constitucional, não figurando no âmbito infraconstitucional, dá-se então abertura para a criação de uma lei, na qual, mesmo sob o ponto de vista da descaracterização da atividade, possa trazer maior detalhamento sobre o assunto); os arts. 198 e 199, à prevenção da fadiga; o art. 200, aos critérios para normas complementares a serem baixadas pelo Ministério do Trabalho; o art. 201, às penalidades aplicáveis ao empregador pelo descumprimento das determinações legais.

Conforme destacam a NR-15 e NR-16, que em conjunto com o disposto nos arts. 189 a 197, caracterizam as atividades insalubres e perigosas, além dessas duas formas de adicionais remuneratórios previstas pela Constituição Federal, prevê-se para os trechos de atividades penosas adicional "na forma de lei", o qual é um dispositivo até hoje ainda não regulamentado e, portanto, inaplicável. Podemos salientar o não aparecimento das atividades penosas sob regulamentação legal, o que produz sérios efeitos no âmbito das avaliações em virtude das mesmas serem previstas e fazerem parte como atividades especiais de risco.

Consta desta avaliação a inserção da atividade descrita como "penosa", pelo motivo da mesma ser merecedora de tratamentos especiais para a obtenção dos benefícios previdenciários referentes à atividade exercida sob as condições especiais pelas quais haja prejuízo à saúde e integridade física do trabalhador.

Sob o ponto de vista técnico abordado, destacamos, então, as atividades "penosas" como aquelas que, interligadas com os riscos ambientais, possam trazer desconforto, desgaste físico e mental intenso, ocasionando um real sofrimento e até mesmo, pode-se dizer, e como próprio da denominação da atividade, o sentimento de "pena".

Desse modo, destacamos como exemplo de trabalho penoso, atividades como a extração de minérios em situações que exijam que o trabalhador, além dos riscos caracterizados como insalubres ou perigosos, tenha que passar por situações extremamente penosas, ou seja, a exigência da permanência do trabalhador durante um largo período de tempo submetido a condições ambientais variadas e também imposição de ritmos excessivos de trabalho que, ligados às condições ambientais, tragam um desconforto e um desgaste físico ou mental relevante.

Já sob o enfoque ambiental, destacamos que, pela não caracterização da atividade no contexto legal, isso implica a não adoção de medidas corretivas hábeis a adequar o ambiente laboral às condições salubres e seguras tão necessárias para a garantia da saúde e da integridade física do trabalhador.

Desta forma, como citado acima, é extremamente inquestionável que os riscos produzidos pela insalubridade e os relativos à periculosidade se revestem da mesma gravidade, pois qualquer deles pode incapacitar o trabalhador para o exercício de sua atividade ou até mesmo levá-lo à morte.

A diferença reside no fato de que as causas insalubres normalmente geram doenças de forma lenta, ao passo que explosivos e inflamáveis (atividades perigosas) de regra têm ação rápida e instantânea. Os efeitos, porém, desses agentes se confundem na gravidade de que se revestem.

Observa-se, neste contexto, que as atividades penosas ainda não encontram sua regulamentação legal, deixando assim uma lacuna nas questões do equilíbrio ambiental laboral.

Convém ressaltar ainda o art. 154 da CLT, que remete as empresas ao cumprimento de outras disposições normativas estaduais, municipais e de âmbito sanitário, bem como as oriundas das convenções coletivas de trabalho.

De acordo com a Portaria n. 3.214/78, devemos dar ênfase às NRs, pois delas se extraem os princípios do estudo do Meio Ambiente do Trabalho, o princípio da prevenção e o da precaução. Tendo como comparativo, devemos citar a NR-4, que trata dos serviços especializados em engenharia de segurança do trabalho e que têm como finalidade a manutenção do quadro de profissionais especializados, com o objetivo de promover a saúde e salvaguardar a integridade física e mental dos trabalhadores, visando à eliminação ou neutralização dos riscos existentes no ambiente laboral.

Devemos dar ênfase a todas as NRs, pois é o conjunto das mesmas que, integradas, irão dar suporte e maior eficácia na implementação das melhorias no ambiente laboral. Partindo-se deste princípio, a análise e o direcionamento para a consecução da qualidade "do ambiente laboral" está descrita e, de certa forma, detalhada como indica a NR-9, que tem como particularidade visar à preservação da saúde e a integridade dos trabalhadores por meio da antecipação, reconhecimento, avaliação e controle da ocorrência dos riscos e agentes agressivos existentes nos locais de trabalho, estabelecendo: "A obrigatoriedade da elaboração e implementação, por parte de todos os empregadores e instituições que admitam trabalhadores como empregados, do Programa de Prevenção de Riscos Ambientais (PPRA), visando à preservação da saúde e da integridade dos trabalhadores, e conseqüentemente visando ao controle de ocorrências de riscos ambientais existentes ou que venham a existir no ambiente de trabalho, tendo em consideração a proteção do meio ambiente, dos recursos naturais".

Após verificados os itens contidos nas NRs, concluímos que o empregador deverá garantir que na ocorrência de riscos ambientais no ambiente laboral que coloquem em situação de grave ou eminente risco um ou mais trabalhadores, estes possam interromper de imediato suas atividades laborais, através de comunicação ao seu superior hierárquico direto, para que sejam tomadas as devidas providências.

Observa-se, então, como referido no ordenamento das NRs, o princípio da "prevenção" e da "precaução", inerentes às questões ambientais.

1.4. *Responsabilidade por infringência às normas ambientais e pelos danos resultantes*

1.4.1. O Ministério Público e a defesa do Meio Ambiente no Brasil

O Ministério Público existe no Brasil desde 1890, sendo definido pelos Decretos n. 848 e n. 1.030 como "o advogado da lei, o fiscal de sua execução, o procurador dos interesses gerais do Distrito Federal e o Promotor da ação pública contra todas as violações de direito". O Decreto n. 1.030 declarou a independência dos representantes da instituição em relação ao Poder Jurdiciário. As Constituições Federais de 1934, 1937, 1946 e 1967 referiram-se ao Ministério Público de forma genérica.

Em 1981 foi publicada a Lei Orgânica do Ministério Público (LC n. 40/81). Estabeleceu autonomia administrativa e financeira à instituição, a independência de seus membros no exercício de suas funções, além de garantias pessoais e funcionais. Segundo dispõe o art. 1º: "O Ministério Público, instituição permanente e essencial à função jurisdicional do Estado, é responsável perante o Judiciário, pela defesa da ordem jurídica e dos interesses indisponíveis da sociedade, pela fiel observância da Constituição e das leis". A expressão interesses indisponíveis da sociedade corresponde aos interesses supra-individuais ou interesses difusos, nos quais o titular do direito ameaçado ou violado não é uma pessoa, mas uma comunidade seja ela grande ou pequena, inteira ou parte dela.

Ainda em 1981 a lei da Política Nacional do Meio Ambiente consolidou de forma efetiva a legitimidade do Ministério Público para propor ação de responsabilidade civil e criminal por danos causados ao Meio Ambiente. Assim, o Ministério Público passou a ser o defensor dos interesses ambientais coletivos. A lei da Ação Civil Pública de 1985 legitimou a instituição para defesa do meio ambiente, do consumidor e dos bens e direitos de valor artístico, estético, histórico, turístico e paisagístico.

A Constituição Federal de 1988 consagrou as funções institucionais do Ministério Público, como a promoção da ação civil pública e do inquérito civil, para proteção do patrimônio público e social, do meio ambiente e de outros interesses difusos e coletivos.

O Ministério Público na sociedade moderna é a instituição destinada à preservação dos valores fundamentais do Estado enquanto comunidade, com total independência do Poder Judiciário e do Poder Executivo. Essa independência significa inclusive que o Ministério Público arcará com as custas do processo (taxas, despesas e honorários advocatícios) quando perder as ações que promover. A Constituição Federal define-o como instituição permanente, essencial à função jurisdicional do Estado, incumbindo-lhe a defesa da ordem jurídica, do regime democrático dos interesses sociais e individuais indisponíveis.No juízo penal, encarregando-se da persecução penal, deduzindo em juízo a pretensão punitiva do Estado e postulando a repressão do crime.

No juízo cível, ocupa-se da defesa de certas instituições (registros públicos, fundações, família), de certos bens e valores (meio ambiente, valores artísticos, estéticos, históricos, paisagísticos) ou de certas pessoas (consumidores, ausentes, incapazes, trabalhadores acidentados no trabalho).

A ação civil pública é o principal instrumento do Ministério Público no âmbito da jurisdição civil, podendo ser proposta também por outras entidades, como fundações, empresas públicas entre outras. Quando não for autor, deverá o Ministério Público atuar obrigatoriamente como fiscal da lei. Em caso de desistência ou abandono da ação por associação legitimada, deverá assumir a titularidade ativa da ação. O Ministério Público poderá também instaurar o inquérito civil, um procedimento de natureza administrativa, realizado antes da propositura da ação, e poderá requisitar informações de qualquer indivíduo ou empresa, que não poderão ser negadas.

Atualmente, é o Ministério Público o principal autor de ações civis sendo que os membros do Ministério Público — denominados promotores de justiça atuam, a saber:

a) no juízo penal, encarregando-se da persecução penal, deduzindo em juízo a pretensão punitiva do Estado e postulando a repressão ao crime;

b) no juízo cível, ocupando-se da defesa de certas instituições (registros públicos, fundações, *família),* de certos bens e valores (meio ambiente, valores artísticos, estéticos, históricos, paisagísticos) ou de certas pessoas (consumidores, ausentes, incapazes, trabalhadores acidentados no trabalho).

A ação civil pública é o principal instrumento do Ministério Público no âmbito da jurisdição civil, podendo ser proposta também por outras entidades, como fundações, empresas públicas entre outras. Quando não for autor, deverá o Ministério Público atuar obrigatoriamente como fiscal da lei. Em caso de desistência ou abandono da ação por associação legitimada, aquele deverá assumir a titularidade ativa da ação. O Ministério Público poderá também instaurar o inquérito civil, um procedimento de natureza administrativa, realizado antes da propositura da ação, e pode requisitar informações de qualquer indivíduo ou empresa, que não poderão ser negadas.

Atualmente, é o Ministério Público o principal autor de ações civis públicas para defesa ambiental. Está presente em todas as comarcas do País, permanecendo sempre próximo ao local dos desastres ecológicos e dos interessados ao ressarcimento. A maioria das capitais possui promotores de justiça especializados em Meio Ambiente, localizados nas "Promotorias Públicas de Justiça do Meio Ambiente". O Estado do Amazonas, por exemplo possui vara especializada para julgamento de casos ambientais.

Em 1985, a Lei n. 7.347/85 consagrou o Ministério Publico de cada um dos 27 Estados da República Federativa do Brasil como defensor do meio ambiente. Isto criou significativo aumento na propositura de ações contra empresas por danos ao meio ambiente e aos seus habitantes.

Das espécies de responsabilizações que decorrem da infração às normas ambientais e pelos danos resultantes, a única que pode prescindir da intervenção do Ministério Público é a administrativa, ainda assim em suas modalidades mais singelas. Em todas as demais sempre haverá a intervenção de Ministério Público.

1.4.2. Espécies de responsabilidade

1.4.2.1. Responsabilidade administrativa

Qualquer infringência às regras de uso, gozo, promoção e recuperação ambiental se constitui em infração administrativa ambiental. Dará origem a um processo administrativo próprio. As sanções administrativas são:

a) Advertência;

b) Multa simples;

c) Multa diária;

d) Apreensão de animais, produtos ou sub-produtos da fauna e flora, e dos instrumentos, equipamentos ou veículos utilizados na produção do ilícito;

e) Embargo de obra ou atividade;

f) Demolição de obra;

g) Suspensão parcial ou total da atividade;

h) Restrição de direito.

1.4.2.2. Responsabilidade civil

A responsabilidade civil, como reflexo do princípio do "poluidor-pagador" impõe ao poluidor predador, proprietário do negócio ou seu responsável legal a obrigação de recompor e/ou compensar os danos causados ao meio ambiente e ao terceiro afetado pela atividade.

A responsabilidade civil no âmbito ambiental é denominada objetiva, i.e., independente de culpa. A existência do dano ambiental e a relação entre sua ocorrência e a fonte poluidora é suficiente para a caracterização da obrigação indenizatória. A obrigação civil de reparar o dano ambiental é independente do cumprimento das penalidades criminais e administrativas.

Os mecanismos judiciais de tutela do meio ambiente encontram supedâneo no texto constitucional e respectivas legislações ordinárias, e são os seguintes:

a) Ação Popular

O objetivo da ação popular é anular ato lesivo ao patrimônio público, à moralidade administrativa, ao meio ambiente e ao patrimônio histórico e cultural. Pode ser intentada por qualquer cidadão no gozo de seus direitos políticos.

b) Ação Civil Pública

O objetivo da ação civil pública é proteger o meio ambiente, o consumidor e os bens e interesses de valor artístico, estético, histórico, paisagístico e turístico, mediante o cumprimento de obrigação de fazer, cumprimento de obrigação de não fazer e pagamento em dinheiro. Pode ser proposta pelo Ministério Público, pela União, Estados e Municípios, assim como por empresas públicas, autarquias, fundações, sociedades de economia mista e associações que preencham certos requisitos. Em caso de condenação em dinheiro, a indenização pelo dano será revertida a um fundo dirigido por um conselho federal ou estadual no qual representantes do Estado e da comunidade devem participar e os recursos serão investidos na reparação do dano.

c) Ação Coletiva para a Proteção de Direitos Difusos e Individuais Homogêneos — Código de Defesa do Consumidor (Lei n. 8.078, de 11.9.90)

Além do exercício da defesa individual, o Código de Defesa do Consumidor ampara a proteção do meio ambiente através da defesa coletiva, quando se tratar de:

d) Interesse ou direitos difusos, assim entendidos os transindividuais, de natureza indivisível, de que sejam titulares pessoas indeterminadas e ligadas por circunstâncias de fato;

e) Interesses ou direitos coletivos, assim entendidos os transindividuais de natureza indivisível de que seja titular grupo, categoria ou classe de pessoas ligadas entre si ou com a parte contrária por uma relação jurídica base;

f) Interesses ou direitos individuais homogêneos, assim entendidos os decorrentes de origem comum.

Para a propositura da ação coletiva, são competentes:

a) O Ministério Público;

b) A União, os Estados, os Municípios e o Distrito Federal;

c) As entidades e órgãos da administração pública, direta ou indireta, ainda que sem personalidade jurídica;

d) As associações legalmente constituídas há pelo menos um ano e que incluam entre seus fins institucionais a defesa dos interesses e direitos decorrentes da proteção do meio ambiente. O requisito da pré-constituição pode ser dispensado pelo juiz, quando haja manifesto interesse social evidenciado pela dimensão ou característica do dano, ou relevância do bem jurídico a ser protegido.

1.4.2.3. Responsabilidade Penal

a) Pessoa Física

Às pessoas físicas, dois tipos de sanções podem ser impostas: restrição de direitos e prisão. A pena restritiva de direitos inclui: serviços à comunidade; interdição temporária de direitos; suspensão total ou parcial de atividades; multas e confinamento domiciliar. Estas sanções são concedidas como alternativas se a condenação de restrição de liberdade for menor que 4 anos. Se o indivíduo condenado a penas alternativas cometer outro crime ambiental (reincidência) será imposta pena de prisão.

b) Pessoa Jurídica

Os procedimentos administrativo e penal são diferentes do procedimento civil em relação ao ônus da prova. A responsabilidade administrativa (e penal) será imputada à pessoa jurídica se o delito houver sido intencionalmente cometido por um de seus funcionários e/ou departamento como forma de auferir lucros e/ou diminuir custos.

Nos âmbitos administrativo e penal os sócios inocentes sofrem as penas impostas à corporação e os culpados (mentores do ato) sofrem penas de acordo com o grau de culpabilidade individual provada.

Ao delito da pessoa jurídica é aplicado sistema de dupla imputação: uma dirigida à pessoa indica e outra dirigida às pessoas físicas que a integram.

Poderão ser incriminadas penalmente tanto a pessoa jurídica de direito privado (incluindo associações, fundações e sindicatos) quanto as de direito público (administração pública direta — União, Estados, Municípios — e indireta — autarquias, empresas públicas, sociedades de economia mista, agências e fundações de direito público).

As penas aplicadas isolada, cumulativa ou alternativamente às entidades jurídicas quando condenadas pela prática de crimes ambientais são:

a) Multas;

b) Restrições de direitos como: suspensão parcial ou total das atividades; interdição temporária do estabelecimento obra ou atividade; proibição de contratar com o Poder Público, bem como dele obter subsídios, subvenções ou doações;

c) Prestação de serviços à comunidade como: custeio de programa e projetos ambientais, execução a entidades ambientais ou culturais públicas.

1.4.2.4. Responsabilidade do agente público

a) Lei de Improbidade Administrativa (Lei n. 8.492, 2 de junho de 1992)

Extremamente importante é a atividade do agente público que opera com questões ambientais, como a concessão de licenças, autorizações e atos de fiscalização. Deve agir com base nos princípios constitucionais da legalidade e impessoalidade para impedir qualquer dano ambiental. Visando sempre aos interesses da coletividade. Contudo, agindo imprudentemente, dolosamente ou não, estará o agente público praticando atos de improbidade administrativa.

A Lei da Improbidade Administrativa, bastante utilizada atualmente, assegura a seriedade e efetividade da fiscalização e o cumprimento das normas. O agente público será pessoalmente responsabilizado como causador do dano ambiental, se praticar atos que: (i) causem enriquecimento ilícito; (ii) causem prejuízo ao patrimônio público; (iii) atentem contra os princípios da Administração Pública.

Caracteriza-se o ato de improbidade administrativa se o agente público receber qualquer vantagem econômica como comissão, porcentagem, gratificação ou presente de quem tem interesse na autorização ou licenciamento de determinada atividade ou mesmo se retardar ou omitir prática e ato que deveria realizar. Não importa se a ação ou omissão foi consumada. A lei reprova mera possibilidade de realização da conduta. O agente está sujeito a sérias penalidades como a reparação do dano, perda da função pública, suspensão dos direitos políticos e multa.

b) Algumas Decisões Relevantes em matéria Ambiental

Todos os 27 (vinte e sete) Estados brasileiros e o Distrito Federal têm Ministério Público local com competência para a propositura de ações que visem à defesa do meio ambiente de maneira ampla, como antes esclarecido.

Cada uma dessas unidades federativas tem estrutura judicial própria — com juízes de primeira instância e Tribunais Colegiados para julgamento de recursos.

Paralelamente, existe quase a mesma estrutura — com Tribunais regionalizados — para as matérias afetas à denominada Justiça (comum) Federal a qual estão afetos os processos envolvendo União, ou Estado Estrangeiro, ou autarquias e empresas públicas federais, e outras matérias de interesse ainda que indireto, da União Federal.

Finalmente, como órgãos de cúpula do Poder Judiciário — tanto dos Tribunais Estaduais como dos Federais — existem o Superior Tribunal de Justiça e o Supremo Tribunal Federal, ambos localizados no Distrito Federal (Brasília). A esses Tribunais estão afetas matérias extraordinárias e de grande interesse ao sistema jurídico-legal brasileiro. O STJ (Superior Tribunal de Justiça) é competente para conhecer de recursos nos quais sejam discutidas "questões federais", i.e., sobre a aplicação da legislação federal infraconstitucional. Ao STF (Supremo Tribunal Federal), conhecido como "guardião da Constituição", estão afetos os recursos nos quais sejam discutidas "questões constitucionais", i.e., sobre a aplicação e interpretação dos preceitos constitucionais.

Conseqüentemente, há um grande número de decisões judiciais, que poderiam ser qualificadas como relevantes, já proferidas em todo o Brasil.

Assim, desse grande universo, foram selecionadas apenas três decisões suficientes para atestar definitivo engajamento do Brasil no esforço mundial de combate à destruição ambiental.

1.5. Normas e Procedimentos Ambientais Relevantes

O meio ambiente, como bem jurídico, pertence a todos e a ninguém em particular. O Brasil está se conscientizando da importância de sua conservação. A legislação vigente, reflexo desta conscientização, já pode ser considerada como uma das mais avançadas do mundo.

Conforme demonstrado neste trabalho, um dos instrumentos mais importantes da atuação administrativa na defesa do meio ambiente é a realização do Estudo Prévio de Impacto Ambiental. É um verdadeiro mecanismo de planejamento, na medida em que insere a obrigação de levar em consideração o meio ambiente antes da realização de obras e atividades e antes da tomada de decisões que possam ter algum tipo de repercussão sobre a qualidade ambiental.

Outrossim, da atuação administrativa na defesa do meio ambiente é a utilização do esquema de zoneamento ambiental, como demonstração de uma política preventiva, tendo como objetivo principal o não agravamento das áreas consideradas, hoje, como críticas. Por outro lado, a nova lei dos crimes ambientais, que trata especialmente de crimes contra o meio ambiente e infrações administrativas ambientais, será outro valioso instrumento de cumprimento da legislação. A lei trouxe também responsabilidade civil objetiva, como reflexo do princípio do poluidor-pagador.

Destaca-se que a fiscalização aos predadores do meio ambiente está sendo intensificada. Existe grande preocupação com o desenvolvimento sustentável e com a conservação do remanescente da Mata Atlântica e Amazônia, bem como com a poluição, principalmente nas grandes cidades.

No que diz respeito à fiscalização, saliente-se que os órgãos ambientais brasileiros estão abertos à realização de acordos com as empresas, estabelecendo prazos para adequação de suas atividades às normas ambientais.

Os grandes agentes poluidores, incluindo-se as atividades de interesse para a segurança nacional são, certamente, permanentes alvos de vistoria e fiscalização por parte do Governo Federal de forma a compatibilizar as atividades.

No Brasil as pessoas físicas e jurídicas estão sujeitas a severas leis e regulamentações ambientais nas esferas federal, estadual e municipal. A promulgação da Lei Federal n 9.605, de 12 de fevereiro de 1998 (a "Lei de Crimes Ambientais"), regulamentada pelo Decreto Federal n. 3.179, de 21 de setembro de 1999 trouxe um impulso adicional à proteção jurídica do meio ambiente, estabelecendo sérias penalidades (nos campos administrativo e criminal), independentemente da obrigação de reparar dano (na esfera civil), contra as pessoas físicas e jurídicas que cometerem violações ambientais. Em razão disso, para possibilitar a identificação, análise, prevenção e saneamento de *passivos ambientais*, especialmente no setor empresarial, as auditorias ambientais tornaram-se um instrumento útil e eficaz.

1.5.1. Conceito Legal de Auditorias Ambientais

A legislação federal brasileira ainda não contempla um conceito de auditorias ambientais. Em alguns poucos casos isolados, no entanto, nas esferas estadual e municipal, as auditorias ambientais receberam um tratamento específico. No Estado do Rio de Janeiro, por exemplo, nos termos do que prevê o art. 1º da Lei Estadual n. 1.898, de 26 de novembro de 1991, entende-se por *auditoria ambiental* a "realização de avaliações e estudos destinados a determinar:

I — os níveis efetivos ou potenciais de poluição ou de degradação ambiental provocados por atividades de pessoas físicas ou jurídicas;

II — as condições de operação e de manutenção dos equipamentos e sistemas de controle de poluição;

III — as medidas a serem tomadas para restaurar o meio ambiente e proteger a saúde humana;

IV — a capacitação dos responsáveis pela operação e manutenção dos sistemas, rotinas, instalações equipamentos de proteção do meio ambiente e da saúde dos trabalhadores".

1.5.2. Classificação das Auditorias Ambientais

As Auditorias Ambientais classificam-se em públicas e privadas sendo que estas últimas ainda se dividem em internas e independentes.

No âmbito federal, a realização de Auditorias Ambientais é compulsória somente para um número restrito de atividades ainda; a previsão de auditorias ambientais obrigatórias, em alguns Estados (tais como Rio de Janeiro e Espírito Santo) e municípios (tais como Vitória, no Estado do Espírito Santo e São Sebastião, no Estado de São Paulo), para determinadas atividades e empreendimentos e dentro de prazos fixados na legislação.

Observadas as restrições impostas pela legislação, as auditorias ambientais podem ser conduzidas no âmbito público, pelos órgãos de proteção ambiental, ou na esfera privada, por auditores internos ou independentes. Nas hipóteses em que a realização das auditorias ambientais é obrigatória. Porém, pode haver restrições à prática da auditoria ambiental por um auditor interno.

1.5.3. Finalidades e Escopo das Auditorias Ambientais

1.5.3.1. Licenciamento Ambiental

De acordo com o disposto na Lei n. 6.938/81, a construção, instalação, ampliação e funcionamento de estabelecimentos e atividades onde se faz necessária a utilização de recursos ambientais, considerados efetiva e potencialmente poluidores, bem como os capazes, sob qualquer forma, de causar degradação ambiental, dependerão de prévio licenciamento do órgão estadual competente. Uma vez que o processo de licenciamento ambiental implica a fixação, pelos órgãos de proteção ambiental, de condicionantes específicos a serem cumpridos pelo empreendedor, a obtenção, assim como a manutenção ou renovação de uma licença ambiental, poderá demandar a realização de uma Auditoria Ambiental.

1.5.3.2. Inspeções Ambientais

A nossa Constituição Federal de 1988 incumbiu a União, os Estados, o Distrito Federal e os municípios da tarefa de proteger o meio ambiente e combater a poluição em qualquer de suas formas, além de preservar as florestas, a fauna e a flora (art. 23, VI e VII). Para poder cumprir essa missão de zelar pelo meio ambiente, os órgãos de proteção ambiental da União, dos Estados, do Distrito Federal e dos Municípios têm competência para realizar Auditorias Ambientais (nesse caso, *inspeções ambientais),* com o intuito de fiscalizar o cumprimento das leis e regulamentações existentes em matéria de meio ambiente.

1.5.3.3. Due Diligence

Para certas operações, ainda, tais como fusões, aquisições, emissões de ações *(equity transactions)* e de dívida *(debit transactions),* que requerem a realização de auditorias legais *(due diligence),* ou mesmo para determinadas operações comerciais, as auditorias ambientais devem ser utilizadas para permitir a identificação e análise de eventuais *passivos ambientais.* Nesse ponto convém esclarecer que a auditoria ambiental pode e deve ser realizada por uma equipe de trabalho multidisciplinar, compreendendo, basicamente, dois segmentos de atividades distintas, que se desenvolvem de modo paralelo e complementar: de um lado, a análise técnica e operacional de campo desempenhada, em geral, por profissionais ligados à engenharia ambiental, à química, à biologia e hidrogeologia, principalmente (conforme a natureza do empreendimento ou da atividade da empresa submetida à auditoria), e, de outro lado, a investigação jurídica, realizada pelo advogado especializado em Direito Ambiental.

1.5.3.4. Certificação Ambiental

Com o objetivo de se inserirem no atual ambiente de concorrência global, através do reconhecimento na esfera privada, perante a sociedade, de que estão cumprindo com determinados padrões ambientais amplamente aceitos, muitas empresas brasileiras obtiveram ou estão em processo de obtenção de certificações sob as normas da *International Organization for Standardization* relativas a aspectos ambientais (série ISO 14000). As normas ISO 14000 que trazem as diretrizes para as auditorias ambientais são a ISO 14010 (princípios gerais), a ISO 14011 (procedimentos de auditoria — auditoria de sistemas de gestão ambiental) e a ISO 14012 (critérios de qualificação para auditorias ambientais).

1.6. Responsabilidade Civil e Criminal do Auditor Ambiental no Brasil

Na esfera civil, conforme o disposto na Lei n. 6.938, de 31 de agosto de 1981, o poluidor (pessoa física ou jurídica) é obrigado, independentemente da existência de culpa (responsabilidade objetiva), a indenizar ou reparar os danos causados ao meio ambiente e a terceiros afetados por sua atividade. Em outras palavras, para que haja responsabilidade civil por dano ambiental, basta demonstrar a existência do dano e do nexo de causalidade entre a atividade exercida e o dano causado. Dessa forma, a mera realização de uma auditoria ambiental não libera o empreendedor da responsabilidade civil. No entanto, se o empreendedor for capaz de comprovar que o dano ocorreu em razão de culpa do auditor ambiental, contra este terá o empreendedor o direito de regresso.

De acordo com o que estabelece a Lei de Crimes Ambientais (art. 20), não só aquele que pratica crime nela tipificado será penalizado, mas também o diretor, o administrador, o membro de conselho e de órgão técnico, o auditor, o gerente, o preposto ou mandatário de pessoa jurídica, que, sabendo da conduta criminosa de outrem, deixarem de impedir a sua prática quando podiam agir para evitá-la. Nesse caso, também, a culpa do auditor ambiental precisa ser devidamente comprovada, sendo que as penas serão impostas observando-se a extensão da culpabilidade.

O desenvolvimento das auditorias ambientais no Brasil inclina-se, atualmente, a acompanhar as tendências mundiais nesse campo. O setor empresarial brasileiro, em particular, está cada vez mais fazendo uso das auditorias ambientais não apenas para a identificação, análise, prevenção e saneamento de passivos ambientais, que, na esfera jurídica, têm desdobramentos de cunho administrativo, civil e criminal, mas, de fato, também para ter maiores vantagens competitivas no mercado.

Referências Bibliográficas

ANTUNES, Paulo Bessa. *Direito Ambiental.* 4ª ed.

BENJAMIN, Antonio Herman (org.). *Manual Prático de Promotoria de Justiça do Meio Ambiente.* Ministério Público do Estado de São Paulo, 1999.

BOBBIO, Norberto. *A Era dos Direitos.* Rio de Janeiro: Campus, 1992.

FIORILLO, Celso Antonio Pacheco. "Manual de Direito Ambiental e legislação aplicável", *apud* MELO, Sandro Nahamias. *Op. cit.*

FIORILLO, Celso Antonio Pacheco & NAHAS, Thereza Cristina. "Meio Ambiente do Trabalho: Riscos Ambientais criados — Prevenção e Reparação". *In* PAMPLONA FILHO, Rodolfo. *Estudos de Direito em Homenagem a José Augusto Rodrigues Pinto.*

FRANCO FILHO, Georgenor. "A OIT e o Meio Ambiente do Trabalho". *In jornal trabalhista Consulex,* n. 852, 26.2.01.

GIANPIETRO, Franco. *La responsabilità per danno all'ambiente.* Milão: Giuffrè, 1988.

GIROD, Patrick. *La réparation du dommage écologique.* (Tese) Universidade de Paris, 1973.

GIGLIO, Wagner D. *Direito Processual do Trabalho.* São Paulo: LTr, 1994.

LYON-CAEN, Gerard. PÉLISSIER, Jean. *Droit du Travail.* Paris: Dalloz, 1990.

MARANHÃO, Délio; SÜSSEKIND, Arnaldo; VIANNA, Segadas. *Instituições de Direito do Trabalho.* São Paulo: LTr, 1993.

SADY, João José. *Direito do Trabalho e Meio Ambiente.* Tese de doutorado em Direito do Trabalho. PUC-SP.

WELLS, P. Kathleen; CLAYTON, Carol e WATKISS, Jeffrey D. "Environmental auditing and the Law". *In: Environmental, Health and Safety Auditing Handbook.* Lee Harrison (editor in chief) 2nd ed. USA: McGrall-Hill, Inc., 1995.

O Nexo Técnico Epidemiológico e a Responsabilidade pelo Meio Ambiente do Trabalho

Juliana de Oliveira Xavier Ribeiro[*]

1. Introdução

Hoje, mesmo com toda a fiscalização e medidas de prevenção existentes, há uma grande margem para a ocorrência de acidentes relacionados ao trabalho ocorridos diariamente e que não são comunicados como deveriam. Ora porque a empresa não quer que tal estatística entre em seu quadro administrativo/organizacional, ora porque a perícia é ineficiente para proferir um real diagnóstico, e enfim porque a comunicação destes acidentes só gera problemas à empresa. Podemos citar aqui, o direito à estabilidade de funcionário, aumento das alíquotas do seguro de acidentes do trabalho (SAT) e os seus adicionais bem como a grande probabilidade do empregador sofrer ações acidentárias.

Ocorre que a empresa que gera riscos à saúde de seu trabalhador em muito investe em segurança do trabalho, equipamentos de proteção individual e coletivo, em cursos de aprimoramento, mas nada tem em troca, seja no aspecto econômico-social ou mesmo no tributário.

Não havia até então qualquer benefício fiscal a estas empresas, ou seja, sua carga tributária era idêntica à daquela empresa que pouco investia em segurança. Assim, enquanto uma destinava parte de seu capital à manutenção do meio ambiente do trabalho, a outra utilizava esse montante para acirrar a competição econômica, e o trabalhador, neste meio tempo, sofria com as enfermidades resultantes dos riscos a que estava exposto.

Para sanar esta situação, com a vigência da Lei n. 10.666/03 as empresas que investem em meio ambiente e seguem as regras estabelecidas passam a ter direito à redução no valor do SAT em 50%. Esta regra, contudo, não possui uma concreta efetividade, pois as empresas desconhecem tal benefício fiscal e mesmo as que

---

(*) MESTRE em Direito Previdenciário pela PUC-SP, Presidente da Escola Superior de Advocacia de São José dos Campos — SP, Coordenadora Acadêmica da Bbg Sociedade de Ensino, do Instituto Brasileiro de Estudos e do Curso Êxito. Docente da Bbg Sociedade de Ensino, do Instituto Brasileiro de Estudos, do Curso Êxito, da Rede de Ensino Luiz Flavio Gomes — LFG, da Universidade Gama Filho, da Instituição Toledo de Ensino, da Universidade Salesiana de Lorena — Unisal, da Universidade Paulista — Unip.

conhecem não sabem como devem proceder para obter a redução de sua carga tributária.

Por esta razão, a partir do Nexo Técnico Epidemiológico Previdenciário (Lei n. 11.430/06) seus principais efeitos farão com que empregadores que investirem em meio ambiente tenham redução tributária, podendo também não sofrer as conseqüências diretas da responsabilidade pela ocorrência de acidentes do trabalho.

Não só o empregador, mas também os segurados do INSS serão beneficiados com a nova legislação.

Sendo assim, deveremos partir da análise dos riscos ambientais (químicos, físicos e biológicos) e seus limites de tolerância, a fim de comprovarmos quais regras atuais que trazem novidades para a seara do meio ambiente do trabalho.

2. Os riscos ambientais — principais riscos químicos, físicos e biológicos

É sabido que todos somos expostos a riscos e qualquer ação desordenada pode resultar em algum tipo de acidente. No ambiente laboral não é diferente. Ainda que as empresas cumpram a legislação pertinente a respeito de prevenção de riscos e proteção ao trabalhador, algumas substâncias ainda podem influenciar a ocorrência de acidentes ou doenças oriundas do trabalho.

Quando falamos em riscos ambientais estamos nos referindo a vários tipos de agentes, sejam eles químicos, físicos, biológicos, acidentais (acidentes-tipo) e até mesmo ergonômicos. Algumas normas regulamentadoras do Ministério do Trabalho prevêem medidas de segurança a serem adotadas pelas empresas a fim de neutralizar a manifestação destes agentes, mas, no entanto, nem toda a massa empresarial cumpre tais obrigações.

Os riscos químicos são aqueles em que o trabalhador, na manipulação de determinados produtos, acaba por estar exposto a agentes que podem prejudicar sua saúde. Os danos oriundos desta exposição podem ir desde uma pequena irritação nos olhos até um grave problema respiratório, visto que os produtos químicos são geralmente inalados ou adentram o corpo humano através do contato com a pele e olhos.

Nos riscos físicos encontramos uma das maiores concentrações de agentes capazes de tornar o trabalhador cada vez mais vulnerável. Estes tipos de agentes como o calor, o ruído e a vibração constituem formas de energia às quais os trabalhadores possam estar expostos, e nem sempre causam moléstias instantâneas. Muitas vezes a patologia aparece após algum tempo e o quadro clínico nem sempre é reversível.

Riscos biológicos constituem microorganismos, como vírus e bactérias, que podem manifestar no trabalhador diversos tipos de doenças. Este tipo de risco é muito freqüente em indústrias do setor alimentício, hospitais, laboratórios, dentre outras.

Riscos de acidentes estão presentes em todos os maquinários sem proteção específica, nos equipamentos que possam sofrer explosões pela mau armazenamento, enfim, constituem situações capazes de colocar em perigo iminente a vida ou a integridade física dos trabalhadores.

Já os riscos ergonômicos estão diretamente ligados ao que chamamos de características psicofisiológicas dos trabalhadores, ou seja, para que o trabalhador desenvolva todas as suas funções no ambiente laboral, faz-se necessário que sua mente e seu corpo estejam em sintonia e que o local de trabalho ofereça-lhe boas condições. É o que chamamos de uma nova era de proteção ao trabalhador, em que o sistema da empresa deve se adaptar ao empregado e não este à empresa. Temos como exemplo de risco ergonômico a carga excessiva de trabalho, movimentos repetitivos constantes que geram as famosas lesões de esforço repetitivo (tendinite e tenossinovite).

Todos os riscos acima elencados, além de diminuir a capacidade produtiva dos trabalhadores, podem ainda debilitá-los, seja física, emocional ou psicologicamente. A empresa que não zela pelo bem-estar de seus trabalhadores sofre prejuízos econômicos a pequeno, médio e longo prazo, visto que este trabalhador permanecerá muito mais afastado de suas atividades do que eventualmente produzindo.

Seguem abaixo alguns exemplos de riscos e as principais conseqüências.

Riscos	Conseqüências
Ruído (físico)	Cansaço, irritação, dores de cabeça, diminuição da audição, problemas do aparelho digestivo, taquicardia, perigo de infarto.
Vibrações (físico)	Cansaço, irritação, dores nos membros, dores na coluna, artrite, problemas digestivos, lesões ósseas, lesões dos tecidos moles.
Calor (físico)	Taquicardia, aumento da pulsação, cansaço, irritação, prostração térmica, choque térmico, fadiga térmica, perturbação das funções digestivas, hipertensão, etc.
Radiação não-ionizante (físico)	Queimaduras, lesões nos olhos, na pele e em outros órgãos
Radiação ionizante (físico)	Alterações celulares, câncer, fadiga, problemas visuais, acidente do trabalho.
Umidade (físico)	Doenças do aparelho respiratório, quedas, doenças da pele, doenças circulatórias.
Vírus (biológico)	Hepatite, poliomielite, herpes, varíola, febre amarela, raiva (hidrofobia), rubéola, aids, dengue, meningite.
Bactérias/Bacilos (biológico)	Hanseníase, tuberculose, tétano, febre tifóide, pneumonia, difteria, cólera, leptospirose, disenterias.
Esforço físico intenso, imposição de ritmos excessivos, jornada prolongada de trabalho, entre outros (ergonômico)	cansaço, dores musculares, fraquezas, doenças como hipertensão arterial, úlceras, doenças nervosas, agravamento do diabetes, dentre outras.

3. Limites de Tolerância e a NR-15

A NR-15 descreve as atividades, operações e agentes insalubres, inclusive seus limites de tolerância, definindo, assim, as situações que, quando vivenciadas nos ambientes de trabalho pelos trabalhadores, ensejam a caracterização do exercício insalubre, e também os meios de proteger os trabalhadores de tais exposições nocivas a sua saúde.

Esta NR é integrada por quatorze anexos e formada por sete itens nos quais, entre outras regras:

a) conceituam limite máximo de tolerância humana em relação ao ambiente insalubre (cuja previsão está contida nos anexos 1, 2, 3, 5, 11 e 12);

b) definem as atividades e operações insalubres como sendo aquelas acima dos referidos limites de tolerância (subitem 15.1.1), as definidas nos anexos 6, 13 e 14 (subitem 15.1.3), bem como aquelas determinadas nos anexos 7, 8, 9 e 10 (subitem 15.1.4), além de confirmar as disposições da CLT que tratam das atividades insalubres e perigosas.

Os 14 anexos trazem vasto conteúdo técnico:

a) definindo regras e tabelas de limites de tolerância para: a) ruídos contínuos, intermitentes e de impacto (Anexo 1); b) exposição ao calor (Anexo 3); c) trabalho sob radiações ionizantes (Anexo 5); d) exposição a agentes químicos (Anexo 11); e e) limites de tolerância para poeiras minerais (Anexo 12);

b) estabelecendo normas sobre as condições insalubres do trabalho sob pressões hiperbáricas (trabalhos sob ar comprimido e trabalhos submersos) determinadas nas tabelas de descompressão e para recompressão terapêutica e estabelecer instruções para seu uso e, ainda, as medidas de segurança e restrições para o exercício das atividades sob estas condições (anexo 6);

c) determinando as atividades e operações insalubres que utilizam agentes químicos (diversos daqueles dos anexos 11 e 12) como: cádmio e seus compostos, arsênico, carvão, chumbo, cromo, fósforo, hidrocarbonetos e outros compostos de carbono, mercúrio, silicatos e estipular os seus respectivos graus de insalubridade (máximo, médio ou mínimo), bem como definir as substâncias cancerígenas (4-amino difenil ou p-xenilamina, benzidina, beta-naftamina, 4-nitrodifenil) e proibir o contato ou exposição, por qualquer via, do trabalhador com o carcinogênico, (Anexo 13) e estabelecer as medidas de segurança e proibições ao exercício das atividades ou operações com produtos comprovadamente cancerígenos — o benzeno (Anexo 13-A);

d) definindo a relação de atividades insalubres que envolvem agentes biológicos (contatos com substâncias infecto-contagiosas nos trabalhos em hospitais, ambulatórios, laboratórios de análise clínica e histopatologia, clínica veterinária, esgotos, etc.), cujo grau de insalubridade pode ser máximo ou médio (anexo 14);

e) determinando, enfim, que poderão ser consideradas insalubres, conforme laudo de inspeção ou perícia do local de trabalho (segundo subitem 15.1.4), as atividades ou operações que exponham os trabalhadores a radiações não ionizantes (conceituadas como sendo somente as microondas, ultravioletas e laser), ao frio ou à umidade e a vibrações (Anexos 7, 8, 9 e 10).

Com a sua fundamentação legal nos arts. 189 e 192 da CLT, a NR anda paralelamente aos dispostitivos constitucionais relacionados à proteção do meio ambiente do trabalho. Vejamos:

A Constituição Federal demonstra, em várias oportunidades, profunda preocupação com a qualidade de vida do ser humano (art. 225, *caput*), com sua saúde físico-psíquica (art. 6º, *caput*) e com a dignidade de vida (art. 1º, inc. III), determinando a tutela desses bens em primeiro lugar.

Prevê a ampla e necessária tutela do equilíbrio do meio ambiente, considerado este sob quatro facetas: meio ambiente natural (art. 225), meio ambiente artificial (arts. 182 e ss.), meio ambiente cultural (arts. 215 e 216) e *meio ambiente do trabalho* (art. 200, inc. VIII).

Enfim, o art. 7º, inc. XXII consagra como direito básico do trabalhador, a "redução dos riscos inerentes ao trabalho, por meio de normas de saúde, higiene e segurança".

Por isso, cada risco tem o seu limite de tolerância. Este significa a concentração ou intensidade máxima ou mínima, relacionada com a natureza e o tempo de exposição ao agente, que não causará dano à saúde do trabalhador, durante a sua vida laboral.

A adoção de medidas de ordem geral que conservem o ambiente de trabalho dentro dos limites de tolerância e a utilização de equipamento de proteção individual e coletiva eliminam ou neutralizam o pagamento de adicional de insalubridade e eventuais problemas como: sofrer ação civil pública perante o Ministério do Trabalho, pagar multas, ter o seu estabelecimento interditado e conseqüentemente fechado e, finalmente, sofrer ações de indenizações.

Tomamos por exemplo o ruído contínuo ou intermitente, agente físico, cujos limites de tolerância são:

Nível de Ruído Db (A)	Máxima Exposição Diária Permissível
85	8 horas
86	7 horas
87	6 horas
88	5 horas
89	4 horas e 30 minutos
90	4 horas
91	3 horas e 30 minutos
92	3 horas
93	2 horas e 40 minutos
94	2 horas e 15 minutos
95	2 horas

Nível de Ruído Db (A)	Máxima Exposição Diária Permissível
96	1 hora e 45 minutos
98	1 hora e 15 minutos
100	1 hora
102	45 minutos
104	35 minutos
105	30 minutos
106	25 minutos
108	20 minutos
110	15 minutos
112	10 minutos
114	8 minutos
115	7 minutos

4. As perícias médicas do INSS e o nexo técnico previdenciário

Perícia significa uma busca técnica concreta de apuração de fatos, seja ela relacionada a engenharia, contabilidade ou medicina. As perícias médicas do INSS em muito têm deixado a desejar, andando, assim, em contramão ao real significado da palavra.

Peritos da autarquia federal realizam exames clínicos que não condizem com a realidade dos fatos e, mesmo assim, indeferem benefícios para aqueles cuja incapacidade permanente ou temporária é notória.

A questão ainda se agrava quando a concessão é de benefícios acidentários. Em suma, o que vem ocorrendo na prática é que se a empresa emite a Comunicação de Acidentes do Trabalho — CAT o perito concede o benefício acidentário, caso não emita, este benefício torna-se comum.

No caso negativo da perícia, o segurado, acidentado ou adoecido, para conseguir um benefício acidentário junto ao INSS, terá que provar, a duríssimas penas, o nexo de causalidade.

As empresas sonegam a CAT por aspectos políticos, econômicos e sociais. Dentre as principais destacam-se as seguintes:

• Como o acidente/doença ocupacional é considerado socialmente derrogatório, evita-se que o dado apareça nas estatísticas oficiais;

• para que não se possa reconhecer a estabilidade no emprego de um ano de duração a partir do retorno do trabalhador;

• para se ter liberdade de poder despedir o trabalhador a qualquer tempo;

• para não se depositar a contribuição devida de 8% do salário, em conta do FGTS, correspondente ao período de afastamento;

• para não se reconhecer a presença de agente nocivo causador da doença do trabalho ou profissional e, para não se recolher a contribuição específica correspondente ao custeio da aposentadoria especial para os trabalhadores expostos aos mesmos agentes.

Desta forma, o ônus da prova cabe exclusivamente ao segurado e a empresa se livra facilmente dos fatores acima citados.

Atualmente a perícia se baseia no chamado Nexo Técnico Previdenciário — NTP, conforme disposto no art. 337 do Decreto n. 3.048/99 (Regulamento da Previdencia Social — RPS).

Na prática, o NTP obriga que o médico tenha uma visão individual sobre o segurado. O diagnóstico se baseia no atestado do médico assistente, e é codificado conforme a Classificação Internacional de Doenças (exemplo: lombalgia = CID M54.5), esse código é transcrito na CAT se a empresa vier a emiti-la.

Entretanto, essa atividade costumeira traz inúmeros problemas ao trabalhador e, assim, devido às falhas do sistema atual, novos critérios passam a ser utilizados. A nova técnica será:

O cruzamento de informações de posse do INSS, será realizado com base no CNAE (Código Nacional de Atividade Econômica) e na CID. Assim, um segurado com tendinite devidamente diagnosticada terá sua doença caracterizada como ocupacional ou um acidente de trabalho.

Com a adoção desta metodologia, basta que o trabalhador apresente o atestado médico com o Código Internacional de Doenças, para que a autarquia identifique o nexo epidemiológico e conceda ao segurado o benefício acidentário. A esta nova técnica denominamos Nexo Técnico Epidemiológico Previdenciário.

5. O nexo técnico epidemiológico previdenciário, uma nova visão

Recentemente, a Lei n. 11.430/06 trouxe uma nova concepção para o Nexo Técnico Previdenciário. Acrescentou-se a este, além de outros fatores, estudos epidemiológicos que permitiram estabelecer uma relação direta entre a lesão e o acidente ou doença ocupacional.

Os estudos científicos e empíricos realizados para se chegar a esta nova sistemática permitiram determinar que agora não mais o trabalhador é causa principal da ocorrência patológica, mas sim a empresa que expõe seus trabalhadores ao risco ambiental.

A visão da perícia passa a não ser mais individualista e sim coletivista. De acordo com a atividade econômica exercida pela empresa, os trabalhadores expostos a determinados agentes serão automaticamente enquadrados e passíveis do recebimento de benefício acidentário, cabendo à empresa realizar a prova em contrário.

Quando falamos que a concessão do benefício acidentário será de forma automática queremos dizer que, para um determinada empresa, através do seu CNPJ, e do número identificador de sua atividade (CNAE), haverá um cruzamento de dados com o Número Identificador do Trabalhador (NIT) e a Patologia Diagnosticada neste (CID-10). Com isso teremos o chamado Nexo Técnico Epidemiológico Previdenciário.

O NTEP, através do Fator Acidentário Previdenciário, irá obrigar as empresas a investirem em Segurança e Medicina do Trabalho, haja vista que, como veremos no ítem 7, a quantidade de empregados debilitados (acidentados, doentes, ou que têm direito à aposentadoria especial) constituirá fator preponderante para a majoração da tributação em até 100%, e, por outro lado, a empresa que menos ocorrências tiver, será beneficiada com a redução do tributo em até 50%.

Além do mais, com a implantação do NTEP, o trabalhador passa a ser visto como um patrimônio que precisa de cuidados. Assim, a empresa deverá elaborar o que denominamos Balanço Hominal, ou seja, declarar formalmente em determinado lapso temporal os sistemas de prevenção de acidentes e doenças ocupacionais que implantou, a quantidade de trabalhadores lesionados, que medidas está tomando para reverter este quadro negativo. Enfim, deverá elucidar que sendo uma boa empresa, através de investimento em meio ambiente do trabalho, é merecedora de redução tributária.

Diante disso, as boas empresas serão bem vistas frente ao mercado econômico e obviamente a margem de lucro poderá aumentar.

Ao contrário, no sistema atual, as boas empresas, que zelam pelo bom ambiente de trabalho acabam sofrendo com a concorrência da má empresa que ao invés de investir em segurança laboral, usa tal patrimônio em estratégias de lucratividade. Enquanto uma destina seu capital a melhorias no ambiente de trabalho, a outra usa seu capital para produzir em larga escala a preços baixos.

Vale lembrar que hoje as duas empresas pagam a mesma quantidade de tributos, independentemente se uma lesiona menos trabalhadores e a outra lesiona mais. Com a implantação do nexo isso não mais ocorrerá.

6. O financiamento dos acidentes do trabalho e da aposentadoria especial

A área da segurança e saúde do trabalhador deve ser contemplada, de modo adequado e permanente, no orçamento da União, mediante programa específico. Aos recursos da União serão adicionados recursos originários de tributação específica, respeitado o princípio: "quem gera o risco deve ser responsável pelo seu controle e pela reparação dos danos causados"[1].

Quem gera o risco é a empresa, sendo assim, ela será responsável pela reparação por meio do pagamento de tributos destinados à União (art. 154, I da CF/88).

Por esta razão o Seguro de Acidentes do Trabalho, mais conhecido como SAT, é uma contribuição para a Previdência Social destinada a financiar eventuais aci-

---

(1) http://www.mtb.gov.br/seg_sau/proposta_consultapublica.pdf. *Política Nacional de Segurança e Saúde do Trabalhador.* Brasília, 2004.

dentes do trabalho. A legislação atual prevê que as empresas deverão recolher o SAT com base nas seguintes alíquotas:

• 1% sobre folha de salários — para empresas com atividade preponderante de risco leve

• 2% sobre folha de salários — para empresas com atividade preponderante de risco médio

• 3% sobre folha de salários — para empresas com atividade preponderante de risco grave.

Para a empresa que desenvolve diversas atividades a tributação se dará levando em consideração a atividade preponderante praticada pelo contribuinte. O legislador houve por bem delegar a definição de atividade preponderante por meio do Decreto n. 3.048/99 a seguir:

Art. 202, § 3º — Considera-se preponderante a atividade que ocupa, na empresa, o maior número de segurados empregados e trabalhadores avulsos.

Sendo assim, de acordo com o art. 22, inciso II da Lei n. 8.212/91, para financiamento do referido benefício, a empresa está obrigada a contribuir com 1%, 2% ou 3%, de acordo com o grau de risco da atividade preponderante, incidente sobre o total das remunerações pagas ou creditadas aos empregados e trabalhadores avulsos.

Entretanto, com a Lei n. 9.732/98, acrescentou-se o § 6º ao art. 57 da Lei n. 8.213/91, que dispõe que as alíquotas previstas no art. 22, inciso II da Lei n. 8.212/91, serão acrescidas de 12 %, 9% e 6%, conforme a atividade exercida pelo segurado a serviço da empresa, que permita a concessão de aposentadoria especial. A Lei n. 9.732/98 determina, em seu § 6º, que esses acréscimos seriam aplicados gradativamente a partir de 1º.9.99.

A contribuição adicional será exigida de forma progressiva, conforme indicado a seguir:

APOSENTADORIA ESPECIAL (ANOS)	15	20	25
ACRÉSCIMO	12%	9%	6%

Um empresa, cujos empregados têm direito a aposentadoria especial arcará com a seguinte carga tributária no que se refere a contribuição sobre folha de salários.

Considerando que todos os empregados em número de 10 farão jus a aposentadoria especial aos 25 anos e que no mês de abril/2006 a empresa tenha como folha de salários o valor total de R$ 100.000,00 temos os seguintes dados:

• Tempo de aposentadoria apurada = 25 anos e alíquota adicional devida para aposentadoria especial (adicional ao SAT) = 6% (ver tabela acima)

• Contribuição da empresa sobre a folha de salários = 20%.

Total de contribuições devidas

• R$ 100.000,00 x 6% = R$ 6.000,00 (adicional ao SAT)

• R$ 100.000,00 x 20% = R$ 20.000,00 (contribuição da empresa)

• R$ 6.000,00 + R$ 20.000,00 = R$ 26.000,00 (total de contribuições sobre folha devidas a serem destacadas pela Guia da Previdência Social — GPS)

Vejamos que a empresa suporta a carga tributária, só no que diz respeito à contribuição sobre folha de salários, no valor de R$ 26.000,00.

Atualmente, o Perfil Profissiográfico Previdenciário (PPP), formulário exigido de todas as empresas, principalmente daquelas empresas com atividades insalubres, é considerado um avanço da Previdência Social na tentativa de conceder as aposentadorias especiais com melhores critérios.

7. Redução da carga tributária das empresas e investimento em meio ambiente do trabalho — SAT e FAP

O Ministério da Previdência Social decidiu flexibilizar as alíquotas de contribuição para premiar as empresas que já investem em programas de prevenção de acidentes de trabalho. Além disso, pretendiam e pretendem estimular outras empresas a fazer o mesmo e, assim, proporcionar níveis cada vez maiores de segurança aos trabalhadores.

A Lei n. 10.666/03 e o Decreto n. 3.048/99 prevêem a redução do SAT para as empresas que investem no meio ambiente do trabalho. Vejamos os mencionados dispositivos legais:

Lei n. 10.666/03, art. 10:

"A alíquota de contribuição de um, dois ou três por cento, destinada ao financiamento do benefício de aposentadoria especial ou daqueles concedidos em razão do grau de incidência de incapacidade laborativa decorrente dos riscos ambientais do trabalho, poderá ser reduzida, em até cinqüenta por cento, ou aumentada, em até cem por cento, conforme dispuser o regulamento, em razão do desempenho da empresa em relação à respectiva atividade econômica, apurado em conformidade com os resultados obtidos a partir dos índices de freqüência, gravidade e custo, calculados segundo metodologia aprovada pelo Conselho Nacional de Previdência Social."

Decreto n. 3.048/99, art. 203:

"A fim de estimular investimentos destinados a diminuir os riscos ambientais no trabalho, o Ministério da Previdência e Assistência Social poderá alterar o enquadramento de empresa que demonstre a melhoria das condições do trabalho, com redução dos agravos à saúde do trabalhador, obtida através de investimentos em prevenção e em sistemas gerenciais de risco".

A notável questão era que a tributação era realizada conforme a classificação nacional de atividades econômicas — CNAE, o que não tem qualquer relação com aquela utilizada pela legislação de segurança e saúde no trabalho — NRs 4 e 5 do Ministério do Trabalho.

A metodologia a ser utilizada pelo Ministério não estava bem definida. Por isso, todas as empresas que tinham a mesma classificação no CNAE e pertenciam ao mesmo grupo ali indicado pagariam a mesma alíquota sem contabilizar se naquela empresa ocorriam mais acidentes do trabalho e havia mais concessões de aposentadorias especiais.

Ora, para facilitar a compreensão deste tema, se a Empresa A e a Empresa B pertencem ao grupo cuja alíquota do SAT é 3%, pagariam o mesmo percentual independente de investirem ou não em meio ambiente do trabalho.

O SAT, atualmente, é financiado por meio das alíquotas de 1%, 2% ou 3% incidentes sobre a remuneração paga pela empresa a seus trabalhadores, porém tais alíquotas correspondem ao ramo de atividade exercida por aquela empresa, ou seja, se a atividade preponderante enseja risco leve, médio ou grave à saúde e integridade física do trabalhador. E, ainda, se o risco for um daqueles listados no Anexo IV, do Decreto n. 3.048/99 ou NR-15, será considerado fato gerador para a aposentadoria especial e poderá sofrer uma majoração nestas alíquotas para 6%, 9% e até 12%.

Hoje em dia para conseguir a redução da alíquota do SAT é necessário que a empresa entre com o pedido administrativo junto ao INSS. Após o recebimento, o INSS analisa se a empresa está ou não investindo adquadamente no meio ambiente do trabalho. Caso seja positivo a empresa obterá a redução de 50% da mencionada alíquota. A empresa poderá optar por fazer seu auto-enquadramento, mas deverá notificar a autarquia previdenciária que está usufriundo do benefício concedido pela Lei n. 10.666/03.

Com a nova metodologia trazida pelo NTEP teremos eficiência na abordagem do INSS, já que a abrangência passa a ter caráter coletivo. O SAT deverá ser substituído pelo FAP — Fator Acidentário Previdenciário. O FAP é um multiplicador que incidirá diretamente sobre as alíquotas de 1%, 2% ou 3%, alíquotas estas que correspondem ao ramo de atividade exercido pela empresa, identificado por meio do Código Nacional da Atividade Econômica-CNAE.

A grande diferença é que o FAP terá como foco a empresa, e não o segmento econômico, como atualmente está baseado o SAT. Assim, a empresa que investe em meio ambiente do trabalho terá benefícios e o INSS, na aplicação conjunta com o Nexo Técnico Epidemiológico, poderá ser mais eficiente e transparente. Além disso, será possível identificar as empresas que não seguem as imposições legais sobre investimento em meio ambiente, fazendo assim com que sua alíquota seja majorada em até 100%.

7.1. Fator Acidentário Previdenciário

Antes de adentrarmos neste assunto, cabe-nos esclarecer alguns pontos-chave, importantíssimos para o entendimento deste novo multiplicador.

Durante cinco anos, médicos, peritos, técnicos, engenheiros, dentre outros, realizaram um grande estudo com a finalidade de estabelecer alguns parâmetros capazes de identificar o porquê do número de acidentes e doenças do trabalho aumentarem a cada dia no nosso País. Basearam-se no anuário emitido pela DATAPREV e CAT em que relatam a quantidade de acidentes e doenças do trabalho ocorridos. Somente a nível de curiosidade, em 2004 foram informados, através da CAT, 458.956[2] acidentes e doenças do trabalho, ou seja, mais de mil ocorrências por dia.

Dentre todas estas ocorrências, como já exposto nos itens anteriores, verificou-se que para determinada atividade econômica, a quantidade de acidentes e/ou doenças do trabalho aumenta absurdamente.

Assim, em 2004, por meio da Resolução Ministerial n. 1.236 cria-se o Fator Acidentário Previdenciário. Este é um multiplicador que deve flutuar em um intervalo fechado contínuo de 0,5 a 2,0 (redução de 50% na tributação ou majoração de 100%), considerando gravidade, freqüência e custo, por definição legal[3]. Este fator é uma forma desburocrática de proceder com a majoração ou redução da alíquota de 1%, 2% ou 3%, visto que os dados probalísticos serão baseados nos laudos médicos e na concessão de benefícios pelo INSS a um mesmo tipo de doença.

Este banco de dados serviu de composição a um agrupamento de morbidade[4] que se relaciona diretamente com a CNAE. Ou seja, para determinado tipo de atividade econômica desenvolvida pela empresa, há um rol de doenças que podem ser diretamente enquadradas como acidentes de trabalho. Levando-se em consideração este banco de dados, realiza-se uma tríplice dimensão vetorial por meio da freqüência (dimensão acidentária — quantidade de benefícios previdenciários concedidos em um determinado lapso temporal), gravidade (dimensão social — equivale à idade do benefício, ou seja, quanto tempo aquele trabalhador permaneceu afastado de seu trabalho) e custo (dimensão monetária — quanto os cofres previdenciários arecadam e quanto desembolsam para o trabalhador ou seus dependentes).

A identificação dos grupos de risco em que será aplicado o FAP deu-se através de razões de proporção, ou seja, é realizada uma proporção matemática sobre a quantidade de trabalhadores expostos aos riscos ambientais e a quantidade de trabalhadores não expostos. Quando não existe diferença nesta proporção dizemos que o razão de chances é igual a 1,0. Por outro lado, quando o número dos trabalhadores expostos for maior do que os não expostos, a razão de chances será maior que 1,0.

Temos aqui, portanto, que se o FAP da empresa "x", identificada através do CNAE "x", for maior do que 1,0, sua alíquota será majorada e se for menor do que 1,0 sua alíquota será reduzida. O que incidirá diretamente na majoração ou redução, conforme parágrafo anterior, será a quantidade de acidentes ocorridos ou doenças do trabalho diagnosticadas.

---

(2) http://www.mpas.gov.br/pg_secundarias/previdencia_social_13_07-A1-1-2.asp
(3) *Resolução MPS/CNPS n 1.269, de 15 de fevereiro de 2006* — DOU 21.2.2006.
(4) "Índice de doenças numa região." BUENO, Francisco da Silveira. *Minidicionário da língua portuguesa*. São Paulo: FTD, 2000.

Vejamos o seguinte quadro comparativo:

	SAT	FAP
Atividade preponderante de Grau leve	1%	Pode variar de 0,5 a 2,0
Atividade preponderante de Grau médio	2%	Pode variar de 1,0 a 4,0
Atividade preponderante de Grau máximo	3%	Pode variar de 1,5 a 6,0

Vejamos o seguinte exemplo fictício:

Dados:

Grau de risco = 3%

FAP = 1,55 (estipulado pelo cálculo vetorial: freqüência, gravidade e custo)

Folha de salário = R$ 50.000,00

Sistema FAP:

50.000,00 x 0,03 x 1,55 = R$ 2.325,00

Sistema SAT:

50.000,00 x 0,03 = R$ 1.500,00

É notória a defasagem entre o sistema atual e o FAP. No exemplo acima, podemos notar claramente que, sendo o FAP maior do que 1,0 o aumento na tributação é imediato, assim, quanto maior for o FAP, maior será o valor que a empresa deverá contribuir sobre folha de salário a título de contribuição social.

Por outro lado, tomando por base os mesmos dados do exemplo anterior e alterando apenas o valor do FAP para 0,75, teremos:

Sistema FAP:

50.000,00 x 0,03 x 0,75 = R$ 1.125,00

Sistema SAT:

50.000,00 x 0,03 = R$ 1.500,00

Não obstante toda esta inovação, ademais, a Previdência Social, por meio do INSS, disponibilizará algumas telas de acesso na internet para que os cidadãos em geral possam consultar o balanço hominal das empresas, isto é, se elas causam menos ou mais acidentes aos seus trabalhadores.

8. Conclusão

Com esta nova sistemática entendemos que estaremos diante de mais um avanço social e industrial. A entrada em vigor do Nexo Técnico Epidemiológico Previdenciário, ao que tudo indica, contribuirá em diversos aspectos:

- As filas que se tornaram cartão postal do INSS passarão a ser, em parte, das empresas e não mais dos segurados, haja vista que caberá a esta fazer prova em contrário;

- a pressão psicológica que durante muito tempo pairou sobre os peritos do INSS, será transferida, em parte, aos médicos das próprias empresas;

- as listas de patologias relacionadas ao trabalho será revisada bienalmente, a fim de incluir ou retirar determinadas doenças;

- a vigilância hominal será parte integrante da vigilância sanitária;

- as boas empresas ganharão em competitividade;

- os equipamentos de proteção individual darão espaço aos equipamentos de proteção coletiva, ou seja, a responsabilidade pelos danos causados ao trabalhador será exclusivamente da empresa;

- as demais normas regulamentadoras do trabalho e o perfil profissiográfico previdenciário passarão a ter caráter de necessidade e não de imposição;

- servirá como um termômetro para intervenções estatais;

- investimento em estudos científicos a fim de minimizar os riscos à saúde do trabalhador;

- redução imediata na tributação sobre folha de salário.

Entretanto, alguns problemas poderão ser visíveis a médio e longo prazo, como:

- sendo a idade um caracterizador de possíveis moléstias, talvez os empregadores passem a selecionar para os seus quadros funcionais, empregados mais jovens, a fim de obter uma diminuição de doenças ocupacionais;

- os indivíduos mais saudáveis poderão ser mais bem aceitos que os menos saudáveis, o que será identificado através dos exames admissionais.

Vale ressaltar que a Lei do NTEP já existe, porém, aguarda-se a publicação de um decreto regulamentador que irá detalhar os procedimentos que o INSS deverá seguir tanto em relação à perícia técnica quanto em relação à comprovação do nexo de causalidade em acidentes do trabalho.

Bibliografia

BINDER, Maria Cecília; ALMEIDA, Ildeberto Muniz de; MONTEAU, Michel. *Árvore de Causas — Método de Investigação de Acidentes de Trabalho*. São Paulo: Limiar.

CARDELLA, Benedito. *Segurança no Trabalho e Prevenção de Acidente*. São Paulo: Atlas.

COSTA, Hertz Jacinto. *Manual de Acidente do Trabalho*. 2ª ed. Curitiba: Juruá.

FREUDENTHAL, Sergio Pardal. *Aposentadoria Especial*. São Paulo: LTr, 2000.

GONZAGA, Paulo. *Perícia Médica da Previdência Social*. 3ª ed. São Paulo: LTr, 2004.

HORWATH JR, Miguel. *Direito Previdenciário*. São Paulo: Quartier Latin, 2006.

REFLEXÕES SOBRE A APLICABILIDADE DOS DIREITOS FUNDAMENTAIS NEGATIVOS NO CONTRATO DE TRABALHO

Luciano Benetti Timm [*]
Gustavo Trierweiller [**]

Considerações iniciais

A vinculação dos particulares aos direitos fundamentais, em que pese de visível importância não recebeu ainda a merecida atenção da doutrina, jurisprudência e estudiosos do Direito do Trabalho, sendo talvez o ramo do Direito Privado em que mais se preste para isso.

A intenção neste breve ensaio é a de analisar a possibilidade de vinculação dos particulares aos direitos fundamentais especificamente no âmbito da relação de emprego. Para atingir a tarefa, o estudo é organizado em quatro partes.

A primeira parte é dedicada aos direitos fundamentais. De forma sucinta, se analisa a evolução dos direitos fundamentais, bem como sua afirmação no ordenamento jurídico e suas funções, com ênfase especial para as suas funções de acordo com a dogmática jurídica contemporânea.

Na segunda parte, analisa-se a acepção de poder, com foco especificamente no *jus variandi*, a saber, o poder específico que é exercido pelo empregador na relação de emprego.

Na terceira parte, examina-se a possibilidade de vinculação dos particulares aos direitos fundamentais, bem como as principais teorias a respeito da forma como seria possível sua concretização, além de breves comentários a respeito da extensão aceitável para a incidência dos efeitos dos direitos fundamentais nas relações entre particulares.

Na quarta parte, analisa-se o papel do particular-empregador no respeito e concretização dos direitos fundamentais.

1. Os direitos fundamentais como limites aos abusos de poder

Os direitos fundamentais foram concebidos, originalmente, com o intuito de proteção do indivíduo contra possíveis e prováveis excessos do Estado. Naqueles

---
(*) Doutor em Direito dos Negócios pela UFRGS, Master of Laws na Universidade de Warwick, Mestre em Direito Privado na UFRGS. Professor do Programa de Mestrado em Direito da ULBRA.
(**) Mestrando em Direitos Fundamentais, ULBRA.

países que foram dotados de uma Constituição programática, o espectro dos direitos fundamentais aumentou, pois para seus defensores "com a ampliação crescente das atividades e funções estatais, somada ao incremento da participação ativa da sociedade no exercício do poder, verificou-se que a liberdade dos particulares — assim como os demais bens jurídicos fundamentais assegurados pela ordem constitucional — não careciam apenas de proteção contra ameaças oriundas dos poderes públicos, mas também contra os mais fortes no âmbito da sociedade, isto é, advindas da esfera privada".[1]

Os direitos fundamentais, ainda hoje, têm e devem ter como função a defesa de direitos subjetivos básicos das pessoas ante a atuação do Estado (cujos poderes se manifestam de diferentes formas: político, econômico e ideológico). Contudo, na atualidade, não é apenas o Estado quem detém tais poderes. Há diversos sujeitos sociais (ex. grupos comerciais, industriais, financeiros, mídia, associações e sindicatos, organizações criminosas, igrejas, ONGs, ambientalistas, MST) que o exercem. Esses novos sujeitos sociais, em regra, surgiram para lutar pela efetividade do que defendem ser algum dos direitos fundamentais, mas, não raras vezes, a ação desses sujeitos pela concretização de seus supostos direitos colide com o exercício de direitos fundamentais de primeira geração (ex. liberdade e propriedade) de outros particulares.

Esse embate é até estimulado pelo texto da Constituição brasileira de 1988 que, por razões políticas do período, parece ter sido muito pródiga em direitos e pouco prudente na identificação de recursos para sua implementação deixando sempre a inescapável sensação de seu freqüente descumprimento.

E não se pode desprezar, analisando a atual Constituição Federal brasileira, que o constituinte atribuiu tratamento diferenciado aos direitos fundamentais, especificamente, ao prever sua aplicação imediata no parágrafo primeiro do art. 5º.[2]

Ainda, conclui-se que são fatores relevantes à valorização dos direitos fundamentais, além de outros, a própria internacionalização e o acúmulo de gerações/dimensões: 1ª geração (direitos civis e políticos ou "direitos de liberdade"), 2ª geração (direitos sociais), 3ª geração (direitos difusos e coletivos) e 4ª geração (que seriam posições jurídicas básicas ante o progresso da ciência. Estes ainda estão em fase de formulação/definição/delimitação).

---

(1) SARLET, Ingo Wolfgang. *Direitos fundamentais e direito privado: alguma considerações em torno da vinculação dos particulares aos direitos fundamentais,* p. 118.
(2) Neste sentido, explica *Wilson Steinmetz,* ao analisar o Princípio da aplicação imediata dos direitos fundamentais, que "Os direitos fundamentais são uma categoria de direitos com força especial e que por isso devem ser tomados a sério" (p. 122-123), inclusive pelos particulares, mormente por força da Constituição Federal ser uma estrutura normativa básica e dirigida a todos indistintamente. Por sua vez, *Ingo Wolfgang Sarlet* (*Direitos fundamentais e direito privado: algumas considerações em torno da vinculação dos particulares aos direitos fundamentais.* p. 108) salienta que, "de acordo com a vontade expressa do nosso Constituinte, as normas definidoras de direito e garantias fundamentais têm aplicação imediata (art. 5º, § 1º, da Constituição de 1988), o que, por si só, já bastaria para demonstrar o tratamento diferenciado (e privilegiado) que os DF reclamam no âmbito das relações entre Constituição e Direito Privado."

Em decorrência da progressiva ampliação, naturalmente, aos direitos fundamentais atribuíram-se múltiplas funções pela teoria jurídica constitucionalista.

Inicialmente, os direitos fundamentais tinham apenas a chamada função clássica. Constituíam-se em direitos de defesa em relação ao Estado. Eram direitos com "função negativa".

Após, em algumas Constituições ditas sociais ou programáticas, foi adicionada aos direitos fundamentais a "função positiva". Por esta, exige-se uma atuação positiva do Estado por meio dos direitos fundamentais sociais, pelos direitos e instituições de Direito Privado — tais como família, herança e propriedade — e pelos direitos à organização e procedimento.

Atualmente, tem-se defendido que os direitos fundamentais passaram a exercer a função de proteção do particular perante terceiros (direitos à proteção para o particular e dever de proteção pelo Estado).

Acreditamos que a função negativa dos direitos fundamentais é a mais simples e a mais eficaz de ser implementada pelo Estado. A função positiva acaba exigindo prestações que ficam na dependência de recursos captados pelo Estado no mais das vezes por meio da tributação. O peso da ineficiência do Estado social e da alta carga tributária que onera a sociedade vem sendo sentido atualmente no Brasil. Por isso, o foco da realização prática dos direitos fundamentais deve partir de seu núcleo duro que são as garantias negativas contra o Estado e mesmo contra terceiros sujeitos de direito privado. Daí a sua importância no Direito do Trabalho, em que normalmente estão envolvidos direitos negativos do empregado que podem vir a ser desrespeitados pelo empregador tais como a honra, a intimidade, a privacidade.

2. Jus variandi: *o poder do empregador*

O poder, portanto, é uma relação não só no âmbito das relações intra-estatais e das relações entre Estado e pessoas ou grupos, mas também no âmbito das relações interprivadas (pessoas e grupos). "O poder é um fenômeno social em sentido amplo, porque se manifesta nas múltiplas relações sociais, sejam elas verticais, sejam elas horizontais".[3] O poder é a capacidade que um sujeito detém de direcionar a liberdade de outrem em determinado seguimento ou âmbito da vida.

No âmbito da relação de emprego, não é diferente. Em sendo o empregador quem assume os riscos da atividade, é seu direito escolher a forma como deverá ser conduzido o negócio para alcançar as metas idealizadas, ou seja, o empregador é o responsável por determinar quem, como e onde deverão ser executadas as tarefas necessárias ao bom andamento da atividade empresarial. Para tanto, o or-

---
(3) STEINMETZ, Wilson. *A vinculação dos particulares a direitos fundamentais*. São Paulo: Malheiros, 2004, p. 89.

denamento jurídico brasileiro investe o empregador do chamado Poder Diretivo[4] ou *jus variandi*, como forma de outorga de mecanismos para proteção e desenvolvimento da atividade produtiva.

A previsão legal do poder diretivo está inserta no art. 2º da CLT[5], pelo qual o empregador assume o risco da atividade econômica, admite, assalaria e dirige a prestação pessoal de serviços.

Impõe-se lembrar, ainda, que um dos elementos fundamentais caracterizadores da relação de emprego decorre justamente do poder de direção do empregador, qual seja, a subordinação do obreiro em relação ao empregador[6].

Para melhor esclarecer o que seria o poder diretivo do empregador, toma-se emprestado de *Simone Cruxên Gonçalves*[7] seu conceito[8] de *jus variandi*. E porque também engloba a integralidade dos elementos envolvidos no caso em debate, reproduzimos com destaque o conceito *jus variandi* de *Inácio Garzon Ferreyra*[9]:

"é uma faculdade unilateral, condicionada somente a uma 'necessidade da empresa' e que se justifica em função de motivos especiais e racionalmente apreciados, tendentes ao desenvolvimento da empresa e da produção, sem ocasionar prejuízo ao trabalhador."

A partir dos conceitos acima, podemos observar que o poder diretivo se desmembra por diversas facetas, podendo ser manifestado pelo poder de controle (fiscalização de horários, por exemplo), pelo poder de punição (disciplinar, aplicar advertência, suspensão), poder de organização (estabelecer qual atividade será desenvolvida), entre outros. Conforme leciona *Paulo Emílio Ribeiro de Vilhena*[10],

---

(4) VILHENA, Paulo Emílio Ribeiro de. *Relação de Emprego — Estrutura legal e Supostos*. 2ª ed. São Paulo: LTr, 1999, p. 473. O autor justifica a existência do Poder de Direção aduzindo que "A intervenção do poder jurídico do empregador na conduta do empregado (exercício do poder diretivo) explica-se em função direta e exclusiva da manutenção e da adequação da atividade deste em favor da empresa."
(5) Art. 2º da CLT: "Considera-se empregador a empresa, individual ou coletiva que, assumindo o risco da atividade econômica, admite, assalaria e dirige a prestação pessoal de serviços".
(6) MARTINS, Sérgio Pinto. *Direito do Trabalho*. 16ª ed. São Paulo: Atlas, 2001, p. 95. Explica o doutrinador que "o obreiro exerce sua atividade com dependência ao empregador, por quem é dirigido. O empregado é, por conseguinte, um trabalhador subordinado, dirigido pelo empregador. Essa subordinação pode ser econômica, técnica, hierárquica, jurídica ou até mesmo social."
(7) GONÇALVES, Simone Cruxên. *Limites do jus variandi do empregador*. São Paulo: LTr, 1997, p. 48. "[...] entendemos consistir o *jus variandi* na faculdade do empregador, exercida em virtude de seu poder diretivo, de introduzir, unilateralmente e dentro de limites, modificações nos aspectos circunstanciais referentes à prestação de serviço do empregado e à organização da empresa."
(8) O conceito é obtido após a analise da definição proposta por outros doutrinadores. Vale transcrever literalmente os conceitos que a inspiraram:
"Para *Délio Maranhão* 'consiste na faculdade outorgada ao empregador de alterar, de forma não substancial, as condições do contrato de trabalho, em virtude de seu poder diretivo.'
Para *Hugo Gueiros Bernardes* 'constitui um complexo de atos necessários ao funcionamento da empresa'. (...) 'É a parte do poder diretivo patronal que se caracteriza pela discricionariedade, sob os limites da lei e do contrato; porque se destina a possibilitar o regular desenvolvimento da atividade empresarial.'
Para *Guilhermo Cabanellas* 'é o resultado direto da execução do contrato que impõe, em certas condições, alterar e variar as prestações. Porém as inovações, por isso mesmo, não podem ser substanciais nem tampouco reger-se por mero capricho.'"
(9) FERREYRA GARZÓN, Ignacio. "El jus variandi en las relaciones laborales". *In: Estudios sobre derecho laboral en homenaje a Rafael Caldera*. Caracas: Ediciones Sucre, 1977, tomo I, p. 674.
(10) VILHENA, Paulo Emílio Ribeiro de. *Relação de Emprego — Estrutura legal e Supostos*, p. 216.

"a ordem jurídica, ao reconhecer o poder diretivo do empregador e ao tutelá-lo, nada mais fez do que assegurar-lhe os meios do regular desenvolvimento de sua atividade".

Dessa forma, empregado e empregador desenvolvem uma relação hierárquica na qual não há a simetria normalmente existente em outras modalidades de relação contratual privada, na medida em que uma das partes do contrato de trabalho (empregado) é dirigida e subordinada à outra (empregador) — como não poderia deixar de ser em um sistema de mercado. Analogicamente, assim como na relação entre Estado-cidadão, na relação empregador-empregado há uma relação vertical e desigual, em que uma das partes tem posição proeminente em relação à outra. É uma relação naturalmente assimétrica, em que um dos contratantes (empregador) é juridicamente superior, inclusive com poderes para alterar unilateralmente, mas não ilimitadamente, o contrato de trabalho.

Deve-se ter em mente que a relação jurídica trabalhista não pode ser vista como parte independente do quadro normativo jurídico nacional, valendo-se o empregador da indigitada prerrogativa de direção para violar qualquer espécie de direito do empregado ou mesmo exercer seu poder de direção de forma abusiva.

A partir do conceito de *Inácio Garzon Ferreyra* (acima transcrito), conclui-se que são vedadas as alterações que acarretem prejuízos aos empregados. Em verdade, essa restrição decorre de normas de ordem pública, previstas em lei, como o art. 468 da CLT[11], por exemplo. Além disso, também é limitador do *jus variandi* o próprio contrato de trabalho, que institui para as partes (empregado e empregador) normas de natureza dispositiva, sempre mediante respeito aos requisitos do art. 104, da Lei n. 10.406, de 10 de janeiro de 2002.

A dúvida que permanece seria: os direitos fundamentais também atuam como limitadores do poder diretivo? Em outras palavras, os atores da relação de emprego — empregado e empregador — estão vinculados aos direitos fundamentais? É o que analisaremos a seguir.

3. A vinculação dos particulares aos direitos fundamentais na relação de emprego

A partir das questões já expostas ou mesmo de uma rápida reflexão a respeito das relações que diariamente mantemos, não restam dúvidas que há relações privadas tão assimétricas quanto aquelas mantidas entre administração pública e administrados.

Da mesma forma, não há dúvida que, pelo menos na grande maioria das relações de Direito Privado, haverá alguma espécie de desigualdade entre as partes, ocasionando a sobreposição dos interesses da parte com maior poder de barganha. Na caso da relação de emprego, tal como posta na legislação hoje em vigor, é

---

(11) Dispões o art. 468 da CLT que "Nos contratos individuais de trabalho só é lícita a alteração das respectivas condições por mútuo consentimento, e ainda assim desde que não resultem, direta ou indiretamente, prejuízos ao empregado, sob pena de nulidade da cláusula infringente desta garantia."

o empregador quem detém os meios de produção e, em razão disto, e porque é o empregador quem assume os riscos do negócio jurídico — representando pelos lucros e prejuízos — a legislação lhe atribui o *jus variandi*, ou seja, o poder para determinar a condução do contrato de emprego.

É no contexto do jogo de poderes que, visando a coibir excessos desmensurados, determinados direitos fundamentais têm ou devem ter eficácia nas relações jurídicas interprivadas. Mas não é só isso. Não teria porque se defender que os indivíduos não deveriam manter entre si relações civilizadas, respeitando a liberdade alheia (intimidade, privacidade, honra, etc.).

No particular, é importante considerar que a Constituição da República Federativa do Brasil, promulgada em 1988, especificamente em seu art. 7º, já prevê extenso rol de direitos fundamentais direcionados à salvaguarda dos direitos dos trabalhadores e, portanto, não há dúvidas que, neste particular, há vinculação de forma direta dos empregadores para a concretização destes direitos, que devem ser respeitados enquanto estiverem reconhecidos no texto constitucional (e na medida que não se dote os seus dispositivos de uma interpretação que possa enrijecer por demais o desenvolvimento econômico).

Contudo, a vinculação de particulares a direitos fundamentais que se examina neste ato não diz respeito aos direitos fundamentais sócio-trabalhistas ou de titularidade/conteúdo laboral, mas àqueles gerais que são aplicáveis a todo cidadão, fundamentalmente os chamados direitos de primeira geração. Partindo-se destas premissas é que examinaremos a idéia da vinculação dos particulares aos direitos fundamentais na relação de emprego[12].

A partir da lição de *Vieira de Andrade*, *Sarlet*[13] fundamenta a vinculação de particulares a direitos fundamentais porque (I) "os DF, na qualidade de princípios constitucionais e por força do postulado da unidade do ordenamento jurídico, aplicam-se relativamente a toda ordem jurídica, inclusive privada" e (II) "a necessidade de se proteger os particulares também contra atos atentórios aos direitos fundamentais, provenientes de outros indivíduos ou entidades particulares."

De forma mais pormenorizada, *Steinmetz*[14] sustenta a vinculação dos particulares aos direitos fundamentais, em apertada síntese, no princípio da supremacia da Constituição, no postulado da unidade material do ordenamento jurídico, na dimensão objetiva dos direitos fundamentais, no princípio constitucional da dignidade

---

(12) A doutrina e a jurisprudência adotam como sinônimos "eficácia privada", "eficácia em relação a terceiros", "eficácia externa", "eficácia horizontal", conforme alerta SARLET, Ingo Wolfgang. *Direitos fundamentais e direito privado: alguma considerações em torno da vinculação dos particulares aos direitos fundamentais*, p. 114.
No presente trabalho, adotaremos a expressão "vinculação dos particulares" por entendermos a mais adequada e precisa. Neste sentido, são os ensinamentos de *Wilson Steinmetz* (*A vinculação dos particulares a direitos fundamentais*, 2004) e *Ingo Wolfgang Sarlet* (*ob. cit.*)
(13) SARLET, Ingo Wolfgang. *Direitos fundamentais e direito privado: alguma considerações em torno da vinculação dos particulares aos direitos fundamentais*, p. 119.
(14) STEINMETZ, Wilson. *A vinculação dos particulares a direitos fundamentais*. São Paulo: Malheiros, 2004, p. 295.

da pessoa, no princípio constitucional da solidariedade e no princípio da aplicabilidade imediata dos direitos e das garantias fundamentais.

Não iríamos tão longe, pois o Direito Privado deve continuar a ter sua autonomia e seu espaço. Contudo isso não deve significar, como dito, que em suas relações privadas, possam os indivíduos desrespeitar direitos que constituem o núcleo duro das pessoas, ou seja, os seus direitos de liberdade, de intimidade, de privacidade.

Em todo caso, independentemente de qual a fundamentação eleita, é fato cristalino que a questão envolvendo a aplicação dos direitos fundamentais gerais na relação de emprego não é tão singela. Entre as dificuldades/problemas, identifica-se que os enunciados da Constituição Federal informam *o quê* são os direitos fundamentais, mas (I) não há enunciados determinando o *como* (o modo, a forma) ocorrerá eventual vinculação, (II) nem há explicações positivadas sobre *em que medida* (o alcance, a extensão) ocorrerá a vinculação. Em outras palavras, a ausência de suporte textual normativo imediato prejudica a incidência da norma constitucional de forma simplificada.

Partindo-se da origem, a questão envolvendo a vinculação de particulares a direitos fundamentais pode ser aceita ou negada, o que marca duas formas básicas e antagônicas de interpretação do fenômeno em exame. Aqui, é importante registrar que apenas a minoria dos estudiosos do Direito negam a possibilidade de vinculação dos particulares aos direitos fundamentais.

De outra banda, ao aceitar a possibilidade de vinculação dos particulares aos direitos fundamentais, discutir-se-ia a(s) forma(s) pela(s) qual(is) os direitos fundamentais irradiariam efeitos nas relações entre particulares[15]. Sinteticamente, ensina *Virgílio Afonso da Silva* que há "distinção entre 02 modelos distintos de compreensão da vinculação dos particulares aos Direitos Fundamentais — o modelo direto e o indireto — e também a separação entre esses modelos e um não-modelo, que é a negação de efeitos dos Direitos Fundamentais às relações entre particulares."[16]

O "modelo direto sustenta uma aplicação das normas de Direitos Fundamentais às relações jurídicas entre particulares, enquanto o modelo indireto preconiza apenas uma influência das normas de Direitos Fundamentais na interpretação das normas de Direito infraconstitucional."[17] A doutrina também denomina tais mode-

---

(15) De modo geral, nos países em que o tema vinculação dos particulares a direitos fundamentais é aceito e mais estudado, costuma-se fazer menção a, pelo menos, dois modelos distintos: o de efeitos diretos e o de efeitos indiretos. Contudo, há outros modelos/teorias, que não examinaremos por fugir ao escopo do presente estudo. *Daniel Sarmento*, na obra "Direitos fundamentais e relações privadas", p. 220-224, faz referência a teorias desenvolvidas por *Jürgen Scwabe* e *Robert Alexy*, por exemplo. Além disto, há variações das teorias, como a proposta por *Virgílio Afonso da Silva*, em relação à teoria de *Robert Alexy*, na sua tese de livre docência intitulada "A constitucionalização do direito".
(16) SILVA, Virgílio Afonso da. *A constitucionalização do direito*. São Paulo: Malheiros, 2005, p. 58.
(17) SILVA, Virgílio Afonso da. *A constitucionalização do direito*. São Paulo: Malheiros, 2005, p. 58. Explicita o autor que o que quer "dizer com eficácia direta é a produção direta de efeitos nas relações entre privados" (p. 59), que chama de "aplicabilidade". Por outro lado, no "modelo indireto, a despeito de haver uma produção — indireta — de efeitos por meio da reinterpretação do direito infraconstitucional, não há uma verdadeira aplicação da norma de direitos fundamentais às relações entre particulares". (p. 59)

los, em virtude de partirem de um conceito de eficácia diverso, como "teoria da eficácia direta"[18] e "teoria da eficácia indireta"[19].

Em atenção aos 3 modelos acima sugeridos, resumidamente, explica *Virgílio Afonso da Silva*[20], que, quando se (I) negam os efeitos dos Direitos Fundamentais nas relações entre particulares, não se nega a eficácia da norma nas relações verticais (entre Estado e particulares), mas tão-somente nas relações horizontais (entre particulares); (II) quando se fala em efeitos indiretos é caso de "mera reinterpretação do direito infraconstitucional" e, portanto, de inaplicabilidade (= direta) dos Direitos Fundamentais nas relações entre particulares; (III) nos efeitos diretos, admite-se a aplicação imediata das normas de Direitos Fundamentais.

A maioria da doutrina e dos estudiosos do tema aceita o fenômeno da vinculação dos particulares aos direitos fundamentais, propugnando pela incidência indireta dos efeitos nas relações entre particulares. É este mesmo posicionamento que baliza o presente estudo por entendermos ser mais adequado, sobretudo ao sistema jurídico brasileiro.

Por outro lado, partindo-se do pressuposto de que é aceitável a vinculação dos particulares aos direitos fundamentais — independentemente da forma como se concretiza o fenômeno — é importante considerar a relevância de decisões precipitadas quanto à vinculação desmensurada dos particulares a direitos fundamentais.

Entre as mais temidas implicações estão a (I) restrição insuportável ou até mesmo eliminação da autonomia privada (e, conseqüentemente, ao Direito Fundamental da Liberdade), a (II) banalização do direito constitucional e a (III) perda da autonomia/identidade/sentido de ser/função do Direito Privado (Civil, Comercial, Trabalhista, etc.).

No plano prático, *Sarlet*[21] exalta (IV) "o problema do acesso por parte dos particulares, em face de ofensas a DF oriundas de outros sujeitos privados, aos órgãos supremos encarregados da Jurisdição Constitucional", que poderá implicar no risco "de transformar as Cortes Constitucionais em Tribunais de revisão de conflitos de natureza eminentemente privada", assunto que "encontra-se intimamente vinculado à problemática da sobrecarga de processos nos Tribunais Constitucionais".

---

(18) É conhecida como a Teoria da Eficácia Imediata (ou Direta) dos Direitos Fundamentais nas relações privadas. Em síntese, esta teoria admite que os direitos fundamentais sejam invocados por particulares e contra particulares, "independentemente de qualquer mediação por parte do legislador, revestindo-se de oponibilidade *erga omnes*." (SARMENTO, 2006, p. 204). Entretanto, ao contrário do que se imagina inicialmente, não se trata de uma doutrina radical, conforme conclui *Daniel Sarmento*, pois os adeptos desta teoria "não negam a existência de especificidades nesta incidência, nem a necessidade de ponderar o direito fundamental em jogo com a autonomia privada dos particulares envolvidos no caso." (p. 205)
(19) É conhecida como a Teoria da Eficácia Mediata (ou Indireta) dos Direitos Fundamentais nas relações privadas. Nesta situação, conforme *Daniel Sarmento*, "os direitos fundamentais não ingressam no cenário privado como direitos subjetivos, que possam ser invocados a partir da Constituição. (...) A teoria da eficácia mediata nega a possibilidade de aplicação direta dos direitos fundamentais nas relações privadas porque, segundo seus adeptos, esta incidência acabaria exterminando a autonomia da vontade, e desfigurando o Direito Privado, ao convertê-lo numa mera concretização do Direito Constitucional." (p. 198).
(20) SILVA, Virgílio Afonso da. *A constitucionalização do direito*. São Paulo: Malheiros, 2005, p. 59.
(21) SARLET, Ingo Wolfgang. *Direitos fundamentais e direito privado: alguma considerações em torno da vinculação dos particulares aos direitos fundamentais*, p. 110-111.

Acreditamos que, no plano prático, o mais comum e mesmo mais viável será reconhecer direito à indenização e/ou à resolução contratual motivada quando qualquer um dos contratantes (inclusive o empregado) violar algum direito fundamental como a honra, a intimidade e a privacidade. De modo que estes atos seriam caracterizados como atos ilícitos, derivando daí conseqüências jurídicas não demais ambiciosas e perfeitamente factíveis. Talvez se possa até advogar por um valor de indenização mais alto quando se violar um direito fundamental de uma parte contratante.

4. A concretização dos direitos fundamentais na relação de emprego

A partir do que foi dito até então, verifica-se que os direitos fundamentais gerais devem ser observados pelo particular no curso da relação de emprego como forma de balizar um comportamento que respeite os limites constitucionais, especialmente aqueles direitos negativos de primeira geração (respeito à intimidade, privacidade, etc.).

Não se pode esquecer que o Direito Privado regulamenta as instituições básicas ao funcionamento de uma economia de mercado, a qual não prospera sem direito de contratos e de propriedade eficientes. Não pode o Direito (inclusive o do trabalho) querer impor às empresas um papel que nem o Estado é capaz de cumprir, de modo que a aplicação de direitos fundamentais ao vínculo de emprego não significará em princípio prestações positivas que o empregador estará sujeito a cumprir.

Permitindo o crescimento da economia, sempre dentro de marcos éticos e legais adequados como o respeito aos direitos fundamentais de primeira geração, a ordem jurídica permitirá a sofisticação do mercado e uma ampliação da concorrência, o que espontaneamente trará consigo uma maior responsabilidade social das empresas inclusive com a promoção de direitos de segunda geração ou positivos.

Tanto isso é verdade que a cada dia, observa-se nas ofertas de emprego a preocupação do particular-empregador em oferecer ao trabalhador benefícios sociais como diferencial à atração da mão-de-obra para determinada empresa. Assim, é comum verificarmos o oferecimento de plano de saúde particular e facilidades de acesso aos estudos, seja através do oferecimento de cursos *in company* ou de subsídios ao empregado para a promoção da educação. Muitos empregadores, inclusive, demonstram a preocupação com o futuro do empregado e, por isto, oferecem planos privados de complementação de aposentadoria.

A seu tempo, o Estado, por meio do Poder Legislador, também contribui — ainda que de forma sutil — no fomento desta louvável postura dos particulares. Isto ocorre mediante alterações legislativas que visam ao incentivo destas práticas por meio da redução e, por vezes, eliminação dos encargos trabalhistas e tributários incidentes.

E não é apenas através da concessão de benéficos que os particulares contribuem para a concretização dos direitos fundamentais no curso da relação de emprego!

Ao promover a diversidade no local de trabalho, mediante a contratação de diferentes espécies de trabalhadores, assim considerados em razão do sexo, idade, raça ou mesmo de limitações físicas ou mentais, o particular-empregador contribui sobremaneira para a integração destas pessoas na sociedade e na promoção da dignidade da pessoa humana.

Em qualquer das hipóteses antes citadas de forma exemplificativa, há oportunidades do empregador obter retornos diretos e indiretos.

Alguns dos retornos diretos são a melhor disposição do empregado (no caso da concretização do direito fundamental à saúde), maior eficiência na produção e execução de ordens (mediante a qualificação do empregado com acesso ao direito fundamental à educação) e a troca de experiências e ganho de produção com a utilização de alguns habilidades da pessoa na realização do trabalho[22] (no caso da promoção da diversidade no local de trabalho e integração das pessoas à sociedade por meio do trabalho).

Os benefícios indiretos são decorrentes do reconhecimento da sociedade em relação às políticas de responsabilidade social e integração do cidadão à sociedade. A par disto, naturalmente, há a valorização do produto e da própria marca da empresa, além do aumento das vendas e/ou produção. Frise-se que a cada dia cresce o interesse da população mundial em conhecer as origens e condições em que os produtos são elaborados e, naturalmente, o consumidor dedica preferência àqueles produtos que respeitam a vida, o meio ambiente e o próprio cidadão.

Considerações finais

Originalmente, os direitos fundamentais foram concebidos como meios de proteção dos indivíduos. Na época, todas as ameaças a direitos fundamentais eram oriundas de possíveis excessos ou abusos patrocionados pelo próprio Estado (então absolutista). Na atualidade, não apenas o Estado é uma ameaça aos direitos fundamentais dos cidadãos.

Há particulares que são tão poderosos quanto o Estado ou, sob ótica diversa, constituem-se potenciais ofensores dos direitos fundamentais em escala tão grande — talvez até maior — que o próprio Estado. E este esboço que se reproduz em — praticamente — todas as relações na atualidade.

Nesta linha de raciocínio, no âmbito da relação de emprego, o empregador seria um possível ofensor de direitos fundamentais de seus empregados, mormente no exercício de seu poder de direção.

A partir da concepção mais moderna a respeito das funções dos direitos fundamentais, é possível a vinculação dos particulares — de forma indireta — aos direitos fundamentais de primeira geração. Desta forma, conclui-se que não apenas as normas infraconstitucionais, notoriamente a Consolidação das Leis do Trabalho,

---

(22) A título de exemplo, cita-se a utilização de deficientes auditivos em atividades que exigem muita concentração ou de mulheres em atividades que exigem maior sensibilidade ou destreza manual.

e o próprio contrato de trabalho são limitadores do *jus variandi* do empregador. Os direitos fundamentais negativos, porque vinculam os particulares e afetam suas relações sem eliminar a autonomia privada, também se constituem em restrições ao poder do empregador no curso da relação de emprego.

Contudo, o reconhecimento destes direitos de honra, de liberdade, de intimidade e de privacidade devem ser feitos com a devida cautela, tendo em conta o papel do Direito em uma economia de mercado. Não se deve colocar sobre o ombro das empresas uma função que nem o Estado é capaz de cumprir que são os direitos positivos de segunda geração. Estes dependem de tributos, que são prerrogativa do Estado.

Referências bibliográficas

ANDRADE, José Carlos Vieira de. "Os direitos, liberdades e garantias fundamentais no âmbito das relações entre particulares". *In:* SARLET, Ingo Wolfgang (coord.). *Constituição, direitos fundamentais e direito privado*. Porto Alegre: Livraria do Advogado, 2003.

BARROSO, Luis Roberto. *Interpretação e aplicação da Constituição*. 2ª ed. São Paulo: Saraiva, 1998.

CAMINO, Carmen. *Direito individual do trabalho*. 2ª ed. Porto Alegre: Síntese, 1999.

COPÉ, Maria Luisa Rodríguez. "El derecho a la intimidad del trabajador como límite al poder de dirección empresarial". *Revista Temas Laborales* n. 62/2001.

FARIAS, Edílson Pereira de. *Colisão de direitos: a honra, a intimidade, a vida privada e a imagem versus a liberdade de expressão e informação*. Porto Alegre: Sérgio Antonio Fabris, 1996.

FERREYRA GARZÓN, Ignacio. "El *jus variandi* en las relaciones laborales". *In: Estudios sobre derecho laboral en homenaje a Rafael Caldera*. Caracas: Ediciones Sucre, 1977.

GONÇALVES, Simone Cruxên. *Limites do "Jus variandi" do empregador*. São Paulo: LTr, 1997.

MARTINS, Sérgio Pinto. *Direito processual do trabalho*. 16ª ed. São Paulo: Atlas, 2001.

MORAES, Alexandre de. *Direito constitucional*. 11ª ed. São Paulo: Atlas, 2002.

NASCIMENTO, Amauri Mascaro. *Curso de direito do trabalho*. 15ª ed. São Paulo: Saraiva, 1998.

RODRIGUES, Américo Plá. *Princípios de direito do trabalho*. 3ª ed. São Paulo: LTr, 2000.

SARMENTO, Daniel. *Direitos fundamentais e relações privadas*. Rio de Janeiro: Lúmen Juris, 2006.

_____. "Os princípios constitucionais e a ponderação de bens". *In:* TORRES, Ricardo Lob (coord.). *Teoria dos direitos fundamentais*. 2ª ed. Rio de Janeiro: Renovar, 2001.

SARLET, Ingo Wolfgang. *A eficácia dos direitos fundamentais*. 5ª ed. Porto Alegre: Livraria do Advogado, 2005.

_____. "Direitos fundamentais e direito privado: algumas considerações em torno da vinculação dos particulares aos direitos fundamentais". *In:* SARLET, Ingo Wolfgang (coord.). *A Constituição concretizada: construindo pontes com o público e o privado*. Porto Alegre: Livraria do Advogado, 2000.

SILVA, José Afonso da. *Curso de direito constitucional positivo*. 14ª ed. São Paulo: Malheiros, 1997.

SILVA, Virgílio Afonso da. *A constitucionalização do direito*. São Paulo: Malheiros, 2005.

SIMON, Sandra Lia. *A proteção constitucional da intimidade e da vida privada do empregado*. São Paulo: LTr, 2000.

STEINMETZ, Wilson Antonio. *A vinculação dos particulares a direitos fundamentais*. São Paulo: Malheiros, 2004.

SÜSSENKIND, Arnaldo *et al. Instituições de direito do trabalho*. 20ª ed. São Paulo: LTr, 2002.

VILHENA, Paulo Emílio Ribeiro de. *Relação de emprego: estrutura legal e pressupostos*. 2ª ed. São Paulo: LTr, 1999.

PARA UMA SOCIOLOGIA DO DIREITO DO TRABALHO

Luisa Maria Nunes de Moura e Silva[*]

1. Introdução

O Direito, nas suas diferentes áreas, ao estabelecer o conceito fundamental sobre o qual constrói os marcos legais que regularão as relações sociais que se tornam foco de regulação, observa os fundamentos filosóficos e sociológicos do fenômeno regulado. Quando se trata de TRABALHO, mormente se o analisamos em contextos atuais, podemos considerá-lo um fenômeno de intensas e extensas mutações, haja vista as transformações ocorridas na economia nas últimas décadas, com a acentuação das contradições entre capital e trabalho, nas empresas e na sociedade.

As transformações tecnológicas, sucessivamente aplicadas à produção, tornaram visíveis as inadequações de conceitos atemporais, não referenciados no próprio processo histórico e nas relações sociais que nele se manifestam. Além disso, o processo de conscientização e de luta dos trabalhadores e a formulação de políticas públicas, por parte do Estado de Bem-Estar Social, estimulam o combate à precarização do trabalho, a definição de novas formas de organização dos trabalhadores e, sobretudo, a construção de novas relações sociais de trabalho que exigem respostas jurídicas que contemplem, simultaneamente, os direitos fundamentais dos trabalhadores. Estes processos, além de evidenciarem os conflitos e as contradições sociais que se estabelecem desde o econômico até o social estimulam, ainda, a construção dos marcos legais de regulação do trabalho fundamentados cada vez menos em modelos erigidos a partir de relações sociais obsoletas e ultrapassadas pela História e cada vez mais na própria realidade onde se insere, nos seus dois momentos, o nacional e o internacional.

Durante os séculos XVI e XVII os precursores do Direito moderno, que lhe imprimiram um corte jusnaturalista, foram, simultaneamente os precursores da Sociologia do Direito, oportunizando o aprofundamento do estudo das relações entre o Direito e a sociedade e a abertura de espaço às influencias das doutrinas sociológicas e políticas na doutrina jurídica.

(*) Doutora em Sociologia Política pela USP, com estudos de doutorado na UNAM — México; Mestre em Teoria Sociológica pela UFPE, Membro do Grupo de Pesquisa "Direito Regulatório e Responsabilidade Social da Empresa" da Universidade Ibirapuera — São Paulo, registrado no CNPq.

Particularmente as obras de *Gian Baptista Vico* (1668-1774) e *Montesquieu* (*Charles de Secondat*, Barão de Montesquieu) (1689-1755) estabelecem as bases do estudo dos fenômenos sociais para a compreensão do Direito, quer no seu aspecto conceitual quer no seu desenvolvimento histórico. Num período seguinte (séculos XVIII e XIX), e sob a influência de *Montesquieu, Savigny* (*Friedrich Karl von Savigny*: 1779-1861) considerava o Direito como um fenômeno dependente dentro da sociedade e que não se confundia com a lei, "como um complexo de regras que nascem espontaneamente da sociedade e que não são de nenhum modo impostas pelo arbítrio de um legislador"[1]. Sustenta, pois, que o Direito é um fenômeno de formação espontânea e natural que não sofre influência da obra do legislador. Já *Jeremy Bentham* (1748-1832) defende a tese contrária, a do Direito como uma variável independente, que seria "um complexo de comandos emanados pelo legislador investido desse dever pelo poder soberano do Estado"[2] demonstrando sua crença na possibilidade de um código universal.

Percebermos, na diversidade de enfoques, a distinção entre a Sociologia do Direito e a da doutrina do Direito. Afirma *Renato Treves*:

> (...) a sociologia do direito tem em comum com a doutrina do direito natural o propósito inicial: o estudo de um direito diverso do direito positivo, isto é, do direito cujo fundamento está nas normas promulgadas pelo legislador e nas sentenças emanadas pelo juiz. Mas, apesar desse propósito comum, a sociologia do direito se distingue nitidamente da doutrina do direito natural, (...) pela abordagem e pelo objeto de estudo. A sociologia do direito segue, de fato, a via da experiência e tem por objeto o estudo de um direito relativo e variável, ligado indissoluvelmente ao contexto social. Por outro lado, a doutrina do direito natural segue a via da especulação e tem por objeto um direito absoluto e imutável, que encontra seu fundamento na natureza, em Deus ou no homem, de acordo com a época e com os autores[3].

Quando, na segunda metade do século XIX e início do século XX as doutrinas políticas do liberalismo de *Herbert Spence* (1820-1923); do solidarismo corporativo de *Émile Durkheim* (1858-1917); do socialismo reformista e liberal de *Ferdinand Tönnies* (1855-1936) e *Franz Oppenheimer* (1864-1943), e o racionalismo jurídico de *Max Weber* (1864-1920), contribuem para a fundação de uma Sociologia do Direito, inexoravelmente aparece o pensamento de *Karl Marx* (188-1883) sobre as relações do Direito e do Estado com a Economia (mercado) e com a sociedade. *Marx* e *Frederich Engels*, que com ele compartilhou a elaboração destas teses, desenvolvem a concepção clássica do conflitualismo inspirados em *Ludwig Gumplowicz* (1808-1909), ali onde este entende que o processo social se realiza "onde dois ou mais grupos sociais heterogêneos entram em contato e invadem as recíprocas esferas de ação".[4]

---

(1) TREVES, Renato. *Sociologia do Direito*. São Paulo: Manole, 2004, p. 17.
(2) *Ibidem*, p. 20.
(3) *Ibidem*, p. 5.
(4) GUMPLOWICZ, Ludwig. *Apud* TREVES, R. *ibidem*, p. 63.

2. O Homem trabalhador

Recorremos a estes autores clássicos que, com mais agudeza e profundidade, analisaram as relações sociais que envolvem o mundo do trabalho, para entendermos a base econômica e social do trabalho assalariado, dentro de uma relação entre capital e trabalho, que definirá, historicamente, a existência de tais ou quais marcos jurídicos regulatórios.

A produção e reprodução da vida material dos homens, que exige a apropriação dos bens da natureza determinam, num momento específico do percurso da Humanidade, a existência de classes heterogêneas de indivíduos, separadas pela condição de proprietários ou não dos meios de produção. Determinam também a diferenciação e ainda a diversidade dos interesses destas classes na apropriação dos resultados dessa produção. Simultaneamente, esta produção e reprodução da vida material dos homens configura, temporalmente, uma trama diferenciada de relações sociais que define uma modalidade específica de sociedade.

A Humanidade caminhou milhares de anos desde que o Homem, pelas necessidades de sobrevivência física e da espécie, passou a desenvolver formas técnicas e socialmente organizadas de produzir a sua própria subsistência. Em períodos distintos e sucessivos, essas formas de organização da produção atribuíram papéis produtivos diferenciados aos homens e mulheres, às crianças, jovens, adultos e anciões. Em todas essas formas sociais, conhecidas historicamente no mundo como períodos da comunidade primitiva, do escravismo, do feudalismo, do capitalismo e do socialismo, existiu a classe dos trabalhadores, daqueles que, com as suas próprias mãos e/ou com a ajuda de instrumentos de trabalho (dos mais simples aos mais sofisticados) e do conhecimento acumulado sobre a natureza, produziam a riqueza necessária à sobrevivência da sua comunidade e contribuíam para a sobrevivência (crescimento e transformação) do tipo de sociedade que estava sendo construída naquele momento da História.

O Homem sempre foi, portanto, um animal trabalhador (mesmo porque é o único a dirigir conscientemente o processo de produção a um fim determinado). E nas sociedades seguintes à comunidade primitiva, na qual não existiam classes sociais, em que todos eram coletivamente proprietários dos meios de produção, é característica a presença de trabalhadores despossuídos de meios de trabalho que, de forma clara ou disfarçada, entregando a outras classes sociais a sua força de trabalho ou o produto do seu trabalho, foram obrigados a produzir para o desenvolvimento daquela sociedade, caracterizando a invasão das esferas produtivas.

No entanto, só num determinado momento histórico da humanidade (mais especificamente da sociedade ocidental), no ponto em que foi possível o desenvolvimento dos meios e da organização da produção num sistema de sociedade absolutamente diferenciado dos anteriores, o sistema capitalista de produção (que determina a existência de duas classes sociais perfeitamente diferenciadas no que tange à propriedade ou não dos meios de produção), é que encontramos a "classe operária" nos termos em que é possível defini-la claramente: *como a classe de pessoas que só possuem a sua força de trabalho, a sua capacidade para trabalhar;*

e que têm absoluta necessidade de vendê-la sem cessar, como garantia para sua própria reprodução física e social[5].

Mesmo na sociedade capitalista, não é o camponês que trabalha na sua roça, nem o artesão ou o dono de oficina que, sendo trabalhadores, constituem a classe operária. Nem tampouco são aqueles que, vendendo a sua força de trabalho ao capital, empregam as mesmas ferramentas de trabalho de antes, quando ainda as possuíam. Estas formas de trabalho ou são sobrevivências de regimes de produção anteriores, permanências ou recriações, geográfica e temporalmente localizadas, necessárias à reprodução mundial do capitalismo[6], ou estes trabalhadores estão apenas em transição para se tornarem operários. E, se a transformação na sua condição não for meramente individual, mas coletiva, estamos assistindo, não só à transformação de uma classe social em outra, e sim à transição de todo um sistema de produção, calçado em técnicas produtivas e em relações sociais de produção atrasadas, para um sistema novo no qual as condições materiais da produção determinam a instalação de novas relações sociais e de nova regulação jurídica.

3. O Trabalho sob o capitalismo

Engels tece comentários a respeito dessa transição, da gradual, mas violenta transferência dos meios de produção das mãos dos artesãos, camponeses e operários das manufaturas às mãos da burguesia em expansão e da transformação destes em proletários, quando traça as diferenças entre os operários do começo do capitalismo e do capitalismo moderno: enquanto os operários das manufaturas eram donos de seus instrumentos de produção (teares, terras, apetrechos, etc.) em quase todas as partes onde surgiu o capitalismo, o operário atual — o proletário — é apenas dono de sua força de trabalho. As formas de vida e as relações sociais típicas do capitalismo atrasado eram a vida no campo e as relações patriarcais com o patrão; muito distintas da vida nas grandes cidades e das relações monetárias que o capitalista moderno estabelece com o trabalhador assalariado. É, pois, a grande indústria, conclui *Engels*, a que tira ao operário a propriedade que ainda possuía, que o tira de suas formas atrasadas e ultrapassadas de vida, que o arranca de suas condições patriarcais e, na medida em que o obriga a vender-se diariamente a varejo para sobreviver, o transforma definitivamente em proletário[7].

Os operários, os trabalhadores modernos, cujo aparecimento como classe estamos examinando teoricamente, ainda se diferenciam dos outros tipos de trabalhadores pela questão da propriedade. Se no trabalho nada lhes pertence, nem os

---

(5) Ver a respeito a obra de MARX, K. "Trabalho assalariado e capital". *In* MARX, K., ENGELS, F. *Obras Escogidas.* Madrid: Progreso, 1976, t. 1, p. 145-178.
(6) Em determinados momentos, e movido pela necessidade de sua reprodução ampliada, o capital recria sistemas produtivos caracterizados por suas relações sociais e de trabalho como pré-capitalistas e, naturalmente, uma força de trabalho também característica. Trataremos deste assunto mais adiante, quando abordarmos a questão do desenvolvimento desigual do capitalismo.
(7) ENGELS, F. "Princípios del comunismo". *In* MARX, K., ENGELS, F, *op. cit.* nota 5 p. 81-98. Ver, também, MARX, K. *El Capital*, 5ª ed. México: Siglo XXI, 1977, especialmente o capítulo que trata da chamada acumulação primitiva.

próprios locais de trabalho nem os instrumentos de produção e nem mesmo podem interferir na organização da produção (o que os diferencia dos capitalistas), lhes pertencem todas as coisas de tipo pessoal — roupas, móveis (o que não era o caso dos escravos). A nova sociedade, reestruturada sobre novas condições de produção da riqueza social, também lhes confere um novo *status* social. Passam a ser, de certo modo, duplamente "livres": tanto dos laços de servidão das relações feudais, como para mover-se para onde queiram e vender "livremente" a sua força de trabalho (à diferença da servidão feudal, em que estavam virtualmente ligados à terra ou à manufatura Real).

Por outro lado, do ponto de vista material, nunca esta transição é abrupta. Ela ocorre ao longo de processos cuja dinâmica se dá por contradições e aos saltos e varia de acordo com a situação geográfica e temporal das sociedades. E, quanto mais avança o sistema capitalista, mais claro fica que, desde a sua gestação, o seu desenvolvimento já estava impregnado pela lógica da reprodução ampliada. Seguindo essa lógica, o Capital, no seu curso, vai produzindo o fenômeno da dependência econômica e política, isto é, vai submetendo à sua hegemonia sociedades e classes trabalhadoras nacionais e regionais, quer diretamente (pela ocupação do território), quer recriando formas primitivas de acumulação e de reprodução do capital e de trabalho. Temos, como exemplo, os casos da dominação de comunidades teocráticas (México), a escravidão (Estados Unidos e Brasil) e os sistemas de parceria na produção agrícola (Nordeste do Brasil).

A Revolução Industrial e o desenvolvimento crescente do capitalismo trouxe, além disso, grandes conseqüências para as relações entre as duas classes fundamentais (burguesia e proletariado) da sociedade capitalista: de um lado, e na medida em que fez surgir a concorrência entre os novos produtos produzidos pelas máquinas e os produtos produzidos pelos artesãos, trouxe a penetração nos distintos mercados e sua unificação. Isto aconteceu à custa de morrerem de fome milhares de operários de manufaturas que ficaram sem trabalho[8]. Desta forma, preparou o terreno para a civilização e para o progresso capitalista, para a formação de uma economia mundial, para o estabelecimento de nexos culturais e políticos entre os países e os povos, abriu espaço à possibilidade de aparecimento do internacionalismo dos operários (unidade e solidariedade internacionais), à comunidade de interesses e de organização, o que mais tarde se concretizou num primeiro Congresso Internacional, na segunda metade do século passado.

A base da contradição de classe entre a burguesia e o proletariado, que é a propriedade dos meios de produção, se ampliou dentro do mesmo processo que deu lugar à própria formação da burguesia como classe que personifica o Capital: a revolução das forças produtivas, a Revolução Industrial (da acumulação primitiva à Revolução Industrial). A burguesia aumentou extraordinariamente a sua riqueza e o seu poder e se erigiu na classe mais importante, a classe dominante da sociedade.

---

[8] Ver a respeito a obra de ENGELS, F. *La situación de la clase obrera en Inglaterra*. México: Cultura Popular, 1977.

Mas, "o capital não só produz capital: produz uma massa operária consciente, a única substância mercê da qual pode funcionar como capital adicional: quanto mais ricos se faziam os burgueses, mais numerosos eram os proletários"[9]. A burguesia, como condição de seu crescimento e na sua própria medida, cria em todas as partes o proletariado, pois, só enquanto emprega trabalho, o Capital aumenta. O aumento da população operária está, portanto, vinculado à dinâmica da reprodução ampliada do capital. É que o ciclo capitalista exige, em sua fase expansiva e por causa do surgimento de novos ramos, uma absorção de novos trabalhadores, o que significa transformar em trabalhadores do Capital (geralmente industrial) força de trabalho que antes estava vinculada a outros setores (como agricultura e produção artesanal) ou outros ramos da produção.

Ao produzir operários, o Capital também produz um segmento de força de trabalho que flutua na periferia da produção capitalista, seja porque está sendo expulsa de outros setores produtivos pelo desenvolvimento, ali, das relações sociais de produção, seja porque a nova divisão técnica do trabalho os incapacita para a produção, seja porque é necessário ao Capital a manutenção de um *exército industrial de reserva* que faça pressão sobre o emprego(salário, jornada de trabalho, intensidade do trabalho, etc.) dos operários ativos. A base da formação do exército industrial de reserva é o desenvolvimento das forças produtivas, que, impulsionado pela concorrência intercapitalista na busca do menor custo e do lucro máximo, promove um crescimento mais intenso dos gastos em capital constante (gastos com meios de produção) do que com Capital variável (com força de trabalho), fazendo elevar o que *Marx* designou de composição orgânica do capital e substituindo, em conse-qüência, o homem pela máquina[10]. Além disso, o exército de reserva, ou seja, os trabalhadores marginalizados do processo de produção de bens e riquezas, tende a se ampliar nos momentos de crise, típicos do ciclo capitalista.

Verificamos, portanto, que quanto mais se desenvolve o capitalismo, mais se torna evidente a afirmação de *Karl Marx* no *Manifesto do Partido Comunista* de que a condição de existência do Capital é o próprio trabalho assalariado. Quer dizer, quanto mais se desenvolve o sistema capitalista de produção, quanto mais se explicita o desenvolvimento das forças produtivas levado a cabo pela produção capitalista, tanto mais o Capital necessita de transformar o trabalho em trabalho assalariado (os trabalhadores autônomos em classe operária) para que, ao comprar a força de trabalho e colocá-la em ação, possa proceder à valorização do Capital, à sua reprodução ampliada, à própria sustentação e continuidade do sistema social por ele engendrado[11]. E, conseqüentemente, tanto mais se desenvolvem as duas classes sociais fundamentais da sociedade capitalista, acima definidas, cuja contradição de interesses na produção e na apropriação de seus resultados movem esse desenvolvimento, e tanto mais se definem e explicitam as estruturas sociais,

---

(9) MARX, K. *El Capital*. Libro I, cap. VI (Inédito) 5ª ed. México: Siglo XXI, 1975, p. 103; *ver*, ainda, MARX, K. *El Capital, op. cit.*, nota 7, p. 159, o cap. "La ley general de la acumulación capitalista".
(10) *Ibidem*, p. 782-797 (Producción progresiva de una sobrepoblación relativa o ejército industrial de reserva).
(11) Ver a respeito as seguintes obras de MARX, K. *O Capital,* nota 7, na parte que discute a "Lei Geral da Acumulação Capitalista"; e MARX, K. *op. cit*, nota 5, p. 103.

como Estado e aparatos militares, sistema jurídico-político, organização civil dos grupos sociais/sindicatos e partidos políticos, construídas sobre a trama destas relações sociais.

4. Classe operária

Ao estudarmos a classe operária, tendo como fio condutor da análise o corpo conceptual elaborado por *Marx* e *Engels*, podemos partir do princípio, portanto, de que "trabalhadores" sempre existiram em todas as sociedades e fases históricas da humanidade, sob as mais distintas relações de produção e sob as mais diversas formas de camadas sociais. No entanto, é sob o sistema capitalista de produção — e, sobretudo sob o capitalismo moderno, monopolista — que a grande maioria da força de trabalho adquire uma forma peculiar, resultado *sui generis* das relações necessariamente estabelecidas pelo Capital no caminho da sua reprodução. Esta forma é, como reconheceu *Marx*, o *proletariado*, a classe operária assalariada[12].

O surgimento e desenvolvimento de novos ramos da produção social e, simultaneamente, a revolução das condições técnico-materiais que neles ocorre e nas quais se executa o processo de trabalho são conseqüência da reprodução ampliada do Capital. Estes momentos têm uma influência considerável na estrutura da classe operária e no próprio movimento operário pela diferenciação que estabelece entre os operários face aos seus conflitos com a fração do Capital ao qual está vinculado. Resumem assim *Spagnolo et alii*[13] os momentos desta influência:

Primero, "nuevos assalariados quedan sujetos al mando del capital, calificando su fuerza de trabajo en función de las necesidades de las nuevas ramas de producción social y de las nuevas condiciones técnicas del proceso de trabajo."

Segundo, "la calificación como resultado de nuevas ramas y de la ampliación de la división técnica del trabajo es, a la vez, proceso de descalificación. La creciente automatización del trabajo genera un amplio sector de asalariados dedicados a tareas simples, propias de todo proceso de trabajo: limpieza, control de funcionamento de máquinas, prevención, etc."

Tercero, "y como consequencia de lo anterior, se consolida una estratificación (revelada através de diversos indicadores) que tiene que ver con la separación entre concepción y execución del trabajo mismo. Surgen, así, y se amplían las tareas ingenieriles propias del control de costos, calidad, mantenimiento, etc."

Cuarto "y último aspecto que queremos notar aqui, se incrementa la concentración obrera, elemento que repercute en su comportamiento como clase,

---

(12) "En la misma proporción en que se desarrolla la burguesia, es decir, el capital, desarróllase también el proletariado, la classe de los obreros modernos, que no viven sino a condición de encontrar trabajo y *lo encuentran únicamente mientras su trabajo acrecienta el capital*. Estos obreros, obligados a venderse al detalle, son una mercancia como cualquier otro artículo de comercio, sujeta, por tanto, a todas las vicisitudes de la competencia, a todas las fluctuaciones del mercado". MARX, K. e ENGELS, F. *Manifiesto del Partido Comunista*. Mexico: Servicios Bibliográficos Palomar, s/d. p. 37 .
(13) SPAGNOLO, A. *et al.* "Lineamientos teorico-metodologicos para la investigación del movimiento obrero". Mexico: *Cuadernos de CIDAMO* 2, 1980.

fortaleciendo su unidad social e favoreciendo el elevamiento de su nivel de conciencia y combatividad."

Quer dizer, o desenvolvimento da classe operária, que se dá simultaneamente com o desenvolvimento das forças produtivas do Capital, não é só um desenvolvimento quantitativo mas, e sobretudo, um desenvolvimento qualitativo. Se o progresso industrial e as pressões sobre os operários (de um lado, a eliminação de enormes massas de operários da produção, de outro, pressão sobre os salários para compensar a queda da taxa de lucro produzida pelo incremento da composição orgânica do Capital) fazem com que as suas condições de vida piorem a tais níveis que chegam a ser insuportáveis, a própria Revolução Industrial, ao agrupar a burguesia, e reunir os proletários e com esta concentração de cada vez maiores massas de trabalhadores nos locais de trabalho — grandes centros industriais —, dá lugar a que o proletariado tenha oportunidade de tomar consciência de suas condições de existência, de suas condições de massa explorada, mas também de sua força; e que, por meio desta tomada de consciência, se organize em ligas e sindicatos e aumente consideravelmente a sua força.

5. "Consciência operária" como parte integrante do conceito de trabalhador

Um fator importante para o desenvolvimento da consciência operária diz respeito à dinâmica cíclica que assume a economia capitalista. Isto porque o capitalismo não tem um desenvolvimento sustentado e, no transcurso das suas diversas fases, muito ao contrário, esse desenvolvimento desdobra continuamente a contradição entre a apropriação dos excedentes *versus* socialização do trabalho em ciclos de auge e crise da acumulação/reprodução, o que caracteriza o movimento cíclico do capital. São ciclos regulares de curto prazo que tomaram conta da dinâmica capitalista desde o começo do século passado. Além disso, percebeu-se, no final do século passado, que também há um ciclo mais longo, com duração em torno de 50 anos, mais tarde denominado de "onda larga". Nos momentos de expansão da "onda larga", prevalece a expansão sobre a crise do ciclo normal e, nos momentos de declínio, a crise prevalece sobre a expansão, caracterizando um processo geral que se assemelha à estagnação econômica[14].

Ora bem, estas variações cíclicas têm conseqüências diretas sobre a situação da classe trabalhadora: um incremento quantitativo no nível do econômico se expressa por uma maior absorção de força de trabalho, melhores condições de vida, uma intensificação da atividade sindical e uma ampliação da presença operária em vários níveis da vida social, cultural e política, por uma modificação na correlação de forças entre as classes sociais; já em momentos de crise, quando aumenta a taxa

---

(14) Ver a diferença entre ciclo e padrão de reprodução e, em conseqüência, a coincidência da crise do padrão de reprodução com o declínio da onda larga em SOUZA, N. A. de. *Crisis y lucha de clase en Brasil — 1974/1979.* Mexico, 1980, Tese (Doutorado em Economia). Universidad Nacional Autonoma de Mexico, 1980, p.140-146. Este autor é inédito na caracterização da coincidência da chamada "onda larga" com o padrão de reprodução. Ver a discussão que faz das teses de diversos autores sobre os ciclos da reprodução do capitalismo e as ondas largas às p. 140-142.

de exploração do trabalho, tendo em vista compensar a queda das taxas de lucro, quando o processo de acumulação/reprodução tende a paralisar-se e com isso a desocupação operária, quando se agudiza a centralização de capitais e se desenvolve a concorrência entre os operários, a unidade e a combatividade da classe operária tendem a diminuir num primeiro momento. No entanto, a recorrência da crise, na medida em que vai desvendando aos olhos da classe operária a essência exploradora do Capital, igualmente vai despertando sua consciência de classe, transformando de classe em si em classe para si. Esse processo ocorre de maneira mais nítida no momento de declínio de um padrão de reprodução do Capital, que coincide com o período de decadência de uma "onda larga", quando as crises cíclicas preponderam sobre os momentos de expansão e auge[15].

Estas crises são cada vez mais freqüentes à medida que o capitalismo se encaminha para a sua fase monopólica e, como neste momento, pela divisão internacional do trabalho, os países centrais já transformaram ou atraíram as economias dependentes para a sua periferia, as conseqüências destas crises para essas economias são funestas, tanto para as burguesias locais como para a classe operária. Isto porque as economias capitalistas dependentes, além de necessitarem proceder à própria acumulação, ainda têm que transferir para o exterior/países centrais — sob a forma de remessas de lucros para as matrizes dos monopólios ali estabelecidos, bem como pagamento de juros da dívida externa — uma parte dos excedentes econômicos criados localmente. Para compensar a perda desses excedentes provocada por esse mecanismo de transferência, e para manter, pelo menos, o nível de acumulação dessas economias dependentes, a reação é compensá-lo no plano da produção interna. Diz *Ruy Mauro Marini* que são três os mecanismos dessa compensação, todos penalizando o trabalhador:

"El *aumento de la a intensidad del trabajo*, en esta perspectiva, como un aumento de plusvalia, logrado a través de una mayor explotación del trabajador y no del incremento de su capacidad productiva. Lo mismo se podría decir de la *prolongación de la jornada de trabajo*, es decir, del aumento de la plusvalia absoluta en su forma clássica; a diferencia del primero, se trata aqui de aumentar simplemente el tiempo de trabajo excedente, que es aquél en el que el obrero sigue produciendo después de haber creado un valor equivalente al de los médios de subsistencia para su próprio consumo. Habria que señalar, finalmente, un tercer procedimiento que consiste en *reducir el consumo del obrero*, más allá del límite normal, por lo cual '*él fondo necessário de consumo del obrero* se convierte de hecho, dentro de ciertos límites, *en un fondo de acumu-*

---

(15) Evidentemente que esta relação entre crises e auges do Capital e os avanços e retrocessos da classe operária não é mecânica. A uma crise não corresponde, obrigatoriamente, um avanço no nível de lutas, ou a um auge, um retrocesso. Entretanto, em casos concretos, e dependendo do papel da vanguarda de classe, tem sido possível traçar relações bem definidas entre os momentos de crise e o avanço da unidade dos trabalhadores e de auges com retrocessos. Ver, por exemplo, o capítulo *Estructuras económica y política y la lucha obrera en la actual crisis del sistema capitalista (1970-1977)* no livro de MENJÍVAR, R. *Formación y lucha del proletariado industrial salvadoreño*. San Salvador: UCA/EDITORES, 1979, p. 103-117.

lación de capital"[16] implicando así un modo específico de aumentar el tiempo de trabajo excedente"[17].

A aplicação destes três mecanismos acaba negando ao trabalhador as condições mínimas necessárias de reposição do desgaste da própria força de trabalho, pois não só o obriga a gastar muito mais força de trabalho do que gastaria normalmente, provocando a sua debilitação precoce, mas também porque lhe é negada a possibilidade de consumir o mínimo indispensável para conservar a sua força de trabalho em níveis normais. Acrescenta *Ruy Mauro Marini:* "En términos capitalistas, estos mecanismos (que además se pueden dar, y normalmente se dan, en forma combinada) significan que el trabajo se remunera por debajo de su valor[18], y corresponden, pues, a una superexplotación del trabajo."[19]

Diante destas condições, algumas questões se nos colocam: se a classe operária vive no bojo de tão complexas contradições, às vezes inserida em situações demasiadamente críticas de exploração de sua força de trabalho, por que não pode compreender de imediato e diretamente a situação de exploração à qual está sujeita? Por que não pode simplesmente apreender a realidade e reagir a ela, levando a cabo as transformações que a modificam?

Para que possamos responder a estas perguntas e compreender em traços menos gerais e mais objetivos — ainda que, todavia, em nível abstrato — a ligação entre os fenômenos econômicos (compra e venda e colocação em atividade da força de trabalho) e os da consciência operária e dos movimentos sindicais e políticos da classe, será necessário compreender o Capital como relação social e mergulhar no próprio momento da produção da mercadoria. Isto porque no seu coração se oculta todo o segredo daquela ligação (unidade dialética entre trabalho privado e trabalho social), o segredo da sua determinação e das relações entre os homens em sua essência e em sua forma.

6. Contradição oculta na mercadoria "trabalho" como base da consciência de classe

A mercadoria, se possui uma aparência natural, uma forma de produto útil à vida social e individual das pessoas (e a possui *necessariamente*), que evolui segundo o desenvolvimento da sociedade, só é, de fato e em essência, *mercadoria* quando o seu caráter social só pode se manifestar através do intercâmbio com outras mercadorias, isto é, quando seu valor tem que se manifestar no valor de uso, na forma material, de outra mercadoria. Sem dúvida que todas as mercadorias são objetos de uso pessoal, mas não é a sua utilidade que a define como mercadoria e

---

(16) MARX, K. *El Capital*, I, XXIV, p. 505, sublinhado orig. *Apud* MARINI, R. M. *Dialéctica de la Dependencia*. México: Era, 1974, p. 38-39.
(17) MARINI, R. M. *op. cit.*, p. 38-39.
(18) "Toda variación en la magnitud, extensiva o intensiva, del trabajo afecta[...] el valor de la fuerza de trabajo, en la medida en que acelera su desgaste" Tradución literal de *El Capital*, I, XVII, II, p. 1.017, Plêiade. Cf. edición FCE, tomo I, XV, ii, p. 439, *apud* MARINI, R. M, *ibidem*, p. 42.
(19) MARINI, R. M. *Ibidem*, p. 41-42.

sim o fato dela estar no mercado, o fato de ser valor de troca. Sua utilidade (funcionalidade pessoal) não define a sua função social que é a de ser mercadoria que, ao realizar-se no mercado, dá seqüência à cadeia que reproduz o sistema capitalista em escala ampliada[20].

Este caráter social da mercadoria é que determina o tipo de estrutura que se erige sobre a base econômica da "produção — realização — distribuição", isto é, desde a *divisão (técnica) do trabalho* dentro da produção à sua divisão social, isto é, a estrutura de relações sociais e de poder nas sociedades capitalistas.

Diz *Marx* que, ao produzir, os homens estabelecem determinadas relações entre si, as chamadas relações sociais de produção, das quais se destacam as relações de propriedade e que servem de alicerce para levantar-se o conjunto da sociedade. Na produção mercantil, essas relações se estabelecem entre distintos possuidores de mercadorias, que, no caso da produção mercantil capitalista, se fazem representar, de um lado, pelo possuidor das mercadorias, meios de produção (expressão material do capital) e, de outro, da mercadoria força de trabalho. É do intercâmbio entre esses dois produtos de mercadorias que, como veremos, nasce o excedente que serve de base para a acumulação capitalista e é esse intercâmbio que, ao manifestar-se na forma mercantil, cuida de camuflar o processo de geração desse excedente.

Se, como vimos, no sistema capitalista os trabalhadores passam a estabelecer uma relação diferenciada com as outras classes de indivíduos[21], característica da produção de objetos de uso que fatalmente irão parar no mercado, pelo fato de serem ou não proprietários dos meios de produção que dão origem a estes produtos/mercadorias, qualquer modificação tecnológica, seja na descoberta de novas matérias-primas ou na invenção de novos instrumentos de trabalho, modificam essa relação, criam especializações na produção (e portanto trabalhadores especializados), transformações na repartição do produto social, assim como uma nova teia de estruturas sociais e de poder. Isto é, uma nova divisão social do trabalho.

A troca de mercadorias — o mercado — é, pois, uma conseqüência natural do desenvolvimento das forças produtivas para além das necessidades de uma sociedade que só produzia utilidades para o consumo individual. Produzir para o mercado exige não só uma ampliação do campo do trabalho social, uma organização nova da produção, que só é possível com a libertação do produtor de mercadorias (o trabalhador/operário) das amarras das condições técnicas e sociais anteriores (formas feudais) de produção, como também faz com que as relações entre as pessoas adquiram a aparência de relações entre coisas.

---

(20) Ver MARX, K. *O Capital*, p. 713-728.
(21) Aparentemente estão livres das amarras do compromisso feudal com a terra, mas essa *liberdade* só lhes serve para se locomoverem ao mercado de trabalho em que são *obrigados* a vender a sua força de trabalho sob pena de comprometerem a sua sobrevivência e de suas famílias. Ao servir como meio de conexão entre os homens, a mercadoria (coisa) reflete as relações de produção entre as pessoas. Pelo que *Marx* conclui: "A éstos (productores), por ende, las relaciones sociales entre sus trabajos privados se les *ponen de manifiesto* como lo que son, vale decir, no como relaciones directamente sociales trabadas entre las personas mismas en sus trabajos, sino por el contrário como *relaciones propias de cosas* entre las personas y *relaciones sociales entre las cosas*". MARX, K., *ibidem*, p. 89.

No entanto, o caráter social e não privado da produção capitalista não é evidente por si só, graças às relações estabelecidas entre distintas classes de indivíduos, apoiadas no duplo caráter da mercadoria: o de ser um objeto útil, cuja forma de utilidade esconde a sua essência de objeto produzido por uma classe de produtores que não são donos do produto do seu trabalho.

A esta *ilusão,* aos produtores de mercadorias, criada pela mercadoria ao chegar ao mercado (isto é, como é que, no mercado, se transforma um produto de utilidade em produto com valor/preço), *Marx* chamou de "fetichismo da mercadoria"[22], pois aparentemente é o mercado que cria o valor para a mercadoria. É como se o mercado desse vida ao objeto inanimado que é a mercadoria, quando na verdade sua vida, sua essência, ou seja, seu valor é produto do trabalho que se torna social através do mercado. Numa economia de base coletiva, como o foi a comunidade primitiva, o produto, ao ser produzido, é imediatamente social, é imediatamente apropriado de forma coletiva, porque o trabalho que o produziu é igualmente social desde a origem. Já num modo de produção de mercadorias, baseado na propriedade privada sobre os meios de produção e, portanto, na existência de distintos trabalhos privados, é o mercado que cuida de socializar os distintos trabalhos privados e, conseqüentemente, os produtos que geram. Ao mesmo tempo, o mercado, como aparece com existência autônoma, camufla esse caráter social da produção.

Isto quer dizer que, na realidade, a contradição de que é portadora a mercadoria expressa o caráter bifacético do trabalho, o fato de que o trabalho contido na mercadoria é, simultaneamente, um trabalho útil, concreto, criador de um objeto útil/privado, e um trabalho social, abstrato, criador de valor que se expressa num valor de troca no mercado.

Na medida em que a força de trabalho é a única mercadoria capaz de produzir valor (ao ser colocada em ação, ao exercitar a sua capacidade útil, ao trabalhar), mas vai ao mercado ainda como capacidade de produzir (como força de trabalho), a ilusão do fetichismo se confirma para o trabalhador assalariado: para ele, é como se o capitalista pagasse o seu trabalho (o que executa) e não a sua capacidade de produzir uma mercadoria qualquer, mesmo porque ele só é pago após produzi-la, após ter sido consumida a sua força de trabalho especializada, capaz de produzir aquela mercadoria útil. Todo este processo o impede de perceber, a olho nu, as contradições a que está submetido, as condições de sua própria exploração.

Assim, é no mercado que fica eludida para o trabalhador a contradição sobredeterminante do regime de produção capitalista que é a da apropriação dos excedentes do trabalho assalariado: o capitalista, ao consumir a mercadoria força de trabalho que comprou, e pela qual pagou o seu valor, faz funcionar a sua particularidade que é a de ter um valor de uso, o próprio trabalho (qualificado ou não), que tem a faculdade de gerar um novo valor, que é sempre acima do próprio valor de força de trabalho e que fica incorporado à mercadoria que produziu (ressalte-se que, no ato de consumir a mercadoria *força de trabalho,* o seu valor de uso não

---

(22) "A esto llamo el fetichismo que se adhiere a los productos del trabajo no bien se los produce como mercancias, y que es inseparable de la producción de mercancias". MARX, K. *El capital,* I, p. 89.

desaparece, como é o caso das outras mercadorias; ao contrário, além de transferir para o produto final o valor dos meios de produção que utiliza, é capaz de produzir um valor novo). Assim, *naturalmente*, o capitalista se apropria da diferença entre o valor pago ao trabalhador pela sua força de trabalho e o valor novo agregado à mercadoria, fruto do seu trabalho — a *mais-valia*. Este fato é que define o caráter conflitual da exploração capitalista.[23]

Esta contradição oculta na mercadoria, e em especial na mercadoria força de trabalho, se desdobra em muitas outras, quer a nível das relações sociais entre os homens (cuja verdadeira natureza é eludida pela relações entre as coisas), quer na estruturação da sociedade que nela repousa (na medida em que a circulação destas mercadorias organiza as relações de produção e serve como meio de conexão entre os homens, ampliando assim o ocultamento). Mais ainda, pela imposição das leis da exploração capitalista — a extração da mais-valia —, o Capital modifica as próprias relações de trabalho até transformá-las numa rede de fios invisíveis de coerção econômica a que ficam submetidos os trabalhadores pelo fato de terem que reproduzir fisicamente, eles próprios, a sua força de trabalho. Do ponto de vista da classe operária, portanto, colocam-se outras contradições, quais sejam: as contradições dos interesses entre os possuidores de mercadorias e os seus produtores, os trabalhadores (luta de classes) sobre as quais repousam as estruturas do poder do Estado capitalista; e a manipulação ideológica do ilusionismo fetichista.

Marx demonstra com muita clareza em seu livro *Salário, Preço e Lucro*[24] como esta contradição entre trabalho privado (útil) e trabalho social, e a apropriação deste por parte do capitalista, está na origem da contradição entre a burguesia e o proletariado. Desta contradição básica do caráter da produção capitalista, a produção de mercadorias, derivam, portanto, as grandes contradições objetivas a que estão submetidas os vários segmentos da classe operária, desde as do dia-a-dia laboral nos locais de trabalho, nas estruturas sociais (contradições entre as classes sociais) e políticas (Estado e sistema jurídico), o ilusionismo da realidade de sua exploração (ideologia), até às possibilidades de que cumpra a sua missão histórica: compreenda (consciência de classe) esta situação, se organize (sindicatos e partidos políticos) e possa intervir na sociedade de forma a transformá-la pela raiz e a destruir as condições perversas, não só de sua exploração como de toda a sociedade, quer dizer faça a revolução.

O deslindamento da ilusão fetichista, pela classe operária, se constitui no próprio processo de tomada de consciência de sua situação e de seu papel na teia da produção capitalista, na estrutura social por ela produzida, e da luta que deverá desenvolver para emancipar sua classe e toda a sociedade, isto é, para fazer a revolução social necessária à superação da produção capitalista, no momento em que ela, enredada em suas próprias contradições, deixa de servir ao desenvolvimento da sociedade.

---

(23) Conforme MARX, K. *El capital*, nota 7. Ver todos os capítulos sobre a mais-valia.
(24) MARX, K. "Salario, Precio y Ganancia". MARX, K. e ENGELS, F. *Obras Escogidas*. Madrid: Editorial Progresso, v. 2, p. 28-76.

7. A consciência de classe e sua conseqüência na prática social

A tomada de consciência pelo proletariado, no início da sua formação, se desenvolve, históriamente, por meio das lutas travadas junto com a burguesia[25]. É que a burguesia, à medida que ganha poder econômico, dá seu salto em direção ao poder político e, ao tomar posse dele — do Estado —, o utiliza para destruir as travas das antigas relações feudais e criar as novas condições sociais, políticas e jurídicas para o estabelecimento da livre concorrência de mercados e da liberdade jurídica, que é indispensável ao desenvolvimento inicial da grande indústria, do exército de trabalhadores à disposição do Capital e das próprias relações entre Capital e Trabalho. E isso — que a sociedade progrida para relações sociais, políticas e jurídicas mais avançadas —, também é de interesse do trabalhador porque, além de desenvolver e socializar as forças produtivas, ajuda a desenvolver e a aclarar as condições concretas da produção de mercadorias, isto é, da sua própria exploração.

No começo, portanto, quando se trata da revolução burguesa contra o feudalismo, o proletariado luta junto com a burguesia pela hegemonia sobre a aristocracia feudal, depois pelo estabelecimento da hegemonia das frações mais avançadas sobre as atrasadas da mesma burguesia, cujos interesses entram em contradição com o desenvolvimento das forças produtivas e sua conseqüência, a grande indústria moderna. Assim, com aquela, ele aprendeu historicamente a importância da organização para a luta, do caráter do poder do Estado e da necessidade de tomá-lo para que possam ser promovidas as transformações políticas fundamentais à consolidação da revolução social[26].

É assim que estas lutas abrem espaço para que o proletariado aumente a sua organização em sindicatos e, posteriormente, em partidos políticos e desenvolva sua força política.

O aprendizado político inicial da classe operária se dá, portanto, em lutas que trava ao lado da própria burguesia nas quais tem interesses imediatos e estratégicos. Depois, quando, pelo desenvolvimento do capitalismo, a sociedade polariza estas duas classes definitivamente em dois campos opostos, os enfrentamentos passam a ser diretos: o proletariado levanta o véu ideológico da dominação burguesa e assume a consciência de sua tarefa histórica. Organizado em partido, luta diretamente pela abolição da propriedade privada, das classes sociais e do Estado capitalista, instalando uma nova ordem jurídica.

Porém, a revolução social e política e a correspondente transformação ou extinção da forma jurídica — já que esta, segundo *Pachukanis*[27] permanece enquan-

---

(25) Naquele momento ainda é pequena-burguesia, pois, como classe, se encontra subordinada à *oligarquia* feudal.
(26) Ver as obras políticas de *Karl Marx*: Las luchas de clase en Francia de 1848 a 1850" e "El dieciocho brumario de Luis Bonaparte". *In*: MARX, K., ENGELS, F. *op. cit*, nota 5, p. 190-306 e p. 404-498, respectivamente.
(27) Trata-se do teórico do Direito *Eugenio Pachukanis*, russo e crítico do Direito socialista, cuja obra foi abordada por *Marcio Brilharinho Naves*, professor de Filosofia da Universidade Estadual de Campinas — UNICAMP. NAVES, M. B. *Marxismo e Direito — um estudo sobre Pachukanis*. São Paulo: Boitempo, 2000.

to prevalecerem as relações mercantis, sobretudo enquanto a força de trabalho for considerada uma mercadoria — não é automática, e muito menos depende simplesmente do nível de avanço das contradições que o Capital engendra ou de um nível generalizado de sentimento de rebeldia com respeito à exploração do trabalho e suas conseqüências nos níveis de vida da população. Os casos concretos da Rússia, China, Coréia, Vietnam, Cuba, e mais recentemente da Nicarágua e países da África, mostram essa realidade. De modo geral, dois tipos de condições são necessários para que se produzam as revoluções: condições objetivas e condições subjetivas.

As primeiras se referem às condições estruturais, concretas, do desenvolvimento do capitalismo; quer dizer, do avanço das forças produtivas e nível de desenvolvimento das contradições inerentes às relações sociais de produção; além disso, referem-se a contradições conjunturais criadas por situações de crises econômicas (sobretudo da forma em que alcançam os países e regiões dependentes) que agudizam e tornam evidentes aos olhos da classe operária as contradições próprias da base material do sistema capitalista; dizem respeito também à situação de dominação ideológica e cultural, ao nível de comprometimento que nesta instância possa existir entre as classes dominadas e a classe dominante (contradições fundamental e principal). As segundas dizem respeito ao nível de consciência adquirido pela classe operária, a suas formas de luta econômica, ideológica e política, à sua própria organização em associações, sindicatos, partidos políticos.

As condições concretas que analisamos são determinantes das *possibilidades* da organização da classe operária e do surgimento de uma vanguarda revolucionária, ou seja, do partido que terá como objetivo dirigir as classes (massas) dominadas na luta pelo fim da sociedade burguesa e a construção da nova sociedade socialista. Enquanto o desenvolvimento das forças produtivas não alcance um ponto determinado, enquanto a contradição entre privatização dos meios de produção e a socialização das forças produtivas — o trabalho — não esteja suficientemente aprofundada, inclusive com a ocorrência de uma situação de crise estrutural no padrão de reprodução do Capital[28] que cumpre o papel de pôr a nu para a classe operária as contradições do sistema que a explora e, desta forma, aumentar o seu nível de consciência, não se criam as condições concretas que devem estar na base do desenvolvimento das condições subjetivas.

Estabelecidas as condições concretas, as condições subjetivas são de fundamental importância para a eclosão da "consciência para si" das grandes massas dominadas, em especial da classe operária, e para a sua organização em vanguarda, em partido da classe operária. É por meio dele que a luta é levada a cabo no concreto; é por meio dele que se tomam as decisões de rompimento com a propriedade privada e com as ordens econômica, social e jurídica vigentes, sobre ela cons-

---

(28) *Nilson Araújo de Souza* estuda as crises periódicas do capital enquanto momentos favoráveis ao desenvolvimento da consciência e organização da classe operária, tanto no plano teórico como no caso concreto da crise brasileira dos anos 80. SOUZA, N. A. de. *Op. cit.*, nota 14.

truídas e se chega à situação de proposição de transformações radicais na estrutura da sociedade[29].

8. Conclusões: O mundo do trabalho, conceitos sociológicos e o Direito

Todos os aspectos do mundo do trabalho sob o sistema capitalista industrial moderno, aqui salientados, são regidos por legislações específicas, laboral, sindical, constitucional. Entretanto, nem sempre as transformações do mundo do trabalho se dão pela via revolucionária. Os movimentos do capitalismo, como é o caso da chamada *globalização* e os novos conflitos trabalhistas que as inovações tecnológicas passam a criar, extrapolam as dimensões nacionais e acentuam as dimensões internacionais das contradições e da complexidade das relações entre Capital e Trabalho e, por conseqüência do próprio mundo do trabalho. Este mundo se torna de difícil apreensão conceitual, e a ausência da reformulação de conceitos pelas ciências sociais, pela Sociologia do Direito em particular, conduz a que o próprio Direito do Trabalho aborde os conflitos com os seus paradigmas defasados e, quiçá, obsoletos o que torna ineficazes os marcos legais existente na aplicação da justiça social e do trabalho.

Com a intensificação da luta dos trabalhadores e sua consciência e a democratização gradativa das sociedades, especialmente aquelas em desenvolvimento, aquela consciência e esta democracia fazem aparecer novas formas de trabalho, como o trabalho cooperativo que, como afirma *José Antônio Peres Gediel,* "acabam rompendo com os paradigmas tradicionais do liberalismo jurídico, uma vez que (..) surgem como reação às injustiças sociais, na mesma época em que surge o Direito do Trabalho"[30].

O trabalho cooperativo, a chamada economia solidária, tem como referência formas de trabalho revolucionárias surgidas nas revoluções socialistas e referenciadas na ausência da propriedade privada — ou melhor dito, na propriedade coletiva dos meios de produção — e ganha contornos de meio de transformação das relações sociais de produção na base da economia da sociedade.

O surgimento do Direito Cooperativo, referenciado nestas práticas, destina-se a estimular a função social da produção, a democratizá-la transferindo, sob a forma

---

(29) A esse respeito, diz *Marx:*"En una fase determinada de subdesarrollo, las fuerzas productivas de la sociedad entran en contradicción con las relaciones de producción existentes, o, lo cual no es más que su expresión jurídica, con las relaciones de propriedad en cuyo interior se havian movido hasta entonces. De formas evolutivas de las fuerzas productivas que eran, estas relaciones se convierten en trabas de estas fuerzas. Entonces se abre una época de revolución social. El cambio que se há producido en la base econômica trastorna más o menos lenta o rápidamente toda la colosal superestrutura. Al considerar tales revoluciones importa siempre distinguir entre la revolución material de las condiciones económicas de producción — que se debe comprobar fielmente con ayuda de las ciencias fisicas y naturales — y las formas jurídicas, políticas, religiosas, artísticas o filosóficas; en una palabra, las formas ideológicas *bajo las cuales los hombres adquieren conciência de este conflicto y lo resuelven.*" MARX, Karl. *Contribucion a la critica de la economia politica.* Mexico: Edicones de Cultura Popular, 1977.
(30) Ver http://cienciaecultura.bvs.br/scielo.php?script=sci_arttext&pid=S0009-67252006000400018&lng=pt&nrm=iso

de apropriação coletiva dos bens de produção, a capacidade empresarial aos trabalhadores, antes restrita aos detentores do capital. Nesse caso teríamos de concordar com *Pachukanis* de que a forma econômica sobredetermina a forma jurídica e, assim, esperar que a cada transformação na base econômica da sociedade, no mundo do trabalho, mesmo que não revolucionária, possam ser criadas as leis necessárias à sua regulamentação.

Concluímos, parafraseando *Boaventura de Sousa Santos* quando diz que "a redescoberta democrática do trabalho é a condição *sine qua non* da reconstrução da economia como forma de sociabilidade democrática"[31] com a reafirmação de que a percepção conceitual sociológica dos processos e das relações sociais existentes e emergentes na história das sociedades é fundamental para o aprimoramento dos diversos conceitos de trabalho, correspondentes ao contexto social em que se desenrolam. Em seguida, é necessário objetivar esses conceitos nos instrumentos jurídicos para assegurar sua efetividade, a justiça social.

9. Referências Bilbiográficas

DIAS, E. *História das lutas sociais no Brasil.* 2ª ed. São Paulo: Alfa-Ômega, 1977.

ENGELS, F. *La situación de la clase obrera en Inglaterra.* México: Cultura Popular, 1977.

FAUSTO, B. *Trabalho urbano e conflito social.* São Paulo: Difel, 1974.

HILFERDING, R. *O Capital financeiro.* São Paulo: Nova Cultural, 1985.

KUCZYNSKY. J. *Evolución de la clase obrera.* Medellin: Ed. del sur THF, 1977.

MARGLIN, S. *et al. Divisão social do trabalho, ciência, técnica e modo de produção capitalista.* Porto: Publicações Escorpião, 1974.

MARINI, R. M. *Dialéctica de la dependencia.* 2ª ed. Mexico: Ediciones Era, 1974.

_____. "Estado y crisis en Brasil". *Cuadernos políticos.* México, n. 13, jul.-sep. 1977, p. 76-84.

_____. *O movimento operário no Brasil. Política e Administração.* Rio de Janeiro, v. 1, n. 1, jul.-set. 1985, p. 171-200.

MARX, K. *El Capital.* 5ª ed. México: Siglo XXI, 1977.

_____.*Contribución a la crítica de la economía política: introducción a la crítica de la economia política.* México: Ed. de Cultura Popular,1977.

_____.ENGELS, F. *Obras Escogidas* en tres tomos. Madrid: Editorial Progreso, 1960.

NAVES, Marcio Brilharinho. *Marxismo e Direito*: um estudo sobre Pachukanis. São Paulo, Boitempo, 2000.

ORTIZ, J. P. A. *Fases de la internacionalización del capital y sus efectos en la fuerza de trabajo de os países subordinados.* Cuba: 1981. *Ponencia al II Congreso de Economistas del Tercer Mundo.* Cuba: La Habana, 1981.

RODRIGUES, J. A. *Sindicato e desenvolvimento no Brasil.* São Paulo: Difel, 1968.

_____.*Sindicalismo e sociedade.* São Paulo: Difel, 1968.

_____.GENTILI, P. *Pós-neoliberalismo*: as políticas sociais e o Estado Democrático. Rio de Janeiro: Paz e Terra, 1995.

---

(31) Ver SANTOS, B. de S. *Reinventar a democracia.* Lisboa: Gradiva, 1998.

SADER, E. *et. al. Introdução a uma história do movimento operário brasileiro no século XX.* Belo Horizonte: Veja, 1980.

SANTOS, B. de S. *Reinventar a democracia.* Lisboa: Gradiva, 1998.

SINGER, P. I. *Força de trabalho e emprego no Brasil:* 1920-1969. São Paulo: CEBRAP, 1971.

SOUZA, N. A. *A Nova Ordem Econômica Internacional.* São Paulo: Global, 1987.

_____. *Crisis y lucha de clase en Brasil — 1964/1978.* México, 1980. Tese (Doutorado em Economia) Universidad Nacional Autonoma de Mexico/UNAM, 1980.

_____. *Teoria marxista das crises.* São Paulo: Global/UFMS, 1992.

TELLES, J. *O movimento sindical no Brasil.* São Paulo: Liv. Editora de C. Sociais, 1981.

TREVES, Renato. *Sociologia do Direito.* São Paulo: Manole, 2004.

SPAGNOLO, A. *et al. Lineamientos teorico metodologicos para la investigación del movimiento obrero.* Mexico: Cuadernos de CIDAMO 2, 1980.

VARELA, A. *La internacionalización del capital como hilo metodológico para analizar la clase obrera contemporanea en America Latina.* Mexico. 1980. Ponencia al Seminário Proceso de Trabajo y Organización Obrera. UNAM, 1980.

WEFFORT, F. *Partidos, sindicatos e democracia*: algumas questões para a história do período 1945-1964.

_____. *Participação e conflito industrial:* Contagem e Osasco, 1968. São Paulo: CEBRAP, 1972, Caderno 5.

_____. *Sindicatos e Política.* São Paulo, Tese (Livre-Docência) Universidade de São Paulo, s/d.

RESPONSABILIDADE SOCIAL NAS RELAÇÕES LABORAIS DO DEFICIENTE

Mara Vidigal Darcanchy[*]

Considerações Iniciais

Um dia destes, encaminhando-me ao trabalho, ao ouvir as notícias matinais deparei-me, curiosamente, com uma estação de rádio[1] que apresentava somente "boas" notícias, destacando apenas iniciativas positivas. Aquilo me deixou estupefata. Então, após a surpresa inicial, comecei a refletir sobre o quanto todos nós estamos querendo e até mesmo precisando viver numa sociedade mais humana, onde se possa ouvir somente "boas notícias", onde se possa abrir os horizontes para uma vida melhor, um mundo mais correto, com esperança no amanhã...

Nesta linha de raciocínio, passei a verificar que, empenhados na busca de meios capazes de amenizar as condições de sobrevida no planeta, alguns segmentos da sociedade já se dispuseram a apresentar a sua parcela de contribuição com a melhoria no seu meio ambiente interno e externo.

E é isto que faz a diferença!

Não basta que se identifique que há problemas, é necessário que se busquem as soluções ou ao menos os caminhos para que elas possam surgir. E isto é o que, com grata satisfação, pude constatar no cenário nacional onde há muito já existem iniciativas empresariais que, envolvidas em projetos sociais, buscam o desenvolvimento da cultura da responsabilidade social.

Entretanto, é imperativo lembrar que a adesão aos princípios da responsabilidade social empresarial não pode ser uma iniciativa pontual ou de fachada, assumida com a expectativa de gerar impactos imediatos na imagem da empresa, mas sim o resultado de uma reflexão madura e de uma decisão que alcance o conjunto de políticas e práticas empresariais.

1. Introdução

A revolução tecnológica tem propiciado profundas mudanças na sociedade, a começar pelos grandes paradigmas sobre o papel e a função da empresa no mun-

---

[*] Doutora e Mestre em Direito das Relações Sociais — Direito do Trabalho — Pontifícia Universidade de São Paulo/SP; Especialista em Direito do Trabalho e em Didática do Ensino Superior; Pesquisadora Científica — Líder de Pesquisa certificado no CNPq; Coordenadora de Programa de Pós-Graduação; Professora Universitária em nível de Graduação e Pós-Graduação e em Cursos Preparatórios para Concursos; Consultora Jurídica; Avaliadora Institucional e de Cursos pelo MEC/INEP. E-mail: prof.mara@ig.com.br
[1] São Paulo, Rádio Mundial — FM 95,7.

do capitalista. A tecnologia da informação é, em grande medida, a responsável por um salto de qualidade nos modos de produção, que promovem uma rápida substituição do trabalho humano, afetando, desta forma, todas as relações humanas. Em pouco mais de duzentos anos, a sociedade ocidental produziu um modo de vida que abraçou todas as instituições sociais, contudo, as mudanças no campo material e mesmo espiritual afetam sobremaneira as empresas, que devem atualizar suas concepções a respeito de sua atuação no campo social.

A sociedade moderna tem dado mostras de que é preciso novos padrões de relacionamento entre a empresa e a coletividade, uma vez que as demandas sociais impingem uma consciência mais desenvolvida, em torno de temas e problemas como a exploração do trabalho infantil, a questão ambiental e a relação das empresas com o meio-ambiente, além de aproximações significativas em relação a contingentes que sofrem discriminação racial, social, etc., bem como ações afirmativas no sentido de fortalecer o corpo social.

A cidadania parece exigir novos patamares de atuação e até mesmo no que tange aos produtos consumidos, os consumidores têm sido mais exigentes, o que demonstra uma profunda alteração nas expectativas da sociedade civil quanto à responsabilidade social das empresas. Isto indica a necessidade de ampliar o diálogo entre a sociedade civil, as empresas e o Estado (em todos os níveis institucionais), a fim de que a empresa nacional se afirme no atual contexto social, para que possa contribuir para o fortalecimento da democracia e das condições sociais de modo geral.

É neste sentido que este artigo procura traçar uma trajetória histórica a respeito da responsabilidade da empresa, procura apresentar as mudanças sociais provocadas pela revolução tecnológica que propiciam transformações no modo da empresa atuar socialmente. E, especialmente, o interesse deste artigo também recai sobre a necessidade de se buscar uma maior responsabilidade social nas relações laborais das pessoas portadoras de deficiência.

2. A responsabilidade liberal

Desde o princípio do liberalismo social e econômico, já foi reconhecida a importância fundamental da responsabilidade social entre os indivíduos, uma vez que se trata de uma comunidade de pessoas capazes de se proteger, mesmo que se leve em conta a iniciativa individual dos sujeitos sociais para o concurso da riqueza coletiva.

O estado de barbárie ou de indiferença não é um elemento que funda as relações sociais, pois se assim o fosse, a própria empresa estaria correndo um sério risco de manter-se. Neste sentido, o avanço do capitalismo, em grande medida, tem uma sólida base na instituição da responsabilidade civil, individual e coletiva. Assim,

John Locke, um dos grandes pensadores ingleses, historicamente vinculado às liberdades civis afirmou que:

> "A comunidade civil me parece ser uma sociedade de homens constituída apenas visando a busca, a preservação e o progresso de seus próprios interesses. (...) Denomino de interesses civis a vida, a liberdade, a saúde e a libertação da dor; e também a posse de coisas externas, tais como dinheiro, terra, casas, móveis, etc." [2]

A responsabilidade social tem um primeiro fundamento que está na noção de propriedade comum que é herdada pela espécie humana, por todos os homens que estão na terra. A terra é o elemento fundamental com o qual *Locke* estabelece as conexões entre propriedade e trabalho. Em condições elementares ou selvagens, isto é, na condição primitiva e não trabalhada ou transformada, a terra é de todos e não especificamente de um determinado proprietário. Assim:

> "Os frutos ou a caça que alimenta o índio selvagem, que não conhece as cercas e é ainda proprietário em comum, devem lhe pertencer, e lhe pertencer de tal forma, ou seja, fazer parte dele, que ninguém mais possa ter direito sobre eles, antes que ele possa usufruí-los para o sustento de sua vida."[3]

Os fundamentos da sociedade liberal, na qual a empresa se constitui em elemento central para o desenvolvimento material dos indivíduos e para a sua formação social, implica uma responsabilidade que, em grande medida, também se baseia em considerações teológicas. Não sem razão, neste sentido, *Locke* procura formular seu pensamento tendo em vista a conexão, que ele pensa ser necessária, entre o mundo real, a natureza e a analogia com a revelação divina.

Dessa forma, há uma responsabilidade moral, na medida em que a terra e os bens básicos foram herdados de Deus. *Locke* refere-se ao direito divino, pois que a revelação dita o direito à terra como forma de extrair sua própria subsistência no sentido de uma natural razão, que impõe ao homem o direito natural de propriedade e que está numa excelência de hierarquia, "Deus, que deu o mundo aos homens em comum, deu-lhes também a razão, para que se servissem dele para o maior benefício de sua vida e de suas conveniências"[4]. Mas no sentido de uma igualdade e não na perspectiva da exclusividade dada na pessoa de Adão, que nos remete a uma noção de responsabilidade social no âmbito da universalidade.

Locke, de outro lado, compreende que o homem pode viver apenas do que a terra lhe oferece, sem esforço substancial para isto, colhendo frutos e caçando sem alterar o panorama ou o mundo em sua própria volta. Mas o trabalho compreendido

---

(2) LOCKE, John. *Segundo tratado sobre o governo civil: ensaio sobre a origem, os limites e os fins verdadeiros do governo civil*. Carta sobre a tolerância. (Coleção clássicos do pensamento político). Tradução de Magda Lopes e Marisa Lobo da Costa. Petrópolis: Vozes, 1994, p. 243.
(3) LOCKE, John. Segundo tratado sobre o governo civil: ensaio sobre a origem, os limites e os fins verdadeiros do governo civil. *Capítulo V — Da Propriedade*, parágrafo 26, p. 98.
(4) *Ibidem*, § 26, p. 97.

como indústria, como elaboração, como formação de algo em algo redunda em um mundo novo, por meio do qual a vida se expande inexoravelmente e os resultados dessa indústria são, efetivamente, propriedade do homem, isto é, *Locke* reconhece que aquilo que surge da ação humana como seu esforço na relação com a terra, será propriedade sua por direito, tanto natural quanto divino.

"Podemos dizer que o trabalho de seu corpo e a obra produzida por suas mãos são propriedade sua. Sempre que ele tira um objeto do estado em que a natureza o colocou e deixou, mistura nisso o seu trabalho e a isso acrescenta algo que lhe pertence, por isso tornando sua propriedade."[5]

Neste sentido, *Locke* demonstra uma consciência que, de alguma forma, é a herança aristotélica no que concerne ao mundo da criação ou produção. Em outras palavras, há uma relação de profunda integração no processo de produção, no qual o homem contribui com aquilo que lhe é característico: a razão, no processo do trabalho. Ao fazê-lo, o produto final carrega consigo algo que é do próprio homem, pois este dá ao objeto feito o que é de sua precípua propriedade e, assim, a decorrência deste processo, inevitavelmente, pertencerá ao próprio homem. O trabalho é propriedade do homem, desde que ele tenha contribuído para isto. E, assim, há algo que o homem acrescenta ao processo e, de outro lado, para *Locke*, o trabalho acrescenta algo substancial ao homem, que é o incremento de sua própria condição humana:

"Sendo este trabalho uma propriedade inquestionável do trabalhador, nenhum homem, exceto ele, pode ter o direito ao que o trabalho lhe acrescentou, pelo menos quando o que resta é suficiente aos outros, em quantidade e em qualidade."[6]

No entanto, é preciso reconhecer que a sociedade, desde *Locke*, evoluiu e os processos sociais sofreram profundas mudanças. A empresa foi testemunha de uma profunda transformação no seu modo de atingir seus objetivos. O empreendimento, que num primeiro momento consistia na conceituação da iniciativa dos indivíduos sociais, aos poucos ganhou uma nova configuração. As formas de produção mecanizada deram lugar à tecnologia da informação e com isto, a empresa foi, ao mesmo tempo, propulsora de grandes inovações e vítima de um processo no qual teve de se atualizar.

Segundo *Raymond Aron*, na economia industrial, a produção se dá por meio de empresas, radicalmente separadas do âmbito familiar, mesmo que não seja um dado universal. Esta empresa introduziu a divisão social do trabalho, um modo original de atender às necessidades racionais da produção fabril, isto é, a divisão tecnológica do trabalho. Neste sentido, a sociedade industrial e empresarial caracteriza-se por uma economia progressiva[7].

---

(5) *Ibidem*, § 27, p. 98.
(6) *Idem*, § 27, p. 98.
(7) RAYMOND Aron. "A sociedade industrial". *In* FORACCHI, Marialice Mencarini; MARTINS, José de Souza. *Sociologia e sociedade (leituras de introdução à sociologia)*. Rio de Janeiro: Livros Técnicos e Científicos, 2002, p. 91.

Outro aspecto importante na empresa moderna é a inserção da logística, que engendra a introdução dos aperfeiçoamentos técnicos de um processo racionalizado ao extremo, imprescindível para o desenvolvimento da empresa que se transforma com a chegada de um novo patamar tecnológico, que impulsiona a simultaneidade dos processos produtivos e comunicativos.

Durante cento e cinqüenta anos, o capitalismo não tinha a característica da simultaneidade, isto é, os processos produtivos não eram realizados por meio de veios comunicantes, que propiciavam a condição de um produto ser fabricado em vários lugares ao mesmo tempo e ser montado em outro e vendido em outro mais distinto ainda. Enquanto isto não se deu, as possibilidades de uma empresa aberta para o seu próprio meio-ambiente eram restritas a iniciativas tópicas e sem alcance no âmbito social.

Assim, conforme *Henderson* "foram necessários mais de trinta anos para que essas tecnologias e princípios de projetos alternativos começassem a entrar na corrente principal da sociedade"[8]. Isto indica, em grande medida, que a sociedade está em um processo de transição profunda, novos paradigmas estão postos para o questionamento global da sociedade. Um dos aspectos cruciais é o desenvolvimento de novas formas de produzir e os próprios liberais reconhecem que há uma longa batalha nesta transição, reconhecem, de outro lado, que a "industrialização primitiva"[9] não é capaz de sustentar o modelo econômico e social. E por quê? Devido, em grande parte à exaustão dos recursos e de outro lado, pela força com que a sociedade tecnológica da comunicação/informação tem invadido todos os setores sociais com uma velocidade impressionante.

Por isso, é imprescindível compreender as mudanças sociais e situá-las no contexto da responsabilidade social, motivando a necessidade de atualizar substancialmente a ação da empresa no meio em que está inserida.

3. A fragmentação social e a necessidade de atualização

A sociedade moderna vive um momento de grandes transformações sociais impingidas especialmente pelas novas tecnologias que impuseram à indústria e ao trabalho alterações significativas. O mundo se transformou desde os idos da década de 1950, quando as tecnologias da informação instituíram processos acelerados de produção que afetaram toda a seqüência produtiva e se transferiram para o restante da sociedade. De modo acelerado, a tecnologia da informação fragmentou os processos industriais e, por conseguinte, afetou decisivamente todas as relações sociais que estavam efetivamente referenciadas ao trabalho total. Com isto, a relação da empresa com a sociedade e com o meio-ambiente sofreu modificações expressivas. Uma delas foi a substituição da mão-de-obra humana por uma crescente utilização de maquinaria informatizada.

---

(8) HENDERSON, Hezel. *Além da globalização: modelando uma economia global sustentável*. Tradução de Maria José Scarpa, São Paulo: Cultrix, 2003, p. 12.
(9) *Idem, Ibidem*, p. 12.

O modelo da sociedade fabril, com toda a sua cultura instalada tende a romper-se, devido a profundas fissuras que se manifestam no seu interior e que são visíveis em todos os aspectos dessa mesma cultura, tanto nas relações de trabalho, nos valores, nos paradigmas e nas novas organizações sociais.

Em todas as partes do mundo há uma profunda mudança que se observa há algumas décadas, com velocidades distintas, conforme os países e suas realidades. Desde o advento da tecnologia da informação e com o incremento da tecnologia na produção de mercadorias, as mudanças se verificam cada vez mais em todos os aspectos da vida e do cotidiano das pessoas. O trabalho perde, cada vez mais, seu *status* como a categoria que dá significado total à vida, o tempo ganha novas configurações, as sociedades se transformam, as velhas formas de organização social modificam-se, constata-se uma profunda fragmentação social que atinge, indubitavelmente, a educação e os seus paradigmas.

Como na década de 80 afirmava *Toffler*:

"Uma nova civilização está emergindo em nossas vidas e por toda a parte há cegos tentando suprimi-la. Esta nova civilização traz consigo novos estilos de família, modos de trabalhar, amar e viver diferentes; uma nova economia; novos conflitos políticos; e, além de tudo isto, igualmente uma consciência alterada. Fragmentos desta civilização já existem. Milhões de pessoas já estão sintonizando suas vidas com o ritmo de amanhã. Outros, aterrados diante do futuro, estão empenhados numa fuga inútil para o passado e tentam restaurar o mundo moribundo que lhes deu o ser."[10]

Toda sociedade altera-se, notadamente os ritmos sociais, os tempos institucionais, o modo de perceber a vida, de compreender o mundo em volta. As empresas sofrem essas mudanças e tentam apreendê-las de modo a permanecerem atualizadas, tanto no que concerne aos modos de produção e à técnica quanto às formas de relação com o meio-ambiente. Sem dúvida, o meio-ambiente está ameaçado em grande parte pela ação predatória dos modos de produção que avançaram ferozmente sobre todo o planeta.

No entanto, a perspectiva da escassez de recursos naturais, além de uma mudança nos padrões de consumo, aliadas às novas tecnologias, impõem um modo de postura diante da sociedade. Isto significa, em outras palavras, a necessidade de reestruturar novos mecanismos de comunicação com o meio-ambiente ao qual pertence a própria empresa.

Outro aspecto crucial é o fato de que a sociedade caminha para uma condição pós-industrial. De acordo com *De Masi*, a sociedade industrial é uma breve passagem da história humana.[11] Neste sentido, observa-se uma série de mudanças no padrão de consumo, nas formas como a sociedade compreende os tempos sociais, os modos de produção e a capacidade de interagir com o mundo comunicativo, bem como uma gama de fatores que propiciam a passagem para a chamada so-

---

(10) TOFFLER, Alvin. *A terceira onda*. 18ª ed. Trad. João Távora. Rio de Janeiro: Record, 1992, p. 23.
(11) DE MASI, Domenico. *A sociedade pós-industrial*. São Paulo: SENAC, 1999, p. 11.

ciedade pós-industrial, como uma economia fundada nos serviços; na profusão e valorização de profissionais altamente técnicos e qualificados, a valorização do conhecimento em todas as esferas do processo produtivo; aproximação das empresas em relação ao mundo político e dos interesses sociais; a tecnologia como fator precípuo e primordial do progresso material e social; o desenvolvimento de mecanismos de participação civil e dos consumidores; as fontes de recursos renováveis e não-renováveis como fatores de questionamento do posicionamento social e político da empresa contemporânea.[12]

Por conseguinte, as empresas se colocam em um contexto no qual devem atualizar sua postura e oferecer respostas conforme as demandas sociais por produtos ambientalmente corretos, que tenham políticas sociais de inclusão adequadas aos princípios éticos, e que se posicionem quanto aos novos paradigmas políticos.

4. A prática da Responsabilidade Social Empresarial

Toda sociedade é regulada por códigos de ética. Todos os grupos sociais são pautados pela ética, seja esta de um compromisso apenas voltado para o grupo ou no sentido de sua universalização. A ética diz respeito a um conjunto de conceitos acerca das ações dos indivíduos e das instituições, entre si e entre os próprios indivíduos. As regras sociais da empresa focam-se para o interno dos procedimentos, no entanto, cada vez mais, a sociedade cobra das empresas um posicionamento ético e politicamente correto.

A empresa brasileira, no tocante a uma estratégia de relacionamento com a sociedade, seus consumidores e outras instituições, tem revelado mudanças importantes que não dizem respeito apenas ao seu público interno. Mudanças são observadas a partir de pesquisas desenvolvidas pelas FIESP (2003) sobre Responsabilidade Social Empresarial, cujos resultados nos revelam uma perspectiva promissora quanto à atuação social das indústrias nacionais:

"(...) embora a maioria das indústrias pesquisadas atribua ao código de ética uma função reguladora prioritariamente focada em seu público interno, com desdobramentos secundários para clientes e fornecedores, há indícios de que os códigos possam estar gradualmente assumindo a função estratégica de instrumento para gestão do relacionamento da empresa com um quadro mais amplo de partes interessadas em suas atividades (*stakeholders*)."[13]

A mudança na concepção dos paradigmas da ação social demonstra que há um esforço da empresa em se abrir para a coletividade. A idéia de uma ação positiva abarca não somente as iniciativas de ordem empresarial, mas, em grande medida, a força de um movimento que se abre para o modo como a empresa encara sua

---

(12) CEVOLI, Marida. "Bell: o advento pós-industrial". *In* DE MASI, Domenico. *A sociedade pós-industrial*. São Paulo: SENAC, 1999, p. 152.
(13) FIESP-CIESP, Núcleo de Ação Social. *Responsabilidade social empresarial: panorama e perspectivas na indústria paulista*. São Paulo: NAS — Núcleo de Ação Social, novembro de 2003, p. 25.

relação com o mundo social, que é, em última instância, mais amplo, num universo complexo de relações. Assim, conforme a FIESP, "(...) as indústrias valorizam com a mesma intensidade o significado do código de ética para o negócio e o significado para a coletividade, o que faz supor a inexistência de antagonismo entre essas idéias".[14]

De outro lado, cada vez mais se tem a consciência de que é preciso inserir nos planejamentos estratégicos das empresas a perspectiva de um posicionamento institucional que tenha o objetivo de aproximar-se da coletividade. Isto indica que doravante as empresas e os negócios deverão levar em conta o meio em que estão incluídas, a fim de abarcar as possibilidades de ampliação do mercado e também no sentido de fortalecer a posição ética e política das empresas. Mesmo assim, é possível observar, segundo a pesquisa realizada pela FIESP, que em parte, as empresas ainda não levam em conta em suas estratégias a chamada responsabilidade social, dessa forma:

"(...) o balanço social ainda não parece estar organicamente inserido em um processo de planejamento estratégico e de desenvolvimento progressivo das práticas de responsabilidade social empresarial"[15].

As empresas vivem na comunidade e não necessariamente da comunidade, esta afirmação é um elemento constatável que leva as empresas a um posicionamento sobre os problemas sociais que atingem o meio. De modo progressivo, as empresas compreendem seu papel social, como função reguladora de equilíbrio, uma vez que em grande parte os processos produtivos se modernizam rapidamente, exigindo novos patamares de preparação dos que ingressam no mercado de trabalho e, por conseguinte, estimulam um novo padrão de profissionais, que se tornam mais críticos, mais conscientes do seu papel social com maior criatividade.

5. A Responsabilidade Social e a Inclusão Social

Essas novas características fazem com que as empresas, em particular as indústrias, percebam seu papel no contexto social, abrindo-se para novas demandas sociais, como o conceito atual de inclusão. Em virtude das mudanças na concepção social da participação das minorias, a questão da inclusão social assume a centralidade na sociedade.

A inclusão deixou de ser um termo apenas compreendido no campo do silogismo e no campo matemático para se tornar um conceito extremamente latente na atualidade, pois um novo contexto social impingiu ao conjunto da sociedade a necessidade de promover ações afirmativas no sentido de proteger contingentes sociais que, de alguma forma, estão em condições de empobrecimento, de indigência ou em situações discriminatórias.

---

(14) *Idem, Ibidem*, p. 25.
(15) *Ibidem*, p. 27.

Porém, historicamente, a necessidade de desenvolver políticas inclusivas tem, como princípio, todas as formas e processos de exclusão social. É, por conseguinte, a partir das várias formas de exclusão social que a sociedade se organiza com o intuito de erradicá-las na sua origem ou, de outro modo, reduzi-las a condições satisfatórias.

Dessa forma, é preciso reconhecer que não há sociedade alguma na história humana que não tenha algum tipo de exclusão. Isto, em outras palavras, indica que toda sociedade baseada em contratos sociais estabelece aspectos que são, em sua essência, inclusivos e outros excludentes. No entanto, certos princípios de exclusão são aceitos dentro da conformidade geral da sociedade, o que parece marcar de forma negativa o termo da exclusão é o fato de que, em grande medida, revela uma prática de discriminação intolerável que alija, radicalmente, indivíduos do convívio social, que limita suas ações, impede contingentes sociais inteiros de terem acesso aos bens produzidos em coletividade.

Assim, a exclusão social não se dá apenas no campo econômico, revela-se extremamente nociva em todas as áreas das relações sociais: no campo político, nas relações humanas, nas empresas, entre grupos étnicos, entre religiões, entre pessoas de opções sexuais diferentes, entre gêneros, entre pessoas obesas, ou muito magras, muito altas, ou muito baixas, etc.

Dentre as várias formas de exclusão, as que dizem respeito ao corpo são latentes por um lado, e escamoteadas por outro. Pessoas portadoras de deficiências de toda ordem são tratadas de modo a que sejam excluídas não de forma deliberada, mas dentro de procedimentos velados.

A sociedade contemporânea tornou-se imensamente complexa em todos os seus sentidos, e o contexto atual é de grande fragmentação social, que demonstra uma força renovada de diferentes identidades, de culturas que estiveram submetidas aos grandes sistemas. Mas, por outro lado, os bens, tanto materiais como espirituais, produzidos pela sociedade moderna não são distribuídos eqüitativamente entre seus próprios membros. Isto demonstra grandes injustiças que também se colocam no campo da exclusão social.

Com isto, a cada dia mais, mesmo reconhecendo a fragilidade do modelo social ora vigente, faz-se necessária a inclusão desses contingentes na comunidade em geral. Por isso, os chamados excluídos socialmente têm na cidadania uma referência estratégica e também um novo paradigma, pois remete o conceito a uma perspectiva de direitos iguais, possibilitando a reflexão a respeito dos novos fundamentos de uma sociedade que emerge, conseqüência da mudança e da crise, partindo da constatação de que há diferenças que devem ser respeitadas e até mantidas, numa condição civilizatória, como um marco a ser alcançado a partir do reconhecimento do direito à própria existência.

Neste ponto cabe uma reflexão sobre os conceitos de diferença, igualdade/ desigualdade e diversidade, sobre o que as palavras de *Herbert de Souza* são esclarecedoras:

"A igualdade e a desigualdade são princípios éticos. A diferença não se relaciona necessariamente com a ética. Uma pessoa pode ser diferente da outra, e não ser desigual. O princípio da diversidade consiste em admitir que as pessoas podem ser iguais e, ainda assim, ter atitudes e práticas diferentes".[16]

As empresas têm tido uma abertura quanto a certos contingentes que socialmente vivem problemas de ordem inclusiva. Dentre eles pode-se observar que "os deficientes, os aprendizes e os empregados próximos da aposentadoria são os grupos mais enfocados pelas indústrias que estão planejando práticas na área e, juntamente com os demitidos e as pessoas com mais de 45 anos, são os mais indicados pelas indústrias que demonstram interesse em conhecer alternativas de ação na área".[17]

A questão da inclusão, desta forma, é enfrentada com ações positivas, mesmo porque não é possível reverter o processo de exclusão social, uma vez que depende de ações mais abrangentes e complexas, que envolvem, efetivamente, as várias instâncias do poder público e que deve contar com a participação de todas as instituições da sociedade. Neste sentido, os portadores de necessidades especiais são os que têm tido maiores oportunidades no bojo das empresas industriais, conforme a pesquisa da FIESP, contudo, os resultados da pesquisa mostram que ainda é insuficiente o número de empresas que mantêm políticas de inclusão, assim: "36,2% das médias indústrias e 28,3% das grandes indústrias, que empregam entre 0,1 e 2% de portadores de deficiência"[18]. De acordo com pesquisa realizada pela FIESP, 2003, as condições mais exigidas pelas empresas: "cumprimento da legislação fiscal (apontada por 64,3% das indústrias) e a não utilização de práticas de concorrência desleal (apontadas por 46,6% das indústrias)"[19].

Em consonância com os fatores que fundam a sociedade pós-industrial, anteriormente apresentados, o interesse das empresas se volta para outros aspectos da coletividade que merecem atenção. Como a condição da população idosa, bem como um interesse progressivo pela educação infantil. Além das conquistas sociais que a Constituição Federal promulga, as empresas têm demonstrado especial interesse pela educação dos mais jovens e da infância:

"A área de atuação mais comum entre as indústrias de todos os portes é a educação infantil (incluído aí o apoio a creches existentes na comunidade), apontada por praticamente metade das empresas pesquisadas que desenvolvem ações de caráter social".[20]

Há outros elementos que são motivo de interesse institucional por parte das empresas que compuseram o universo da pesquisa realizada pela FIESP. Dentre eles, a qualidade no relacionamento com os fornecedores é um elemento de crucial

---
(16) SOUZA, Herbert de e RODRIGUES, Carla. *Ética e Cidadania*. São Paulo: Moderna, 1994, p. 27.
(17) FIESP-CIESP, *Responsabilidade social empresarial: panorama e perspectivas na indústria paulista*, p. 34.
(18) *Ibidem*, p 36.
(19) *Ibidem*, p. 43.
(20) *Ibidem*, p. 54.

importância. De outro lado, é possível perceber que as indústrias de maior porte têm mais consciência em aliar o seu negócio e seus objetivos a práticas que vislumbrem o bem-comum:

"Resultados ligados ao fortalecimento do negócio e à promoção do bem-comum são percebidos de forma mais expressiva nas indústrias de maior porte, o que talvez esteja refletindo a presença, neste segmento, de um maior grau de profissionalização das ações sociais".[21]

Os avanços na legislação têm ampliado o horizonte de atuação das empresas. Desta forma, a atuação que visa à aproximação entre empresa-comunidade, revela a necessidade implícita de comunicar o que se faz. É preciso, em um mundo em que a complexidade da comunicação é um fator imprescindível para a construção da imagem, tanto institucional quanto pessoal. As instituições vivem um momento especial, dado o fato de que a sociedade contemporânea não pode ser entendida sem a participação dos meios de comunicação de massa. Estes são fatores relevantes para a imagem das empresas, daí a atuação da publicidade, do marketing e dos instrumentos de divulgação social das ações das empresas atingirem o bojo da sociedade.

Notadamente no Brasil, a iniciativa de se aproximar da sociedade tem sido crescente. Salienta-se que em grande parte isto se deve ao fato de que uma nova geração chega à direção das empresas trazendo uma visão mais atualizada do compromisso social da empresa, uma vez que a consciência social se alia à necessidade de ações objetivas no cômputo geral da sociedade, como novas práticas no contexto político, econômico e social.

Outro fator que merece destaque diz respeito às iniciativas de âmbito coletivo no sentido de fortalecer a cidadania, como as campanhas nacionais contra a fome, o desemprego, a ação de entidades e ONGs no sentido de minimizar os efeitos da exclusão social, bem como a motivação de movimentos sociais que mobilizam o conjunto da sociedade. Neste sentido, é preciso destacar também o clima favorável a uma ação social mais condizente com as expectativas das várias minorias que assumem papel importante no contexto político atual.

6. O avanço da legislação

Desde a instituição da CLT, o ordenamento social experimentou avanços significativos com respeito aos direitos sociais e às garantias constitucionais dos cidadãos. Isto se deve, em grande parte aos avanços promovidos pela Constituição de 1988, que teve o papel de fortalecer os direitos sociais, vislumbrando as mudanças que à época já ocorriam na sociedade brasileira. Uma sociedade mais ativa e participativa propiciou uma legislação mais aberta, mais consoante com as demandas sociais, uma vez que os movimentos populares, a abertura política, a democracia, foram elementos importantes para que a legislação pudesse alcançar novos pata-

---

(21) *Ibidem*, p. 56.

mares na qualidade da cidadania brasileira, especialmente em relação às Constituições anteriores.

A nossa legislação trabalhista, lentamente, vem se adaptando à necessária flexibilização de suas normas, trazendo, por exemplo, o incentivo às contratações por tempo determinado, às cooperativas (442, parágrafo único), contratos a tempo parcial (art. 58-A), suspensão do contrato para qualificação profissional dos empregados (476-A), banco de horas (art. 59, § 2º), entre outras medidas para redução do desemprego.

A atual Constituição Federal traz uma série de inovações no que compete aos direitos sociais. Sensível às mudanças sociais experimentadas em todos os campos, especialmente no mundo do trabalho e da empresa, a Constituição oferece um olhar atualizado e abrangente sobre as garantias e os direitos fundamentais dos cidadãos.

O Título II, que trata dos Direitos e Garantias Fundamentais, estipula no seu Capítulo II, os Direitos Sociais como instrumento de inspiração para a abertura da sociedade a uma nova concepção que inaugura a ação social balizada pelo Artigo 6º, que diz "São direitos sociais a educação, a saúde, o trabalho, o lazer, a segurança, a previdência social, a proteção à maternidade e à infância, a assistência aos desamparados (...)" como conceitos universais com os quais se pautam as ações tanto do espectro estatal quanto da sociedade civil.

Nos incisos do art. 7º da CF/88[22] e no art. 10 do Ato das Disposições Constitucionais Transitórias[23] estão estipulados os principais direitos dos trabalhadores brasileiros, o que surge como um exercício de responsabilidade social para os empresários, uma vez que não são direitos somente infraconstitucionais, mas estão presentes em nossa Carta maior.

Além dos avanços no item dos Direitos Fundamentais, a Constituição traz direitos no âmbito ambiental, concernentes ao Título VIII, que trata da Ordem Social, especificamente no Capítulo VI sobre o marco que regula as questões sobre o meio-ambiente. O objetivo é no sentido da preservação e da defesa do meio-ambiente, afirmando que se trata de um dever da coletividade, o que, em grande medida, se estende às instituições e entidades da sociedade civil, como implícito fica a empresa. O art. 225 afirma que:

"Todos têm direito ao meio ambiente ecologicamente equilibrado, bem de uso comum do povo e essencial à sadia qualidade de vida, impondo-se ao poder

---

(22) "Art. 7º São direitos dos trabalhadores urbanos e rurais, além de outros que visem à melhoria de sua condição social: I a XXXIV (...)".
(23) ADCT, Art. 10. Até que seja promulgada a lei complementar a que se refere o art. 7º, I, da Constituição: (...) II — fica vedada a dispensa arbitrária ou sem justa causa: a) do empregado eleito para cargo de direção de Comissões Internas de Prevenção de Acidentes, desde o registro de sua candidatura até um ano após o final de seu mandato; b) da empregada gestante, desde a confirmação da gravidez até cinco meses após o parto.
§ 1º Até que a lei venha a disciplinar o disposto no art. 7º, XIX, da Constituição, o prazo da licença-paternidade a que se refere o inciso é de cinco dias.

público e à coletividade o dever de defendê-lo e preservá-lo para as presentes e futuras gerações."

Neste sentido, um aspecto que chama a atenção é a educação ambiental, que deve ser promovida pelo Estado e também pelas entidades civis, assim o inciso VI assevera que é preciso "promover a educação ambiental em todos os níveis de ensino e a conscientização pública para a preservação do meio ambiente". Muitas empresas promovem ações afirmativas de educação e preservação, em parceria com ONGs e organismos estatais, bem como entidades civis, com o escopo de criar condições de consciência pública sobre o meio-ambiente. A empresa, na atualidade, percebe a necessidade de atuar de forma objetiva e pertinente sobre as questões fundamentais no âmbito ambiental, uma vez que muitas das empresas têm sua atividade diretamente ligada à utilização de recursos naturais. Dessa forma, torna-se imprescindível o desenvolvimento de projetos de impacto ambiental que levam em conta a realidade local, o contexto social e os interesses coletivos.

Outro aspecto a ser salientado trata da tecnologia, no Capítulo IV, por meio do art. 218, inciso 4º do mesmo título, no qual dá orientações sobre o apoio e o estímulo a respeito de investimentos "em pesquisa, criação de tecnologia adequada ao País, formação e aperfeiçoamento de seus recursos humanos (...)"[24]. Este inciso abre uma porta promissora para que a empresa não somente invista em tecnologia, mas esteja aberta para o desenvolvimento de novas atividades que estejam desvinculadas ao salário.

Ainda de acordo com parcela considerável dos empresários, a legislação brasileira necessita de mudanças substanciais a fim de favorecer a inserção das empresas na sociedade civil, levando em conta incentivos fiscais que possibilitem o desenvolvimento de projetos sociais de grande porte.

6.1. Responsabilidade social e direitos do deficiente

De acordo com a Constituição Federal de 1988, no Título 2 — Dos Direitos e Garantias Fundamentais, Capítulo 2 — Dos Direitos Sociais, art. 7º:

São direitos dos trabalhadores urbanos e rurais, além de outros que visem à melhoria de sua condição social;

XXXI — proibição de qualquer discriminação no tocante a salário e critérios de admissão do trabalhador portador de deficiência;

No Título 3 — Da Organização do Estado; Capítulo 2 — Da União, no art. 23, define-se que:

É competência comum da União, dos Estados, do Distrito Federal e dos Municípios:

II — cuidar da saúde e assistência pública, da proteção e garantia das pessoas portadoras de deficiência;

X — combater as causas da pobreza e os fatores de marginalização, promovendo a integração social dos setores desfavorecidos.

---

(24) *Ibidem*, p. 42.

Compete, ainda à União, aos Estados e ao Distrito Federal, conforme art. 24:

(...) legislar concorrentemente sobre:

XIV — proteção e integração social das pessoas portadoras de deficiência;

Também no Título 3, Capítulo 7 — Da Administração Pública, consta no art. 37:

> A administração pública direta e indireta de qualquer dos Poderes da União, dos Estados, do Distrito Federal e dos Municípios obedecerá aos princípios de legalidade, impessoalidade, moralidade, publicidade e eficiência e, também, ao seguinte:
>
> VIII — a lei reservará percentual dos cargos e empregos públicos para as pessoas portadoras de deficiência e definirá os critérios de sua admissão;

No Capítulo 8 — Da Ordem Social, no Capítulo 2 — Da Seguridade Social, no art. 203, temos que:

> A assistência social será prestada a quem dela necessitar, independentemente de contribuição à seguridade social, e tem por objetivos:
>
> III — a promoção da integração ao mercado de trabalho;
>
> IV — a habilitação e reabilitação das pessoas portadoras de deficiência e a promoção de sua integração à vida comunitária;
>
> V — a garantia de um salário mínimo de benefício mensal à pessoa portadora de deficiência e ao idoso que comprovem não possuir meios de prover à própria manutenção ou de tê-la provida por sua família, conforme dispuser a lei.

Então, "teoricamente" os deficientes físicos estão protegidos pela lei, que garante assistência, nos vários âmbitos da vida social.

Também no Título 8, no Capítulo 3 — Da Educação, da Cultura e do Desporto, art. 208, reza a Constituição que:

> O dever do Estado para com a educação será efetivado mediante a garantia de:
>
> III — atendimento educacional especializado aos portadores de deficiência, preferencialmente na rede regular de ensino;
>
> V — acesso aos níveis mais elevados do ensino, da pesquisa e da criação artística, segundo a capacidade de cada um.

O Capítulo 7 — Da Família, da Criança, do Adolescente e do Idoso, em relação ao deficiente, no art. 227, destaca que:

> § 2º A lei disporá sobre normas de construção dos logradouros e dos edifícios de uso público e de fabricação de veículos de transporte coletivo, a fim de garantir acesso adequado às pessoas portadoras de deficiência.

No Título 9 — Das Disposições Constitucionais Gerais, art. 224, é garantida ao deficiente a facilidade de transporte, considerando-se que:

> A lei disporá sobre a adaptação dos logradouros, dos edifícios de uso público e dos veículos de transporte coletivo atualmente existentes a fim de garantir acesso adequado às pessoas portadoras de deficiência, conforme o disposto no art. 227, § 2º.

Considerando-se que a Constituição Federal é a lei maior do País, que normatiza a convivência social, é de se supor que os problemas para o deficiente seriam minimizados. No entanto, a lei em si é um instrumento e não consegue controlar os valores, as atitudes e a ética humana, por isso é necessário trazer o assunto constantemente à baila, para que as leis sejam cumpridas e o deficiente possa gozar dos direitos que o protegem.

E mais uma vez, há que se salientar o fato de que o deficiente é, sob qualquer circunstância, um cidadão *a priori* e, que, portanto, seus direitos são os mesmos de todos os partícipes da sociedade.

O Decreto n. 3.298/99, no art. 1º, do Poder Executivo Federal disciplina a integração de pessoas portadoras de deficiência no mercado de trabalho e na sociedade em geral, a fim de normatizar e assegurar o pleno exercício dos direitos individuais e sociais das pessoas portadoras de deficiência (art. 1º), observando os seguintes princípios:

— desenvolvimento de ação conjunta do Estado e da sociedade civil, de modo a assegurar a plena integração da pessoa portadora de deficiência no contexto socioeconômico e cultural;

— estabelecimento de mecanismos e instrumentos legais e operacionais que assegurem às pessoas portadoras de deficiência o pleno exercício de seus direitos básicos que propiciam o seu bem-estar pessoal, social e econômico;

— respeito às pessoas portadoras de deficiência, que devem receber igualdade de oportunidades na sociedade por reconhecimento dos direitos que lhes são assegurados, sem privilégios ou paternalismos (art. 5º, I, II e III).

Analisando a legislação e a nossa realidade, conclui-se que a dificuldade de participação dos portadores de deficiência no mercado de trabalho e na geração de riquezas para o País não se dá por falta de um sistema legal, mas pela falta de ações e estímulos que viabilizem, de forma concreta, a formação, habilitação, reabilitação e inserção dos portadores de deficiência no mercado de trabalho.

Desta forma, se a dificuldade não está na legislação, as empresas são co-responsáveis pela inclusão social dos portadores de deficiências no mercado. Nesse sentido a Responsabilidade Social tem propiciado avanços, mas ainda são limitados.

O trabalho para o deficiente físico é essencial, pois o insere na vida social de maneira participativa.

Segundo a OMS, 10% (dez por cento) da população de cada país é portadora de algum tipo de deficiência física, sensorial (visual e auditiva) e mental. No Brasil, o Censo Demográfico 2000 indicou aproximadamente 24,5 milhões de pessoas, ou 14,5% da população total. Trata-se, pois, de uma parcela significativa da população, que precisa ser amparada pela lei, visto que a discriminação ao portador de deficiência é um dos problemas sociais mais graves.

Apesar da legislação brasileira normatizar o acesso de pessoas com deficiência ao trabalho há quase duas décadas, com as Leis n. 8.112, de 11 de dezembro de 1990, que define em até 20% o percentual de vagas em concursos públicos, e n. 8.213, de 24 de julho de 1991, que determina uma cota de vagas para a pessoa com deficiência, variando de 2 a 5 %, junto às empresas privadas com mais de 100 funcionários, os deficientes físicos ainda têm dificuldades de acesso ao mercado de trabalho e muitos recorrem ao mercado informal.

E o que é mais aterrador é que não faltam vagas para deficientes, o que falta é mão-de-obra qualificada. Mas, por que nossos deficientes não estão qualificados? Por falta de apoio na base educacional, ou seja, pelas dificuldades arquitetônicas, econômicas, enfim, estruturais que lhes são apresentadas por toda uma vida antes de serem lançados no mercado de trabalho.

No Brasil, país em que o desemprego é alarmante e a competitividade altíssima, as dificuldades para os deficientes físicos são maiores, a despeito da lei, que prevê à garantia de seus direitos. A absorção destes trabalhadores no mercado formal, ainda está muito aquém das necessidades sociais.

Além dos problemas citados, a sociedade ainda sustenta preconceitos que levam à discriminação da pessoa portadora de deficiência por não admitir suas potencialidades e por culpá-la, muitas vezes, se fracassa na função em que foi inserida, sem considerar as condições de trabalho em que atua.

Numa sociedade marcada pela desigualdade e pela filantropia, agrava-se o problema da inserção do deficiente físico, devido à cultura do assistencialismo e à falta de programas de capacitação ou de reabilitação dessas pessoas.

A mera existência das leis não garante, assim, nem o acesso, nem a permanência dos portadores de deficiência no mercado.

7. Considerações Finais

Há ainda, obviamente, um longo caminho a percorrer, pois é preciso mobilizar não apenas as empresas, mas as entidades e associações a que pertencem e principalmente a sociedade como um todo, através de, entre outras iniciativas, a criação de foros apropriados para a discussão sobre a responsabilidade social na atual conjuntura do País.

Observa-se, de modo crescente, o engajamento de parte do empresariado na luta por melhores condições sociais, e testemunha-se, em muitas ocasiões, a atuação positiva de entidades em favor de causas comuns, que afetam direta ou indiretamente os interesses da cidadania brasileira.

Destaca-se, por outro lado, que em grande medida a ação social de muitas empresas está voltada para o seu público interno. Ações de caráter eminentemente formativo, de incentivo ao grupo de colaboradores têm sido a marca de inúmeras empresas, visando a oferecer melhores condições de acesso a bens e serviços sociais.

Mas o propósito da responsabilidade social é de articular ações que visem não somente uma aproximação entre empresa e coletividade, mas, em maior medida, engajar objetivamente a empresa no âmbito de sua responsabilidade, que, em última instância, é um elemento constitutivo dos primeiros pensamentos liberais que inspiraram a livre iniciativa e o capitalismo de empresa.

Para tanto, a comunidade tem um papel que não pode ser passivo neste processo de responsabilidade social. Ela deve ser encarada como parceira e não simplesmente como receptora de ações que convalidem suas necessidades, como se fosse uma ação social caritativa. Neste sentido, a empresa tem de assumir compromissos conjuntos com a coletividade, seja ela no âmbito local, regional ou abrangente, do ponto de vista institucional.

Contudo, a empresa não poderá jamais substituir as funções que são precípuas do Estado, em quaisquer circunstâncias. O Estado pode promover parcerias com a empresa privada — e o tem feito em escala crescente — no entanto, a relação da empresa com a coletividade é de natureza colaborativa, com o objetivo de ampliar possibilidades, oferecer condições de acesso a bens e serviços, discutir de modo a contribuir para o fortalecimento da sociedade civil.

Muitas vezes a ação social da empresa pode resvalar em um comodismo por parte da comunidade e, de outro lado, fortalecer as relações de dependência social, não possibilitando o amadurecimento das relações sociais. Isto pode significar um paternalismo que não produz efeitos positivos de emancipação social, ao contrário, oferece condições para manter um círculo vicioso que não contribui para o desenvolvimento das partes.

A função da legislação é dar amparo aos cidadãos e às instituições que compõem o espectro social. Faz-se necessário, desta forma, a promoção de uma abertura no campo da reflexão jurídica e ética para que os empresários se sintam fortalecidos e incentivados. Cabe, então, ao Direito oferecer instrumentos para que a empresa disponha de condições para assumir sua responsabilidade social e promover ações que além de promoções para a empresa se revertam em contribuições efetivas no âmbito social.

Referências Bibliográficas

CEVOLI, Marida. "Bell: o advento pós-industrial". *In* DE MASI, Domenico. *A sociedade pós-industrial.* São Paulo: SENAC, 1999.

DARCANCHY, Mara Vidigal. *Teletrabalho para Pessoas Portadoras de Necessidades Especiais.* São Paulo: LTr, 2006.

DE MASI, Domenico. *A sociedade pós-industrial.* São Paulo: SENAC, 1999.

FIESP-CIESP, Núcleo de Ação Social. *Responsabilidade social empresarial: panorama e perspectivas na indústria paulista.* São Paulo: NAS — Núcleo de Ação Social, novembro de 2003.

GRAJEW, Oded. "O que é responsabilidade social". *In Mercado Global.* São Paulo, ano 27, n. 07, junho/2000.

HABERMAS, J. *Pensamento pós-metafísico: estudos filosóficos.* Trad. de F. B. Siebeneichler. Rio de Janeiro: Tempo Brasileiro, 1999.

HENDERSON, Hezel. *Além da globalização: modelando uma economia global sustentável.* Trad. Maria José Scarpa. São Paulo: Cultrix, 2003.

Locke, John. *Segundo tratado sobre o governo civil: ensaio sobre a origem, os limites e os fins verdadeiros do governo civil. Carta sobre a tolerância.* (Coleção clássicos do pensamento político), Trad. Magda Lopes e Marisa Lobo da Costa. Petrópolis: Vozes, 1994.

RAYMOND, Aron. "A sociedade industrial". *In* FORACCHI, Marialice Mencarini; MARTINS, José de Souza. *Sociologia e sociedade (leituras de introdução à sociologia).* Rio de Janeiro: Livros Técnicos e Científicos, 2002.

SOUZA, Herbert de e RODRIGUES, Carla. *Ética e Cidadania.* São Paulo: Moderna, 1994.

TOFFLER, Alvin. *A terceira onda.* 18ª ed., Trad. de João Távora. Rio de Janeiro: Record, 1992.

VATTIMO, Gianni. *A sociedade transparente.* Biblioteca de filosofia contemporânea. Tradução de Carlos Aboim de Brito. Lisboa: Edições 70, 1989.

Do Regime da Propriedade Intelectual e o Empregado Inventor

Maria Lucia de Barros Rodrigues[*]

1. Um direito de propriedade sui generis

Poder-se-ia imaginar que a discussão acerca da natureza jurídica do direito sobre os bens imateriais parece sem importância ou desprovida de interesse prático para os estudiosos do Direito.

Mas, na verdade, dependendo da natureza jurídica que se atribua a esse — ou qualquer outro direito — diferente será a maneira de interpretá-lo e, conseqüentemente, aplicar a própria lei.

Se optarmos por uma vertente, assim será a sua aplicação e interpretação. Melhor explicando: se dermos a qualificação para os direitos sobre os bens imateriais como direitos pessoais ou reais, a interpretação e aplicação da lei seguirá o regime jurídico inerente aos direitos pessoais ou reais.

Os bens imateriais — ou bens incorpóreos — não existem materialmente ou, preferindo, concretamente.

Mas são economicamente valiosos, fazem parte do estabelecimento empresarial e podem ser chamados de "classe especial de ativos intangíveis".[1]

> "propriedade intelectual: é uma classe especial de ativos intangíveis que é única, por ter seu uso e exploração protegidos por lei. Pode ter uso interno ou ser transferida para terceiros (marcas, patentes, processos secretos, direitos autorais, *software*, etc.)."

A divisão em direitos de natureza corpórea e incorpórea já vinha desde os romanos, obedecendo à possibilidade ou não de serem tocados.

Porém, a melhor definição não é a que relaciona a imaterialidade ao fato de se poder "tocar" ou não. Mas sim, aquela que admite sua existência em virtude da atividade intelectual e inventiva do homem, devidamente regulamentados pelas

---

[*] Professora de Direito Empresarial. Doutora em Direito Comercial pela PUC-SP. Mestre em Direito Econômico e Financeiro pela Universidade de São Paulo. Advogada em São Paulo.
[1] SOUZA, Ana Cristina França. "Avaliação de Propriedade intelectual e ativos intangíveis". *Revista da ABPI* n. 39, p. 9 a 14, p. 10.

normas de Direito Industrial (marcas, patentes, modelos de utilidade e desenhos industriais), bem como das de direito do autor.

Posto isto, surgiram várias teorias para explicar a natureza jurídica dos direitos relacionados aos bens imateriais.

Se pegássemos a teoria da propriedade pura e simples (*tout court*), teríamos que esta procurava identificar a natureza jurídica dos direitos sobre os bens incorpóreos como de natureza real, ou seja, o verdadeiro direito de propriedade.

O direito de propriedade, segundo a melhor doutrina, é exclusivo e absoluto. Para o novo texto do Código Civil — art. 1.228, *caput*:

"O proprietário tem a faculdade de usar, gozar e dispor da coisa, e o direito de reavê-la do poder de quem quer que injustamente a possua ou detenha".

Conforme ensinamentos de *Gama Cerqueira*:[2]

"Resumindo tudo quanto nesta parte ficou exposto, poderemos dizer que o direito do autor e do inventor é um direito privado patrimonial, de caráter real, constituindo uma propriedade móvel, em regra temporária e resolúvel, que tem por objeto uma coisa ou bem imaterial; denomina-se, por isto, propriedade imaterial, para indicar a natureza de seu objeto".

1.1. Propriedade imaterial

Há várias definições de bem. A que mais se aproxima da matéria relativa à propriedade intelectual é a que afirma que bem é tudo aquilo — corpóreo ou incorpóreo — que, contribuindo direta ou indiretamente, venha propiciar ao homem o bom desempenho de suas atividades, que tenha valor econômico e que seja passível de apropriação pelo homem.

O inventor, quando cria algo novo, apresenta para a sociedade o fruto de sua intelectualidade. A invenção, por isso, é um bem intangível do qual pode resultar um bem material, exemplo, um produto ou processo suscetível de ser utilizado pela indústria.

A intelectualidade é a fonte indutora dos bens imateriais, sendo estes os geradores dos bens materiais.

Outros exemplos:

Ao transferir para a tela a genialidade da minha arte, transformei um bem intangível (minha capacidade artística), de minha propriedade, em um bem tangível — a obra de arte.

O engenheiro, que tem conhecimento técnico, projeta e dimensiona a construção de um edifício — bem material.

Vejamos a propriedade intelectual.

---

(2) CERQUEIRA, Gama. *Tratado da Propriedade Industrial*. vol. 1, parte I. Rio de Janeiro: Forense, p. 148.

1.2. A propriedade intelectual

Por que Propriedade Intelectual

O desenvolvimento da economia industrial passou a exigir, a partir do Renascimento, o aparecimento de uma nova categoria de direitos de propriedade.

Isso aconteceu, essencialmente, a partir do momento em que se tornou possível a reprodução em série de produtos, ou seja, o processo de industrialização.

Houve um reconhecimento dos direitos exclusivos sobre a idéia de produção, ou, por assim dizer, da idéia que permite que o produto seja reproduzido industrialmente.

Dá-se o nome de Propriedade Intelectual a estes direitos cujo resultado é sempre uma espécie de exclusividade de reprodução ou uso de um produto ou serviço.

Direito Industrial é a parte da propriedade intelectual aplicada à indústria.

Se pensarmos sob o ponto de vista da concorrência entre as empresas, a titularidade de qualquer bem da chamada propriedade intelectual dá exclusividade de uso de certos bens imateriais e cabe apenas a seus titulares explorar os resultados econômicos perante o mercado.

Todavia, a propriedade intelectual não se restringe aos direitos exclusivos. Abrange também os chamados direitos de clientela e a concorrência desleal.

Propriedade, *lato sensu*, é o poder irrestrito de uma pessoa sobre um bem.

Propriedade dos bens imateriais é regida por regras específicas que constituem o direito da propriedade intelectual.

Propriedade irrestrita e ilimitada não existe, porque há, inclusive, limitações constitucionais. Exemplo: a função social da propriedade.

Porém, propriedade intelectual pode ser conceituada como o direito de uma pessoa sobre um bem imaterial.

Aqui, também existem suas limitações.

O autor de uma obra literária ou artística usufrui da proteção relativa ao bem, concedida pelos direitos autorais, limitada a um certo período, que varia de acordo com o previsto na lei ou convenção adotada por cada país.

O direito outorgado a um inventor, o qual garante o poder deste sobre a invenção, fica condicionado a um prazo determinado pela lei. Aí, cai em domínio público o objeto da invenção.

E esse direito é relativo, pois pode acontecer de um inventor ter proteção ao seu invento em um país e não ter em outro. Exemplo, a briga dos remédios entre EUA e Brasil.

As regras da propriedade intelectual não se aplicam às coisas corpóreas.

A propriedade intelectual volta-se para o estudo das concepções inerentes aos bens intangíveis que, de modo geral, podem ser divididos nas categorias:

- Artísticas
- Técnicas
- Científicas

Criações artísticas: englobam obras literárias, escritas ou orais.

Obras musicais, cantadas ou instrumentadas.

Obras estéticas bidimensionais (desenhos, pinturas, gravuras, litografias, fotografias, etc.).

Tridimensionais (esculturas e obras de arquitetura).

Criações técnicas: invenções. São as leis de patentes.

Concepções científicas: são descobertas nos campos da física, química, biologia, astronomia, etc.

Descoberta não é protegida porque não é a criação de algo novo. É um fenômeno natural ignorado até então. O autor só teve o mérito de antecipar sua revelação à humanidade. Ele é um descobridor, não um criador.

O que faz a propriedade intelectual é ligar o autor (criador) com o bem imaterial, bem como estatuir suas regras da proteção.

1.3. Propriedade industrial

Episódio da propriedade intelectual que trata dos bens imateriais aplicáveis nas indústrias.

São assuntos referentes às invenções:

- Modelos de utilidade;
- Desenhos industriais;
- Marcas de produto ou serviço, de certificação ou coletivas;
- Repressão às falsas indicações geográficas e demais indicações;
- Repressão à concorrência desleal.

A propriedade industrial abrange os campos do Direito, da Técnica e da Economia. Por causa do desenvolvimento mundial das técnicas industriais e da globalização do mercado internacional, a propriedade industrial vem passando por várias alterações em sua estrutura.

Por exemplo, em 1994 os EUA adotaram o GATT (*General Agreement for Tarifs and Trade*), que promoveu mudanças importantes em sua legislação de propriedade intelectual para compatibilizar com o TRIPS e o Tratado de Livre Comércio da América do Norte — Nafta.

2. *Sistema de patentes*

É um conjunto de regras que tratam da produção das invenções voltadas para a indústria.

A patente é o direito outorgado pelo governo de uma nação a uma pessoa, o qual confere a exclusividade de exploração do objeto de uma invenção, ou de um modelo de utilidade, durante um determinado período em todo o território nacional.

O sistema de patentes é justificado por quatro aspectos: direito, economia, técnica e desenvolvimento.

2.1. Razões de direito

O inventor tem o direito natural da propriedade do bem imaterial, caracterizado na invenção. Proporciona um meio de defesa contra a apropriação indevida por terceiros. Dá a ele o privilégio da exclusividade.

A patente é a defesa do inventor contra a exploração indevida, o que causa ao inventor vários prejuízos, dentre eles a perda da clientela, cujo resultado é baixar o preço de seu produto.

Sim, porque a simples cópia do resultado final da invenção permite aos copiadores desonestos a venda do produto a preços e qualidade bem inferiores aos do autêntico inventor.

A patente confere um monopólio temporário de exploração ao seu titular. Dá a ele a possibilidade de intervir na Justiça, com objetivo de paralisar a contrafação e, eventualmente, reaver possíveis prejuízos contra terceiros que, sem consentimento, estejam explorando a invenção.

2.2. Razões de economia

A invenção proporciona um benefício à sociedade, sendo justo que o inventor lucre com o seu trabalho.

O privilégio da exclusividade é o modo mais apropriado de retribuição ao inventor.

O grau de utilização de uma patente varia na razão direta do interesse público.

Quanto maior a clientela da patente, mais lucros tem seu titular.

Os lucros são estimulados pelo fato de a patente restringir somente ao seu titular a devida exploração. Induz uma escassez de uso, por isso o preço é alto.

Para evitar especulações e sobre lucros dos titulares, algumas nações adotam em suas leis dispositivos como a concessão da licença obrigatória — art. 68 da Lei n. 9.279/96 ("LPI") para a exploração do privilégio a terceiros, quando ficar provado que o uso efetivo por parte do titular não atende à demanda do mercado.

Se o abuso ou o desuso não forem sanados pela licença obrigatória, há o que se chama pedido de caducidade — art. 78, III da LPI.

Porém, sem retribuição, os inventores manterão suas idéias em segredo e os empresários não se arriscarão a investir em algo novo se não houver a expectativa do lucro conseqüente à existência desse privilégio temporário que a patente possibilita.

No âmbito de um país ou países que façam parte de blocos econômicos e tratados internacionais, o sistema de patentes funciona como autêntica arma de economia, pois evita que técnicas desenvolvidas por inventores nacionais sejam apropriadas por estrangeiros.

2.3. Razões de técnica

As patentes contribuem para o aumento de conhecimento nos mais diferentes campos da técnica.

Patent Office norte-americano revela que a patente é o fator estimulante da atividade criativa das pessoas. Incentiva a demanda de soluções técnicas para as carências e os anseios da sociedade.

Amplia o campo de opções.

Cresce o estado da técnica. Um arquivo contendo matéria de patentes é, sem dúvida, uma autêntica universidade de conhecimentos técnicos. Com a proteção da patente, o inventor revela suas idéias. Elas podem servir de origem para outras concepções e desenvolvimentos.

2.4. Razões de desenvolvimento

O sistema de patentes é fator de desenvolvimento. Daí ser adotado em quase todas as nações do mundo, independente do seu estágio de evolução. Onde não há esse sistema, a indústria não é tão desenvolvida, porque desanima inventores e empresários.

As patentes são publicadas, devendo constar a descrição das características da invenção de modo que um técnico do assunto possa realizá-la.

O progresso técnico é colocado ao alcance da coletividade, proporcionando a qualquer pessoa o direito de utilizar a invenção objeto da patente, uma vez expirado o prazo de sua validade.

2.5. Fundamento do sistema de patentes

A partir do século XIX, o desenvolvimento industrial tomava proporção cada vez maior. Invenções surgiam no campo da técnica. Os sistemas de propriedade industrial se estendiam entre as nações. Mas os mecanismos de atuação eram essencialmente nacionais e variavam de país a país. Esse fato impunha aos inventores grandes dificuldades para a obtenção de patentes no estrangeiro.

A noção de patenteabilidade variava de acordo com a lei de cada nação e com suas formalidades.

Ao postular a patente, o inventor era obrigado a publicar as características de sua invenção — o que fazia com que a condição de novidade ficasse comprometida.

Era assim: a condição de novidade no estrangeiro era absoluta porque as leis eram exemplarmente nacionalistas e não cogitavam de assegurar direitos de prioridade para inventores divulgados em outros países.

Algumas nações não analisavam o mérito da invenção, concedendo as patentes e sendo elas julgadas *a posteriori*, judicialmente.

Setores jurídicos e empresariais reclamam um sistema internacional de patentes. Discutia-se, na Europa, a adoção da uniformidade de tratamento para muitas classes de assunto.

A fim de estabelecer os fundamentos de uma legislação internacional sobre as patentes, em 1880 forma-se a Conferência de Paris.

Pelo projeto básico, foram elaboradas e aprovadas disposições sobre patentes e outras formas de propriedade industrial e a organização de um escritório internacional para a proteção da propriedade industrial.

Feitas essas considerações preliminares, passaremos a explicar uma questão da maior relevância como a que diz respeito ao empregado ou prestador de serviço na relação com a propriedade intelectual.

3. Inventor empregado ou prestador de serviços

A questão é das mais relevantes num sistema capitalista, pois a apropriação dos resultados da produção laboral pelo titular do capital é mola propulsora do funcionamento do sistema de produção.

A mesma regra vale tanto para o trabalho subordinado como ao prestador de serviços autônomos, seja este pessoa jurídica ou pessoa natural.

Todavia, devemos considerar vários aspectos práticos e constitucionais, tais como: a liberdade de trabalho, a proteção do trabalhador, o regime da livre iniciativa, bem como o incentivo à criação tecnológica e o preço da criação.

Vejamos o que dispõe a lei (Lei n. 9.279/96, a "LPI"):

Art. 88. A invenção e o modelo de utilidade pertencem exclusivamente ao empregador quando decorrerem de contrato de trabalho cuja execução ocorra no Brasil e que tenha por objeto a pesquisa ou a atividade inventiva, ou resulte esta da natureza dos serviços para os quais foi o empregado contratado.

§ 1º Salvo expressa disposição contratual em contrário, a retribuição pelo trabalho a que se refere este artigo limita-se ao salário ajustado.

§ 2º Salvo prova em contrário, consideram-se desenvolvidos na vigência do contrato a invenção ou o modelo de utilidade, cuja patente seja requerida pelo empregado até 1 (um) ano após a extinção do vínculo empregatício.

Chama-se invenção de serviço. A menos que haja expressa disposição contratual em contrário, limita-se ao salário ajustado a retribuição pelo trabalho de criação técnica.

A lei faculta ao empregador, titular da patente, poder conceder ao empregado, autor de invento ou aperfeiçoamento, participação nos ganhos econômicos resultantes da exploração da patente, por negociação do interessado ou de acordo com norma da empresa (art. 89 da LPI).

Vale lembra que essa participação não se incorpora, em nenhuma hipótese, ao salário do empregado.

Se o inventor desenvolver sua criação na empresa, com os meios desta e depois tomar para si o invento?

Consideram-se desenvolvidos na vigência do contrato, salvo prova em contrário, a invenção ou modelo de utilidade cuja patente tenha sido requerida pelo empregado até um ano após a extinção do vínculo empregatício.

As mesmas regras se aplicam quando a invenção resultar de relação de estágio, de servidor público não empregado e de serviço autônomo, mesmo no caso em que o prestador seja pessoa jurídica e que a atividade específica seja a criação tecnológica (art. 92 da LPI).

Pertencerá exclusivamente ao empregado a invenção ou o modelo de utilidade por ele desenvolvido se for desvinculado do contrato de trabalho e, inclusive, que o empregado não tenha se utilizado de recursos, meios, dados, materiais, instalações ou quaisquer equipamentos do empregador (art. 90 da LPI).

Note-se que o empregado também não deve usar o tempo que supostamente estaria à disposição do empregador. Imaginemos que tenha desenvolvido seu projeto em horário de almoço, por exemplo, ou mesmo durante algum intervalo, também terá a titularidade exclusiva da patente de invenção ou modelo de utilidade, dentro das especificações do mesmo art. 90 da LPI.

A terceira e última hipótese é a que permite um condomínio de titularidade da patente entre o empregador e o empregado (art. 91 da LPI).

Nesse caso, existe a contribuição pessoal do empregado e os recursos ou meios, materiais, instalações ou mesmo equipamentos do empregador, a não ser que haja disposição contratual contrária.

Vale ainda lembrar que as mesmas regras valem para inventor não empregado, ou seja, o trabalhador autônomo ou o estagiário e a empresa contratante e entre empresas contratantes e contratadas.

E esse mesmo regime é extensivo às entidades da Administração Pública, direta, indireta, bem como nas três esferas: federal, estadual e municipal.

Conclusão

A atual lei de Propriedade Industrial, a Lei n. 9.279/96, contrariamente à legislação anterior, dispõe que a participação do empregado, autor mas não titular do invento, negociada entre as partes, não tem caráter trabalhista, o que demonstra a jurisprudência mais recente sobre invenções de empregados. Isso deverá facilitar a concessão de tais participações, sem a possibilidade de que passem a integrar o salário.

Também está evidenciado na legislação atual a relação entre empresas vinculadas por contrato de prestação de serviço, bem como a função de estagiário.

Vejamos as decisões mais recentes:

Tribunal de Justiça do Rio de Janeiro

Patente de invenção. Aperfeiçoamento introduzido em máquina de fabricar frascos. Competência da Justiça Estadual para decidir sobre o uso da patente. Invenção que decorreu de desempenho de ex-empregado durante a relação empregatícia. Aplicação dos arts. 40, 1º e 23, parágrafo único, do Código da Propriedade Industrial. Deferimento de uma indenização mensal a partir do depósito da patente até a data da venda das máquinas, correspondente ao salário que o autor percebia quando se despediu do emprego, devidamente corrigido com os juros legais. Provimento parcial do recurso.

Apelação Cível n. 2868/87, Reg. n. 160688, cód. 87.001.02868 — Primeira Câmara Cível — Unânime, Des. Pedro Américo Gonçalves — Julg. 15.12.87. Rev. Direito do TJERJ, vol.5, p. 195, Ementário n. 23/88, Ementa n. 99.

Superior Tribunal de Justiça

Processual Civil. Conflito Negativo. Método de produção gráfica inventado por empregado. Ação indenizatória movida contra a Ex-empregadora. Natureza trabalhista não configurada. Justiça Estadual. Competência. Compete à Justiça Estadual julgar ação indenizatória movida por ex-empregado à antiga empregadora, pelo uso de método de produção gráfica por ele inventado. Conflito conhecido, para declarar competente o Juízo de Direito suscitado, da 2ª Vara Cível do Foro Regional da Lapa, São Paulo, SP. CC 16767/SP; Conflito de Competência (1996/0018287-0). DJ 22.11.1999 p. 143. DEC-TRAB 66, p. 44, LEXSTJ, v. 128, p. 28. Min. Aldir Passarinho Júnior, 27.10.1999, 2ª Seção.

Bibliografia

BARBOSA, Denis Borges. "Licenças compulsórias: abuso, emergência nacional e interesse público" *Revista ABPI,* Rio de Janeiro, n. 45, mar./abr., 2000.

_____. "A Propriedade Intelectual e o desenvolvimento tecnológico sob o prisma da Constituição Brasileira". *In XXII Seminário Nacional da Propriedade Intelectual. A inserção da Propriedade Intelectual no mundo econômico, Anais 2002,* Publicação da ABPI.

_____. "Importação, trabalho obrigatório, caducidade e licença compulsória". *Revista ABPI*, Rio de Janeiro, n. 2.

BASSO, Maristela. "O regime internacional da proteção da propriedade intelectual da OMC/Trips". *"OMC e o Comércio Internacional"* Coordenador: Alberto do Amaral Júnior. Aduaneiras, 2002.

BOBBIO, Norberto. *O positivismo jurídico: lições de Filosofia do Direito.* São Paulo: Ícone, 1995.

CAMPILONGO, Celso Fernandes. "Política de Patentes e o Direito da Concorrência". *In Política de Patentes em Saúde Humana.* São Paulo: Atlas, 2001.

CERQUEIRA, Gama. *Tratado da Propriedade Industrial.* vol 1. Rio de Janeiro: Forense.

ENGISH, Karl. *Introdução ao Pensamento Jurídico*. 6ª ed. Lisboa: Fundação Calouste Gulbenkian

FERREIRA FILHO, Manoel Gonçalves. "A Propriedade Intelectual e o desenvolvimento tecnológico sob o prima da Constituição Brasileira". *In XXII Seminário Nacional da Propriedade Intelectual*. A inserção da Propriedade Intelectual no mundo econômico, Anais 2002, Publicação da ABPI.

GREBLER, Eduardo. "A nova lei brasileira sobre a propriedade industrial", artigo publicado na *Revista de Direito Mercantil, Industrial, Econômico e Financeiro*, n. 111. São Paulo: Malheiros

LABRUNIE, Jacques. "Licença obrigatória e caducidade de patentes: as modificações geradas pelo texto de Estocolmo da Convenção de Paris". *Revista ABPI*, Rio de Janeiro, n. 7, 1993.

MORAIS, Gustavo. *Manutenção do Direito de Patente e Licença Obrigatória*. Anais do XVI Seminário Nacional de Propriedade Intelectual, 1996.

IEMSEN, Peter Dirk. *Painel 3*. Anais do XXI Seminário Nacional da Propriedade Intelectual, 2001.

SOUZA, Ana Cristina França. "Avaliação de Propriedade intelectual e ativos intangíveis". *Revista da ABPI*, Rio de Janeiro, n. 39.

VISÃO CRIMINAL DA JUSTA CAUSA

Ricardo Alves Bento[*]

1. Introdução

O desligamento do empregado de uma empresa pode ser através das seguintes formas: pedido de demissão; demissão sem justa causa; demissão por justa causa. Nos concentraremos na demissão por justa causa para identificar seu paralelo com o Direito Penal.

A demissão por justa causa, que é o objeto da presente abordagem, pode ser identificada como rompimento do contrato de trabalho pelo cometimento de determinados ato previstos na legislação trabalhista, elencados à seguir, como uma defesa do empregador, para que este não esteja obrigado a consentir com atitudes incompatíveis com a dignidade do exercício da atividade laboral, e também defesa do empregado, que estará cientificado de que se cometer determinados atos, a sua situação junto ao empregador poderá se agravar.

Os atos ensejadores da justa causa estão previstos no art. 482 da Consolidação das Leis Trabalhistas, como verdadeiro parâmetro das condutas do empregado em face do empregador, que apesar de sua hipossuficiência, deve regrar suas atitudes segundo os ditames legais.

A realização de investigação interna é uma das formas para apuração do fato que, eventualmente, possa ensejar a demissão por justa causa, que acontece quando o empregado comete uma falta grave, conferindo ao empregador o direito de demiti-lo sem ter que pagar seus direitos trabalhistas, somente tendo o direito de receber pelos dias trabalhados no mês e pelas férias vencidas, se houver.

Desta forma, abordaremos, de forma pontuada, as condutas que possam gerar a demissão por justa causa, e que possam ser tipificados como crime ou não.

2. Dos atos de improbidade do empregado

Dentre as condutas poderíamos citar, inicialmente, os ato de improbidade, que consistem em ação ou omissão, dolosa ou culposa do colaborador, denotando indí-

---

[*] Especialista, Mestre e Doutor em Direito das Relações Sociais — PUC/SP, Pesquisador Científico, Professor de Direito Penal e Processual Penal em Graduação e Pós-graduação.

cios de desonestidade, abuso de confiança, fraude ou má-fé, com o escopo de obter vantagem para si ou para outrem.

Poderíamos exemplificar que o colaborador que cometa, dentro do ambiente de trabalho, os seguintes delitos: furto (previsto no Código Penal no *caput* do art. 155, com pena de 1 a 4 anos de reclusão), adulteração de documentos pessoais ou pertencentes ao empregador (previsto no art. 172 do Código Penal brasileiro, com pena de 2 a 4 anos de detenção).

Com relação ao furto cometido por empregado, poderíamos citar que essa conduta poderia estar incursa no furto qualificado cuja pena é de reclusão de 2 a 8 anos e multa, previsto no inciso II do § 4º, que descreve o ilícito do furto cometido com abuso de confiança ou mediante fraude.

Registre-se que, notadamente, o contrato de trabalho deve partir da premissa do respeito mútuo, em que haja, principalmente, confiança entre as partes. Neste sentido, deve-se louvar a legislação penal brasileira que socorre os preceitos de um contrato de trabalho ético entre partes, punindo, de forma mais severa, aquele empregado que se vale da confiança nele conferida para obter vantagem, aproximando-se também do delito de estelionato.

Esta fraude é descrita nos respectivos atos de improbidade; poderíamos citar, como exemplo, o caso do funcionário que pratica fraude na alteração da folha de pagamento, configurando, além do fato passível de demissão por justa causa, com repercussões nos seus direitos sociais, como também haverá a resposta penal adequada ao caso concreto. Ou, por exemplo, o caso do empregado que utilizou, indevidamente, um cartão de crédito de terceiro no estabelecimento em que laborava, havendo também as respostas inerentes ao contrato de trabalho e a persecução penal.

Uma outra forma de ocorrência de atos de improbidade no contrato de trabalho é a utilização de atestados médicos "falsos" ou incompatíveis com a realidade fática do empregado.

Como o empregador, inicialmente, se baseia de indícios de que determinado atestado possa ser "falso", deve ter muito cuidado ao noticiar esses fatos perante a autoridade policial, para que esta inicie uma investigação sobre os referidos fatos, sob pena de serem improcedentes, quando certamente, o empregador responderá por danos morais por ter atingido a boa honra do empregado, incorrendo no delito de denunciação caluniosa, previsto no art. 339 do Código Penal, punido com 2 a 8 anos de reclusão.

Para a verificação de "falsidade" de atestado médico decorrente ato de improbidade sugere-se a feitura de um requerimento de averiguação de possível infração penal, sendo que a decisão acerca de instauração do inquérito policial ficará a cargo da Autoridade Policial, isento de responsabilidade o empregador, que, simplesmente, noticiou fatos suspeitos, passíveis de averiguação pela autoridade competente.

3. Incontinência de conduta ou mau procedimento do empregado

A incontinência de conduta ou mau procedimento do empregado são causas de demissão do empregado com justa causa. Na verdade, são duas justas causas semelhantes, mas não são sinônimas. Mau procedimento é gênero do qual incontinência é espécie.

A incontinência por parte do empregado revela-se pelos ato em excesso ou imoderações que podem gerar um descontentamento por parte do empregador, sem olvidar que este será responsável pela comprovação da ocorrência do fato.

A inconveniência de hábitos e costumes do empregado pode ser caracterizada pela ausência de comedimento da sua linguagem ou de gestos inerentes a uma relação trabalhista salutar. Ocorre quando o empregado comete ofensa ao pudor, pornografia ou obscenidade, desrespeito aos colegas de trabalho e à empresa.

O mau procedimento caracteriza-se como comportamento incorreto, irregular do empregado, através da prática de atos que firam a discrição pessoal, a urbanidade e o respeito, que ofendam a dignidade, tornando impossível ou excessivamente onerosa a manutenção do vínculo empregatício, e que não se enquadre na definição das demais justas causas.

4. Negociação habitual

A negociação habitual ocorre quando surge um fato ensejador da demissão por justa causa, se o empregado, sem autorização expressa do empregador, por escrito ou verbalmente, exerce, de forma habitual, atividade concorrente, explorando o mesmo ramo de negócio, ou exerce outra atividade que, embora não concorrente, prejudique o exercício de sua função na empresa.

Na verdade, também os preceitos da livre concorrência e preservação dos segredos industriais preservam a figura da negociação habitual, como sucedâneo para demissão do empregado, que deixa de ser um colaborador, para ser um perfeito agente infiltrado da concorrência nos quadros da empresa que responde pelo seu salário e demais benefícios.

Na atualidade, que as empresas guardam bem seus segredos comerciais, um empregado que se propõe a exercer atividade paralela, em atividade concorrente, demonstra a falta de comprometimento deste com os objetivos traçados pela empresa em que este é originalmente remunerado.

5. Condenação Criminal do Empregado

O demissão do empregado, justificadamente, é viável pela impossibilidade material de subsistência do vínculo empregatício, uma vez que, cumprindo pena criminal, o empregado não poderá exercer atividade na empresa.

A condenação criminal deve ter passado em julgado, ou seja, não pode ser recorrível, até mesmo em observância do princípio constitucional da presunção de inocência, que segundo os preceitos do Direito Processual Penal Constitucional e a Emenda Constitucional n. 45, foi elevada ao *status* constitucional de direito fundamental.

Questionamentos podem surgir, quando o empregado foi condenado em primeira instância, tendo recorrido aos tribunais superiores, e nesta situação propriamente dita, a sentença penal condenatória ainda não transitou em julgado. Se possibilitaria ao empregador demitir por justa causa um empregado que ainda não teve sua sentença transitada em julgado?

Nunca é demais recordar que um dos efeitos da sentença penal condenatória é lançar o nome do réu no rol do culpados. Será que o simples lançamento do nome do empregado no rol dos culpados, poderia tornar insustentável a manutenção do contrato de trabalho?

Nos parece incompatível a demissão por justa causa de empregado que recorre de sentença penal condenatória, pois seria o mesmo que admitir a execução provisória de ato jurisdicional, na qual o bem executado é a liberdade do cidadão.

Tanto o Direito Penal não pode admitir atos que violem as garantias constitucionais, o Direito do Trabalho não pode se render à demissão por justa causa de um empregado que ainda não teve sua decisão transitada em julgado.

6. Desídia do empregado

A desídia é o tipo de falta grave que, na maioria das vezes, consiste na repetição de pequenas faltas leves, que se vão acumulando até culminar na dispensa do empregado. Isto não quer dizer que uma só falta não possa configurar desídia, e também não se desconsidera as pequenas faltas cometidas, pois este procedimento, certamente, gerará uma insatisfação no empregador, por manter um empregado que não se atenta pela convivência sadia com seus colegas e com os clientes de sua empresa.

Os elementos caracterizadores do cometimento de desídia são o descumprimento pelo empregado da obrigação de maneira diligente e sob horário o serviço que lhe está afeito. São elementos materiais, ainda, a pouca produção, os atrasos freqüentes, as faltas injustificadas ao serviço, a produção imperfeita e outros fatos que prejudicam a empresa e demonstram o desinteresse do empregado pelas suas funções.

A abordagem da desídia, apesar de não ser infração penal, justifica-se para se caracterizarem os elementos e fatos que podem ensejar a demissão por justa causa do empregado.

7. Embriaguez Habitual ou em Serviço por parte do empregado

A embriaguez por parte do empregado como motivo para demissão por justa causa deve ser habitual, e esta ocorrerá quando o trabalhador substituir a normalidade pela anormalidade, tornando-se um alcoólatra, patológico ou não.

Neste momento, a hipossuficiência se afasta para ser invocada a responsabilidade do empregador, ao passo que é remunerado de forma devida, com recolhimentos dos respectivos encargos, e se espera uma atuação regular, dentro dos padrões da urbanidade e moralidade inerentes ao contrato de trabalho.

Para a configuração da justa causa, é irrelevante o grau de embriaguez e tampouco a sua causa, sendo bastante que o indivíduo se apresente embriagado no serviço ou se embebede no decorrer dele.

Tanto o álcool como as substâncias entorpecentes podem causar falta de condições ao pleno exercício de sua atividade laboral.

De qualquer forma, a embriaguez deve ser comprovada através de exame médico pericial, podendo o empregado se recusar a fornecer material para exame de sangue, em decorrência do princípio probatório de que ninguém está obrigado a produzir prova em prejuízo de sua pessoa.

Ao empregador resta se socorrer de provas testemunhais para fundamentar a alegação de que o empregado estava trabalhando alcoolizado.

As drogas são também uma realidade, surgindo as mais variadas qualidades e tipos, que submetem o usuário a uma dependência física, psíquica e mental, que o impedem de trabalhar de forma digna, para prover o sustento de sua família.

A recente Lei n. 11.343/06 que é nova lei de prevenção às drogas, instituindo o Sistema Nacional de Políticas Públicas sobre as drogas, não punindo o usuário com privação de liberdade, adequando a resposta penal, a admoestação verbal e comparecimentos a tratamentos destinados aos dependentes químicos, como adequação da resposta penal a esses casos de envolvimento com drogas.

Outra questão que surge, como motivo de indagação desta abordagem, é como seria possível se admitir a demissão por justa causa, de um empregado que teve envolvimento com drogas, cuja resposta penal, gradativamente, vem sendo reduzida, com apenas advertência sobre os efeitos das drogas, prestação de serviço à comunidade ou aplicação de medida educativa de comparecimento a programa ou curso educativo?

Nos parece que o legislador quis identificar o usuário de drogas como uma pessoa que precisa de cuidados médicos e não mais como um criminoso comum, motivo pelo qual, imaginamos ser incompatível com os preceitos constitucionais admitir a demissão por justa causa, pelo fato do empregado estar envolvido com drogas, na qualidade usuário.

Pensamos que poderia haver o afastamento do empregado até que o mesmo pudesse ser avaliado por uma junta médica, quanto a sua capacidade de retornar às atividades de trabalho.

8. Violação de Segredo da Empresa cometida pelo empregado

A revelação de segredo da empresa só caracterizará violação se for feita a terceiro interessado, capaz de causar prejuízo à empresa, ou na possibilidade de causá-lo de maneira apreciável.

Porém, não se pode descartar a possibilidade de que esta informação possa ser repassada para terceiro, que ao invés de causar prejuízo direto, possa implementar uma reforma ou ganho operacional na sua empresa, baseada nas informações privilegiadas trazidas.

Este procedimento deve ser pautado em inquérito administrativo instaurado pelo empregador, a fim de solidificar sua pretensão em demitir o empregado com justa causa, observando os preceitos do devido processo administrativo, sob pena de se obter prova ou decisão, às custas de violação de garantias constitucionais.

Estas eventuais violações, certamente, serão objeto de questionamentos em via judicial, sob a alegação de direito líquido e certo de defender-se de fatos constitutivos que possam lhe causar prejuízos à liberdade ou a seus bens.

9. Ato de Indisciplina ou de Insubordinação cometido pelo empregado

O contrato de trabalho, celebrado entre empregador e empregado, deve estar pautado nos princípios do respeito mútuo, subordinação e hierarquia, para que esta relação gere frutos para ambas as partes, gerando a satisfação recíproca, acerca da continuidade da relação de trabalho.

Tanto na indisciplina como na insubordinação, existe a violação dos deveres assumidos pelo empregado, na condição de hierarquicamente subordinado.

A desobediência a uma ordem específica, verbal ou escrita, constitui ato típico de insubordinação; a desobediência a uma norma genérica constitui ato típico de indisciplina.

Cabe registrar que se imagina que as ordens dadas pelo empregador têm o cunho de obter o melhor resultado para a empresa. O que pode acontecer é o conflito entre as ordens, podendo o empregado, respeitosamente, questionar ou sugerir, ao empregador, outra solução daquela ventilada, como melhor alternativa para o caso concreto.

Não havendo concordância por parte do empregador, devem prevalecer a vontade deste, sob pena de haver inversão hierárquica do ambiente de trabalho, que é extremamente prejudicial ao contrato de trabalho.

10. Abandono de Emprego

A condição elementar para a justificação do contrato de trabalho é a freqüência do empregado ao ambiente de trabalho, e a observância dos horários inerentes as jornadas de trabalho.

A falta injustificada ao serviço por mais de trinta dias faz presumir o abandono de emprego, conforme entendimento jurisprudencial.

Existem, no entanto, circunstâncias que fazem caracterizar o abandono antes dos trinta dias. É o caso do empregado que demonstra intenção de não mais voltar ao serviço. Por exemplo, o empregado é surpreendido trabalhando em outra empresa durante o período em que deveria estar prestando serviços na primeira empresa.

Fica evidente que o abandono de emprego é uma das clássicas formas de demissão por justa causa, sempre observando a inversão do ônus da prova em desfavor do empregador, que deverá fazer prova da ausência do empregado na atividade cotidiana da empresa.

11. Ofensas físicas cometidas pelo empregado

As ofensas físicas cometidas pelo empregado em face do empregador e de outros empregados, são consideradas faltas graves passíveis de demissão por justa causa.

Como o objeto do presente estudo é a visão criminal da justa causa, não poderíamos desprezar delitos, eventualmente cometidos pelo empregado, quando ainda vigente o contrato de trabalho entre as partes.

As ofensas físicas, descritas como falta grave, como sucedâneo da justa causa, estão previstas como lesão corporal, no art. 129 do Código Penal brasileiro, punidos com detenção de três meses a um ano.

Poderemos imaginar que um empregado que cometa ofensas físicas em face do empregador gerará dois procedimentos cabíveis para adequação desta situação: primeiro, registro de um termo circunstanciado na delegacia de polícia e instauração de procedimento administrativo de demissão por justa causa.

E o que se espera é que a investigação policial possa definir os elementos indiciários do cometimento do delito, para se conferir elementos para fundamentar a demissão por justa causa. Ocorre que no procedimento dos crimes de menor potencial ofensivo, não se registra mais o boletim de ocorrência, sem imposição de prisão em flagrante.

Esta alteração substancial nos procedimentos policiais, visou a uma maior celeridade ao vetusto inquérito policial, que pode ter sua prorrogação perpetrada por anos.

O registro do termo circunstanciado inicia um célere procedimento dos juizados especiais criminais, que implica na oitiva da vítima, do autor do fato, e eventuais pequenas perícias, para, imediatamente, enviar estas peças ao Juizado especial competente.

As lesões corporais ou ofensas físicas, além de constituírem crime, também constituem falta grave quando têm relação com o vínculo empregatício, praticadas em serviço ou contra superiores hierárquicos, mesmo fora da empresa.

As agressões contra terceiros, estranhos à relação empregatícia, por razões alheias à vida empresarial, constituirá justa causa se houver relação com fato inerente ao trabalho.

A legítima defesa exclui a justa causa. Considera-se legítima defesa, quem, usando moderadamente os meios necessários, repele injusta agressão, atual ou iminente, a direito seu ou de outrem.

12. Lesões à Honra e à Boa Fama

São considerados lesivos à honra e à boa fama gestos ou palavras que importem em expor outrem ao desprezo de terceiros ou por qualquer meio magoá-lo em sua dignidade pessoal.

Na aplicação da justa causa devem ser observados os hábitos de linguagem no local de trabalho, origem territorial do empregado, ambiente onde a expressão é usada, a forma e o modo em que as palavras foram pronunciadas, grau de educação do empregado e outros elementos que se fizerem necessários.

Não se pode esquecer que os crimes contra a honra são crimes que se punem mediante ação penal privada, restando ao querelado ou vítima, o exercício da respectiva ação penal, pelo oferecimento de queixa-crime perante o juízo criminal.

Novamente, cabe registrar que um fato que possa ser passível de demissão por justa causa na relação de trabalho, também pode ter repercussões penais, passíveis de conciliação perante o juízo criminal, em que não haja, necessariamente, aplicação de pena, havendo a concessão de "Transação Penal" pelo querelante, caso preenchidas as condições para ser beneficiado pelos institutos despenalizadores dos juizados especiais criminais, oferecido aos crimes com pena máxima em abstrato não superior a dois anos.

A grande questão reside no ponto de que o empregado pode cometer um crime contra a honra, ser beneficiado pela "Transação Penal", em que não se discute autoria nem responsabilidade penal, e depois ser demitido por justa causa, pela aceitação deste benefício, que evite o início da ação penal, privilegiando o espírito conciliador do Direito Processual Penal, tão presente no Direito do Trabalho.

Em um procedimento administrativo, no qual não se discute prova sobre a autoria delitiva e materialidade, o empregado aceita a "Transação Penal", e é demitido por justa causa. Nos parece indevida essa demissão.

Neste sentido, parece-nos mais plausível que o empregado recuse a aceitação da "Transação Penal", para que seja recebida a queixa-crime, como peça de inauguração da instrução penal da ação penal privada, e possa se defender, em estrita observância do princípios do devido processo legal, contraditório, ampla defesa e presunção de inocência.

13. Jogos de Azar por parte do empregado

Como mencionado, a relação de trabalho entre empregado e empregador deve estar pautada nos princípios de respeito mútuo e urbanidade, para que ambos estejam satisfeitos com o respectivo desempenho, a fim de que possam gerar frutos para ambas as partes.

Todo e qualquer ato do empregado que possa gerar desgaste nesta relação deve ser repudiado pelo empregador, restando ao seu dispor, a demissão por justa causa, como instrumento de defesa de empregadores e da licitude inerente ao contrato de trabalho.

Neste sentido, quando o empregado, de forma habitual ou isolada, se dedica a praticar jogos de azar, estará passível de ser demitido por justa causa, sempre recordando que o ônus da prova é do empregador.

Jogo de azar é a atividade que envolve ganho e perda, e depende exclusiva ou principalmente de sorte. Para que o jogo de azar constitua justa causa, é imprescindível que o jogador tenha intuito de lucro, de ganhar um bem economicamente apreciável.

14. Atos Atentatórios à Segurança Nacional

A Constituição Federal brasileira de 1988, que tem como um dos fundamentos a dignidade da pessoa humana, deve privilegiar também a soberania do Estado Democrático de Direito, como prestador da jurisdição decorrente do respectivo ordenamento jurídico nacional.

Quando, em uma relação de trabalho, o empregado se dedica a praticar atos contra a Segurança Nacional, atenta contra o próprio Estado Democrático de Direito, passível até mesmo da aplicação da Lei de Segurança Nacional.

A prática de atos atentatórios contra a segurança nacional por parte do empregado, desde que apurados pelas autoridades administrativas, é motivo justificado para a rescisão contratual.

Entenda-se que autoridades administrativas para apuração dos atos atentatórios contra a Segurança Nacional são os órgãos da persecução penal da Polícia Federal, devido a sua gravidade para a coletividade brasileira.

15. Ônus da prova na Justiça do Trabalho

A Consolidação das Leis Trabalhistas (CLT) prevê em seu artigo 818 que "a prova das alegações incumbe à parte que as fizer", consagrando o mesmo critério probatório adotado pelo Código de Processo Civil.

Registre-se que não se pode argumentar em eventual aplicação subsidiária da legislação processual civil, pelo fato de não ser a norma processual trabalhista omissa quanto à matéria do ônus da prova.

Por essa justificação das Leis Trabalhistas, cada parte ficará incumbida de comprovar as alegações trazidas para o âmbito do processo trabalhista, em que é reconhecida a vulnerabilidade e hipossuficiência ocorrida entre o reclamante (empregado) e o reclamado (empregador).

Em algumas circunstâncias poderemos encontrar a nítida diferenciação da sistemática das provas no processo civil e no processo trabalhista, quando da análise da existência ou não de vínculo empregatício, com base no art. 3º da Consolidação das Leis Trabalhistas; nesse caso, a prova da existência da relação de emprego é do empregado, porém, quando o empregador nega o vínculo de emprego e afirma que o trabalho foi prestado a outro título, ao reclamado (empregador) cabe o ônus da prova.

Na verdade, existe uma evidente tendência, que considera uma maior fragilidade do empregado nas relações de emprego, que tenta atribuir maior ônus de prova ao empregador, que esbarra no princípio da isonomia das partes do processo.

E como já foi abordado, a demissão por justa causa atribui ao empregador o dever de provar que o empregado cometeu ato que viole as leis trabalhistas. Ainda que o artigo 818 da Consolidação das Leis Trabalhistas conceitue de quem é o ônus da prova, principalmente nas demissões centradas na prova de justa causa, esta é exclusiva do empregador.

16. A inversão do ônus da prova na "Justa Causa"

A atribuição do ônus da prova é um procedimento probatório utilizado nas relações jurídicas, para a definição de qual parte é responsável por sustentar uma afirmação ou conceito na relação processual probatória, oferecendo as provas necessárias para respectiva sustentação.

O ônus da prova parte do princípio que toda afirmação precisa de sustentação, com provas para serem relevantes de apreciação. Se tais provas e argumentos não são oferecidos, essa afirmação não tem valor argumentativo e deve ser desconsiderada em um raciocínio lógico. O problema surge no momento em que se tenta definir a quem cabe o ônus da prova, e é nessa hora que muitas pessoas se confundem.

O risco aqui, é atribuir esse ônus para a pessoa errada, invertendo assim a lógica do raciocínio e destruindo a sua sustentação. Não só isso, há também o risco de se presumir que certas afirmações não necessitam de provas para serem consideradas válidas.

Em algumas situações dos processos judiciais, se introduziu a inversão do ônus da prova, cabendo a justificação dos fatos alegados à parte que ocupa o pólo passivo da relação.

A inversão do ônus da prova existirá quando estiver reconhecida a hipossuficiência ou vulnerabilidade de uma das partes envolvidas na relação judicial.

No Código de Processo Civil, o núcleo da regulamentação do ônus da prova está inserido no art. 333, que procura regulamentar a produção e ônus da prova naquelas relações, definindo que incumbe ao autor da lide processual civil, a comprovação de fato constitutivo de seu direito, e ao réu, a comprovação e exercício probatório da existência de fato impeditivo, modificativo ou extintivo do direito do autor.

No Código de Defesa do Consumidor, definido na Lei n. 8.078/90, está prevista a inversão do ônus da prova como um instrumento extremamente eficiente para transferir a responsabilidade e justificação da prova inerente à relação de consumo ao fabricante ou prestador de serviço, desde que comprovada a responsabilidade civil (art. 6º,VIII), que contém dispositivo que permite a inversão do ônus da prova, desde que verificadas a verossimilhança do direito e a condição de hipossuficiência do demandante.

Para a definição substancial da inversão do ônus da prova, cabe ao magistrado identificar que o consumidor seja hipossuficiente e que a alegação do consumidor é verossímil.

Este reconhecimento de hipossuficiência e verossimilhança se aproxima bastante dos requisitos inerentes à "Justa Causa".

Cândido Dinamarco[1] aborda com precisão que "a teoria dos ônus processuais, sua conceituação, distinção de figuras afins, inserção no sistema do processo, constitui uma das mais lúcidas e preciosas contribuições que se aportaram a sua ciência no século XX, servindo para esclarecer muitos pontos de dúvida e ditar o correto direcionamento e justa medida das conseqüências dos possíveis comportamentos comissivos ou omissivos das partes".

A comprovação do cometimento de ato descrito como justa causa para a demissão do empregado é do empregador, havendo a inversão do dever de provar, exatamente como ocorre no Código de Defesa do Consumidor e na Lei de Lavagem de Dinheiro.

Esta inversão do ônus da prova na demissão por justa causa reconhece a hipossuficiência do empregado em face do poder econômico do empregador, vinculando ao magistrado do trabalho a verificação também da verossimilhança das alegações e fatos que geraram o reconhecimento da justa causa.

Esta hipossuficiência deve ser analisada de forma devida para não dar ao empregado um viés de segurança jurídica indevida, inobservando os preceitos da Constituição Federal, como o devido processo legal, quando haja privação de liberdade ou de seus bens.

Evidente que a legislação trabalhista tem como objetivo regulamentar as relações de trabalho, preservando a figura do empregado, porém, como é reconhecida a inversão do ônus da prova ao empregador, incumbe ao magistrado ser diligente para verificar a veracidade das informações trazidas, para que, neste caso, não pairem dúvidas de quaisquer espécies.

17. Crimes que ensejam "Justa Causa"

Um dos problemas mais interessantes que surgem, quando nos deparamos com o cometimento de um ilícito penal passível para demissão por justa causa, é

---

(1) DINAMARCO, Cândido Rangel. *A Instrumentalidade do Processo*. 4ª ed. São Paulo: Revista dos Tribunais, 1977, p. 56.

que o Estado Democrático de Direito optou pela delegação da titularidade da ação penal pública ao Ministério Público, que teve seu *status* constitucional de "fiscal da lei" preservado na Constituição Federal no artigo 129.

Como deve ser a atuação do empregador, quando o empregado comete um ilícito penal, e o Ministério Público opina pelo arquivamento, pelo fato de que não foram encontradas provas suficientes para condenação?

Será que em casos, como o descrito poderá haver a demissão por "Justa Causa", ainda que não existam provas para a condenação? E será que estas provas são suficientes para demissão por "Justa Causa" e não foram suficientes para a condenação criminal?

E por opção da política criminal brasileira, alguns crimes se procedem mediante ação penal pública incondicionada, sendo aquele tipo de procedimento que dispensa a vontade da vítima para início da persecução penal, bastando que a notícia do crime seja levada ao conhecimento da respectiva autoridade policial ou a própria vítima o noticie.

Quer dizer que depois de noticiado o fato, que ensejou a demissão por justa causa, ainda que haja composição entre as partes, o Ministério Público, em observância ao princípio da indisponibilidade da ação penal, deve prosseguir nos seus ulteriores termos, caso vislumbre indícios suficientes de autoria e materialidade do delito, que ensejou resposta jurisdicional na relação trabalhista e na esfera penal.

O registro de ocorrência perante a autoridade policial gera um dever de investigação acerca do fato noticiado, condicionando o seu respectivo arquivamento à manifestação do Ministério Público e do Magistrado competente.

O que pode se refletir sobre atos que impliquem em demissão por justa causa, é que estes, ainda que presentes e inerentes ao contrato do trabalho, invocam, no Direito Penal, a investigação, processo e sentença pela autoridade competente, impossível de haver composição do interesse de ação diante a infungibilidade dos bens jurídicos penais envolvidos nesta relação.

Dependendo da pena em abstrato culminada para o delito, este será passível do registro de termo circunstanciado ao invés de boletim de ocorrência ou prisão em flagrante.

Esta é uma das mudanças trazidas pelos Juizados Especiais Criminais, previstas na Lei n. 9.099/95, evitando a instauração de inquérito policial para todos os crimes, com o objetivo de tornar a justiça criminal mais célere.

Para tanto, foi inserida a figura do "Crime de Menor Potencial Ofensivo", onde, em regra, não haverá a imposição de pena privativa de liberdade, sendo pautado pela composição do direito de punir com o autor do fato.

18. Dos crimes de menor potencial ofensivo e a "Justa Causa"

Como observado, quando ocorrem fatos ensejadores da demissão por justa causa, surge também a inversão do ônus da prova a cargo do empregador. E quando estes fatos foram fatos tipificados como crime, surge também ao Estado, o direito de punir o infrator, nos termos da lei.

Ocorre que por decisão de política criminal do Estado Democrático de Direito, foram instituídos, em 1995, os Juizados Especiais Cíveis e Criminais, pela Lei n. 9.099/05, conforme descrito acima.

E também por opção legislativa, se definiram como crime de menor potencial ofensivo, os crimes ou contravenções com pena máxima em abstrato não superior a 1 (um) ano.

A Lei n. 10.259/01 ampliou o conceito de crime de menor potencial ofensivo para crimes com pena máxima em abstrato não superior a 2 (dois) anos.

Como deve ser a atuação do empregador que tem nos seus quadros funcionais um empregado que cometeu um crime de menor potencial ofensivo? Se houver a "barganha" do direito de punir estatal, sem aferição de culpabilidade, autoria, sem a perda de antecedentes criminais do autor do fato.

Cabe o registro das fases do procedimento dos juizados especiais criminais.

Após o registro do termo circunstanciado pela vítima, esta será ouvida, depois o autor do fato será intimado para comparecer e prestar esclarecimentos. Se houver testemunhas, estas também serão ouvidas.

Esse procedimento é encaminhado, o mais rápido possível, ao juizado especial criminal, para que o respectivo magistrado avalie qual tipo de ação penal.

Sendo crime que se apure mediante Ação Penal Pública Incondicionada, estes autos serão encaminhados ao Membro do Ministério Público que identificará se o suspeito reúne condições para ser beneficiado pela "Transação Penal".

As condições para receber o benefício da "Transação Penal" são: ser primário e de bons antecedentes; não ter utilizado juizados especiais criminais no prazo de 5 (cinco) anos; e o crime não ter sido cometido com violência e grave ameaça.

Preenchendo estas condições, o autor do fato receberá a "Transação Penal", sem ter que reconhecer a autoria do delito, não gerando antecedentes criminais, nem a perda da primariedade.

Lógico que tenham que existir condições favoráveis ao autor do fato, como por exemplo, não ter que responder ao processo criminal, com a necessária contratação de advogado para responder à acusação propagada pela denúncia, enquanto peça de acusação formal.

E se o empregado ora autor da infração penal aceita a "Transação Penal", que é um instituto despenalizador, sem que houvesse o devido processo penal, sem o reconhecimento da autoria delitiva, como imaginar que este pudesse ser demitido por justa causa pela aceitação deste instituto que não possibilitou a discussão de suas matérias de defesa?

19. Conclusão

Após a incursão nesta relevante matéria, nos permitiremos proceder a uma conclusão pontuada, a fim de facilitar a identificação dos pontos acerca do debate sobre a "Visão Criminal sobre a Justa Causa".

Esperando ter contribuído aos estudiosos do Direito do Trabalho para aproximá-los do estudo do Direito Penal, avaliando o sistema jurídico, com a necessária harmonia de interpretação dos seus micro-sistemas.

Passaremos então aos pontos da "Visão Criminal da Justa Causa":

1. O Contrato de Trabalho celebrado entre o empregado e o empregador deve ser pautado pelos princípios da moralidade, urbanidade e o respeito mútuo.

2. A relação de trabalho envolve direitos e deveres para ambas as partes nele envolvidas.

3. A "Justa Causa" é uma forma de rompimento do contrato de trabalho, que ocorre quando o empregado distancia-se de um procedimento adequado ao bom desenvolvimento na atividade laboral.

4. O empregado que comete atos descritos como "Justa Causa" para demissão deixa de ser um colaborador, para não se pautar como uma pessoa interessada no sucesso da empresa.

5. O empregador tem o direito de demitir o empregado, respeitando os ditames constitucionais, sob pena de se construir uma violação de direito líquido e certo, passível de socorro via mandado de segurança.

6. A demissão por "Justa Causa" gera a inversão do ônus da prova para o empregador, devendo comprovar o cometimento do ilícito trabalhista.

7. A inversão do ônus da prova é baseada na hipossuficiência do empregado.

8. O empregado que foi condenado por sentença penal, que recorre aos tribunais superiores, não pode ser demitido por "Justa Causa", posto que a acusação ainda não se tornou definitiva.

9. A demissão por "Justa Causa" por condenação criminal recorrível é o mesmo que executar, provisoriamente, uma decisão cuja garantia é o emprego do cidadão.

10. A violação de segredo da empresa cometido por empregado necessita de apuração da respectiva Autoridade Policial em sede de inquérito policial.

11. O requerimento efetuado pelo empregador dirigido à Autoridade Policial deve ser cuidadoso para não imputar crimes, apenas descrever fatos, que precisam da apuração policial.

12. Ofensas físicas cometidas contra o empregador e outros empregados também podem caracterizar ilícitos penais, denominados crimes de menor potencial ofensivo, disciplinados pela Lei n. 9.099/95.

13. Nos crimes de menor potencial ofensivo são registrados termos circunstanciados, que depois das respectivas oitivas, são encaminhados ao Juizado Especial Criminal.

14. Em regra, nos crimes de menor potencial ofensivo não se impõe prisão em flagrante, desde que o suspeito assuma o compromisso de comparecer ao Juizado Especial Criminal, sempre que legalmente intimado.

15. É incompatível a demissão por "Justa Causa" do empregado que aceita a "Transação Penal"; posto este procedimento, não há qualquer discussão acerca da autoria e materialidade delitiva, nem a perda da primariedade por parte do autor do fato.

16. Se a aceitação da "Transação Penal" não implica na perda da primariedade, também não pode ensejar demissão por "Justa Causa" do empregado.

20. Bibliografia

ALCOY, Francisco Pastor. *Prueba de indícios, credibilidad del acusado y presunción de inocencia.*Valencia: Editorial Tirant Lo Blanch, 2003.

ARAUJO, Luiz Albert David. *Curso de Direito Constitucional.* 3ª ed. São Paulo: Saraiva, 1999.

BASTOS, Celso Ribeiro;MARTINS, Ives Gandra. *Comentários à Constituição do Brasil.* V. 2. São Paulo: Saraiva, 1989.

BENTO, Ricardo Alves. *Presunção de Inocência no Processo Penal.* São Paulo: Quartier Latin, 2006.

BECCARIA, Cesare Bonessana. *Dos delitos e das penas.*Tradução: Lúcia Giudicini e Alessandro Berti Contessa. São Paulo: Martins Fontes, 1991.

CANOTILHO, José Joaquim Gomes. *Direito Constitucional e Teoria da Constituição.* 5º ed., Portugal: Almedina, 2002.

COLOMA, Aurelia María Romero. *Libertad de información frente a otros derechos en conflicto:* honor, intimidad y presunción de inocencia. Madrid: Civitas, 2000.

COMPARATO, Fabio Konder. *A afirmação histórica dos Direitos Humanos.* 2ª ed.rev.e ampl., São Paulo: Saraiva, 2001.

GOMES FILHO, Antonio Magalhães. *Direito à prova no processo penal.* São Paulo: Revista dos Tribunais, 1997.

_____. "Também em matéria processual provoca inquietação a Lei Anti-Crime organizado". *Boletim IBCCRIM.* São Paulo, n.13, fev.1994, p. 1.

_____. "Presunção de inocência: princípios e garantias", 2003 (Em: *Escritos em homenagem a Alberto Silva Franco.* São Paulo: Revista dos Tribunais, 2003).

DINAMARCO, Cândido Rangel. *A Instrumentalidade do Processo.* 4ª ed. São Paulo: Revista dos Tribunais, 1977.

O Direito Internacional do Trabalho e a Dignidade da Pessoa Humana: Breves Reflexões

Sidney Guerra[*]

I. Introdução

O homem é ao mesmo tempo indivíduo e ente social. Embora seja um ser independente, não deixa de fazer parte, por outro lado, de um todo, que é a comunidade humana.

Para que as criaturas atinjam seus objetivos, a condição fundamental é a de se associarem. Sozinho o homem é incapaz de vencer os obstáculos que o separam de seus objetivos ou fins.

A idéia de homem é uma idéia de comunidade. (...) O fundamento das normas está na exigência da natureza humana de viver em sociedade, dispondo sobre o comportamento de seus membros. (...) A sociedade sempre foi regida e se há de reger por certo número de normas, sem o que não poderia subsistir. Assim, a norma jurídica é o instrumento elaborado pelos homens para lograr aquele fim consistente na produção da conduta desejada.[1]

Sem embargo, por viver em sociedade, a ação de um homem pode interferir na vida de outros. É comum que dessas interferências surjam conflitos que precisam ser harmonizados. Daí a necessidade da construção de um sistema que possa compatibilizar interesses divergentes, para que haja a manutenção do equilíbrio, da paz social.

Como seria a convivência num mundo tão heterogêneo, tão competitivo se não existissem normas? Nota-se claramente que, mesmo com a existência de normas, os conflitos se manifestam e o Direito nasce da necessidade de estabelecer um conjunto de regras que dêem certa ordem à vida em sociedade.

Ao argüir o termo norma, *Kelsen* indicou a seguinte significação: "A palavra 'norma' procede do latim: norma, e na língua alemã tomou o caráter de uma palavra de origem estrangeira — se bem que não em caráter exclusivo, todavia primacial. Com o termo se designa um mandamento, uma prescrição, uma ordem. Manda-

---

[*] Pós-Doutor (UFRJ), Doutor e Mestre em Direito (UGF). Professor de Direito Internacional Público da Faculdade Nacional de Direito (UFRJ). Professor Titular e Coordenador de Pesquisa Jurídica da Universidade do Grande Rio. Professor do Curso de Mestrado da Faculdade de Direito de Campos. Advogado no Rio de Janeiro. E-mail <sidneyguerra@ufrj.br>.
[1] DINIZ, Maria Helena. *Compêndio de introdução à ciência do direito*. 9ª ed. São Paulo: Saraiva, 1997, p. 327-8.

mento não é, todavia, a única função de uma norma. Também conferir poderes, permitir, derrogar são funções de uma norma".[2]

Extrai-se que falar em norma é falar em gênero de várias espécies, como normas de moral, social, religiosa, ética, jurídica etc. Entretanto, a paz social só é possível, eficazmente, por meio de adoção de normas jurídicas, tendo em vista serem elas as instituidoras ou derrogatórias dos direitos, dos mecanismos de proteção e do pleno exercício dos mesmos e das sanções pelo descumprimento de seus comandos.

Certamente que um dos grandes pontos de tensão nas relações humanas decorrem dos problemas advindos das relações trabalhistas, daí a necessidade de invocar as normas de Direito do Trabalho.

Não tendo a pretensão de "navegar em águas desconhecidas", isto é, escrever sobre Direito do Trabalho, pretende-se apresentar alguns pontos relativos ao direito internacional que possam trazer contribuições aos estudiosos do tema.

Como assevera *Sérgio Pinto Martins,* "o direito internacional do trabalho não faz parte do Direito do Trabalho, mas é um dos segmentos do Direito Internacional. Há necessidade, entretanto, de se estudar o Direito Internacional do Trabalho para serem compreendidas certas regras internacionais que envolvem o trabalho, principalmente as emanadas da Organização Internacional do Trabalho (OIT)."[3]

Sem embargo, o Direito Internacional Público que se apresentava no passado como disciplina secundária, torna-se hoje extremamente importante em razão das mudanças ocorridas no mundo, sendo responsável pela regulação de matérias como meio ambiente, direitos humanos, internet, terrorismo, globalização e relacionada ao trabalho, transformando o Direito Internacional Público em um verdadeiro *direito constitucional da Humanidade.*[4] Assim, o presente artigo pretende estabelecer algumas considerações acerca do Direito Internacional do Trabalho.

II. Norma e Direito Internacional

Kelsen[5], procurando estabelecer os contornos da norma como esquema de interpretação, sustenta que o fato externo constitui um ato jurídico que, processado no tempo e no espaço, será um evento perceptível.

Esse evento, pura e simplesmente identificado como um elemento do sistema da natureza, não constitui objeto jurídico. O que transforma esse fato num ato jurídico, enfatiza *Kelsen*[6], não é a sua facticidade, não é o seu ser natural, isto é, o seu ser tal como determinado pela lei da causalidade e encerrado no sistema da natureza, mas o sentido objetivo que está ligado a esse ato, à significação que ele possui.

---
(2) KELSEN, Hans. *Teoria geral das normas.* Porto Alegre: Sérgio Antônio Fabris Editor, 1986, p. 1.
(3) MARTINS, Sérgio Pinto. *Direito do trabalho.* São Paulo: Atlas, 2002, p. 81.
(4) GUERRA, Sidney. *Direito internacional público.* 2ª ed. Rio de Janeiro: Freitas Bastos, 2005.
(5) KELSEN, Hans. *Teoria pura do direito.* 6ª ed. São Paulo: Martins Fontes, 1998, p. 4.
(6) *Idem.*

O sentido jurídico específico, a sua particular significação jurídica, recebe-a o fato em questão por intermédio de uma norma que a ele se refere com o seu conteúdo, que lhe empresta a significação jurídica, por forma que o ato pode ser interpretado segundo esta norma.

Em verdade, o que caracteriza uma norma jurídica, de qualquer espécie, é o fato de ser uma estrutura proposicional enunciativa de uma forma de organização ou de conduta, que deve ser seguida de maneira objetiva e obrigatória.

A norma jurídica corresponde a um ato de vontade, admitido formal e materialmente pelo ordenamento jurídico, que se torna ordenado, prescrito e, ainda, representa uma conduta específica ou uma estrutura organizacional do governo, em que o Estado, além de se sujeitar a ela, a aplicará imperativamente em caso de não ser cumprida (havendo sanção ou não).

Abordar norma jurídica válida significa reconhecer a existência do Direito decorrente. Direito é uma figura deôntica e, portanto, é um termo da linguagem normativa, ou seja, de uma linguagem na qual se fala de normas e sobre normas. A existência de um direito, seja em sentido forte ou fraco, implica sempre a existência de um sistema normativo.[7]

Visando, ainda, facilitar o entendimento do conceito de norma jurídica, é importante notar que esta versa sobre a junção de dois termos: "norma" e "jurídica", onde o segundo vocábulo corresponde diretamente à formação do "Direito".

O conceito mais simples de norma jurídica e, talvez por isso mesmo, o de maior virtualidade, embora envolva uma tautologia, é aquele que resulta do posicionamento da expressão sintética 'jurídica' ao lado da correspondente expressão analítica 'de Direito': norma jurídica é norma de Direito, isto é, norma de fazer Direito. A norma jurídica é regra de fim. Dimensionam-se, aí, os aspectos formal e material do Direito. A norma, que é fórmula ou forma do Direito, deve, ademais, ter Direito. O Direito de que se trata, logo se vê, é aquele que se põe através da norma. O Direito posto na norma é Direito-previsão, ou previsão de Direito. Acontecendo o fato normativo, realiza-se a previsão, surgindo daí o Direito.[8]

Cabe reforçar que a norma jurídica é, por essência, a vontade manifesta da sociedade livre em acolher determinada idéia, que o Estado passa a impor a todos, tornando-a Direito. As vias formadoras do Direito corresponderão às espécies de normas jurídicas e o que os Estados individualmente considerarão como espécie de norma jurídica estará ligado diretamente à adoção, por cada um deles, de uma das variantes de concepção de Direito, conforme a origem histórica de tais concepções.

Por fim, pode-se salientar que a norma jurídica é a proposição normativa inserida em uma ordem jurídica garantida pelo poder de coerção do Estado, cujo objetivo teórico é a promoção de justiça. A norma jurídica revela, assim, o dever-ser, que é a conduta humana devida e que tem por fim satisfazer o interesse tutelado.

---

(7) BOBBIO, Norberto. *A era dos direitos*. Rio de Janeiro: Campus, 1992, p. 79.
(8) VASCONCELOS, Arnaldo. *Teoria geral do direito: teoria da norma jurídica*. 4ª ed. revista. São Paulo: Malheiros, 1996, p. 26.

Feitas estas considerações gerais acerca da norma, deve-se chamar a atenção para o fato de que no Direito Internacional não existe um Legislativo e, portanto, o processo de elaboração da norma jurídica internacional difere dos mecanismos levados a efeito no Direito Interno.

De toda sorte, muito embora a sociedade internacional seja descentralizada, é importante destacar que o Direito Internacional caracteriza-se pelo conjunto de normas que regulam as relações externas dos atores que compõem a sociedade internacional.

Para *Araújo* [9], o Direito Internacional Público pode ser definido como um conjunto de regras jurídicas — consuetudinárias e convencionais — que determinam os direitos e deveres, na órbita internacional, dos Estados, dos indivíduos e das instituições que obtiveram personalidade por acordo entre Estados. Do exposto deflui que as normas determinantes dos direitos e deveres, no âmbito internacional, dos sujeitos do Direito das Gentes são de obrigatória observância e procedem a assento tácito (costume) e expresso (tratados) dos Estados.

O Direito Internacional pode ser concebido como um conjunto de regras e de instituições jurídicas que regem a sociedade internacional e que visam estabelecer a paz e a justiça e a promover o desenvolvimento.

A norma jurídica internacional surge com as fontes do Direito Internacional, expressas no art. 38 do Estatuto da Corte Internacional de Justiça[10]:

"1. A Corte, cuja função é decidir de acordo com o Direito Internacional as controvérsias que lhe forem submetidas, aplicará:

a) as convenções internacionais, quer gerais, quer especiais, que estabeleçam regras expressamente reconhecidas pelos Estados litigantes;

b) o costume, como prova de uma prática geral aceita como sendo a direito;

c) os princípios gerais do direito reconhecidos pelas nações civilizadas;

d) sob ressalva das disposições do art. 59 as decisões judiciárias e a doutrina dos publicistas mais qualificados das diferentes nações, como meio auxiliar para a determinação das regras de direito.

2. A presente disposição não prejudicará a faculdade da Corte de decidir uma questão *ex aequo et bono*, se as partes com isto concordarem."

A partir do art. 38 do Estatuto da Corte Internacional de Justiça serão expendidas breves considerações das fontes do direito internacional público, responsáveis pelo processo de elaboração da norma internacional.

Hodiernamente, os tratados são considerados a principal fonte do direito internacional pelo fato que a sociedade internacional se apresentava de forma estática

---
(9) ARAÚJO, Luís Ivani Amorim. *Curso de direito internacional público*. 9ª ed. Rio de Janeiro: Forense, 1997, p. 5.
(10) Nesse sentido, GUERRA, Sidney. *Tratados e convenções internacionais*. Rio de Janeiro: Freitas Bastos, 2006.

agora se apresenta de forma dinâmica e em razão da maior segurança jurídica que se espera nas relações internacionais, os tratados têm demonstrado papel relevante.

De acordo com a Convenção de Viena sobre o direito dos tratados de 1969, Tratado é o acordo internacional celebrado por escrito entre Estados e regido pelo Direito Internacional, quer conste de um instrumento único, quer de dois ou mais instrumentos conexos qualquer que seja a sua designação específica.

Deve-se enfatizar, entretanto, que no ano de 1986 houve uma alteração da referida Convenção, alargando a possibilidade para as Organizações Internacionais celebrarem tratados internacionais para com outras Organizações Internacionais e com Estados.

Tratado é, portanto, todo acordo formal concluído entre Estados e Organizações Internacionais, destinado a produzir efeitos jurídicos.

Outro aspecto interessante relaciona-se à terminologia empregada para tratados internacionais, tendo-se apresentado vários nomes para designação dos mesmos:

Tratado — é utilizado para os acordos solenes (acordo de paz); Convenção — é o tratado que cria normas gerais (convenção sobre o mar territorial); Declaração — é usada para os acordos que criam princípios jurídicos ou afirmam uma atitude política comum (declaração de Paris de 1856); Ato — quando estabelece regras de direito (Ato geral de Berlim de 1856); Pacto — é um tratado solene (Pacto de Renúncia à Guerra de 1928); Estatuto — empregado para os tratados coletivos geralmente estabelecendo normas para os tribunais internacionais (Estatuto da CIJ); Protocolo — podem ser protocolo-conferência (que é a ata de uma conferência) e protocolo-acordo (cria normas jurídicas); Acordo — normalmente usado para tratados de cunho econômico, financeiro, cultural e comercial; Concordata — são assinados pela Santa Sé sobre assuntos religiosos; Compromisso — utilizado para os acordos sobre litígios que vão ser submetidos à arbitragem; Troca de notas — são os acordos de matérias administrativas; Carta — é o tratado em que se estabelecem direitos e deveres (Carta da ONU); Convênio — para tratados que versam sobre matéria cultural ou transporte; *Gentlemen's agreements* — estão regulados por normas morais. São bastante comuns nos países anglo-saxões. A sua finalidade é fixar um programa de ação política.

Quanto ao costume internacional, cabe registrar que foi a principal fonte do direito internacional público até meados do século XX, entretanto, encontra-se em regressão tendo em vista a sua lentidão e incerteza. O direito costumeiro pressupõe uma sociedade estática enquanto que uma sociedade dinâmica carece de um direito "legislado".[11]

---

(11) SILVA, G. E. Nascimento; ACCIOLY, Hildebrando. *Manual de Direito Internacional.* 13ª ed. São Paulo: Saraiva, 1998, p. 39: "A supremacia do costume na formação do DIP cessou depois da segunda guerra mundial em virtude do surgimento de novos problemas e do aumento no número de membros da comunidade internacional desejosos de deixar a sua marca no ordenamento mundial através de tratados negociados nos organismos intergovernamentais. O aparecimento de novas situações, criadas na

Tal mudança decorre da universalidade da sociedade internacional onde passam a figurar vários atores internacionais que clamam por maior segurança jurídica nas relações internacionais suscitando a proliferação de tratados de várias espécies ensejando assim a "codificação" do direito internacional.[12]

O costume pode ser definido como o conjunto de atos e normas não escritas admitidas por dilatado tempo e observados pelos Estados, em suas relações mútuas, como se direito fossem.[13]

Os princípios gerais do direito são regras que se impõem a todos os Estados, qualquer que seja o seu grau de civilização e por eles obedecidos por serem os mesmos ilações lógicas do direito à sua existência.[14] A finalidade de sua inclusão dos princípios gerais do direito no art. 38 do estatuto da Corte Internacional de Justiça é a de preencher as lacunas do direito internacional e evitar a não apreciação das demandas apresentadas à Corte nos casos em que não houvesse previsão da matéria em tratados ou costumes internacionais.

Em relação à doutrina e a jurisprudência, embora situadas no art. 38 do Estatuto da Corte Internacional de Justiça, não são formas de expressão do direito mas instrumentos úteis ao seu entendimento e aplicação e, portanto, chamadas de fontes acessórias ou auxiliares.[15]

A doutrina internacional conforme preceitua o art. 38 do estatuto da Corte Internacional de Justiça, traduz-se na opinião dos juristas mais qualificados das mais diferentes nações, tendo no direito internacional papel proeminente na constatação, delimitação e interpretação da norma jurídica e por jurisprudência entendem-se as decisões uniformes e reiteradas dos tribunais internacionais.

Impende assinalar que as resoluções das organizações internacionais embora não venham expressas no art. 38 do estatuto da Corte Internacional de Justiça são consideradas por grande parte da doutrina como novas fontes do direito internacional.[16]

---

maioria dos casos pelos avanços da tecnologia, exigiu soluções imediatas que não podiam depender de um costume de formação lenta. Em outras palavras, o costume passou a ser um critério insatisfatório e lento para acompanhar a evolução do DIP moderno".
(12) REZEK, José Francisco. *Direito internacional público: curso elementar*. 6ª ed. São Paulo: Saraiva, 1996, p. 130: "Os percalços e contramarchas do processo de codificação do direito internacional evidenciam, melhor que tudo, a fragilidade operacional e muitas regras puramente costumeiras, das quais a imprecisão parece ser atributo freqüente. Imprecisão cujas conseqüências têm sua gravidade multiplicada quando não mais se trata de deduzir a regra na quietude do labor doutrinário, mas de equacionar a confrontação entre dois ou mais Estados que, em clima de litígio, enunciam-na cada qual a seu modo".
(13) ARAÚJO, Luís Ivani Amorim. *Op. cit.*, p. 26.
(14) *Idem*, p. 27.
(15) SILVA, G. E. Nascimento; ACCIOLY, Hildebrando. *Op. cit.*, p. 43.
(16) MELLO, Celso Albuquerque. *Curso de direito internacional público*. 11ª ed. Rio de Janeiro: Renovar, 1997, p. 280 e 289: "Os doutrinadores têm assinalado o aparecimento de uma nova fonte formal, que não se encontra na enumeração do art. 38 do estatuto da CIJ: a lei internacional, isto é, as decisões das organizações internacionais". Em sentido contrário, ARAÚJO, Luis Ivani Amorim. *Op. cit.*, p. 30-31: "O art. 38 do Estatuto da Corte internacional de Justiça não faz alusão à possibilidade do Estado, por ato de seu talante, criar normas não sujeitas à anuência de terceiros que confirmam direitos e deveres no campo internacional.... Alguns juristas incluem as resoluções das organizações internacionais

As resoluções das organizações internacionais são normas originadas em uma Organização Internacional e são obrigatórias para os estados membros independentemente de qualquer ratificação por sua parte. Trata-se de verdadeira "lei internacional" e se manifestam nos seguintes atos da vida internacional, entre outros, nas convenções em matéria sanitária da OMS (entram em vigor se os estados não declaram a sua não aceitação em determinado lapso de tempo, isto é, as convenções podem se tornar obrigatórias para os estados independentemente de ratificação); no âmbito da ONU, (a Carta da ONU trata da questão referente a manutenção da paz; a resolução é tomada com fundamento no capítulo 7º da Carta da ONU, sendo obrigatória para todos os Estados, mesmo os que não façam parte da ONU) e nas convenções internacionais do trabalho.

III. A Organização Internacional do Trabalho

As organizações internacionais surgiram no fim do século XIX, início do século XX e se proliferaram após o ano de 1945 devido ao progresso da tecnologia que transformou as relações internacionais.

A experiência do século XIX foi utilizada para se estabelecer uma Organização Internacional de órgãos permanentes e procedimentos institucionalizados e pré-estabelecidos suscitando assim, a criação da Liga das Nações e posteriormente a Organização das Nações Unidas.

Os Estados perceberam a existência de certos problemas que não poderiam ser resolvidos sem a colaboração dos demais membros da sociedade internacional e, conseqüentemente, a necessidade de criar organismos para ajudar a resolver estes problemas.[17]

Fato relevante que concebeu grande mudança de paradigma em relação às Organizações internacionais, deu-se por ocasião do assassinato do Conde Folke Bernadote e outras pessoas que se encontravam a serviço das Nações Unidas em Jerusalém, no ano de 1948.[18]

---

como fontes de nossa disciplina. Não os acompanho nesse modo de pensar, vez que as resoluções da Assembléia Geral não são *per se* obrigatórias para os Estados membros, não gerando deveres jurídicos."
(17) SALCEDO, Juan Carillo. *Curso de derecho internacional*. Madrid: Tecnos, 1991, p. 61: "Las necesidades de la cooperación se hicieron sentir desde comienzos del siglo XIX en materias económicas, sociales y técnicas, esto es, en âmbitos no políticos, en los que resultaba evidente la existencia de problemas que requerían un tratamiento común y una administración internacional. De este modo, sectores muy extensos de la actividad internacional quedaron enmarcados en pocos años en administraciones internacionales; tal fue el caso, por ejemplo, de las Comissiones Fluviales y lãs Uniones Administrativas."
(18) Sobre este caso, REZEK. *Op. cit.*, p. 280 destacou: "no parecer consultivo referente ao caso Bernadote, a Corte de Haia revelou que não apenas os Estados podem proteger seus súditos no plano internacional, mas também as organizações internacionais encontram-se habilitadas a semelhante exercício, quando um agente a seu serviço torna-se vítima de ato ilícito. Não há entre o agente e a organização um vínculo de nacionalidade, mas um substitutivo deste para efeito de legitimar o endosso, qual seja o vínculo resultante da função exercida pelo indivíduo no quadro da pessoa jurídica em causa. A essa moderna variante da proteção diplomática dá-se o nome de proteção funcional."

A Assembléia Geral indagou a Corte Internacional de Justiça se poderia apresentar uma reclamação internacional contra o Estado responsável no intuito de obter indenização pelos danos causados às vítimas, bem como à Organização.[19]

Assim encaminhou a seguinte consulta à Corte Internacional de Justiça: "en caso de que um agente de las Naciones Unidas, en el desempeño de sus funciones, sufra un daño em circunstancias tales que impliquem la responsabilidad de un Estado, tienen las Naciones Unidas competencia para presentar una reclamación internacional contra el Gobierno responsable a fin de obtener reparación de los daños sufridos?"[20]

A Corte Internacional de Justiça sustentou que o desenvolvimento do Direito Internacional levou a criação da Organização das Nações Unidas em 1945 cujos propósitos e princípios estão previstos no tratado institutivo e, para tanto, "es indispensable que la Organización tenga personalidad internacional. Este párrafo del dictamen de 11 de abril de 1949, en el que se reconoce y afirma la personalidad jurídica internacional de la Organización de las Naciones Unidas como necesariamente implícita en su tratado fundacional, a pesar de que la Carta se refiera explícitamente solo a la capacidad jurídica de la Organización en el território de los Estados miembros, há permitido sostener, como ya tenido ocasión de señalar, que los Estados no son los únicos sujetos del Derecho Internacional ya que junto a ellos, es preciso considerar a otras entidades igualmente sujetos del Derecho Internacional contemporâneo, y en particular las Organizaciones Internacionales intergubernamentales."[21]

A partir dessa manifestação pode ser apresentado o conceito e as características das Organizações Internacionais.

Muito embora não exista conceito para as organizações internacionais em tratados internacionais, pode-se afirmar que correspondem a uma associação voluntária de sujeitos de Direito Internacional, constituída por ato internacional e disciplinada nas relações entre as partes por normas de Direito Internacional que se realiza em um ente de aspecto estável, que possui um ordenamento jurídico interno e é dotado de órgãos e institutos próprios, por meio dos quais realiza as finalidades comuns de seus membros mediante funções particulares e o exercício de poderes que lhe foram conferidos.[22]

---

(19) SALCEDO, Juan Carillo. *Op. cit.*, p. 29 adverte: "Según el derecho internacional tradicional, la reclamación internacional contra el Estado responsable, por no haber impedido el crimen ni haber actuado contra los culpables, únicamente podría ser presentada por los Estados de los que las víctimas eran nacionales, con lo que la pretensión de la Organización de las Naciones Unidas de estar legitimada para presentar directamente una reclamación internacional suponía una innovación y suscitaba un problema previo: el de si la Organización tênia o no personalidad internacional para formular la reclamación en cuestión."
(20) *Idem.*
(21) *Ibidem.*
(22) SALCEDO, Juan Carillo. *Op. cit.*, p. 60: "Las organizaciones internacionales intergubernamentales son entidads creadas mediante tratados celebrados entre varios Estados, dotadas de órganos propios y de voluntad propia, distinta y separada de la de los Estados miembros, con el fin de gestionar la cooperación permanente entre los Estados en un determinado ambito de materias."

Analisando o conceito acima podem ser assinaladas algumas características das Organizações Internacionais:

1) associação voluntária de sujeitos do Direito Internacional, ou seja, são constituídas por ato de vontade dos Estados;[23]

2) o ato institutivo é internacional, isto é, decorre da celebração de tratados e convenções;

3) a personalidade jurídica é internacional;

4) possuem ordenamento jurídico próprio;

5) a existência de órgãos próprios.

No que tange a classificação, existem diferentes para as Organizações Internacionais, seja em decorrência de sua natureza política, seja de acordo com suas finalidades ou até mesmo de acordo com a incidência das mesmas.

Para efeito deste estudo será destacada a classificação pertinente às suas finalidades, para logo após, expandir comentários acerca da Organização Internacional do Trabalho.

Inicialmente, comporta distinguir as organizações internacionais com fins gerais e as com fins especiais.

As gerais são aquelas que tem natureza predominantemente política e pode ser instituída para atuar no plano universal, como por exemplo a Organização das Nações Unidas e no âmbito regional, como a Organização dos Estados Americanos, o Conselho da Europa e a Unidade Africana.

No caso das organizações internacionais que são instituídas com fins específicos, estas assumem várias feições e competências de atuação tais como: de natureza econômica (o Fundo Monetário Internacional), de natureza militar, (Organização do Tratado do Atlântico Norte), de natureza científica (Organização das Nações Unidas para a Educação, Ciência e Cultura), de natureza social, (Organização Internacional do Trabalho).

No que tange a Organização Internacional do Trabalho, deve-se enfatizar, preliminarmente, que em 25 de janeiro de 1919, no palácio de Versalhes, foram abertos os trabalhos da Conferência de Paz, que se seguiu ao fim da Primeira Grande Guerra Mundial. Nessa Conferência foi aprovada a designação de uma Comissão de Legislação Internacional do Trabalho constituída por integrantes dos Bélgica, Cuba, Estados Unidos, França, Inglaterra, Itália, Japão, Polônia e Tchecoslováquia.

Os propósitos da Comissão eram de estabelecer os fundamentos de uma legislação de trabalho no plano internacional a ser acolhida e aceita pelos estados que faziam parte da Sociedade das Nações e delinear as formas de uma organização internacional permanente que possibilitasse a ação efetiva e em conjunto dos

---

(23) Vale lembrar a nota de SILVA, Roberto. *Op. cit.*, p. 296: "já se admite que também seja constituída por outras organizações internacionais, como foi o caso da OMC, que criada pelo Protocolo de Marrakesh, em 15.4.1994, teve como uma das partes signatárias a União Européia."

estados para adoção de medidas comuns no que tange à proteção de garantias trabalhistas.

A citada Comissão concluiu seus trabalhos em 24 de março de 1919 sendo aprovados, juntamente com o Tratado de Paz de Versalhes, em 6 de maio de 1919.

A Parte XIII do Tratado de Versalhes assim estava concebido:

"Seção 1 — Organização Internacional do Trabalho

Preâmbulo

Cap. 1 — Organização (arts. 387 a 389)

Cap. 2 — Funcionamento (arts. 400 a 420)

Cap. 3 — Prescrições Gerais (arts. 421 a 423)

Cap. 4 — Medidas Transitórias (arts. 424 a 426)

Seção 2 — Princípios Gerais (art. 427)."

O organismo permanente criado pela Comissão e vinculado à Sociedade das Nações, foi denominado de Organização Internacional do Trabalho, cujo preâmbulo transformou-se na constituição da OIT.[24]

A Organização Internacional do Trabalho começou com suas atividades já no ano de 1919, ocasião em que realizou sua primeira Conferência, todavia, com a eclosão da Segunda Grande Guerra Mundial, no ano de 1939, suas atividades foram paralisadas e sua sede foi transferida para Montreal, em 1940.[25]

Já no ano de 1944, foi convocada pela Organização mais uma Conferência n. 26, onde foi aprovada a Declaração de Filadélfia, com os novos objetivos da OIT.

Num período que envolve o pós-guerra e a necessidade premente de reconstrução, a Declaração reafirma os princípios orientadores da OIT, nos quais se deveria inspirar a política dos países membros. São os seguintes princípios:

i) o trabalho não é uma mercadoria;

ii) a liberdade de expressão e de associação é uma condição indispensável para um progresso constante;

iii) a pobreza, onde quer que exista, constitui um perigo para a prosperidade de todos;

iv) a luta contra a necessidade deve ser conduzida com uma energia inesgotável por cada nação e através de um esforço internacional contínuo e organizado, pelo qual os representantes dos trabalhadores e dos empregadores, colaborando em pé de igualdade com os Governos, participem em discussões livres e em decisões de caráter democrático tendo em vista promover o bem comum.

---

(24) Nesse sentido, vide SÜSSEKIND, Arnaldo. *Direito internacional do trabalho.* 3ª ed. São Paulo: LTr, 2000, p. 101/102

(25) Inicialmente a sede era em Genebra, na Suíça. A partir de 1947 a OIT retornou sua sede para Genebra sob os auspícios da ONU.

Com a Declaração de Filadélfia, deu-se nova dimensão ao Direito Internacional do Trabalho na medida que se ampliava as finalidades, competências, funcionamento etc. da Organização Internacional do Trabalho.

Sem embargo, convencida de que a experiência demonstrou plenamente o fundamento da declaração contida na Constituição da Organização Internacional do Trabalho, e segundo a qual só se pode estabelecer uma paz duradoura com base na justiça social, a Conferência afirma que:

a) todos os seres humanos, qualquer que seja a sua raça, a sua crença ou o seu sexo, têm o direito de efetuar o seu progresso material e o seu desenvolvimento espiritual em liberdade e com dignidade, com segurança econômica e com oportunidades iguais;

b) a realização das condições que permitem atingir este resultado deve constituir o objetivo central de qualquer política nacional e internacional;

c) todos os programas de ação e medidas tomadas no plano nacional e internacional, nomeadamente no domínio econômico e financeiro, devem ser apreciados deste ponto de vista e aceites apenas na medida em que pareçam favorecer, e não prejudicar, o cumprimento deste objetivo fundamental;

d) cabe à Organização Internacional do Trabalho examinar e considerar à luz deste objetivo fundamental, no domínio internacional, todos os programas de ação e medidas de ordem econômica e financeira;

e) ao executar as tarefas que lhe são confiadas, a Organização Internacional do Trabalho, depois de ter considerado todos os fatores econômicos e financeiros pertinentes, está autorizada a incluir nas suas decisões e recomendações todas as disposições que considerarem apropriadas.

A Conferência reconhece ainda a obrigação solene de a Organização Internacional do Trabalho secundar a execução, entre as diferentes nações do mundo, de programas próprios à realização:

a) do pleno emprego e da elevação do nível de vida;

b) do emprego dos trabalhadores em ocupações nas quais tenham a satisfação de aplicar toda a sua habilidade e os seus conhecimentos e de contribuir da melhor forma para o bem-estar comum;

c) para atingir esse objetivo, da concretização, mediante garantias adequadas para todos os interessados, de possibilidades de formação e meios próprios para facilitar as transferências de trabalhadores, incluindo as migrações de mão de obra e de colonos;

d) da possibilidade para todos de uma participação justa nos frutos do progresso em termos de salários e de ganhos, de duração do trabalho e outras condições de trabalho, e um salário mínimo vital para todos os que têm um emprego e necessitam dessa proteção;

e) do reconhecimento efetivo do direito de negociação coletiva e da cooperação entre os empregadores e os trabalhadores para a melhoria contínua da organização e da produção, assim como da colaboração dos trabalhadores e dos empregadores para a elaboração e aplicação da política social e econômica;

f) da extensão das medidas de segurança social com vista a assegurar um rendimento de base a todos os que precisem de tal proteção, assim como uma assistência médica completa;

g) de uma proteção adequada da vida e da saúde dos trabalhadores em todas as ocupações;

h) da proteção da infância e da maternidade;

i) de um nível adequado de alimentação, de alojamento e de meios recreativos e culturais;

j) da garantia de igualdade de oportunidades no domínio educativo e profissional.

Assim sendo, tendo em conta os princípios concebidos pela OIT, podem ser apontados os quatros objetivos estratégicos que orientam atualmente a sua ação:

a) Promover e aplicar os princípios e direitos fundamentais no trabalho;

b) Desenvolver as oportunidades para que os homens e as mulheres tenham um emprego digno;

c) Alargar a proteção social;

d) Reforçar o diálogo social.

Com efeito, a atividade normativa da OIT, traduzida pela adoção de convenções e recomendações internacionais do trabalho, constitui um instrumento essencial ao serviço dos objetivos da Organização.

Compete à Conferência Geral elaborar e aprovar as normas que regulamentarão as relações de trabalho e suas questões conexas; esses acordos normativos recebem o nome de Convenção, cujo regime está previsto na Constituição da OIT. Promulgam também as Recomendações que são instruções normativas de caráter genérico e visam assegurar medidas programáticas de proteção aos direitos dos trabalhadores.

As regras de direito internacional do trabalho, elaboradas no seio da Conferência com a participação de governos, empregadores e trabalhadores, uma vez ratificadas pelos Estados Membros, são aplicadas a nível interno e constituem padrões de orientação para os legisladores no aperfeiçoamento e promoção do direito do trabalho dos estados.

IV. A dignidade da pessoa humana e o direito internacional do trabalho (considerações finais)

O século XX foi marcado pelas trágicas conseqüências para a humanidade advindas da eclosão de grandes conflitos mundiais. Numa violação de direitos humanos sem precedentes, a segunda guerra tornou-se um marco de afronta à dignidade da pessoa humana.

Foi então no pós-guerra que os direitos da pessoa humana ganharam extrema relevância, consagrando-se internacionalmente, surgindo como resposta às atrocidades cometidas durante a 2ª Guerra Mundial, especialmente aos horrores praticados nos campos de concentração da Alemanha nazista. A doutrina racista sobre a "pureza ariana" serviu de justificativa para perseguições, cárceres e execuções em massa de judeus, eslavos e outras populações pelo exército de Hitler, tendo resultado no extermínio de milhões de pessoas[26].

No pós-guerra que a pessoa passou, então, a ser foco da atenção internacional e a dignidade humana estabeleceu-se, até certo ponto, como princípio universal e absoluto. Vale destacar a manifestação de Piovesan nessa passagem: "No momento em que os seres humanos se tornam supérfluos e descartáveis, no momento em que vige a lógica da destruição, em que cruelmente se abole o valor da pessoa humana, torna-se necessária a reconstrução dos direitos humanos, como paradigma ético capaz de restaurar a lógica do razoável. (...) Se a Segunda Guerra significou a ruptura com os direitos humanos, o Pós-Guerra deveria significar a sua reconstrução".[27]

De fato, o grande marco que tornou a grande alavanca no processo de internacionalização dos direitos humanos e conseqüente proteção da dignidade da pessoa humana foi a Carta das Nações Unidas de 1945, que em seu art. 1º já deixa claro o objetivo de buscar uma cooperação internacional para a solução de problemas de caráter econômico, social, cultural ou humanitário, e promover e estimular o respeito aos direitos humanos e às liberdades fundamentais para todos, sem distinção de raça, sexo, língua ou religião[28].

Do mesmo modo, a Constituição da Organização Internacional do Trabalho estatuiu, no ano de 1946 que "a paz, para ser universal e duradoura, deve assentar sobre a justiça social; que existem condições de trabalho que implicam, para grande número de indivíduos, miséria e privações, e que o descontentamento que daí decorre põe em risco a paz e a harmonia universais (...)."[29]

A Declaração Universal dos Direitos Humanos, adotada em 10 de dezembro de 1948, também consolida a idéia de uma ética universal e, combinando o valor da liberdade com o valor da igualdade, enumerando tanto direitos civis e políticos (arts. 3º a 21) como direitos sociais, econômicos e culturais (arts. 22 a 28), proclama

---

(26) A este respeito: LAFER, Celso. *La reconstrucción de los derechos humanos: Un diálogo con el pensamiento de Hannah Arendt.* México: Fondo de Cultura Económica, 1994: "En la dinámica del totalitarismo el 'todo es posible' parte del supuesto previo de que los seres humanos son superfluos. Esa premisa contesta la afirmación kantiana de que el hombre, y sólo él, no puede ser empleado como medio para la realización de un fin porque es un fin en sí mismo, puesto que a pesar del carácter profano de cada individuo, el individuo es sagrado, ya que en su persona palpita la humanidad."
(27) PIOVESAN, Flávia. *Direitos Humanos e o Direito Constitucional Internacional.* São Paulo: Max Limonad, 2002, p. 131-132.
(28) Carta das Nações Unidas, art. 1º: "Os propósitos das Nações Unidas são: (...) 2. Desenvolver relações entre as nações, baseadas no respeito ao princípio da igualdade de direitos e da autodeterminação dos povos, e tomar medidas apropriadas ao fortalecimento da paz universal; 3. Conseguir uma cooperação internacional para resolver os problemas internacionais de caráter econômico, social, cultural ou humanitário, e promover e estimular o respeito aos direitos humanos e às liberdades fundamentais para todos, sem distinção de raça, sexo, língua ou religião".
(29) Preâmbulo da Constituição da Organização Internacional do Trabalho de 1946.

também a indivisibilidade dos direitos humanos. Confirmou-se também a idéia de que os Direitos Humanos extrapolam o domínio reservado dos Estados, invalidando o recurso abusivo ao conceito de soberania para encobrir violações, ou seja, os Direitos Humanos não são mais matéria exclusiva das jurisdições nacionais.

Apesar da diversidade de interesses dos Estados, a idéia de constitucionalização das regras de conduta da sociedade, no que se refere à proteção dos direitos humanos, é cada vez mais premente existindo, basicamente, duas principais razões para isso: a própria dignidade humana, que leva a ordem jurídica internacional a lhe reconhecer direitos fundamentais e procurar protegê-los e a própria noção de Direito, onde se procura estabelecer um sistema normativo protetivo para a pessoa humana.

A dignidade da pessoa humana insere-se entre os interesses da sociedade internacional. Há uma visão de que a sociedade internacional forma um todo e os seus interesses predominam sobre os dos Estados individualmente.

Desta forma, os direitos humanos que pertenciam ao domínio constitucional e, hoje, estão em uma migração contínua e progressiva (internacionalização) para uma dirigência supranacional, que os estão elegendo e acomodando suas tensões em padrões primários supranacionais.

Nota-se claramente que, na busca incessante do reconhecimento, desenvolvimento e realização dos maiores objetivos por parte da pessoa humana e contra as violações que são perpetradas pelos Estados e pelos particulares, o Direito Internacional tem-se mostrado um instrumento vital para a uniformização, fortalecimento e implementação da dignidade da pessoa humana.

Destarte, a dignidade da pessoa humana vem constituindo um verdadeiro valor na sociedade internacional e que deve, impreterivelmente, servir de orientação a qualquer interpretação do DIP, isto é, do direito que a regulamenta.

Destes *topoi*, solidifica-se o reconhecimento de que os direitos humanos permeiam todas as áreas da atividade humana corresponde a um novo "ethos" de nossos tempos.

Seguramente pode-se afirmar que a pessoa humana passa a ser o centro das atenções em todos os povos, com a inserção de normas protetivas nos textos constitucionais dos Estados e com a criação de diversos Tratados Internacionais.

Entretanto, se por um lado hodiernamente existe uma grande preocupação na tutela da dignidade da pessoa humana (seja no plano doméstico, seja no plano internacional), por outro, evidencia-se que lesões de toda ordem são processadas e que aviltam a dignidade humana.

Alves[30], acentua que os direitos humanos vivem situação contraditória nesta fase de "pós-modernidade". Adquiriam inusitada força discursiva, mas são ameaçados de todos os lados. Afirmaram-se como baliza da legitimidade institucional, mas sofrem rudes golpes de globalização econômica.

---

(30) ALVES, José Augusto Lindgren. *Os direitos humanos na pós-modernidade*. São Paulo: Perspectiva, 2005, p. 9.

De fato, desde as fraquezas do Estado Liberal, quando verificou-se que a industrialização gerou um quadro crítico de miséria humana e de superexploração da mão-de-obra, demonstrando que os ideários burgueses haviam contribuído para a formação de um capitalismo selvagem e que haviam comprometido a dignidade humana.

A abstenção do Estado do controle das atividades econômicas, a liberdade absoluta de comércio e de produção, a obediência às leis naturais da economia, a liberdade de contrato, a livre concorrência, o respeito à propriedade privada, dentre outros valores, analisados como imprescindíveis na proteção da liberdade, precisavam ser revistos.

Somente a garantia de liberdades não era suficiente para proporcionar e promover a dignidade da pessoa humana, era necessário investir no bem-estar do indivíduo. Ou seja, o Estado não deveria apenas se abster, mas também promover a dignidade através de prestações positivas ligadas à saúde, educação, trabalho etc. Nascia o Estado Social (*welfare state*).

Apesar disso, verifica-se ao longo da história que o estado foi o grande violador dos direitos humanos, daí a necessidade de constituir normas de proteção no plano internacional. Esse também foi certamente um dos grandes motivos ao se instituir a Organização Internacional do Trabalho como pode ser extraído da leitura do art. 1º:

"É criada uma Organização permanente, encarregada de promover a realização do programa exposto no preâmbulo da presente Constituição e na Declaração referente aos fins e objetivos da Organização Internacional do Trabalho, adotada em Filadélfia a 10 de maio de 1944 e cujo texto figura em anexo à presente Constituição."

E complementando o asserto, retorna-se ao preâmbulo da Constituição da Organização Internacional do Trabalho, de 1946, onde se evidencia a preocupação em relação à condição humana[31] quando se aponta que "é urgente melhorar essas condições no que se refere, por exemplo, à regulamentação das horas de trabalho, à fixação de uma duração máxima do dia e da semana de trabalho, ao recrutamento da mão-de-obra, à luta contra o desemprego, à garantia de um salário que assegure as condições de existência convenientes, à proteção dos trabalhadores contra as moléstias graves ou profissionais e aos acidentes de trabalho, à proteção das crianças, dos adolescentes e das mulheres, às pensões de velhice e de invalidez, (...)

O reconhecimento e proteção da dignidade da pessoa pelo direito resultam justamente de toda uma evolução do pensamento humano a respeito do que significa este ser humano e de que é a compreensão do que é ser pessoa e de quais os

---

(31) ARENDT, Hannah. *A condição humana*. 10ª ed. Rio de Janeiro: Forense, 2005, p. 15, aponta três atividades humanas fundamentais: labor, trabalho e ação: "O labor é a atividade que corresponde ao processo biológico do corpo humano, cujo crescimento espontâneo, metabolismo e eventual declínio têm a ver com as necessidades vitais produzidas e introduzidas pelo labor no processo da vida. O trabalho é a atividade correspondente ao artificialismo da existência humana. O trabalho produz um mundo artificial de coisas, nitidamente diferente de qualquer ambiente natural. A ação corresponde à condição humana da pluralidade, ao fato de que homens,e não o Homem, vivem na terra e habitam o mundo."

valores que lhe são inerentes que acaba por influenciar ou mesmo determinar o modo pelo qual o direito reconhece e protege esta dignidade.[32]

De fato, a valorização da dignidade da pessoa humana ganha importância tanto no âmbito do direito interno dos Estados (com a previsão legislativa consagrada nas Constituições substanciais e/ou formais na categoria de direito fundamental) como no plano internacional, em especial, com a celebração de vários Tratados Internacionais. Eis, certamente, o ponto central das normas internacionais de trabalho: a dignidade da pessoa humana.

V. Referências bibliográficas

ALVES, José Augusto Lindgren. *Os direitos humanos na pós-modernidade*. São Paulo: Perspectiva, 2005.

ARAÚJO, Luís Ivani Amorim. *Curso de direito internacional público*. 9ª ed. Rio de Janeiro: Forense, 1997.

ARENDT, Hannah. *A condição humana*. 10ª ed. Rio de Janeiro: Forense, 2005.

BOBBIO, Norberto. *A era dos direitos*. Rio de Janeiro: Campus, 1992.

DINIZ, Maria Helena. *Compêndio de introdução à ciência do direito*. 9ª ed. São Paulo: Saraiva, 1997.

GUERRA, Sidney. *Direito internacional público*. 2ª ed. Rio de Janeiro: Freitas Bastos, 2005.

_____. *Temas emergentes de direitos humanos*. Rio de Janeiro: FDC, 2006.

_____. *Tratados e convenções internacionais*. Rio de Janeiro: Freitas Bastos, 2006.

KELSEN, Hans. *Teoria geral das normas*. Porto Alegre: Sérgio Antônio Fabris, 1986.

_____. *Teoria pura do direito*. 6ª ed. São Paulo: Martins Fontes, 1998.

LAFER, Celso. *La reconstrucción de los derechos humanos: Un diálogo con el pensamiento de Hannah Arendt*. México: Fondo de Cultura Económica, 1994.

MARTINS, Sérgio Pinto. *Direito do trabalho*. São Paulo: Atlas, 2002.

MELLO, Celso Albuquerque. *Curso de direito internacional público*. 11ª ed. Rio de Janeiro: Renovar, 1997.

PIOVESAN, Flávia. *Direitos Humanos e o Direito Constitucional Internacional*. São Paulo: Max Limonad, 2002.

REZEK, José Francisco. *Direito internacional público: curso elementar*. 6ª ed. São Paulo: Saraiva, 1996.

SALCEDO, Juan Carillo. *Curso de derecho internacional*. Madrid: Tecnos, 1991.

SARLET, Ingo W. *Dimensões da dignidade*. Porto Alegre: Livraria do Advogado, 2005.

SILVA, G. E. Nascimento; ACCIOLY, Hildebrando. *Manual de Direito Internacional*. 13ª ed. São Paulo: Saraiva, 1998.

SÜSSEKIND, Arnaldo. *Direito internacional do trabalho*. 3ª ed. São Paulo: LTr, 2000.

VASCONCELOS, Arnaldo. *Teoria geral do direito: teoria da norma jurídica*. 4ª ed. São Paulo: Malheiros, 1996.

---

(32) SARLET, Ingo W. *Dimensões da dignidade*. Porto Alegre: Livraria do Advogado, 2005, p. 14.

A Ressocialização do Encarcerado pelo Trabalho: Uma Questão de Responsabilidade Social

Viviane Coêlho de Séllos Gondim[*]

"No enigma de cada aspiração pessoal jaz o impulso inconsciente ou involuntário do bem comum."[1]

1. Reflexões iniciais

Partindo de análise geral sobre o direito à ressocialização do encarcerado, apresentaremos propostas para o desenvolvimento pessoal do preso como condição para o resgate da sua cidadania, e desafios a serem vencidos, principalmente no que se refere à educação, à profissionalização, ao exercício de um trabalho e à participação política; buscando permitir a concretização da Constituição como objetivo geral viabilizador da ressocialização das pessoas privadas de liberdade visando à responsabilidade social.

Ao defender que a ressocialização dos encarcerados é problema de interesse geral, ou seja, uma questão de responsabilidade social, estamos nos referindo à inerência dos direitos fundamentais a toda pessoa humana. Ou melhor: tanto aquele que precisa ser ressocializado para viver com dignidade, quanto às demais pessoas de uma comunidade, para viver com segurança, e, concomitantemente, como qualquer membro da sociedade humana ou organização estatal, dada sua dimensão transindividual, são, em última análise, destinatários do direito que aparentemente apenas alcançaria o público do sistema prisional.

Mas compreendemos este problema como tema de Direito Constitucional, e dada a sua fundamentalidade para a organização social, a manutenção da paz e ordem, a promoção do desenvolvimento nacional, a construção de uma sociedade livre, justa e solidária e para a erradicação da marginalização e promoção

---

[*] Doutora em Direito do Estado — Direito Constitucional pela PUC/SP, Mestre em Direito das Relações Sociais pela PUC/SP. Especialista em Direito Processual Civil pela PUCCAMP. Professora Universitária em Graduação e Pós-Graduação, Consultora Jurídica. Pesquisadora Científica, Membro da Rede Nacional de Direitos Humanos, Membro do Tribunal de Ética da OAB/ São Paulo.
[1] FONTOURA, João Neves de. Discurso pronunciado no Teatro Municipal, em sessão cívica promovida pela Liga de Defesa Nacional, em 7.9.1936, no Rio de Janeiro. *In Antologia de Famosos discursos brasileiros*, p. 129.

do bem de todos, carece ser tratada de maneira ampliada, ou seja, merece um novo olhar por parte da comunidade, principalmente por parte da comunidade jurídica.

2. Direito individual

O direito dos encarcerados serem devidamente preparados para uma nova adaptação social em seu regresso à liberdade é inerente à sua qualidade de pessoa humana.[2] A prisão não pode ser para a sociedade livre, (nem mantida como), um setor improdutivo e custoso ao Estado, mas, um espaço social de restauração.[3] Trata-se de direito individual, vez que direitos individuais são prerrogativas que tem o indivíduo em face do Estado. Assim, a promoção da ressocialização deve ser assegurada a cada um daqueles que vierem a se encontrar, por qualquer motivo, no sistema prisional, pois, conforme assevera *Maria Garcia*, o indivíduo é a célula de toda e qualquer sociedade[4].

Assim, entendemos por bem ratificar que, como em seu Preâmbulo, a Constituição Federal prevê que *o Estado Democrático instituído destina-se "a assegurar o exercício dos direitos sociais e individuais*, a liberdade, a segurança, o bem-estar, o desenvolvimento, a igualdade e a justiça, como valores supremos de uma sociedade fraterna, pluralista e sem preconceitos..."*,*[5] a previsão dos direitos individuais pelo art. 5º é ratificadora.

Isto decorre do fato de nossa Constituição também retificar os direitos individuais universais, os quais ganharam esta universalidade após a Revolução Francesa de 1789, por meio do surgimento da Declaração dos Direitos do Homem e do Cidadão, texto que, em dezessete artigos, proclamou os princípios da liberdade, da igualdade, da propriedade e da legalidade e as garantias individuais liberais que ainda se encontram nas declarações contemporâneas.

Também devemos lembrar da Declaração Universal dos Direitos do Homem, adotada pela Assembléia Geral da ONU, em dezembro de 1948, que representa a internacionalização dos direitos fundamentais iniciada no 2º (segundo) pós-guerra

---

(2) Vale observar, como bem registra DALLARI, Dalmo de Abreu. *Direitos humanos e cidadania*, p. 8: *"gozar de um direito é uma faculdade da pessoa humana, não uma obrigação."*
(3) Esta é a visão tradicional sobre a prisão: local no qual os que corrompem a lei são sustentados pelo Estado, sem trabalhar por seu custeio. Veja-se na clássica ópera autobiográfica do italiano *Carlo Bini*, preso na Ilha de Elba, relatando o que lhe foi dito pelo carcereiro em sua chegada à prisão: "- v'è la prigione, e il Signore v'è dentro. Oh! le belle prigioni che son quelle dove vanno i signori! La povera gente le scambierebbe volentieri con la sua libertà. Cosa manca al Signore là dentro?" (traduzimos: — É a prisão, e o senhor está dentro. Oh! Que bela prisão essa em que vai ficar o senhor ! A pobre gente trocar-lhe-ia contente por sua liberdade. Que falta aqui dentro ao senhor?) BINI, Carlo. *Manoscritto di un prigioniero*, p. 9.
(4) Anotação em reunião do Grupo de Estudos Constitucionais – GEC, de 25.9.2004, sob o enfoque do tema: "O humanismo no século XXI", quando a professora GARCIA, Maria disse: "A célula da sociedade é o indivíduo".
(5) Vide Constituição Federal, Preâmbulo, p. 1, trazido na íntegra no texto principal do capítulo I deste.

(1939-1944), cuja eficácia está na dependência de definição ao nível da legislação de cada país.

Assim, considerando-se que:

a) incorporadas, porém, ao texto Constitucional, as declarações de direitos têm aplicabilidade imediata, como é disposto pelo art. 5º, § 1º, de nossa Lei Maior;

b) que a efetividade das mesmas é assegurada, contemporaneamente, através das garantias constitucionais dos direitos fundamentais;

c) que essas garantias estão inscritas no texto constitucional brasileiro no mesmo art. 5º, podemos afirmar que perseguimos mais que a proteção dos direitos do homem, mas sua efetivação, sua efetiva ação transformadora da realidade social.

Lembrando que, ao delinear seus princípios fundamentais, a Constituição Federal prescreve em seu artigo primeiro que a República Federativa do Brasil é formada pela união indissolúvel dos Estados e Municípios e do Distrito Federal, constituindo-se em um Estado Democrático[6] de Direito que tem como fundamento, dentre outros, a dignidade da pessoa humana[7].

Semelhantemente, o art. 3º tutela a pessoa humana ao constituir, dentre os objetivos fundamentais da República, a promoção do bem de todos, "sem preconceitos de origem, raça, sexo, cor, idade e quaisquer outras formas de discriminação."[8]

Compete-nos, destarte, neste momento, verificar o direito à ressocialização como uma prerrogativa fundamental da pessoa de cada encarcerado, como enfoque de interesse individual, o qual, como diz *Rodolfo de Camargo Mancuso*, é suscetível de "captação e fruição pelo indivíduo isoladamente considerado."[9]

Sabidamente, característica geral atribuída aos encarcerados[10] e ex-detentos é a marginalidade.[11] Em razão de sua condição, são socialmente marginalizados em virtude de um problema incomensurável de ordem social, política e jurídica. E como o dizer de *Beccaria*: "o meio mais seguro, mas ao mesmo tempo mais difícil, de tornar os homens menos inclinados a praticar o mal, é aperfeiçoar a educação."[12]

---

(6) Tal qual disse HUME, David. *Democracies are turbulent*. (As democracias são turbulentas). David HUME. *Idea of a perfect Commonwealth*, p. 17.
(7) A Constituição Federal em seu art. 1º, III, prega o respeito à dignidade da pessoa humana.
(8) Constituição Federal, art. 3º, IV (grifamos), que também se refere à promoção da dignidade da vida da pessoa humana.
(9) MANCUSO, Rodolfo de Camargo. *Op. cit.*, p. 62.
(10) Veja-se o relato de WILDE, Oscar. *De profundis*, p. 26: "Nos primeiros tempos da minha prisão, pessoas houve que me aconselharam a que esquecesse aquilo que eu era."
(11) BAUDELAIRE. *Les fleurs du mal*. CIX — La Destruction:
"Et jette dans mes yeux pleins de confusion. Des vêtements souillés, des blessures ouvertes. Et l'appareil sanglant de la Destruction!" Em português (tradução livre): "E lança de meus olhos plenos de confusão, das vestimentas sujas, das feridas abertas, e o aparelho sangrento da Destruição!"
(12) BECCARIA, Cesare. *Dos delitos e das penas*, p. 103.

Destarte, cada pessoa privada de liberdade tem o direito à ressocialização, ao retorno digno ao seio familiar, ao mercado de trabalho, à vida política e em comunidade, sem sofrer preconceitos ou barreiras sociais prejudiciais ao seu reingresso à cidadania. Pois, como se já não assegurasse a dignidade a todos, nossa Constituição Federal veda qualquer prática discriminatória negativa ao estabelecer como objetivo da República que se promova o bem de todos sem preconceitos e quaisquer formas de discriminação.

Nossa afirmação se justifica pelo fato de a prisão, na atualidade, ter a ressocialização do condenado como objetivo, sem perder seu caráter de punição. Considere-se a provocação de *Beccaria*:

"Mas, qual é a origem das penas, e qual o fundamento do direito de punir? Quais serão as punições aplicáveis aos diferentes crimes? Será a pena de morte verdadeiramente útil, necessária, indispensável para a segurança e a boa ordem da sociedade? Serão justos os tormentos e as torturas? Conduzirão ao fim a que as leis se propõem? Quais os melhores meios de prevenir os delitos? Serão as mesmas penas igualmente úteis em todos os tempos? Que influência exercem sobre os costumes? (...) "Consultemos, pois, o coração humano; acharemos nele os princípios fundamentais do direito de punir."[13]

E para que não paire dúvida a respeito do caráter punitivo e corretivo de exercício de controle estatal sobre a violência, sendo ao mesmo tempo ato preventivo contra reincidências criminosas, *Ferrajoli* define os objetivos das proibições e das penas: "são respectivamente o máximo bem-estar possível dos não desviantes e o mínimo mal-estar necessário dos desviantes, dentro do objetivo penal da máxima tutela dos direitos de uns e dos outros, da limitação dos arbítrios e da minimização da violência na sociedade."[14]

Isto implica na necessidade da criação de condições experimentais das práticas sociais, mediante tutela e supervisão do Estado, em forma de laboratório permanente,[15] até que se atinjam os fins da condenação, afinal, se o indivíduo é condenado à perda temporária da liberdade é porque para o Direito sua conduta era perigosa, nociva, ilegal e anti-social, um risco geral.[16]

---

(13) *Idem*, p. 15 e 16, respectivamente.
(14) FERRAJOLI, Luigi. *Direito e razão: Teoria do garantismo penal*, p. 270.
(15) *Apud* AZEVEDO MARQUES, João Benedito de. *Democracia, Violência e Direitos Humanos*, p. 50, o qual complementa este raciocínio ao dizer: "Não será através da pena de prisão e da polícia nas ruas que iremos diminuir efetivamente os índices de criminalidade. Se não alterarmos a estrutura sócio-econômica brasileira, a população continuará indefesa, diante do crescimento da criminalidade que em muito se assemelha a uma verdadeira revolta dos marginalizados."
(16) Falando em tutela e supervisão do Estado, veja-se: HUME, David. *Of the first principles of Government*, p. 1: "Nothing appears more surprising to those, who consider human affairs with a philosophical eve, than the easiness with which the many are governed by the few; and the implicit submission, with which men resign their own sentiments and passions to those of their rulers. When we enquire by what means this wonder is effected, we shall find, that, as FORCE is always on the side of the governed, the governors have nothing to support them but opinion. It is therefore, on opinion only that government is founded; and this maxim extends to the most despotic and most military governments, as well as to the most free and most popular."
Em tradução livre, admitimos: Nada parece surpreender aqueles que consideram as relações humanas como um referencial filosófico, dada a facilidade com que muitos são governados por poucos; e a sub-

No entanto, como pregado por *Beccaria*, "as penas que ultrapassam a necessidade de conservar o depósito da salvação pública são injustas por sua natureza"[17], o que por certo implica em a pena não poder exceder aos limites necessários para a promoção da segurança da sociedade e de seus membros. E é a norma infraconstitucional que consagra especificamente os direitos e deveres do condenado preso[18] e da sociedade, a qual, através da prisão, restringe a liberdade do condenado a fim de controlar seu comportamento e educar sua personalidade agressiva aos limites admitidos para a convivência pacífica.[19] Do que, no dizer de *Beccaria*, "resulta a evidência de que o fim das penas não é atormentar e afligir um ser sensível, nem desfazer um crime que já foi cometido".[20] Até porque tal desfazimento é impossível, e, de toda sorte o resultado pretendido (e que deve ser um ideal perseguido) é a prevenção, e quando impossível, ao menos, a não reincidência. Por tais

---

missão implícita, com que os homens renunciam a seus próprios sentimentos e paixões às suas regras. Quando inquirirmos por que meios esta maravilha é efetuada, encontraremos que, porque a FORÇA está sempre ao lado do governado, os governos não têm nada que sustentá-los, mas opinar. Está conseqüentemente, legitimado somente que o governo está fundado em opinião; e esta máxima se estende aos governos despóticos e inclusive militares, tanto quanto ao mais livre e popular.
(17) BECCARIA, Cesare. *Op. cit.*, p. 18.
(18) Reflexão pertinente aos deveres e direitos do condenado, ao tratar sobre o livramento condicional, é de ZVIRBLIS, Alberto Antônio. *Livramento condicional e prática da execução penal*, p. 68: "Em um Estado Democrático de Direito (Constituição Federal, art. 1º), não há como aceitar a agravação obrigatória da pena pela reincidência."
(19) DEWEY, John. *Democracy and Education*: An introduction to the philosophy of education, p. 54: "Only comparatively recently has the predominating influence of association with fellow beings in the formation of mental and moral disposition been perceived. Even now it is usually treated as a kind of adjunct to an alleged method of learning by direct contact with things, and as merely supplementing knowledge of the physical world with knowledge of persons. The purport of our discussion is that such a view makes an absurd and impossible separation between persons and things. Interaction with things may form habits of external adjustment. But it leads to activity having a meaning and conscious intent only when things are used to produce a result. And the only way one person can modify the mind of another is by using physical conditions, crude or artificial, so as to evoke some answering activity from him. Such are our two main conclusions. It is desirable to amplify and enforce them by placing them in contrast with the theory which uses a psychology of supposed direct relationships of human beings to one another as an adjunct to the psychology of the supposed direct relation of an individual to physical objects. In substance, this so-called social psychology has been built upon the notion of imitation. Consequently, we shall discuss the nature and rôle of imitation in the formation of mental disposition." Sobre Democracia, instrução e o poder das influências externas na construção da pessoa, a partir de *Dewey*, em tradução livre: Ultimamente e comparativamente, admite-se a influência predominante da associação com os companheiros na formação da disposição mental e moral percebida. Mesmo tratada agora geralmente como um tipo de método adjunto, alegando a aprendizagem pelo contato direto com as coisas, e meramente suplementando o conhecimento do mundo físico com o conhecimento das pessoas. O ponto fulcral de nossa discussão é que tal vista faz uma separação absurda e impossível entre pessoas e coisas. A interação com coisas pode dar forma a hábitos de ajuste externo. Mas conduz à atividade que tem um sentido e uma intenção consciente somente quando as coisas são usadas para produzir um resultado. E a única maneira que a pessoa pode modificar a mente de outra é usando circunstâncias físicas, natural ou artificialmente, para evocar alguma atividade em resposta. Tais são nossas duas conclusões principais. É desejável ampliá-las e reforçá-las colocando-as em contraste com a teoria da psicologia de relacionamentos supostos como diretos entre seres humanos, em adjunção ao aspecto psicológico da relação direta suposta de um indivíduo aos objetos físicos. Na substância, esta psicologia social tão difundida foi construída sobre a noção de imitação. Conseqüentemente, impera discutirmos a natureza e o poder da imitação do outro na formação da disposição mental.
(20) BECCARIA, Cesare. *Op. cit.*, p. 46.

razões, "hoje, o papel moderno da pena é justamente visar à função reeducativa da pena, ou seja, a socialização readaptadora do condenado."[21]

Dos tradicionais ensinamentos de *Beccaria* à humanidade, ainda na atualidade emanam máximas: "É melhor prevenir os crimes do que ter de puni-los; e todo legislador sábio deve procurar antes impedir o mal do que repará-lo, pois uma boa legislação não é senão a arte de proporcionar aos homens o maior bem-estar possível e preservá-los de todos os sofrimentos que se lhes possam causar, segundo o cálculo dos bens e dos males desta vida. Mas, os meios que até hoje se empregam são em geral insuficientes ou mesmo contrários ao fim a que se propõem."[22] No entanto, se foi impossível evitar o crime que ao menos seja possível evitar a reincidência.

3. Educação para o trabalho como forma de dignificação pessoal

A ressocialização do encarcerado é a "finalidade moderna da pena privativa de liberdade que, só sob esse prisma, tem sua justificativa hoje":[23] por meio da educação,[24] cujo respaldo constitucional reside no artigo 205 da Lei Maior do Estado Brasileiro, o qual apregoa a educação como "direito de todos e dever do Estado". E se acatarmos ser esta, ao lado da profissionalização e do trabalho, a única forma de socialização da pessoa humana, somos induzidos a constatar que mais ainda de ressocialização. E este é um assunto de Estado.[25]

Nosso propósito é provocar o questionamento sobre ser ou não necessário tratarmos na Constituição brasileira o tema da reeducação do encarcerado de forma explícita, tal qual prescreve o art. 27 da Constituição italiana, a qual estabelece, além da previsão de que as penas não poderão imputar tratamentos contrários ao senso de humanidade, que as mesmas "devem visar à reeducação do condenado". Nestes termos, pensamos em uma educação para o trabalho, visando à vida pós cárcere.

Sobre essa questão, remetemo-nos à pregação clássica de *Cesare Beccaria*: "o direito de punir não pertence a nenhum cidadão em particular; pertence às leis, que são órgão da vontade de todos. Um cidadão ofendido pode renunciar à sua porção desse direito, mas não tem nenhum poder sobre a dos outros"[26]. No entan-

---

(21) SZNICK, Valdir. *Direito penal na nova Constituição*, p. 172.
(22) BECCARIA, Cesare. *Op. cit.*, p. 98.
(23) SZNICK, Valdir. *Op. cit.*, p. 172.
(24) DALLARI, Dalmo de Abreu. *Direitos humanos e cidadania*, p. 47: "A educação é um processo de aprendizagem e aperfeiçoamento, por meio da qual as pessoas se preparam para a vida. Através da educação obtém-se o desenvolvimento individual da pessoa, que aprende a utilizar do modo mais conveniente sua inteligência e sua memória. Desse modo, cada ser humano pode receber conhecimentos obtidos por outros seres humanos e trabalhar para a obtenção de novos conhecimentos. Além disso, a educação torna possível a associação da razão com os sentimentos, propiciando o aperfeiçoamento espiritual das pessoas."
(25) COSTA PINTO, L. A. *Sociologia e desenvolvimento: temas e problemas de nosso tempo*, p. 114: "A educação não é um valor absoluto, nem a escola uma instituição incondicionada. A educação e a escola de uma sociedade em transição também refletem essa transição e essa marginalidade característica da estrutura de que fazem parte."
(26) BECCARIA, Cesare. *Op. cit.*, p. 62.

to, o direito à ressocialização dos detentos é um direito meta-individual, pertence a todos, e este sim pode ser interpretado como um direito-dever.

O mesmo art. 205, vale dizer, determina ser a educação também um dever da família, "grupo social primário ou básico no qual, em geral, se realiza boa parte da socialização", cuja organização resulta na formação da personalidade da pessoa, "aspecto central da existência presente e futura".[27] É de se esperar a reintegração do preso ao seio familiar quando livre, assim como o zelo dos familiares durante e após a prisão, para a não reincidência no crime.[28]

Por tais razões é que a educação do preso (e também de seus familiares) deverá ser promovida mediante incentivo e colaboração da sociedade. Mas isso depende de ações e compromisso e não apenas do cada vez mais aludido *não preconceito* ou *atitude politicamente correta*.[29]

Tanto que a educação é dimensionada em sentido holístico pelo ditame constitucional e visará ao pleno desenvolvimento da pessoa.[30] O que implica em preocupação maior que fornecer escolaridade e sim em oferecer oportunidades para todos com vistas à cidadania e profissionalização, como meio de emancipação individual.[31]

Mas o indivíduo que se encontra em privação de liberdade não costuma se compreender um reeducando, e sim um encarcerado,[32] e não um marginalizado,

---

(27) COIMBRA, Telma e outros. *O menor e a atuação da FEBEM-SP — diagnóstico para novos rumos*, p. 31.
(28) Para CARNELUTTI, Francesco. *As misérias do processo penal*, p. 24: "O delito não é mais que uma explosão de egoísmo, na sua raíz. O outro não importa; o que importa, somente, é o consigo. Somente abrindo-se para com outro, o homem pode sair da prisão."
(29) Entendemos que não obstante a existência de trabalhos sociais promovidos por ONGs e principalmente por movimentos religiosos nas unidades prisionais, é também devida assistência emocional à família do preso para que a mesma possa colaborar para a reinserção do mesmo à sociedade assim como para apagar o possível espírito de revolta.
(30) VOLTAIRE. *Traité sur la tolerance*, p. 12: "C'est ce que j'ignore, parce que je ne suis pas un prophète; mais il me semble que ce n'est pas raisonner conséquemment que de dire: "Ces hommes se sont soulevés quand je leur ai fait du mal: donc ils se soulèveront quand je leur ferai du bien." Entendemos: É que ignoro, porque não sou um profeta; mas parece-me que não é raciocinar conseqüentemente a dizer: "Estes homens levantaram-se quando fiz-lhes o mal: por conseguinte levantar-se-ão quando fizer-lhes o bem."
(31) COIMBRA, Telma e outros. *Op. cit.*, p. 36: "O trabalho, sob todas as suas formas sancionadas, é inegavelmente o modo mais desenvolvido de emancipação do indivíduo. A ocupação, ou a profissão, é um requisito essencial à definição do cidadão. Ao lado do nome, idade, sexo, cor, estado civil, o indivíduo se classifica, socialmente, inclusive pela profissão que tem ou pela ocupação que exerce."
(32) BINI, Carlo. *Manoscritto di un prigioniero*, p. 54: "I primi giorni che l'uomo passa in prigione, sono per l'anima sua come giorni nebbiosi: — l'anima non ha peranche fatto l'occhio a quel clima; — vede confusamente, talvolta non vede gli oggetti, talvolta li vede doppi; — il suo palato non ha sapore; — un ronzìo continuo gli alberga le orecchie; — lo spirito giace stordito, e non sa pensare; — il cuore sente di star sotto a un fascio enorme di sensazioni, ma non sa darne ragione. Se la mente non gli crolla, è una prova sodisfacente della sua buona tempra; — se il corpo non gli si ammala, è una prova sodisfacente che il corpo fu tessuto comme il faut." Isto é: Os primeiros dias que o homem passa na prisão, são nebulosos para o espírito: — não há ânimo perante a visão desse clima; — vê confusamente, às vezes não se vêem os objetos, às vezes vê-se tudo em dobro; — seu paladar não tem como saborear; o espírito encontra-se perdido, e não sabe sequer pensar; — o coração sente mas não sabe à elasticidade da razão. Se a mente não lhe desmoronar, é testada sua frieza ; — se o corpo não for tornado doente, é testada sua saúde.

mas um marginal.⁽³³⁾ A sua condição de preso parece apenas elevar a sensação da marginalidade e por si só não o faz enxergar a possibilidade de perder a condição de marginal. O que se aponta são limitadas expectativas de futuro, por nós tripartidas:

1. Ser tratado e educado pelo Estado e pela família de maneira eficaz à sua ressocialização, dimensionando uma nova vida, inserção comunitária e eliminação da condição de marginalidade prévia. Situação ideal, devir.

2. Ter suas características pessoais ignoradas pelo Estado e pela família tendo sua condição de marginalidade inerte, estacionária perante o encarceramento, fazendo dessa realidade apenas mais um fato ocorrido em sua existência e a marginalidade sua condição de pessoa. Ao deixar o estabelecimento prisional o indivíduo irá procurar as mesmas "atividades" anteriores, sabendo do risco de nova prisão, mas crendo que seu caminho é "esse mesmo". Prejuízo para o Estado, desconforto para a família, ameaça social.

3. Tornar-se revoltado para com o Estado, a família e a sociedade de modo a agravar no sistema prisional sua condição de marginalidade, potencializando as características adquiridas ao longo de sua existência marginalizada, fazendo do período de tempo em que estiver sob a custódia do Estado, fase de aprimoramento de técnicas criminosas, escola de marginalização social ou "universidade do crime". Risco iminente para todos, já que inevitável o retorno à comunidade assim que cumprida a pena.

4. Propostas para o desenvolvimento do processo individual de ressocialização

Se ressocializar é o mesmo que tornar o homem apto a viver em sociedade novamente, consoante o *modus vivendi* da maioria, pressupõe modificação de conduta pessoal no intuito de harmonizar-se à conduta moral e jurídica no âmbito social.⁽³⁴⁾

---

(33) BAUDELAIRE. *Op. cit.*, CIX — La Destruction: "Il me conduit ainsi, loin du regard de Dieu, Haletant et brisé de fatigue, au milieu Des plaines de l'Ennui, profondes et desertes" Ou: Ele conduz-me assim, distante do olhar de Deus, Quebrado de cansaço, ao meio das planícies do aborrecimento, profundas e desertas.
(34) Por tal razão, necessário o respeito aos princípios da Boa Condição Penitenciária, citados em FOUCAULT, Michel. *Vigiar e punir: o nascimento da prisão*, p. 224 e 225, da seguinte maneira: "(...) Ora, esses princípios, de que ainda hoje se esperam os efeitos tão maravilhosos, são conhecidos: constituem, há quase 150 anos, as sete máximas universais da boa "condição penitenciária".
"1) *Princípio da correção* : "A detenção penal deve ter por função essencial a transformação do comportamento do indivíduo (...);
"2) *Princípio da classificação*: Os detentos devem ser isolados ou pelo menos repartidos de acordo com a gravidade penal de seu ato (...);
"3) *Princípio da modulação das penas*: "As penas, cujo desenrolar deve ser modificado segundo a individualidade dos detentos, os resultados obtidos, os progressos ou as recaídas (...);
"4) *Princípio do trabalho como obrigação e como direito*: "O trabalho deve ser uma das peças essenciais da transformação e da socialização progressiva dos detentos (...);
"5) *Princípio da educação penitenciária*: "A educação do detento é, por parte do poder público, ao mesmo tempo uma precaução indispensável no interesse da sociedade e uma obrigação para com o detento: *"Só a educação pode servir de instrumento penitenciário. A questão do encarceramento penitenciário é uma questão de educação* (Ch. Lucas, De la réforme des prisons, 1838) (...)
"6) *Princípio do controle técnico da detenção*: "O regime da prisão (...) deve ser (...) controlado e assumido por um pessoal especializado que possua as capacidades morais e técnicas de zelar pela boa formação dos indivíduos (...);
"7) *Princípio das instituições anexas:* "O encarceramento deve ser acompanhado de medidas de controle e de assistência até a readaptação definitiva do antigo detento. (...)".

Mas para que a mudança de conduta seja definitiva é mister que se resgatem os valores inerentes à humanidade, ao lícito e à convivência harmônica, pois o agir é apenas um elemento externo que exprime o pensar e o sentir, além dos próprios valores e princípios individualmente consagrados. E o sistema prisional é o principal responsável por esta transformação.

É sabido o quanto a Constituição Federal, por seus valores, princípios e regras, em especial ao prever os direitos individuais e coletivos fundamentais, visa a resguardar um mínimo de existência digna à pessoa humana e à sociedade, e que assumimos compromissos perante toda a humanidade, por meio de pactos internacionais pela proteção da dignidade do ser, o que obriga todas as demais normas jurídicas, legisladores, intérpretes e operadores do Direito a seguirem esta linha humanística. Notamos ainda que a Norma Constitucional se complementa pela Lei de Execuções Penais, norma infraconstitucional regulamentadora do "Direito Penitenciário", prescritora das regras viabilizadoras da complexa ressocialização do encarcerado.

E é neste contexto, e sobre:

1. a Resolução n. 14, de 11 de novembro de 1994, *publicada no DOU de 2.12.1994,* resultante da decisão do Conselho Nacional de Política Criminal e Penitenciária, reunido em 17 de outubro de 1994, com o propósito de estabelecer regras mínimas para o tratamento de presos no Brasil;

2. a recomendação, nesse sentido, aprovada na sessão de 26 de abril a 6 de maio de 1994, pelo Comitê Permanente de Prevenção ao Crime e Justiça Penal das Nações Unidas, do qual o Brasil é Membro;

3. o disposto na Lei n. 7.210, de 11 de julho de 1984 (Lei de Execução Penal);

4. os ditames Constitucionais previsores do direito à vida (art. 5º, *caput,* da CF/ 88); do direito à integridade física e moral (arts. 5º III, V, X e XLIII, da CF/88); do direito à propriedade (material ou imaterial), mesmo estando o preso limitado ao exercício de alguns desses direitos como proprietário (art. 5º, XXII, XXVII, XXVIII, XXIX e XXX/88); do direito à liberdade de consciência e de convicção religiosa (art. 5º, VI, VII, VIII da CF/88); do direito à instrução (art. 208, I, e § 1º, da CF/88); do acesso à cultura (art. 215 da CF/88); do direito e sigilo de correspondência e das comunicações telegráficas, de dados e telefônicas (art. 5º, XII, da CF/88); do direito de representação e de petição aos Poderes Públicos em face a abusos de autoridade (arts. 5º, XXXIV, *a,* da CF/88); do direito à expedição de certidões pelas repartições administrativas sobre sua pessoa, facilitando inclusive sua ampla defesa (art. 5º, XXXIV, *b,* LXXII, *a* e *b,* da CF/ 88); do direito à assistência judiciária (art. 5º, LXXIV, da CF/88); do direito a praticar atividades culturais, artísticas, intelectuais, tecnológicas e científicas (art. 5º, IX e XXIX, da CF/88); do direito a indenização por erro cometido pelo Judiciário, assim como por prisão além do tempo fixado na sentença (art. 5º, LXXV da CF/88), regras mínimas para o tratamento do preso no Brasil, que apoiamos sejam exigidas pela sociedade, com o intuito de sedimentar o cultivo dos valores humanos fundamentais para o processo individual de ressociali-

zação da pessoa privada de liberdade, providências estruturais básicas, de baixo custo e que possibilitem o exercício das prerrogativas legalmente garantidas; que passamos a oferecer sob a forma de sugestões, as pontuações que se seguem.

4.1. Ocorrências

É mister a adoção, pelo Estado, de medidas eficazes para a proteção da vida e integridade pessoal de todos os encarcerados, assim como de todas as pessoas que ingressem nas dependências carcerárias, dentre elas os visitantes, os voluntários, os agentes penitenciários e os advogados.

E compete ao Estado brasileiro envidar todos os esforços para investigar a incidência de cada situação ou ocorrência nas instituições prisionais e conforme as circunstâncias processar os responsáveis.[35]

Para tanto, é mister registrar que a sintonia dos trabalhos realizados pelos Poderes locais (Poder Legislativo, Poder Executivo, Poder Judiciário e ainda a integração destes ao Ministério Público, na qualidade de instituição autônoma representativa da sociedade e à própria polícia), a participação da sociedade civil e o diálogo constante com a União Federal são meios de controle dos fatos que se passam nas dependências de cada uma das instituições prisionais e de seu contorno.

Trata-se de uma questão ética, o que é focalizado por *Miguel Reale* como a expressão de valores que se adequam às regras visando ao bem-comum:

> "uma conduta é ética quando se subordina a certas regras, cuja obrigatoriedade resulta de algum valor, cujo adimplemento é suscetível de ser reconhecido como um bem tanto por quem age como pelos demais homens, com a consciência, outrossim, do valor intrínseco do seu e do alheio empenho em realizá-lo."[36]

4.2. Características pessoais do encarcerado

De acordo com as características pessoais de cada preso ao adentrar no sistema, deve ser possível separá-lo de criminosos de maior periculosidade para afastar influências.[37]

---

(35) HERNÁN, Yolanda Muñoz. *Trabajo en prisión: Una experiencia en tratamiento de conflictos* (Una experiencia para aproximar posiciones desde las tradiciones) : "La institución penitenciaria es cerrada por naturaleza, y además de las barreras físicas existen las barreras psicológicas y de los prejuicios, que por invisibles son más duros de romper. Con una visión y un abordaje diferente estos muros podrían comenzar a resquebrajarse para dotarle de la dimensión de lo humano." Quer dizer: A instituição penitenciária é fechada por natureza, e além das barreiras físicas e psicológicas, os preconceitos existem, que como redes de cabelo são mais difíceis de quebrar. Com uma visão e uma diferente abordagem estas paredes poderiam começar a rachar e equipar-se conforme a dimensão do ser humano.
(36) REALE, Miguel. *O direito como experiência: introdução à epistemologia jurídica*, p. 264.
(37) DEWEY, John. *Op. cit.*, p. 126: "Men associate together in all kinds of ways and for all kinds of purposes. One man is concerned in a multitude of diverse groups, in which his associates may be quite different. It often seems as if they had nothing in common except that they are modes of associated life.

Para tanto, de primeira importância se cumprir a normativa internacional[38], incorporada pelo sistema jurídico pátrio e tratada complementarmente por meio da Lei de Execuções Penais, de que presos provisórios e definitivos devem restar separados, possibilitando não somente a divisão entre provisórios e apenados, mas também a separação dos presos definitivos de acordo com o grau de periculosidade.[39]

De toda sorte, provisórios ou apenados, menos ou mais perigosos, cada um daqueles que se encontram em privação de liberdade são sujeitos jurídicos, consoante aclarado por *Hans Kelsen*: "pessoa é o homem enquanto sujeito de direitos e deveres". E, "a ideologia da subjetividade jurídica se liga com o valor ético da liberdade individual, da personalidade autônoma". Para *Kelsen*, um ordenamento jurídico é subordinado ao reconhecimento do indivíduo como "personalidade livre".[40] E cada uma dessas personalidades deve ser entendida em sua individualidade para que possa ser atendida devidamente, tratada e recuperada para o inevitável retorno social.

Within every larger social organization there are numerous minor groups: not only political subdivisions, but industrial, scientific, religious, associations. There are political parties with differing aims, social sets, cliques, gangs, corporations, partnerships, groups bound closely together by ties of blood, and so on in endless variety. In many modern states and in some ancient, there is great diversity of populations, of varying languages, religions, moral codes, and traditions. From this standpoint, many a minor political unit, one of our large cities, for example, is a congeries of loosely associated societies, rather than an inclusive and permeating community of action and thought." O que nos faz dizer que: Os homens associam-se de todas as maneiras e para todos os tipos das finalidades. Um homem é concernido em multiplicidade de grupos, dentre os quais seus associados podem ser completamente diferentes. Isto parece tão comum que é imaginável que não teria nada na Terra exceto modalidades de vida associada. Dentro de cada organização social, sub-grupos: não somente subdivisões, mas de caráter industrial político, científico, religioso, associações enfim. Há partidos políticos que se diferem dos jogos sociais, grupos, corporações, parcerias, grupos limitados por laços de sangue, e assim por diante, em variedade infinita. Em muitos estados modernos e em algum antigo, há uma diversidade das populações, de línguas, das religiões, de códigos morais e de tradições. Deste ponto de vista, tanto nas unidades políticas menores, quanto maiores, há sociedades frouxamente associadas, e seria melhor que uma comunidade, para ser inclusiva, permitisse a ação e a integração de todos.

(38) Regras mínimas para o tratamento dos reclusos, adotadas pelo Primeiro Congresso das Nações Unidas sobre Prevenção do Delito e Tratamento do Delinqüente, celebrado em Genebra em 1955, e aprovadas pelo Conselho Econômico e Social em suas resoluções 663C (XXIV) de 31 de julho de 1957 e 2076 (LXII) de 13 de maio de 1977, Nações Unidas, Escritório do Alto Comissionado para os Direitos Humanos – Corte Interamericana de Direitos Humanos e Determinação da Assembléia Geral da ONU, Resolução n. 2.858, de 20/9/71 reiterada pela Resolução n. 3.858, de 6.11.74, conseqüentes ao IV Congresso das Nações Unidas sobre a Prevenção do Delito e do Tratamento do Delinqüente, realizada em Kioto, no Japão, em 1970, fixando os limites do poder-dever de punir.

(39) Veja-se esta recomendação a partir de FOUCAULT, Michel. *Vigiar e punir: o nascimento da prisão*, p. 167: "...o encarceramento nunca se confunde com a simples privação de liberdade. É, ou deve ser em todo caso, um mecanismo diferenciado e finalizado. Diferenciado pois não deve ter: a mesma forma, consoante se trate de um indiciado ou de um condenado, de um contraventor ou de um criminoso: cadeia, casa de correção, penitenciária devem, em princípio, corresponder mais ou menos a essas diferenças, e realizar um castigo não só graduado em intensidade, mas diversificado em seus objetivos. Pois a prisão tem um fim, apresentado de saída: "Como a lei inflige penas umas mais graves que outras, não pode permitir que o indivíduo condenado a penas leves se encontre preso no mesmo local que o criminoso condenado a penas mais graves...; se a pena infligida pela lei tem como objetivo principal a reparação do crime, ela pretende também que o culpado se emende" (citação de relatório de G. A Real, "Motifs du Côde d´instruction Criminelle").

(40) KELSEN, Hans. *Op. cit.*, p. 191.

4.3. Recursos organizacionais

Curioso verificar que a *Constituição Política do Império do Brazil*, de 25 de março de 1824, em seu art. 179, XXI, já se ocupava de tratar sobre os recursos organizacionais das instituições prisionais, prevendo: "As Cadêas serão seguras, limpas, e bem arejadas, havendo diversas casas para separação dos Réos, conforme suas circumstancias, e natureza dos seus crimes".

Naturalmente a população carcerária à época era até insignificante se comparada aos dias atuais, e exatamente por esta questão natural, verificamos que os recursos organizatórios do sistema devem ser periodicamente revistos.[41]

Sendo os recursos organizacionais do sistema prisional constantemente aperfeiçoados, os mesmos serão ajustados às normas internacionais de proteção aos direitos humanos aplicáveis à matéria, as quais, incorporadas pela nossa Constituição, viabilizam a permissão da participação de presos em processos decisionais internos, como forma de aprendizado da cidadania.

Esclarecimentos ao presidiário para que o mesmo possa exigir de maneira adequada o acesso ao processo de ressocialização também é tarefa a ser cumprida pelo Estado no ato da entrada no sistema prisional, já que direito individual fundamental.

Assim propomos que ao adentrar o sistema prisional, o indivíduo receba palestra elucidativa sobre os direitos e garantias aos quais faz jus, inclusive a propositura de *Habeas-Corpus* para garantia de sua integridade física e moral, de Ação Popular para a proteção do patrimônio público contido no sistema a ser proposta pelo não condenado ou por familiares e de mandado de segurança, inclusive com pedido de liminar para reclamar lesão ou ameaça a direito seu, líquido e certo, como são a dignidade, saúde, segurança, higiene, alimentação, educação, acesso ao trabalho e ressocialização como um todo, dentre outros.

4.4. Atendimento Médico

Verdade incontestável ser a vida humana — objeto do direito assegurado no art. 5º, *caput*, da Lei Maior brasileira — integrada de elementos materiais (físicos e psíquicos) e imateriais (espirituais), e constituir-se em fonte primária de todos os demais bens jurídicos. Tal objeto, conseqüentemente, abrange outros direitos que lhe são subsidiários e devem, da mesma maneira, ser preservados, como o direito

---

(41) Mais uma vez reportamo-nos ao estudo realizado por HERNÁN, Yolanda Muñoz. *Op. cit.*, ao dizer que: "La estructura determina los marcos de realidad en los cuales estamos insertos y determina de forma más o menos directa las relaciones de las personas que conviven en esa estructura. Esta máxima si bien es aplicable a todos los ámbitos de la vida y de nuestra realidad, aún más cuando hablamos de instituciones cerradas como la penitenciaria." A estrutura determina as marcas da realidade em que nós somos introduzidos e determina de forma mais ou menos direta as relações das pessoas que coexistem nessa estrutura. Esta máxima, embora seja aplicável a todos os espaços da vida e de nossa realidade, é ainda mais quando falamos das instituições fechadas como as penitenciárias.

à integridade física, o direito à integridade psíquica e o direito à integridade moral.[42]

No mais, conforme elaborado pelo Conselho Federal de Medicina, em cumprimento ao art. 30 da Lei n. 3.268/57, e publicado no Diário Oficial da União de 11.1.65, através do Decreto n. 44.045/58, são responsabilidades dos Médicos, dentre outras:

"a) servir ao ser humano, zelando pela conservação da vida, aliando-se ao sofrimento daquele que necessita de seu atendimento e promovendo a saúde;

b) respeitar a vida do próximo, desde a concepção até a morte, não cooperando em atos contra a integridade física ou psíquica;

c) cuidar de todos os pacientes com a mesma dedicação, seja qual for a raça, a nacionalidade, partido político, condição social ou religião."

Destarte, para que se cumpra a Constituição e se promova a dignidade da pessoa humana, os recursos médicos devem ser ampliados incessantemente, não simplesmente para tratar doenças mas para efetivamente preveni-las em meio à população carcerária.[43]

4.5. Atendimento psicológico e psiquiátrico

Na antiga Grécia, *Platão* já advertia a humanidade sobre a fundamentalidade do auto-conhecimento. Com a máxima: "Conhece-te a ti mesmo"[44], transpôs os séculos de modo a dirigir-se a todas as pessoas, em qualquer época, sugerindo a contribuição pessoal para a própria evolução, a evolução de sua comunidade, de seu povo, de toda uma geração e de toda a humanidade.

Para que cumpra-se a máxima platoniana nas instituições prisionais, devem ser implantados acompanhamentos psicológicos e psiquiátricos de modo a atender ao menos duas vezes por semana cada preso, na medida de suas carências pessoais, compreendo-se tal serviço como questão de saúde pessoal e de interesse público.

É preciso estimular a mente humana para a construção de um nível de consciência não alienante e inclinada a saber representar em si mesma a mente do outro, para a melhor compreensão do mundo exterior e sua ideal inclusão no mesmo. É o que *Godofredo Telles Júnior* nos leva a refletir com suas palavras:

---

(42) A CF/88 determina que: "é assegurado o respeito à integridade física do preso" (art. 5º, XLIX); e que: "ninguém poderá ser submetido à tortura ou tratamento desumano ou degradante" (art. 5º, III).

(43) MOR, E. Thomas. *Utopia*, p. 16: "this way of punishing thieves was neither just in itself nor good for the public; for as the severity was too great, so the remedy was not effectual; simple theft not being so great a crime that it ought to cost a man his life, no punishment how severe soever being able to restrain those from robbing who can find out no other way of livelihood." Esta maneira de punir ladrões não estava nem apenas em si nem significava um bem para a sociedade; porque a severidade era demasiadamente grande, assim, o remédio não surtia efeito; roubo simples, que não é assim um grande crime, não poderia custar a um homem sua vida, nenhuma punição pode ser tão severa sobre quem rouba que não possa encontrar depois uma outra maneira de subsistência.

(44) PLATÃO. *Apologia a Sócrates*, p. 115.

"Se o objeto da consciência pudesse ser a própria consciência [ou seja, o nosso mundo psíquico], a consciência desse objeto se reduziria à consciência da consciência. Mas, para que se tenha uma outra consciência, e ainda outra anterior, e outra mais, seríamos forçados a regredir até o infinito, onde encontraríamos a primeira consciência."[45]

4.6. Atendimento Holístico

Os instrumentais pedagógicos a serem aplicados nas instituições prisionais devem atender às expectativas de formação integral da pessoa, tais quais arte e arteterapia, musicalização e musicoterapia, teatralização e práticas desportivas, também permitindo o aproveitamento integralizador desses recursos como terapia,[46] cultura e profissionalização, permitindo aos presidiários inclusive o trabalho (laborterapia) nessas próprias atividades, já que em várias de suas vertentes, de formação breve, e para que se viabilize a liberdade de "expressão da atividade intelectual, artística, científica e de comunicação" na medida do que é possível mediante a ausência de liberdade de locomoção.[47]

Tal qual diz *Rosa Nery*: "Expressões da atividade intelectual e moral do homem são aspectos de suas potencialidades... as atividades decorrentes dessa potência intelectiva são causas jurígenas de surgimento de direitos".[48] E, como nos pusemos a refletir a partir de proposição de *Maria Garcia*, é possível transformar pelo Belo, pela estética. É a catarse dos gregos que, por sua vez, desprezada por Roma: a purificação pela arte.[49]

O atendimento integral, então, deverá ser fomentado tanto por questão terapêutica quanto cultural e para a descoberta de talentos ocultos a serem desenvolvidos e valorizados, com a possibilidade de profissionalização e resgate da dignidade individual.[50]

---

(45) TELLES JÚNIOR, Godofredo. *Palavras do amigo aos estudantes de Direito*, p. 120 e 121.
(46) Frei ALVERNE, Francisco do Monte. "Improviso na Associação Ensaio Filosófico, em 10.12.1948, por ocasião de ser por ela aclamado o mais genuíno representante da filosofia no Brasil". *In Antologia de famosos discursos brasileiros*, p. 54: "é preciso um estímulo aos talentos, e um apôio à virtude."
(47) A liberdade de expressão intelectiva é prevista pelo art. 5º, IX da CF/88 e resiste, na medida do possível, à ausência de liberdade física, já que a transcende.
(48) NERY, Rosa Maria de Andrade. *Noções preliminares de direito*, p.144.
(49) Anotações de aula em reunião do Grupo de Estudos Constitucionais – GEC, do dia 22.10.2004, durante exposição sobre "O teatro grego e sua influência sobre o homem universal da renascença".
(50) FOUCAULT, Michel. *Op. cit.*, p. 211: " O delinqüente se distingue do infrator pelo fato de não ser tanto seu ato quanto sua vida o que mais o caracteriza. A operação penitenciária, para ser uma verdadeira reeducação, deve totalizar a existência do delinqüente, tornar a prisão uma espécie de teatro artificial e coercitivo onde é preciso refazê-la totalmente. O castigo legal se refere a um ato; a técnica punitiva a uma vida; cabe-lhe por conseguinte reconstituir o ínfimo e o pior na forma do saber; cabe-lhe modificar seus efeitos ou preencher suas lacunas, através de uma prática coercitiva. Conhecimento da biografia, e técnica da existência retreinada. (...) Por trás do infrator a quem o inquérito dos fatos pode atribuir a responsabilidade de um delito, revela-se o caráter delinqüente cuja lenta formação transparece na investigação biográfica. A introdução do "biográfico" é importante na história da penalidade. Porque ele faz existir o "criminoso" antes do crime e, num raciocínio-limite, fora deste. E, porque a partir daí uma causalidade psicológica vai, acompanhando a determinação jurídica da responsabilidade, confundir-lhe os efeitos. Entramos então no dédalo "criminológico" de que estamos bem longe de ter saído hoje em dia:

Afinal: "O homem deixou de ser considerado em seu elemento fundamental — a espiritualidade; deixou de ser respeitado como essência, como ser que sente, que pensa, que sofre, que cria...; mas passou a ser visto como homem — força de trabalho; homem — dínamo do progresso; homem — número, que, somado a outros tantos números pode gerar divisas... o que nos impressiona, todavia, é o fato de que, apesar da angústia sufocante que marca o homem de nossos dias, nunca se procurou com tanta ansiedade o sentido da vida e do Universo. O homem contemporâneo, quer douto, quer inculto, sistematicamente o primeiro, aleatoriamente o segundo, se empenha em encontrar os 'porquês" da vida e do mundo'".[51]

4.7. Promoção da socialização positiva e campanhas de sensibilização

A partir da divulgação de trabalhos em equipe e outras atividades lúdicas, socializantes e educativas formando-se grupos pequenos e homogêneos, em respeito à necessidade humana da convivência, entre os próprios encarcerados e as visitas ou os voluntários que desenvolvam atividades ressocializadoras nas instituições prisionais — campanhas nacionais (como também estaduais) carecerão de ser implementadas com o intuito de promover a sensibilização da sociedade em geral sobre a fundamentalidade da ressocialização das pessoas privadas de liberdade, para que no regresso à convivência livre não reincidam no crime, coloquem-se adequadamente perante a família, a comunidade e o mercado de trabalho e possam usufruir e colaborar para o que se entende por vida digna.[52]

---

qualquer causa que, como determinação, só pode diminuir a responsabilidade, marca o autor da infração com uma criminalidade ainda mais temível e que exige medidas penitenciárias ainda mais estritas. À medida que a biografia do criminoso acompanha na prática penal a análise das circunstâncias, quando se trata de medir o crime, vemos os discursos penal e psiquiátrico confundirem suas fronteiras; e aí, em seu ponto de junção, forma-se aquela noção de indivíduo "perigoso" que permite estabelecer uma rede de causalidade na escala de uma biografia inteira e estabelecer um veredicto de punição-correção."
(51) SILVA CASTRO, Maria da Glória Lins da. "Ética e Técnica no Processo". *Revista Jurídica da Faculdade de Direito de Curitiba*, ano 3, n. 2, p. 127.
(52) Na íntegra, trazemos, em complemento, o pensamento de HERNÁN, Yolanda Muñoz. *Op. cit.:* 'El medio penitenciario tiene unas caracteristicas propias. Yela (1998) lo define como un lugar "hostil, con unas normas de conducta propias, con unos modelos desadaptados que son los que se pretenden modificar, con un "código" de los propios internos, etc., que dificulta su tratamiento." En una intervención en esta estructura no podemos olvidar cuales son los efectos de la prisión, lo que se ha dado en llamar, prisionización, tal y como relatan Caballero (1979,1982) y Valverde (1991) su manifestación es observable a distintos niveles: a. Biológico: aumentos del instinto de ataque al no ser posible la huida, problemas para conciliar el sueño, problemas de privación sexual, sensoriales (visión, audición, gusto, olfato...) b. Psicológico: pérdida de la autoestima, deterioro de la imagen del mundo exterior debido a la vida monótona y minuciosamente reglada, acentuación de la ansiedad, la depresión, el conformismo, la indefensión aprendida, la dependencia. c. Social: "contaminación criminal", alejamiento familiar, laboral, aprendizaje de pautas de supervivencia extremas (mentir, "trapicheo", "dar pena ")." Isto é: O meio penitenciário tem características próprias. Yela (1998) define-o como um lugar hostil ", com próprias normas de conduta, desorientadas que são os que o pretendem modificar, com "um código "de seus próprios internos, que dificulta seu tratamento." Em uma intervenção nesta estrutura, não podemos esquecer, quais são os efeitos da prisão, que ocorreu na chamada, prisionização, assim e como (1979.1982) relacionam *Horseman* e Valverde (1991) que sua manifestação é observável em níveis diferentes: a) biológico: aumento do instinto de ataque, dados os problemas para conciliar o sonho, a privação sexual, sensorial (visão, audição, paladar, olfato e tato); b) psicológico: perda da identidade pessoal, deterioração da imagem do mundo exterior devido à acentuação da ansiedade, a depressão, o conformismo, a sensação de indefesa, a dependência; c) social: "contaminação criminal", distância familiar, laboral, aprendizagem de linhas de conduta extremas para sobrevivência (mentir, trapacear, "para dar a dor"), para se encontrar.

Afinal, de que valerá a legislação apenas ser imposta à sociedade, se esta não for sensibilizada a cooperar para a ressocialização dos encarcerados? Como diz *Nelson Nery Júnior*, é ímpar que se "pretende criar a necessidade de haver mudança de mentalidade de todos...",[53] isto é, a existência da legislação não é suficiente. Há de se formar uma nova mentalidade social.

4.8. Valorização da auto-estima pelo apoio comunitário

Fundamentalmente importante o apoio da comunidade para que seja alcançado o objetivo de reinserção do encarcerado à sociedade.[54] O Estado, conforme estabelecido na norma infraconstitucional específica, a Lei de Execução Penal[55], deverá recorrer à cooperação da comunidade nos programas destinados a auxiliar o preso a ter melhores condições de vida durante o cumprimento de sua pena e uma atitude positiva frente às novas perspectivas de vida após este período.

As vertentes doutrinárias mais abalizadas, conforme propaga *Mirabete*, se desenvolvem no sentido de que uma parcela da responsabilidade na reintegração daquele que delinqüiu cabe à comunidade, o que se confirma infraconstitucionalmente, através do art. 4º da Lei de Execuções Penais, de maneira que o Estado, quando isto preconiza, não está se eximindo de sua tarefa, mas tão somente, dividindo-a com forças vivas da sociedade que tão bem, ou até melhor, poderão desempenhá-la.

Frente a esta hipótese, acentua *Mirabetti*: "A sanção penal sempre se constitui em um estigma social que acompanha o sentenciado mesmo após a sua libertação definitiva, e o mundo do cárcere, submetido automaticamente aos agentes do Estado, precisa ser arejado e fiscalizado por pessoas alheias ao sistema, não se podendo prescindir da contribuição da comunidade nessas e em outras tarefas de assistência ao preso, internado e egresso."[56]

---

(53) O professor NERY JÚNIOR, Nelson em um dentre seus inúmeros artigos sobre o "Direito das Relações de Consumo", explicava, no ano de 1992 ,sobre a então recente edição do Código específico sobre o tema e alertava-nos para o fato de que 'não mais seja praticada' a 'lei do Gerson no país' e que uma nova forma de pensar o Direito se impunha. Veja-se em Nelson NERY JÚNIOR. "Os princípios gerais do Código Brasileiro de Defesa do Consumidor", *in Revista de Direito do Consumidor*, v. 3, p. 45.
(54) HOBBES, Thomas. *Leviathan*, p. 26: "The general use of speech is to transfer our mental discourse into verbal, or the train of our thoughts into a train of words, and that for two commodities; whereof one is the registering of the consequences of our thoughts, which being apt to slip out of our memory and put us to a new labour, may again be recalled by such words as they were marked by. So that the first use of names is to serve for marks or notes of remembrance. Another is when many use the same words to signify, by their connexion and order one to another, what they conceive or think of each matter; and also what they desire, fear, or have any other passion for. And for this use they are called signs." O que quer dizer que o uso geral do discurso deve transferir nosso discurso mental em verbal, ou "o trem de nossos pensamentos em um trem de palavras", e daquele para dois produtos; dentre os quais, um é o registro das conseqüências de nossos pensamentos, que sendo apto a escapar de nossa memória e pôr fim a um trabalho, pode outra vez ser recordado por tais palavras como foram marcadas, de modo que o primeiro uso dos nomes deva servir para marcas ou notas. Outro é quando muitos usam as mesmas palavras, por sua conexão, requisitando um a outro sobre o que concebem ou pensam sobre cada matéria; e também o que desejam, temem, ou têm por paixão. E para este uso são chamados signos ou sinais.
(55) LEP, art. 4º: "O Estado deverá recorrer à cooperação da comunidade nas atividades de execução da pena e da medida de segurança."
(56) MIRABETE, Julio Fabbrini. *Execução penal*, p. 43.

Não há, porém, como esperar que todos os encarcerados necessariamente estejam aptos ao convívio social pacífico após sua passagem por unidades prisionais, até porque as mesmas estão muito distantes do que poder-se-ia classificar como ideal. Entretanto, a readaptação à vida social é o objetivo e para isso, que sejam reunidos esforços tanto do governo como da própria sociedade, que, em última análise, é quem mais tem interesse na ressocialização do preso como medida de proteção e, porque não dizer, de sua própria sobrevivência.

4.9. Conversão e Vida Religiosa

Encarcerados que se convertem e passam a praticar uma religião mudam de atitude perante a vida e têm maior facilidade de ressocialização que os demais.[57] E, quanto à fé, as palavras de *Dostoiévski* são adequadas à atualidade: "Adeptos da ciência querem organizar-se eqüitativamente pela razão apenas, mas sem o Cristo, como outrora; já proclamaram que não há crime nem pecado. Têm razão de acordo com seu ponto de vista, porque sem Deus, onde está o crime?"[58]

O incentivo à prática religiosa para o resgate de valores individuais positivos nas instituições prisionais, deve ser fomentado em cumprimento ao preceito constitucional fundamental que dita:

"é inviolável a liberdade de consciência e de crença, sendo assegurado o livre exercício dos cultos religiosos e garantida, na forma da lei, a proteção aos locais de culto e a suas liturgias."[59]

---

(57) LOCKE, John. *A letter concerning toleration,* p. 4: "That any man should think fit to cause another man; whose salvation he heartily desires ; to expire in torments, and that even in an unconverted state, would, I confess, seem very strange to me, and I think, to any other also. But nobody, surely, will ever believe that such a carriage can proceed from charity, love, or goodwill. If anyone maintain that men ought to be compelled by fire and sword to profess certain doctrines, and conform to this or that exterior worship, without any regard had unto their morals; if anyone endeavour to convert those that are erroneous unto the faith, by forcing them to profess things that they do not believe and allowing them to practice things that the Gospel does not permit, it cannot be doubted indeed but such a one is desirous to have a numerous assembly joined in the same profession with himself; but that he principally intends by those means to compose a truly Christian Church is altogether incredible." O que indica o pensamento de Locke sobre a tolerância, a oportunidade, a conversão (verdadeira e falsa) e a salvação como sendo que: todo homem deve pensar sobre como os julgamentos podem atingir um outro homem; de quem realmente deseja a salvação; para expirar nas tormentas, e em conseqüência em um Estado não convertido, eu confesso, parece muito estranho a mim, e eu penso, a qualquer outro também. Mas ninguém, certamente, acreditará sempre que tal carruagem possa prosseguir da caridade, do amor, ou da vontade Divina. Se qualquer um permitir que os homens compelidos pelo fogo e pela espada professem determinadas doutrinas, e se conformem a estas ou que exteriorizem adorações, sem considerar sua moral; se qualquer um converter aqueles que são errôneos à fé, forçando-os a professar as coisas que não acreditam e permitindo que pratiquem as coisas que o evangelho não permite, não podemos duvidar, certamente, mas tal é desejoso ter um conjunto numeroso na mesma atividade; mas isso que pretende principalmente por aqueles meios compor uma igreja verdadeiramente cristã é completamente inacreditável.

(58) DOSTOIEVSKI, Fiódor M. *Os irmãos Karamázovi,* p. 231. E ainda, nas provocações: "que se tornará o homem, sem Deus e sem imortalidade? Tudo é permitido, por conseqüência, tudo é lícito? (...) Sim, estaremos acorrentados, privados de liberdade, mas em nossa dor ressuscitaremos para a alegria, sem a qual o homem não pode viver nem Deus existir, porque é Ele que a dá." p. 411 e 413.

(59) Art. 5º, VI, da Constituição Federal.

Sabendo-se que as religiões suprem carências humanas e nos resgatam de todo estigma negativo, a partir da possibilidade do perdão, início de uma nova vida[60], são as mesmas caminho para a ressocialização. Afinal, "a prece é uma educação".[61] Como o dizer de *Hobbes*: "There is this one thing only wanting to the complete understanding of all civill duty, & that is, to know which *are the Laws and Commandments of God.*" Há apenas uma coisa necessária à total compreensão de todo dever civil, e isto é saber quais são as leis e os mandamentos de Deus.[62]

A auto-estima daquele que se entrega ao Criador e confia Nele o seu passado, o seu presente e o seu futuro, elevado ao posto de "filho de Deus" ou de criação Divina, o que faz com que todo e qualquer ser humano passe a ser visto como "irmão" ou como "semelhante". Assim é mais plausível a ressocialização e a não reincidência, em qualquer circunstância, independentemente do que até então se tenha cometido.[63]

Convém rememorar que o Preâmbulo de nossa Constituição invoca a proteção de Deus para inaugurar o Sistema Jurídico que estabelece. E isto nos permite invocar o dizer da Bíblia Sagrada, que professa que o Senhor "perdoa a nossa iniquidade e o nosso pecado e toma-nos por tua herança"[64]. O que faz com que se jurisdicionalize mais do que o ideal de ressocialização, mas o ideal de redenção da criatura pelo criador.

4.10. O problema do acesso ao Trabalho

Diante do contingente de excluídos que atualmente tem assumido proporções alarmantes mesmo nos países de economia mais estável, uma vez que o trabalho humano a cada dia torna-se mais desnecessário e competitivo, falar-se em dar emprego ou contratar a mão-de-obra de uma pessoa que desviou-se da conduta correta

---

(60) WILDE, Oscar. *De profundits*, p. 37: "Esta vida nova, como, em razão da minha predileção por Dante, gosto de chamá-la, não é verdadeiramente para mim uma vida nova, mas simplesmente a continuação, por desenvolvimento e evolução, da minha vida anterior."
(61) DOSTOIEVSKI, Fiódor M. *Op. cit.*, p. 233.
(62) HOBBES, Thomas. *Philosophicall Rudiments Concerning Government and Society. Or, A Dissertation Concerning MAN in his severall habitudes and respects, as the Member of a Society, first Secular, and then Sacred*, p. 206.
(63) ALIGHIERI, Dante. *Convívio*, p. 154: "Non è maraviglia se la divina provedenza, che del tutto l'angelico e lo umano accorgimento soperchia, occultamente a noi molte volte procede, con ciò sia cosa che spesse volte l'umane operazioni a li uomini medesimi ascondono la loro intenzione; ma da maravigliare è forte, quando la essecuzione de lo etterno consiglio tanto manifesto procede c[on] la nostra ragione. 2. E però io nel cominciamento di questo capitolo posso parlare con la bocca di Salomone, che in persona de la Sapienza dice ne li suoi Proverbi: "Udite: però che di grandi cose io debbo parlare". Conforme as palavras de Dante, podemos interpretar quão maravilhoso, se a providência divina, que sabe de toda a bondade angelical e de toda a sagacidade humana, e que ocultamente, junto a nós muitas vezes procede, como nos tempos difíceis às operações humanas, mesmo quando pretendemos esconder nossa intenções; mas o poder do maravilhoso é forte, quando o perdão eterno, o conselho manifesto, prossegue junto à nossa razão. E mais, a compreensão do comunicado de que podemos falar com a boca de Salomão, que na sabedoria de seus Provérbios diz: "ouçam: pois de coisas grandiosas eu devo falar ".
(64) Êxodo, 34.9.

para continuar vivendo em sociedade,[65] para ocupar o posto de trabalho de outra que não cometeu nenhum delito e por esta razão talvez tenha condições de ser considerada mais merecedora desta oportunidade, pode parecer algo impensável.[66]

Contudo, é inquestionável o fato de que o trabalho, (diversamente do que propagava *Aristóteles*), dignifica o homem e esta chance pode fazer a diferença para aqueles a quem a vida já tirou quase todas.[67] Tal qual propagado por *Egmont Hiller:* "É indispensável ao homem realizar-se pelo uso dos dons que lhe foram concedidos. A discrepância entre a atividade costumeira e as capacidades latentes provoca, não somente, muitas tensões na vida profissional, mas também várias situações de conflito interior, por atuar inconsciente e incontroladamente em todos os setores da vida. O subdemandado tende à resignação. Não possuindo mais consciência de seus dons e capacidades, acabará alheando-se de si mesmo."[68]

A importância do trabalho já está presente em nossa Constituição na qualidade de princípio, quando prescrito como fundamento da República, *in verbis*:

> "Art. 1º A República Federativa do Brasil, formada pela união indissolúvel dos Estados, Municípios e do Distrito Federal, constitui-se em Estado Democrático de Direito e tem como fundamentos: (...) III — a dignidade da pessoa humana; IV — os valores sociais do trabalho e da livre iniciativa."

A implementação de projetos que possibilitem capacitação e estágio profissional, em conformidade com a Constituição Federal, com a normativa internacional e

---

(65) Em FOUCAULT, Michel. *Op. cit.,* pp. 202 e 203, podemos observar que esta visão não é nova nem localizada: "A discussão que nunca se encerrou totalmente recomeça, e muito vivamente, nos anos 1840-1845: época de crise econômica, época de agitação operária, época também em que começa a se cristalizar a oposição do operário e do delinqüente. Há greves contra as oficinas de prisão: quando um fabricante de luvas de *Chaumont* arranja para organizar uma oficina em *Clairvaux*, os operários protestam, declaram que seu trabalho está desonrado, ocupam a manufatura e forçam o patrão a renunciar a seu projeto. Há também uma campanha de imprensa nos jornais operários sobre o tema de que o governo favorece o trabalho penal para fazer baixar os salários "livres" (...) sobre o tema de que se reservam aos detentos os trabalhos mais seguros — cita: "os ladrões vivendo em prisões bem aquecidas e bem abrigados executam os trabalhos de chapelaria e de marcenaria", enquanto o chapeleiro reduzido ao desemprego tem que ir "ao abatedouro humano e fabricar alvaiade a 2 francos por dia" ; sobre o tema de que a filantropia dá muita importância às condições de trabalho dos detentos, mas negligencia as do trabalhador livre."

(66) VOLTAIRE. *Traité sur la tolérance,* p.16: "tolérance n'a jamais excité de guerre civile; l'intolérance a couvert la terre de carnage. Qu'on juge maintenant entre ces deux rivales, entre la mère qui veut qu'on égorge son fils, et la mère qui le cède pourvu qu'il vive! Je ne parle ici que de l'intérêt des nations; et en respectant, comme je le dois, la théologie, je n'envisage dans cet article que le bien physique et moral de la société. Je supplie tout lecteur impartial de peser ces vérités, de les rectifier, et de les étendre. Des lecteurs attentifs, qui se communiquent leurs pensées, vont toujours plus loin que l'auteur." O qual, pregando a respeito da tolerância, expressou que: "tolerância nunca excitou guerra civil; a intolerância cobriu a terra de carnificina. 'Que se julgue agora entre estes dois rivais, entre mãe que quer que seus filhos sejam degolados, e mãe que intercede que vivam! Falo aqui apenas do interesse das nações; e respeitando a teologia, como devo, encaro neste artigo apenas o bem físico e moral da sociedade. Suplico a todo leitor imparcial, pesar destas verdades, retificá-las e estendê-las. Leitores atentos, cujos pensamentos se comunicam, vão sempre mais adiante que o autor."

(67) Veja-se em RAMOS, Graciliano, *Memórias do Cárcere,* v. I, p. 151: "Inútil, ocioso, a vagar à toa, ouvindo a parolagem dos grupos, tentando familiarizar-me – e o trabalho abandonado. Nunca me vira sem ocupação: enxergava na preguiça uma espécie de furto. Necessário escrever, narrar os acontecimentos em que me embaraça. Certo não os conseguiria desenvolver: faltava-me calma, tudo em redor me parecia insensato."

(68) HILLER, Egmont. *Humanismo e técnica,* p. 64.

com a Lei de Execuções Penais, em todas as instituições carcerárias tem poder transformador e integrativo.[69] E, cabe dizer, para assegurar o seu direito ao trabalho, o encarcerado pode impetrar Mandado de Segurança em face à omissão ou ao ato ilegal, arbitrário ou abusivo cometidos pela autoridade do presídio, dentro do que preceitua o art. 5º, LXIX, da *Constituição Cidadã,* lei máxima do Estado brasileiro.

5. Reflexões Finais

Na busca pela compreensão das dimensões individuais e supra-individuais da responsabilidade social sobre a tarefa de ressocializar aqueles que desviam suas condutas, tivemos, por meio deste trabalho, como preocupação central, a condição humana, a igualdade jurídica entre as pessoas, a dignidade do homem, a conquista e a efetivação de direitos, e o dever comum para com o Estado: a cidadania em seu sentido mais amplo, a qual é sentida pela pessoa que trabalha e contribui para o crescimento de seu país.

Partindo da premissa de que a ressocialização, tal qual a socialização, é um direito-dever, já que inerente à cidadania, sustentamos que embora direito individual, a ressocialização dos encarcerados é ao mesmo tempo direito de todos e dever do Estado e como dever do Estado, dever de todos.

Este raciocínio apenas evidencia que ações de responsabilidade social visando à reintegração dos encarcerados no meio social através de seu trabalho são necessárias.

Um imperativo de mudança se faz com relação às medidas pró-ressocialização, pois até o momento, conforme *Frances Hesselbein, Marshall Goldshmith* e *Richard Beckhard*: "Estamos nos tornando cada vez mais dolorosamente conscientes do perigoso enfraquecimento de nossa estrutura social. Drogas, gangues, analfabetismo, pobreza, crime, violência, dissolução da família — isto tudo continua em uma espiral descendente. Os líderes do presente começam a admitir que tais problemas sociais colocam em risco todos os aspectos da sociedade. Os líderes do futuro percebem que os setores dos quais tradicionalmente se esperavam soluções

---

(69) FOUCAULT, Michel. *Op. cit.*, pp. 202 e 203: " O trabalho é definido, junto com o isolamento, como um agente da transformação carcerária. E isso desde o Código de 1808 (...) O trabalho não é nem uma adição nem um corretivo ao regime de detenção: quer se trate de trabalhos forçados, da reclusão, do encarceramento, é concebido, pelo próprio legislador, como tendo que acompanhá-la necessariamente. Mas uma necessidade que justamente não é aquela de que falavam os reformadores do século XVIII, quando queriam fazer da prisão ou um exemplo para o público ou uma reparação útil para a sociedade. No regime carcerário, a ligação do trabalho e da punição é de outro tipo. Várias polêmicas surgidas na Restauração ou durante a monarquia de julho esclarecem a função que se empresta ao trabalho penal. Discussão em primeiro lugar sobre o salário. O trabalho dos detentos era remunerado na França. Problema: se uma retribuição recompensa o trabalho em prisão, é porque este não faz realmente parte da pena; e o detento pode então recusá-lo. Além disso, o benefício recompensa a habilidade do operário e não a regeneração do culpado: " os piores elementos são quase em toda parte os mais hábeis operários; são os mais retribuídos, conseqüentemente os mais intemperantes e os menos aptos ao arrependimento"." (citação de *Foucault a J. J. Marquet Vasselot*).

para esses problemas estão muito distantes da capacidade de tratá-los — a saber, os setores governamental e social."[70]

Ao trabalhar o encarcerado não apenas se prepara para a reintegração ao meio social, como também resgata sua auto-estima e passa a ser visto pela perspectiva do setor produtivo, saindo da marginalidade e da prática da violência como meio de vida. O trabalho engrandece a alma humana, resgata a honra de quem a tenha perdido e possibilita o desenvolvimento integral da pessoa como cidadã. Sob o aspecto social e empresarial, o crescimento do país depende da relação criada entre os empregadores, o governo, os clientes e, internamente, mas de maneira vital, de seus empregados e prestadores de serviços, trabalhadores que direta ou indiretamente compõem o setor produtivo.

---

[70] HESSELBEIN, Frances; GOLDSHMITH, Marshall e BECKHARD, Richard. *O líder do Futuro*, p. 167.